Tarig Elobied
Die Entwicklung des Strafbefehlsverfahrens von 1846 bis in die Gegenwart

Juristische Zeitgeschichte
Abteilung 3: Beiträge zur modernen deutschen Strafgesetzgebung. Materialien zu einem historischen Kommentar
Band 36

Juristische Zeitgeschichte
Hrsg. von Prof. Dr. Dr. Thomas Vormbaum
(FernUniversität in Hagen)

Abteilung 3:
Beiträge zur modernen deutschen Strafgesetzgebung.
Materialien zu einem historischen Kommentar

Band 36

Redaktion: Sandra Kralik, Sebastian Voigt

De Gruyter

Tarig Elobied

Die Entwicklung des Strafbefehlsverfahrens von 1846 bis in die Gegenwart

De Gruyter

ISBN 978-3-89949-829-5
e-ISBN 978-3-89949-830-1

Bibliografische Information der Deutschen Nationalbibliothek

Die Deutsche Nationalbibliothek verzeichnet diese Publikation in der Deutschen Nationalbibliografie; detaillierte bibliografische Daten sind im Internet über http://dnb.d-nb.de abrufbar.

Druck: Hubert & Co. GmbH & Co. KG, Göttingen
∞ Gedruckt auf säurefreiem Papier

Printed in Germany

www.degruyter.com

Das Strafbefehlsverfahren ist ein Kind der Praxis, das aus einem Kompetenzkonflikt zwischen Polizei und Justiz hervorging, sich dann als integraler Bestandteil des Verfahrensrechts etablierte und schließlich zu einem unverzichtbaren Bestandteil der Strafprozessordnung wurde.

Inhaltsverzeichnis

ANHANG

Abkürzungsverzeichnis

a.E.	am Ende
a.F.	alte Fassung
aaO.	am angegebenen Ort
Abs.	Absatz
Abt.	Abteilung
AdC	Archiv des Criminalrechts
ADStGB	Allgemeines Deutsches Strafgesetzbuch
AG	Amtsgericht
allg.	allgemein
Anm.	Anmerkung
Art.	Artikel
BA	Bundesarchiv
Bd.	Band
BergAufsG	Bergaufsichtsgesetz
BGBl.	Bundesgesetzblatt
BGH	Bundesgerichtshof
BJM	Bundesjustizminister
Bl.	Blatt
BMJ	Bundesministerium der Justiz
BR	Bundesrat
bzw.	beziehungsweise
DAV	Deutscher Anwaltsverein
DE	Diskussionsentwurf
DJ	Deutsche Justiz
DJZ	Deutsche Juristenzeitung
DR	Deutsches Recht
DRiZ	Deutsche Richterzeitung
Drucks.	Drucksache
DStrZ	Deutsche-Strafrechts-Zeitung

E 1846	Entwurf eines Gesetzes, betreffend das Verfahren in den bei dem Kammergericht und dem Kriminalgericht zu Berlin zu führenden Untersuchungen
E 1850	Vorläufiger Entwurf einer Strafprozeßordnung für die ganze Monarchie
E 1851	Entwurf einer Strafprozessordnung für die Preußischen Staaten
E 1870	Entwurf einer Strafprozessordnung für den Norddeutschen Bund
E 1873/1	Entwurf einer Deutschen Strafprozeß-Ordnung vom Januar 1873
E 1873/2	Entwurf einer Deutschen Strafprozessordnung nach den Beschlüssen der vom Bundesrath eingesetzten Kommission
E 1874	Reichstagsvorlage des Entwurfs einer Deutschen Strafprozessordnung
E 1908	Entwurf einer Strafprozessordnung des RJA vom 1. September 1908
E GVG	Entwurf eines Gerichtsverfassungsgesetzes
EGADStGB	Einführungsgesetz zum Allgemeinen Deutschen Strafgesetzbuch und zum Strafvollzugsgesetz
EGStGB	Einführungsgesetz zum Strafgesetzbuch
EMRK	Konvention zum Schutz der Menschenrechte und Grundfreiheiten
Fn.	Fußnote
G 1846	Gesetz, betreffend das Verfahren in den bei dem Kammergericht und dem Kriminalgericht zu Berlin zu führenden Untersuchungen
G 1917	Das Gesetzes zur Vereinfachung der Strafrechtspflege vom 21. Oktober 1917
G 1921	Gesetz zur Entlastung der Gerichte vom 11. März 1921
G.S.	Gesetzessammlung
GA	Goltdhammers Archiv für Strafrecht
Gbl. NDB	Gesetzesblatt Norddeutscher Bund
GewO	Gewerbeordnung
GS	Der Gerichtssaal
GSPK	Geheimes Staatsarchiv Preußischer Kulturbesitz
GVG	Gerichtsverfassungsgesetz

Handb.	Handbuch
Hrsg.	Herausgeber
i.V.m.	in Verbindung mit
IKV	Mitteilungen der Internationalen Kriminalistischen Vereinigung
insb.	insbesondere
J.M.Bl.	Justiz-Ministerial-Blätter
JGG	Jugendgerichtsgesetz
jur. Diss.	juristische Dissertation
JZ	Juristenzeitung
KleinhG	Kleinhandelsgesetz
Lex Emminger	Verordnung über Gerichtsverfassung und Strafrechtspflege vom 4. Januar 1924
lfd. Nr.	laufende Nummer
lit.	litera
LG	Landgericht
LR	Löwe / Rosenberg
LZ	Leipziger Zeitschrift für Deutsches Recht
m.w.N.	mit weiteren Nachweisen
Motive zu dem Entwurf	Motive zu dem Entwurf einer Deutschen Strafprozessordnung
Motive nach den Beschlüssen	Motive zu dem Entwurf einer Deutschen Strafprozessordnung nach den Beschlüssen der vom Bundesrat eingesetzten Kommission
n.F.	neue Fassung
NJW	Neue Juristische Wochenschrift
No.	Nummer
Nr.	Nummer
NStZ	Neue Zeitschrift für Strafrecht
OLG	Oberlandesgericht
PA	Parlamentsarchiv
PreußBelZustG	Preußisches Belagerungszustandsgesetz
RAV	Republikanischer Anwältinnen- und Anwälteverein
RG	Reichsgericht
RGSt.	Entscheidungen des Reichsgerichts in Strafsachen

RJA	Reichsjustizamt
RJM	Reichsjustizministerium
RMJ	Reichsjustizminister
RR	Reichsrat
RStPO	Reichsstrafprozessordnung
RT	Reichstag
Rthlr.	Reichstaler
s.	siehe
S.	Seite
Sp.	Spalte
Sten. Berichte	Stenographische Berichte
StGB	Strafgesetzbuch
StPO	Strafprozessordnung
StV	Strafverteidiger
StVÄG	Strafrechtsänderungsgesetz
Th.	Titel
u.a.	unter anderem
u.U.	unter Umständen
vgl.	vergleiche
VO	Verordnung
VO 1849	Verordnung über die Einführung des mündlichen und öffentlichen Verfahrens mit Geschworenen vom 3. Januar 1849
VO 1915/1	Verordnung über Zulassung von Strafbefehlen bei Vergehen gegen Vorschriften über wirtschaftliche Maßnahmen vom 4. Juni 1915
VO 1915/2	Bekanntmachung zur Entlastung der Strafgerichte vom 7. Oktober 1915
WirtschErmG	Gesetz über die Ermächtigung des Bundesrats zu wirtschaftlichen Maßnahmen und über die Verlängerung der Fristen des Wechsel- und Scheckrechts im Falle kriegerischer Ereignisse vom 4. August 1914
z.B.	zum Beispiel
Ziff.	Ziffer
ZRP	Zeitschrift für Rechtspolitik
ZStW	Zeitschrift für die gesamte Strafrechtswissenschaft

Einleitung

Die vorliegende Arbeit untersucht die Entwicklung des in den §§ 407–412 der Strafprozessordnung geregelten Strafbefehlsverfahrens. Dieses ist trotz der Kürze und des Ausnahmecharakters seiner Regelungen in der Praxis von enormer Wichtigkeit. So endet das Ermittlungsverfahren etwa genauso häufig durch den Antrag auf Erlass eines Strafbefehls wie durch Erhebung der Anklage[1]. Zudem gelangt das Strafbefehlsverfahren immer wieder in den Fokus des Gesetzgebers. Allein § 407 StPO, die Norm über den Anwendungsbereich, war seit seiner Einführung 20 Eingriffen durch den Gesetzgeber ausgesetzt und rangiert somit auf Platz drei der am meisten geänderten Normen der Strafprozessordnung.

Diese Arbeit beschränkt sich auf das Strafbefehlsverfahren im formellen Sinne, also auf einen bestimmten Verfahrensgang. In diesem stellt in Ausnahme zum ordentlichen Anklageprozess[2], welcher durch die Grundsätze der Mündlichkeit, der Öffentlichkeit und der Gewährung rechtlichen Gehörs gekennzeichnet ist, der Ankläger beim Richtenden einen Antrag auf Erlass einer Entscheidung, über den letzterer ohne Anberaumung einer Hauptverhandlung auf Grundlage der Akten entscheidet. Gegenstand ist also weder abstrakt ein „Verfahren für kleinere Kriminalität"[3] noch ein zivilrechtliches Strafbefehlsverfahren[4], sondern ein strafprozessuales Verfahren, in welchem die soeben beschriebenen Prinzipien nicht oder nur unzulänglich umgesetzt werden.

Aufgrund dieses Ausnahmecharakters kann man in zeitlicher Hinsicht frühestens mit der aufstrebenden liberalen Strafrechtsbewegung zu Beginn des 19. Jahrhunderts einsetzen, eine Zeit, in der in allen deutschen Staaten um die Einführung eines reformierten, auf den soeben genannten Grundsätzen basierenden

---

1 *Jehle*, Strafrechtspflege, S. 22.

2 So auch *Friedländer*, ZStW Bd. 18 (1898), S. 495; *Gouthier*, Strafbefehl, S. 8; *Hertzsch*, Strafbefehl, S. 5; *Tischer*, Strafbefehl, S. 5; *Altorfer*, Strafbefehl, S. 1 für das schweizerische Recht.

3 So aber in den Arbeiten *von Mayers*, GS 96, S. 397 ff. und *Müllers*, Strafbefehlsverfahren, S. 167 ff.

4 Den Strafbefehl gab es schon um die Wende des 18. zum 19. Jahrhundert im Zivilrecht, nämlich im Rahmen der Zwangsvollstreckung; vgl. *Claproth*, Einleitung, Bd. 2, S. 792 ff. mit Muster auf S. 796.

Strafprozesses gerungen wurde[5]. Die vier Hauptforderungen dieser Bewegung waren die Ersetzung des geheimen, schriftlichen Inquisitionsprozesses durch einen öffentlichen, mündlichen Anklageprozess, Einführung der Staatsanwaltschaft, Einführung der Laienbeteiligung und Trennung von Justiz und Verwaltung[6].

Durch beide Beschränkungen, sowohl die sachliche als auch die historische, unterscheidet sich die Arbeit zudem von den bisherigen, die Geschichte des Strafbefehlsverfahrens beinhaltenden Arbeiten. Insbesondere *Erbe, von Mayer* und *Müller* versuchten materielle Vorläufer des Strafbefehlsverfahrens zu finden und begannen ihre Arbeiten daher schon weit vor dem hier einschlägigen Zeitpunkt, dem Beginn des 19. Jahrhunderts. Das 19. Jahrhundert markiert vielmehr das Ende ihrer eigentlichen Untersuchungen.

Diese Arbeit verfolgt zwei Ziele. Formell soll die Entwicklung des Strafbefehlsverfahrens dargestellt und diese Arbeit als Quellenmaterial dienstbar gemacht werden. Inhaltlich soll, da ein bestimmter Verfahrensgang „immer Ausfluß rechtspolitischer Zielsetzung ist“[7], die politische Dimension im Vordergrund stehen. Dabei soll der Zusammenhang zwischen dem Strafbefehlsverfahren und den beiden sich entgegenstehenden Prozessmodellen, dem *bürokratisch-inquisitorischen Verfahren* auf der einen und dem *akkusatorisch-kontradiktorischen Verfahren* auf der anderen Seite als Orientierung dienen. Denn das Strafbefehlsverfahren, wie auch der gesamte deutsche Strafprozess, pendelt zwischen beiden Modellen. Jeder Eingriff in das Verfahren sowie jede Erweiterung oder Beschränkung des Anwendungsbereichs lässt das Pendel einmal mehr in die eine, einmal mehr in die andere Richtung ausschlagen.

Dass das Strafbefehlsverfahren eher dem bürokratisch-inquisitorischen Prozessmodell entspricht, lässt sich vorab kurz auf mehreren Ebenen darstellen[8]. Historisch-politisch entstammt das Verfahren auch in seiner heutigen Ausgestaltung der obrigkeitlichen Staatsauffassung des 19. Jahrhunderts, sollte doch insbesondere der Einfluss der Polizei auf die Justiz gewahrt bleiben. In rechtsstaatlicher Hinsicht ist der Beschuldigte daher auch weiterhin tendenziell eher Objekt des Verfahrens, da ihm kein rechtliches Gehör gewährt wird. Zudem übt im Strafbefehlsverfahren faktisch die Staatsanwaltschaft, also der Inquirierende, die Verfahrensherrschaft aus, was erkenntnistheoretisch insoweit problematisch ist, als dass die Staatsanwaltschaft den Sachverhalt einseitig

---

5 *Schmidt*, Einführung, § 284.

6 *Schmidt*, Einführung, § 287.

7 *Müller*, Strafbefehl, S. 168.

8 Vgl. dazu *Vormbaum*, Lex Emminger, S. 174 ff.

festlegt und faktisch die Strafe bestimmt. Auch die bürokratisch-inquisitorische kriminalpolitische Vorstellung, den Strafprozess als „zweckorientiertes Instrument der Verbrechensbekämpfung aufzufassen“[9], spiegelt sich im Strafbefehlsverfahren insoweit wider, als dass rationale Zweckmäßigkeitserwägungen unter Hinweis auf ihre Praxistauglichkeit immer wieder als Argument für dessen Ausweitung herangezogen wurden.

Inhaltlich wird das Strafbefehlsverfahren dazu auf zwei Hauptebenen untersucht, dem Anwendungsbereich und der Verfahrensausgestaltung. Beides war und ist aus guten Gründen umstritten.

So lässt die Verfahrensausgestaltung Rückschlüsse auf das allgemeine Verständnis des Staates über den Bürger im Strafverfahren sowie auf das Verhältnis der Exekutive zur Judikative und damit auf das eine oder andere Prozessmodell zu. Das Verhältnis des Staates zu seinen Bürgern spiegeln der Umfang und die Qualität der Verfahrensrechte des Bürgers wider, die gleichsam dessen Rolle als Objekt oder Subjekt bestimmen. Das Verhältnis der Exekutive zur Judikative wird durch den Einfluss der Staatsanwaltschaft auf das Verfahren, insbesondere auf die Entscheidung des Richters, bestimmt. Handelt es sich – etwas polemisch ausgedrückt – um eine vollwertige richterliche Entscheidung[10] oder eher um einen durch Zahlung zu erledigenden Gebührenbescheid[11]?

Der Umfang des Anwendungsbereichs, darunter wird sowohl der sachliche als auch der persönliche sowie die Sanktionsgewalt verstanden, stellt wiederum im Zusammenhang mit der konkreten Verfahrensausgestaltung immer die rechtspolitische Entscheidung des Gesetzgebers zugunsten des einen und zuungunsten des anderen Prozessmodells dar. Dabei soll die Zuordnung zu dem einen oder anderen Prozessmodell keine Wertung enthalten. Denn das Verfahren ist dergestalt ambivalent, dass es sowohl für den Staat als auch für den Bürger Vor- und Nachteile bietet. So spart der Bürger durch die Suspendierung der Hauptverhandlung nicht nur Kosten, ihm bleibt auch das mitunter peinliche Auftreten vor dem Richter und der Öffentlichkeit erspart. Andererseits besteht immer die Gefahr, dass das Verfahren unter dem Druck dieses Vorteils bewusst oder unbewusst auf für den Bürger nachteiligen Erkenntnissen aufbaut und ihn so eine ungerechte, schwerere Strafe trifft. Das Gleiche gilt für den Staat, der Vorteil liegt in der Vermeidung von Kosten, der Nachteil aber

---

9 *Vormbaum*, Lex Emminger, S. 176.

10 BMJ, Diskussionsentwurf, S. 68, rechte Spalte oben.

11 So die Ansicht *Hamburgs* in PA, VIII 122, A 2, lfd. Nr. 8, Bl. 76 f.

ist die Verhängung einer mitunter nicht schuldangemessenen Strafe. Von Interesse ist daher vor allem, zu wessen Gunsten das Verfahren gewählt wird.

Dazu werden die Äußerungen der am Gesetzgebungsverfahren Beteiligten dargestellt und bewertet werden. Der Schwerpunkt der Arbeit liegt hierbei auf dem in der Strafprozessordnung gewachsenen Strafbefehlsverfahren, wie es sich seit dem In-Kraft-Treten der Strafprozessordnung am 1. Oktober 1879 entwickelt hat. Es wird aber auch das vorausgehende Partikularrecht der deutschen Staaten mit einbezogen, wobei das Recht Preußens den Schwerpunkt bilden wird. Dies hängt nicht nur mit der Verfügbarkeit von Quellenmaterial zusammen, sondern hat auch sachliche Gründe. Denn Preußen hatte als größte politische Macht nicht nur den meisten Einfluss auf die Reichsstrafprozessordnung[12], sondern auch auf viele Partikulargesetzgebungen[13]. Teilweise wurde das preußische Recht sogar wörtlich übernommen, und es ist davon auszugehen, dass aus etwaig vorhandenem Quellenmaterial der Partikulargesetzgebungen keine über die aus dem preußischen Quellenmaterial hinausgehenden Erkenntnisse zu erwarten sind.

Um die Lesbarkeit zu erleichtern, wird in der Regel darauf verzichtet, Gesetzeszitate im fließenden Text zu platzieren, da im Strafbefehlsverfahren ohnehin weniger die sprachlichen Feinheiten, sondern vielmehr die große Linie zählt. Die wichtigsten Gesetze und Entwürfe sind, soweit sie das Strafbefehlsverfahren betreffen, dem Anhang zu entnehmen. Sonstige wesentliche Normen sind in den Fußnoten zitiert.

12 Hinsichtlich des Strafbefehlsverfahrens so auch *Katzenstein*, IKV 10 (1902), S. 172.

13 *Fisch*, Strafbefehlsverfahren, S. 7; *Katzenstein*, IKV 10 (1902), S. 169.

Erstes Kapitel: Der Strafbefehl im deutschen Partikularrecht

I. Das preußische Recht

Die Entwicklung des Strafbefehlsverfahrens in Preußen ist durch eine erste kurze Phase geprägt, in der es zunächst in Berlin, dann in ganz Preußen eingeführt wurde (1), anschließend etablierte es sich als gewöhnlicher Bestandteil des Strafverfahrensrechts (2). Zum Schluss des Betrachtungszeitraums wurden die Grundlagen für die Diskussion und Ausgestaltung des in der RStPO geregelten Strafbefehlsverfahrens gelegt (3). Während dieser Entwicklung standen immer wieder der Anwendungsbereich sowie der Einfluss der Polizei und Staatsanwaltschaft auf das Verfahren einerseits und der Einfluss des Richters andererseits im Mittelpunkt der Kontroversen.

1. Die Entstehung des Strafbefehlsverfahrens

a) Die Ausgangslage: Das polizeiliche Mandatsverfahren

Die Gesetzgebungsgeschichte des Strafbefehlsverfahrens beginnt in den 40er Jahren des 19. Jahrhunderts[1]. Zu dieser Zeit galt in Preußen, von den Rheinprovinzen abgesehen[2], die Kriminalordnung aus dem Jahre 1805. Diese Kriminalordnung war, wie in den übrigen deutschen Staaten auch, gekennzeichnet durch den schriftlichen, geheimen Inquisitionsprozess. Daneben gab es eine konfliktbehaftete Administrativjustiz der Polizeibehörden[3], denen bei Polizeivergehen eine ausgedehnte Strafbefugnis[4] neben der der Gerichte zustand[5].

---

1 Vgl. nur *von Mayer*, GS 99, S. 38: „Dort [im Gesetz vom 17. Juli 1846] ist es neu geschaffen, und es läßt sich dafür kein Vorbild nachweisen."

2 Dort galt der Code d`instruction criminelle, *Abegg*, Der Entwurf einer Strafprozeß-Ordnung, S. 4.

3 Zu der Entwicklung zu dieser Zeit in Preußen ausführlich: *Mattes*, Untersuchungen, Bd. I, S. 85 ff.

4 Vgl. *Schubert / Regge*, Gesetzesrevision, I. Abt, Bd. 6, Teil 2, S. 1375.

5 *Katzenstein*, IKV Bd. 10 (1902), S. 164 f.; *Mattes*, Untersuchungen, Bd. I, S. 85 ff. (87); *Thuma*, Strafbefehlsverfahren, S. 20; vgl. auch zum „polizeilichen Mandatsverfahren", *Schubert / Regge*, Gesetzesrevision, I. Abt, Bd. 6, Teil 2, S. 1417.

Die Einführung des damals noch *Mandatsverfahren*[6] genannten Strafbefehlsverfahrens steht in unmittelbarem Zusammenhang mit dem Konflikt zwischen Polizei und Justiz[7]. Daher soll zunächst die Rechtslage, aus der das „*Gesetz, betreffend das Verfahren in den bei dem Kammergericht und dem Kriminalgericht zu Berlin zu führenden Untersuchungen vom 17. Juli 1846*"[8] hervorging, welches das Strafbefehlsverfahren erstmals enthielt, kurz dargestellt werden.

Die Polizeigerichtsbarkeit hatte eine lange Tradition[9]. Das damals geltende Recht ging wie selbstverständlich davon aus[10]. Man differenzierte zwischen der Polizeigewalt, welche die Aufrechterhaltung der Sicherheit und Ordnung gewährleisten sollte, und der Polizeigerichtsbarkeit, die allerdings nicht allen Polizeibehörden zustand[11]. In Berlin, wie in größeren Städten üblich, stand sie einer besonderen Polizeibehörde, dem Polizeipräsidium, zu[12]. In dessen Abteilungen III. und IV. wurden Untersuchungen wegen der Verletzung von Polizeivergehen geführt[13].

Der Begriff der Polizeivergehen war indes umstritten[14], eine klare Abgrenzung nach sachlichen Kriterien kaum möglich. Zum einen wurde auf materielle Kriterien abge-

---

6 Der Ursprung der Bezeichnung ist unbekannt. *Schaal*, Tatverdacht, S. 432, schreibt sie der Analogie zum Zivilprozess zu. Dies dürfte zum Teil richtig sein. Allerdings wird bei dieser Argumentation stillschweigend vorausgesetzt, dass es ein richterliches Verfahren sei. Indes zeigt die Entwicklung, dass bereits das verwaltungsrechtliche Verfahren Mandatsverfahren hieß. Zum anderen stammt das zivile Mandatsverfahren seinerseits aus dem Römischen Recht, dessen Charakteristikum es war, einen Befehl (mandare = auftragen, befehlen) auf Antrag zu erlassen. Insofern steht Mandat als Synonym für den Befehl eines Herrschers an einen Untergeben (vgl. insofern auch *Herold*, Rechte, S. 127, 128 ff.), eine insofern treffende Bezeichnung; vgl. *Weiske*, Rechtslexikon, Stichwort „Mandatsprozeß". Den „Strafbefehl" gab es im übrigen schon um die Wende des 18. zum 19. Jahrhundert im Rahmen der zivilrechtlichen Zwangsvollstrekkung; vgl. *Claproth*, Einleitung, Bd. 2, S. 792 ff. mit Muster auf S. 796.

7 Zu diesem Konflikt, *Mattes*, Untersuchungen, Bd. I, S. 85.

8 G.S. Preußen, 1846, S. 267, 288.

9 Vgl. nur *Mattes*, Untersuchungen, Bd. I, S. 1 ff.

10 Vgl. Teil II, Titel 17, § 16 ALR; § 14 Kriminalordnung; Anh. § 243 Allgemeine Gerichtsordnung.

11 Vgl. dazu *Bielitz*, Polizei, § 2; *Schmalz*, Polizei-Schulze, S. 7 und *Vezin*, Handbuch, S. 173.

12 Vgl. *Bielitz*, Polizei, § 4; *Schubert / Regge*, Gesetzesrevision, I. Abt, Bd. 6, Teil 2, S. 1375, 1417; *Zürn*, Handbuch, S. 152 ff.

13 *Schubert / Regge*, Gesetzesrevision, I. Abt, Bd. 6, Teil 2, S. 1375; *Bielitz*, Polizei, § 50.

14 Nach den Motiven zur Verordnung vom 3. Januar 1849, Vollständige Materialien, S. 29 handele es sich bei den Polizeiübertretungen um „eine besondere Kategorie". Allerdings sagten schon die Motive zu dem 1833 erschienen preußischen Strafgesetzbuchentwurf, dass es keinen „allgemein begrifflichen Unterschied zwischen Verbrechen und Polizeivergehen" gebe und „vielmehr das Strafbedürfnis [...] über die Zuteilung entscheide", zitiert nach *Mattes*, Untersuchungen, Bd. I, S. 94, der ohnehin davon aus-

stellt, die im Wesensunterschied zwischen polizeilichem Unrecht einerseits und kriminellem Unrecht andererseits wurzelten[15]. Zum anderen wurde die Abgrenzung als reines Zuständigkeitsproblem angesehen[16]. Letzteres stellte immer dann ein Problem dar, wenn, wie in Preußen, gesetzliche oder verwaltungsrechtliche Zuständigkeitsbestimmungen fehlten, so dass es letztlich zu einem *Machtkampf* zwischen Polizei und Justiz – oder Exekutive und Judikative – kam[17].

Das Polizeigerichtsverfahren war zweigeteilt. Im „ordentlichen" Verfahren erließ die Polizei nach Abschluss der Untersuchung eine Strafverfügung, in welcher der Beschuldigte zu einer mündlichen Verhandlung vorgeladen wurde[18]. Die Strafverfügung erhielt die Drohung, dass das Nichterscheinen als Eingeständnis gelte und die ebenfalls in der Strafverfügung angekündigte Strafe festgesetzt werde. In der mündlichen Verhandlung reichte zur Überführung die Versicherung eines Polizeibeamten aus, dass der Beschuldigte die Handlung begangen habe. Gegen die Straffestsetzung stand dem Beschuldigten ein zehntägiges Beschwerderecht zur vorgesetzten Verwaltungsbehörde zu.

Daneben kam in Berlin noch ein sogenanntes *Mandatsverfahren* zur Anwendung[19], dessen genauer Ablauf nicht eruiert werden konnte[20]. Aufgrund der Diskussion um das spätere gerichtliche Mandatsverfahren und dessen Ausgestaltung lässt sich jedoch vermuten, dass die Initiative zur mündlichen Verhandlung verschoben wurde. Beraumte die Polizei diese im ordentlichen Verfahren sofort an, war dies im Mandatsverfahren wohl nicht der Fall. Vielmehr wurde die Strafe „vorläufig" festgesetzt und der Beschuldigte erhielt die Möglichkeit, in einem bestimmten Termin dagegen vorzugehen. Zu vermuten ist auch, dass das Verfahren nur stattfand, wenn ein Beamter die strafbewehrte Handlung wahrgenommen hatte. Die Hintergründe, die zu der Einführung führten, sind ebenfalls unklar. Berücksichtigt man aber, dass das Polizeipräsi-

---

geht, dass es sich lediglich um eine funktionale Abgrenzung der Träger der Sanktionsgewalt handelt, vgl. S. 92 und ähnlich auf S. 85; vgl. auch *Jescheck / Weigend*, Lehrbuch, S. 58.

15 *Oppenhoff*, Strafgesetzbuch, S. 549, Anm. 1; *Mattes*, Untersuchungen, Bd. I, S. 93, Fn. 147; Motive zur Verordnung vom 3. Januar 1849, Vollständige Materialien, S. 29. Vgl. auch *Scheller*, Aeußerungen, S. 96, nach dem sogar ein Mord als Polizeivergehen qualifiziert werden könnte; *Rosenberg*, ZStW Bd. 24 (1904), S. 5 ff.

16 *Mattes*, Untersuchungen, Bd. I, S. 92.

17 Vgl. zu den Kompetenzstreitigkeiten *Bielitz*, Polizei, § 12; die süddeutschen Länder hingegen regelten die Polizeivergehen in speziellen Gesetzen, das Problem war dort also positivrechtlich gelöst; *Mattes*, Untersuchungen, Bd. I, S. 93.

18 Dazu und zum folgenden *Bielitz*, Polizei, § 50.

19 *Schubert / Regge*, Gesetzesrevision, I. Abt, Bd. 6, Teil 2, S. 1417.

20 Auch die Akten des Landesarchivs Berlin betreffend das Polizeipräsidium von Berlin erhielten – soweit ersichtlich – keine weiteren Hinweise.

dium jährlich ungefähr 20.000 Fälle zu bearbeiten hatte[21], werden wohl praktische Zweckmäßigkeitserwägungen diese Form der rationellen Erledigung gefordert haben.

b) Reformbedarf in Preußen

Sowohl der Inquisitionsprozess als auch die Administrativjustiz missfiel König *Friedrich Wilhelm IV.*, der 1840 den preußischen Thron bestieg[22]. Zum einen war er der Idee eines mündlichen, öffentlichen Anklageprozesses zugeneigt[23], insbesondere legte er Wert auf die Einführung einer Staatsanwaltschaft[24]. Zum anderen dachte er über die Einführung von Polizeigerichten in Preußen nach, veranlasst durch einen Londonbesuch im Jahre 1842, währenddessen er diese erstmals kennengelernt hatte[25]. Nach einigem Hin und Her[26] im Jahre 1845 war die Initialzündung für die Einführung eines reformierten, auf den Grundsätzen der Mündlichkeit, Öffentlichkeit und Anklage beruhenden Strafverfahrens der Polenaufstand[27] Anfang 1846, dessen strafrechtlicher Aufarbeitung man wegen

---

21 *Schubert / Regge*, Gesetzesrevision, I. Abt, Bd. 6, Teil 2, S. 1375; nach der Statistik für das Jahr 1845. Davon 7.269 Fälle wegen Übertretungen gegen Vorschriften des öffentlichen Fuhrwesens, 3.712 Übertretungen gegen Vorschriften gegen das Verbot des Tabakrauchens und 753 Fälle wegen Übertretungen gegen Vorschriften über die Heilighaltung des Sonntags.

22 So hinsichtlich der Administrativjustiz, *Altorfer*, Strafbefehl, S. 27.

23 Vgl. *Ignor*, Geschichte, S. 267.

24 *Ignor*, Geschichte, S. 269.

25 *Ignor*, Geschichte, S. 266; *Katzenstein*, IKV Bd. 10 (1902), S. 165.

26 Die Hoffnungen, die der König bei der Umsetzung seiner Pläne in Savigny, den Minister für Gesetzesrevision, steckte, wurden nicht voll erfüllt. Denn die Ausarbeitung eines neuen Strafverfahrens ging unter Savigny nur schleppend voran, was unter anderem wohl auch mit dessen Abneigung zusammenhing, die Staatsanwaltschaft einzuführen; *Ignor*, Geschichte, S. 269 f. Daher verwundert es nicht, dass die wesentlichen Impulse für die Reform nicht von Savigny, sondern vom Minister des Inneren von Bodelschwingh und dem Justizverwaltungsminister Uhden ausgingen. Nach dem Polenaufstand erkundigte sich von Bodelschwingh am 21. März 1846 bei Uhden, ob das Verfahren gegen die Verschwörer zum Zwecke der Beschleunigung nicht mittels eines Anklageprozesses zum Abschluss gebracht werden könnte. In seiner Antwort vom selben Tag erklärte sich Uhden damit zwar grundsätzlich einverstanden, gab aber zu bedenken, dass man dies nicht isoliert für nur ein Verfahren machen könne. Vielmehr müsse dieser Anklageprozess dann für das gesamte in diesem Fall zuständige Kammergericht gelten. Nachdem man sich hierauf verständigt hatte, wurde dies dem König mitgeteilt, der sich mit dem Vorgehen einverstanden erklärte.

27 Am 12. Februar 1846 wurde der die Unabhängigkeit Polens durch eine Verschwörung vorbereitende Mierosławski verhaftet. Der Prozess gegen ihn und 254 weitere Verdächtige zog sich vom 2. August bis 2. Dezember 1846 hin. 134 Angeklagte wurden freigesprochen, 112 zu Gefängnisstrafe und 8, darunter Mierosławski, zum Tode verurteilt. Die Todesstrafen wurden jedoch nicht vollstreckt, da die Gefangenen in den

der Vielzahl der Verdächtigen nach der alten Kriminalordnung nicht „Herr zu werden" vermochte[28]. Am 30. März 1846 erließ der König eine Kabinettsorder mit dem Auftrag an die Staatsminister *von Bodelschwingh* und *Uhden*, einen „Anklageprozeß mit mündlicher Verhandlung vor dem erkennenden Richter" auszuarbeiten[29]. Der erste, das Mandatsverfahren allerdings noch nicht enthaltende, Entwurf vom 22. April 1846[30] ging dann jedoch über den eigentlichen Anlass weit hinaus. Denn neben der Beschleunigung in Hochverratssachen, für welche das Kammergericht zuständig war[31], führte er, gleichsam durch die Hintertür[32], auch für die vor dem Kriminalgericht anzuklagenden Sachen eine neue, reformierte Strafprozessordnung sowie eine *Polizeigerichtsbarkeit*[33] ein. Nachdem das Staatsministerium den Entwurf am 12. und 13. Mai 1846 beraten hatte[34], wurde er der Staatsratskommission überwiesen, die ihn vom 14. Mai bis zum 17. Juni 1846 in 17 Sitzungen beriet[35]. Am 17. Juli 1846 wurde dann das berühmte *„Gesetz, betreffend das Verfahren in den bei dem Kammerge-*

Wirren des 20. März 1848 befreit werden konnten; vgl. Manfred *Hellmann*, Daten der polnischen Geschichte, München 1985, S. 143.

28 *Schubert / Regge*, Gesetzesrevision, I. Abt, Bd. 6, Teil 2, S. 1485.

29 *Schubert / Regge*, Gesetzesrevision, I. Abt, Bd. 6, Teil 2, S. 1485.

30 *Schubert / Regge*, Gesetzesrevision, I. Abt, Bd. 6, Teil 2, S. 1359 ff.; schon kurz vor dem offiziellen Erlass der Kabinettsorder arbeitete Uhdens Hilfsarbeiter, der spätere Deutsche Justizminister Friedberg (vgl. *Katzenstein*, IKV 10 (1902), S. 165; *Müller*, Strafbefehl, S. 216; *Schubert / Regge*, Gesetzesrevision, I. Abt, Bd. 6, Teil 1, S. XXIX; anders *Erbe*, Wesen, S. 48, der Savignys Urheberschaft andeutet), die „Grundzüge einer Verordnung über das beim Kriminal- und Kammergericht einzuführende Verfahren" aus, die in einem am 22. April 1846 vorgelegten, 86 Paragraphen umfassenden Entwurf eines „Gesetzes, betreffend das Verfahren in den bei dem Kammergericht und dem Kriminalgericht zu Berlin zu führenden Untersuchungen" mündeten; ausführlich zum Gesetz, *Abegg*, AdC 1847, S. 103, 155.

31 Das Kammergericht war seit 1833 für Staatsschutzsachen zuständig, *Erler / Kaufmann*, Handwörterbuch, Bd. 2, Sp. 583.

32 Nach Staatsratskommission, S. 3, *Schubert / Regge*, Gesetzesrevision, I. Abt, Bd. 6, Teil 2, S. 1397, dort wurde ebenfalls bemerkt, dass die drei wesentlichen Punkte, Polizeigerichte für Berlin, Abkürzung des Hochverratsprozesses und eine neue StPO für Berlin ihrem Zweck und ihrer Bedeutung nach wesentlich voneinander verschieden seien.

33 Allerdings befahl schon die allerhöchste Kabinettsorder vom 31. August 1840, die Einrichtung von Polizeigerichten in die legislativen Beratungen aufzunehmen; näher zur Administrativjustiz: *Müller*, Strafbefehl, S. 203, insb. S. 210.

34 *Ignor*, Geschichte, S. 277.

35 *Schubert / Regge*, Gesetzesrevision, I. Abt, Bd. 6, Teil 1, S. XXXI; deren Mitglieder waren: Rochow, Savigny, Bodelschwingh, Uhden, Ruppenthal, Duesberg, Voß, Bode, Borneman, Mathis, Kleist, Jähningen und Kisker.

richt und dem Kriminalgericht zu Berlin zu führenden Untersuchungen“[36] erlassen und am 10. Oktober desselben Jahres trat es schließlich in Kraft.

Der Entwurf sah, wie letztlich auch die Gesetzesfassung, einen durch die Staatsanwaltschaft betriebenen Anklageprozess mit freier Beweiswürdigung, Mündlichkeit und beschränkter Öffentlichkeit vor[37]. Zudem wurden die bisherigen der Kompetenz des Polizeipräsidiums zugewiesenen Sachen der Kompetenz des Gerichts unterstellt[38], so dass eine Unterscheidung danach, ob es sich um polizeiliches oder kriminelles Unrecht handelte, nicht mehr gemacht wurde. Es gab – je nach der Schwere der gesetzeswidrigen Handlung[39], welche sich ihrerseits nach der Höhe der angedrohten Rechtsfolge richtete – drei Eingangsinstanzen. Denn es „leuchte ein“, dass Handlungen, welche mit geringer Geldbuße oder Freiheitsstrafe von wenigen Tagen bedroht seien, eine andere Behandlung verdienten, als solche, die mit mehrjährigem Freiheitsentzug geahndet würden. Vielmehr müssten „die Garantien, die dem Staat und dem Angeklagten zu gewähren sind, andere sein [...], wenn es sich um schwere Verbrechen handelt“[40]. Daher kam die niedrigste Kategorie, nämlich Gesetzesübertretungen, welche mit keiner höheren als einer sechswöchigen Freiheitsstrafe, einer Geldbuße von 50 Rthlr. oder leichter körperlicher Züchtigung bedroht waren, vor einen kommissarisch dazu bestellten Einzelrichter[41], den Polizeirichter.

In der Staatsratssitzung am 23. Mai 1846 kam das Mandatsverfahren – das, wie erwähnt, im Entwurf noch keine Berücksichtigung gefunden hatte – erstmals zur Sprache[42]. In der Kommission herrschte die Auffassung vor, dass die bisherige Ausgestaltung des Entwurfs die Kompetenz der Polizei und deren Autorität zu sehr beschneide[43] und die erste Klasse des dreigliedrigen gerichtlichen Verfahrens[44] daher, so ein Kommissionsmitglied, auf die eigentlich kleinen *Kriminalsachen* beschränkt bleiben müsse. Demgegenüber sei das Mandatsverfahren, obwohl es sich beim Polizeipräsidium in Berlin nicht (!) bewährt habe[45], für die *Polizeisachen* geeignet, da es in seiner Ausgestaltung

---

36 G.S. Preußen 1846, S. 267.

37 Vgl. §§ 2, 3, 9 und 10 E 1846 in *Schubert / Regge*, Gesetzesrevision, I. Abt, Bd. 6, Teil 2, S. 1359.

38 § 1 E 1846.

39 So ausdrücklich zum insoweit beibehaltenen Instanzenzug: Motive zur Verordnung vom 3. Januar 1849, Vollständige Materialien, S. 29.

40 *Friedberg*, Denkschrift, S. 2 in Schubert / Regge, Gesetzesrevision, I. Abt, Bd. 6, Teil 2, S. 1372.

41 § 14 E 1846.

42 *Schubert / Regge*, Gesetzesrevision, I. Abt, Bd. 6, Teil 2, S. 1415.

43 Vgl. auch *Mattes*, Untersuchungen, Bd. 1, S. 88.

44 Das ist das Verfahren vor dem Einzelrichter.

45 *Schubert / Regge*, Gesetzesrevision, I. Abt, Bd. 6, Teil 2, S. 1417; das Verfahren habe zu Verschleppungen Anlass gegeben.

noch summarischer sein könne als das in kleinen Kriminalsachen[46]. Denn, so trug *von Rochow* vor, das Verwaltungsverfahren beinhalte eine „gewisse Biegsamkeit und Weichheit, deren Aufgeben [...] nicht wünschenswert" sei[47]. *Von Bodelschwingh* und *Uhden* traten dem mit dem Argument entgegen, dass das ordentliche Verfahren nicht minder schnell sei, aber wegen größerer Formstrenge größere Sicherheit biete. Aufgrund dieser Kontroverse einigte man sich letztlich darauf, das polizeigerichtliche sowie das Mandatsverfahren einer weiteren Beratung vorzubehalten[48].

c) Das richterliche Mandatsverfahren

Nachdem ein Entwurf speziell für das Verfahren bei Polizeivergehen[49] ausgearbeitet worden war, begannen die Beratungen darüber am 13. Juni 1846[50]. Das – richterliche – Mandatsverfahren war eingebettet in den zweiten Teil des Entwurfs, „Von dem Verfahren bei Untersuchungen der Polizeivergehen", §§ 111–129. Der Entwurf nahm die umstrittene Unterscheidung zwischen kriminellen und polizeilichen Delikten insofern wieder auf. Dem in den §§ 111–121 geregelten ordentlichen Verfahren vor dem *Polizei*richter, für das, wie im ersten Entwurf, weiterhin die Vorschriften über das Verfahren bei Vergehen zur Anwendung kamen[51], war jetzt ein Mandatsverfahren in den §§ 122–128 zur Seite gestellt.

Ausgangspunkt für die folgende Darstellung soll die Gesetzesfassung sein, wobei mittels der Unterschiede zum Entwurf sowie zu den nicht umgesetzten Vorschlägen und Anträgen die Diskussion soweit möglich rekonstruiert wird.

Das *auf Polizeivergehen*[52] *beschränkte*[53] Mandatsverfahren war ein Kompromiss. Weder war es, wie *von Bodelschwingh* und *Uhden* gefordert hatten, ein

---

46 *Schubert / Regge*, Gesetzesrevision, I. Abt, Bd. 6, Teil 2, S. 1418.

47 *Schubert / Regge*, Gesetzesrevision, I. Abt, Bd. 6, Teil 2, S. 1416.

48 Der Vorschlag, das Polizeiverfahren in einer Sonderverordnung zu regeln, wurde mit 9 gegen 3 Stimmen abgelehnt, *Schubert / Regge*, Gesetzesrevision, I. Abt, Bd. 6, Teil 2, S. 1418.

49 Dadurch wurde die im Entwurf noch vorgesehene Abgrenzung nach der Quantität des Unrechts wieder aufgegeben. Alle Polizeivergehen, unabhängig von der Höhe der angedrohten Rechtsfolge, standen der Kompetenz des Einzelrichters, hier Polizeirichter genannt, zu.

50 *Schubert / Regge*, Gesetzesrevision, I. Abt, Bd. 6, Teil 2, S. 1470.

51 Insoweit konnte sich das Kommissionsmitglied, welches sich gegen ein ordentliches Verfahren bei Polizeidelikten wandte, nicht durchsetzen.

52 In Preußen gab es allerdings keine Kodifikation des Polizeistrafrechts, so dass die Abgrenzung zwischen polizeilichem und kriminellem Unrecht nicht gesetzlich festge-

der Polizei entzogenes, noch ein von *Rochow* befürwortetes reines Verwaltungsverfahren. Der Kompromisscharakter wird besonders an der obligatorischen Verfahrensausgestaltung deutlich. Das Mandatsverfahren bildete keine Alternative zum ordentlichen Verfahren, sondern war dem Ermessen der Staatsanwaltschaft[54] und des Polizeirichters gleichermaßen entzogen. Wenn und soweit „die Anklage wegen eines Polizeivergehens auf der Anzeige eines Beamten, welcher die That aus eigener amtlicher Wahrnehmung bekundet", beruhte, hatte der Polizeirichter das Mandat zu erlassen, ohne dass es eines besonderen Antrages der Staatsanwaltschaft bedurfte[55]. Hinsichtlich der konkret festzusetzenden Strafe war der Richter demgegenüber frei, insbesondere durfte er die nach materiellem Recht zulässigen Strafen unbegrenzt festsetzen.

Aufgrund der obligatorischen Verfahrensausgestaltung wurde der Einfluss der Polizei im Ergebnis (nur) durch die formale Einbindung des Richters und dessen Freiheit bei der Straffestsetzung beschränkt. Soweit es um die Bestrafung als solche ging, hatte die Polizei keinen Machtverlust hinzunehmen. Allerdings konnte der – befürchtete – Autoritätsverlust der Polizei dadurch eintreten, dass der Richter eine relativ geringe Strafe aussprach[56]; ob dies vorkam, konnte nicht eruiert werden, es ist aufgrund der damaligen Ansicht, dass ein Beamter ein besonders tauglicher Zeuge sei[57], wohl aber unwahrscheinlich.

In den Beratungen der Staatsratskommission war die prozessual unbeschränkte Sanktionsgewalt des Polizeirichters umstritten. Eine Minderheit wollte ihm eine so weitgehende Kompetenz, wie sie z.B. bei § 1023 Titel XX, Th. II Allg. Landrecht[58] vorgesehen war, nicht geben[59]. Bemerkenswert an dieser Argumentation ist, dass man zwar nicht dem Richter, aber dem Polizeipräsidium diese weite Kompetenz zugestehen wollte. Aus dieser Überlegung heraus wurde entgegnet, dass die Beibehaltung der im Entwurf vorgesehenen richter-

---

legt war. Ein Überblick über typische Delikte polizeilichen Unrechts bei *Mattes*, Untersuchungen, Bd. I, S. 93; zum Begriff der Polizeivergehen vgl. oben S. 6.

53 § 122 G 1846.

54 In der damaligen Terminologie: Polizeianwalt.

55 § 122 Abs. 1 G 1846.

56 Vgl. *Levis*, Strafbefehl, S. 572, zur polizeilichen Strafverfügung im Deutschen Reich.

57 Vgl. § 348 E 1850, § 426 E 1851.

58 § 1023. Weibspersonen, die von der Hurerey ein Gewerbe machen, ohne sich ausdrücklich unter die besondere Aufsicht der Poilzey zu begeben, sollen aufgegriffen und zu dreymonatiger Zuchthausarbeit verurteilt werden.

59 *Schubert / Regge*, Gesetzesrevision, I. Abt, Bd. 6, Teil 2, S. 1471.

lichen Kompetenz bei den Garantien, welche das polizeigerichtliche Verfahren biete, „keinen erheblichen Bedenken unterliege“[60].

Wiederum andere bekämpften im Besonderen die im Entwurf vorgesehene Möglichkeit der Festsetzung einer Freiheitsstrafe. Denn der preußischen Gesetzgebung sei es fremd, „eine Freiheitsstrafe aufgrund eines einfachen Kontumazialverfahrens[61]“ festzusetzen[62]. Dies sei nur dann zulässig, wenn „zum Schutze des Angeklagten [...] sichernde Maßregeln“ eingeführt würden[63]. Da dies aber zu unerwünschten „Weitläufigkeiten“ Anlass gebe, müsse die Festsetzung einer Freiheitsstrafe letztlich ausscheiden. Dann könne man zudem auf das Erfordernis einer Anzeige eines vereideten Beamten verzichten[64], da Delikte, die mit einer Geldbuße bedroht sind, in der Regel von einem solchen Beamten zur Anzeige gebracht würden. Dagegen wurde jedoch vorgetragen, dass die Anzeige eines vereideten Beamten „die nothwendige Grundlage des Mandatsverfahrens sei“ und auf sie daher keinesfalls verzichtet werden könne[65]. Zudem unterliege die Festsetzung einer Freiheitsstrafe unter dieser Bedingung keinem „wahrhaft begründeten Bedenken“[66]. In der anschließenden Abstimmung konnten sich die Kritiker nicht durchsetzen, so dass die Beibehaltung der Festsetzung einer Freiheitsstrafe sowie der Anzeige eines vereideten Beamten jeweils mit 8 zu 3 Stimmen beschlossen wurde[67]. Zusätzlich eingeführt wurde während der Beratungen eine Passage in § 122, nach der

---

60 *Schubert / Regge*, Gesetzesrevision, I. Abt, Bd. 6, Teil 2, S. 1471 und die Denkschrift *Friedbergs*, aaO., S. 1375: „Das Verfahren bei jenen Einzelrichtern wird ein nicht minder schnelles, als bei dem Polizeipräsidium seyn, und es gewährt den Vorzug, dass es eben ein Verfahren vor dem Richter ist, und deshalb, schon wegen seiner größeren Formstrenge, eine größere Sicherheit dem Staate und dem Angeschuldigten gewährt“.

61 § 22 des E 46 (entspricht in etwa § 33 G 1846). Bleibt der Angeklagte, gehörig erfolgter Vorladung ungeachtet, aus, so kann er in contumaciam für geständig erachtet werden.
Der Richter veranlaßt eine Beweisaufnahme nur insoweit, als es ihm zu seiner Ueberzeugung erforderlich erscheint, fällt das Urteil und läßt es dem Angeklagten in Ausfertigung behändigen.

62 *Schubert / Regge*, Gesetzesrevision, I. Abt, Bd. 6, Teil 2, S. 1471.

63 *Schubert / Regge*, Gesetzesrevision, I. Abt, Bd. 6, Teil 2, S. 1471.

64 Dies hätte zur Folge, dass jede Art von Beweis zulässig und der formale Einfluss der Polizei gemindert worden wäre.

65 Der Grund dürfte darin zu sehen sein, dass der Polizei somit mit dieser Verfahrensausgestaltung eine – erwünschte – Quasistrafbefugnis zukam.

66 Insofern ähnelt dies den gemeinrechtlichen Beweisregeln, welche dem Richter bindende Beweisregeln an die Hand reichten. Dies wird umso deutlicher, wenn man sich z.B. § 348 Abs. 2 E 1850 anschaut.

67 Verhandlungen der Staatsratskommission, S. 78 (*Schubert / Regge*, Gesetzesrevision, I. Abt, Bd. 6, Teil 2, S. 1472).

das Mandatsverfahren unzulässig war, wenn der *Beschuldigte vorgeführt* wurde; in diesem Falle sollte stets das ordentliche Verfahren zur Anwendung kommen.

Die Strafverfügung musste dem Angeschuldigten *schriftlich* bekannt gemacht werden und bestimmten inhaltlichen Anforderungen genügen[68]. Ein Vorschlag, nach dem die Straffestsetzung stets an den Angeschuldigten persönlich erfolgen sollte, fand hingegen keine Unterstützung[69]. Fühlte sich der Angeschuldigte durch die Straffestsetzung beschwert, hatte er sich in einem in der Verfügung zu bestimmenden Termin, der nicht vor Ablauf von zehn Tagen ab Bekanntmachung liegen durfte, zu stellen, ohne dass es eines schriftlichen Einspruchs bedurft hätte[70]. Dieses *Terminssystem* wurde dem uns heute bekannten Fristsystem vorgezogen, da letzteres – ohne dass die Gründe ersichtlich wären[71] – für praktisch undurchführbar gehalten wurde[72]. In diesem Termin fand, wie auch sonst bei den Polizeivergehen, das *ordentliche Verfahren,* welches für die leichten Verbrechen vorgeschrieben war, statt[73]. Erschien der Angeschuldigte nicht und ließ er sich auch nicht durch einen zulässigen Bevollmächtigten vertreten, hatte er nach § 122 in diesem Termin die Vollstreckung, gemeint ist wohl[74] die unanfechtbare Festsetzung der Strafe, zu erwarten. War er durch „unabwendbare Ereignisse“[75] verhindert, in dem Termin zu erscheinen, konnte er innerhalb von zehn Tagen nach dem Termin Wiedereinsetzung in den vorigen Stand (Restitution) beantragen. Keine Mehrheit fand der Antrag, die Voraussetzungen der Wiedereinsetzung in den vorigen Stand durch die Formulierung „erhebliche Umstände“ zu lockern. War der Antrag begründet, wurde erneut ein Termin zur Verhandlung der Sache im ordentlichen Verfahren angesetzt. Blieb der Angeschuldigte in diesem Termin abermals aus, stand ihm die Restitution nicht zu. Wies der Richter den Antrag auf Restitution zurück, so konnte der Angeschuldigte Beschwerde einlegen. Die Entscheidung über das Restitutionsgesuch sowie die Beschwerde gegen

68 § 123 G 1846; er entsprach in etwa dem heutigen § 409 Abs. 1 Nrn. 3, 4 und 7 StPO.

69 *Schubert / Regge*, Gesetzesrevision, I. Abt, Bd. 6, Teil 2, S. 1475.

70 § 123 Abs. 2 G 1846.

71 Möglicherweise hatte man beides beim Polizeipräsidium getestet.

72 Verhandlungen der Staatsratskommission, S. 81 (*Schubert / Regge*, Gesetzesrevision, I. Abt, Bd. 6, Teil 2, S. 1475).

73 § 115 i.V.m. §§ 26 bis 38 G 1846.

74 Im Gegensatz zu § 125 S. 4, wonach die Strafe erst zehn Tage nach dem Termin zu vollstrecken sei. Hier ist in der Tat die Vollstreckung im eigentlichen Sinne gemeint.

75 § 125 G 1846.

den ablehnenden Beschluss ergingen ausdrücklich ohne Mitwirkung des Polizeianwaltes[76].

d) Das Mandatsverfahren in ganz Preußen

Noch im Jahre 1846 wurden die Oberlandesgerichte aufgefordert, sich zu einer etwaigen Ausdehnung des Gesetzes zu äußern[77], die dann durch die „*Verordnung über die Einführung des mündlichen und öffentlichen Verfahrens mit Geschworenen*" vom 3. Januar 1849 verwirklicht wurde[78]. Mittels dieser Verordnung wurde, entsprechend Art. 92 der Verfassung vom 5. Dezember 1848[79], der mündliche, öffentliche Anklageprozess auf das ganze Gebiet Preußens mit Ausnahme des Bezirks des Appellationsgerichtshofes zu Cöln[80], ausgedehnt. Das Mandatsverfahren war jetzt in den §§ 171–177 geregelt und wurde an zwei Punkten geändert[81]: Es war nun auch zulässig, wenn, neben einem Beamten, eine im Dienst befindliche *Militärperson* die Tat wahrnahm, § 171 (§ 122 a.F.). Zum anderen wurde in § 177 (§ 128 a.F.) bestimmt, dass es jetzt der *Anhörung des Polizeianwaltes* bei der Entscheidung sowohl über das Restitutionsgesuch als auch über die Beschwerde gegen den das Gesuch zurückweisenden Beschluss bedurfte.

Die Verordnung wurde, da sie gemäß Art. 105 Abs. 2 der Verfassung ohne vorherige Beratung durch die Kammern erlassen wurde, diesen noch im Jahre 1849 zur nachträglichen Genehmigung vorgelegt[82]. Wegen des Ablaufs der Sitzungsperiode fand eine Plenarverhandlung jedoch nicht mehr statt[83], so dass im darauffolgenden Jahre eine erneute Vorlage stattfand. Auch diese Beratungen wurden jedoch abgebrochen, da die Regierung eine Strafprozessordnung für das Gebiet der ganzen Monarchie in Aussicht stellte[84]. Nachdem der vorgelegte Entwurf am 20. September 1851 gescheitert war,

76 § 128 G 1846.

77 *Schubert / Regge*, Gesetzesrevision, I. Abt, Bd. 6, Teil 1, S. XXXII.

78 G.S. Preußen 1849, S. 14.

79 G.S. Preußen 1848, S. 375.

80 Dort galt der Code d`instruction criminelle, *Abegg*, Der Entwurf einer Strafprozeß-Ordnung, S. 4.

81 Zudem eine sprachliche Korrektur: so wurde in § 176 jetzt von Appellationsgericht gesprochen.

82 Vollständige Materialien, S. V.

83 Vollständige Materialien, S. V.

84 Vollständige Materialien, S. VI.

wurde die Verordnung vom 3. Januar 1849 erneut bei den Kammern eingebracht[85], die sie im Frühjahr 1852 leicht modifiziert genehmigten[86].

2. Die Etablierung des Strafbefehlsverfahrens

Im September 1850 wurde dann vom Justizministerium ein „*Vorläufiger Entwurf einer Strafprozeßordnung für die ganze Monarchie*“ (E 1850) erstellt[87], aufgrund dessen Beratungen am 15. Mai 1851 der „*Entwurf einer Strafprozessordnung für die Preußischen Staaten*“ (E 1851) veröffentlicht wurde[88]. Der Eingang des Mandatsverfahrens in die StPO schien unstrittig gewesen zu sein, zumindest lassen sich anders lautende Äußerungen nicht finden.

Im Vergleich zur VO 1849 fällt zunächst die Ausgestaltung des Anwendungsbereichs auf. Dieser umfasste nunmehr alle sogenannten *Übertretungen,* eine neue Kategorie von Straftaten, mit der der Entwurf auf das in Vorbereitung befindliche Strafgesetzbuch für die preußischen Staaten vom 14. April 1851 rekurrierte[89]. In dessen § 1 wurde in Anlehnung an den französische Code pénale von 1810 der Unterschied zwischen polizeilichen und peinlichen Vergehen formal aufgehoben[90]. Fortan waren die Delikte in Verbrechen, Vergehen und Übertretungen eingeteilt. Die Abgrenzung zwischen den Kategorien erfolgte nach der Strafhöhe. Eine Übertretung war jede Handlung, die mit polizeilichem Gefängnis, d.h. einfachem Freiheitsentzug von höchstens sechs Wochen, einer Geldbuße von höchstens 50 Talern oder leichter körperlicher Züchtigung bedroht war. Der zuständige Richter konnte diese Strafen uneingeschränkt festsetzen.

Der vorläufige Entwurf (E 1850) hatte den Anwendungsbereich des Strafbefehlsverfahrens noch auf solche Übertretungen eingeschränkt, die „mit Geld-

---

85 *Schubert / Regge*, Gesetzesrevision, I. Abt, Bd. 6, Teil 1, S. XXXIV.

86 Vgl. unten S. 19.

87 Entwurf einer Strafprozeß-Ordnung für den preußischen Staat nebst motivierenden Anmerkungen, S. 2. Er sah in seinem 16. Titel, „Von dem Verfahren vor dem Einzelrichter (§§ 333 bis 348)“, in den §§ 346 bis 348 das Mandatsverfahren vor.

88 Justiz-Ministerial-Blatt (Preußen) 1851, S. 85; §§ 420–424.

89 Übertretungen i.S.d. preußischen StGB, *Katzenstein,* IKV Bd. 10 (1902), S. 170; G.S. Preußen, 1851, S. 101.

90 Zu dieser Aufhebung vgl. Kommissionsbericht der zweiten Kammer, Vollständige Materialien, S. 169.

buße, oder mit Gefängnisstrafe von höchstens vierzehn Tagen[91], oder mit beiden Strafen bedroht waren"[92]. Die im E 1851 enthaltene Ausweitung war jedoch bereits im vorläufigen Entwurf (E 1850) angelegt gewesen[93], da er davon ausgegangen war, dass man es weiteren, näheren Überlegungen überlassen solle, ob das Mandatsverfahren auch auf Fälle auszuweiten sei, in denen eine höhere Gefängnisstrafe angedroht war[94].

Damit wurde der Anwendungsbereich im Vergleich zur VO 1849 weder ausgeweitet noch eingeschränkt, sondern vielmehr neu gestaltet. Denn weil er nach der Quantität des Unrechts bestimmt wurde, unterfielen dem Mandatsverfahren nun auch Delikte kriminellen Unrechts, die zuvor wegen der Beschränkung auf Polizeivergehen außen vor gewesen waren. Andererseits waren Polizeivergehen, die nunmehr zur Kategorie der Vergehen zählten, vom Anwendungsbereich ausgenommen.

Das Verhältnis der Exekutive zur Judikative wurde im E 1851 neu bestimmt. Auf Seiten der Exekutive minderte sich der Einfluss der Polizei, während der Einfluss der Staatsanwaltschaft wuchs. So bedurfte es zwar weiterhin der Anzeige eines vereideten Beamten oder einer Militärperson, die Einleitung des Mandatsverfahrens war jedoch nicht obligatorisch, sondern hing vielmehr vom *Ermessen der Staatsanwaltschaft* ab, die nun einen besonderen, nach Art und Höhe der Strafe bestimmten Antrag auf Erlass einer Strafverfügung stellen konnte[95].

Die Verfahrensposition der Staatsanwaltschaft wurde darüber hinaus gegenüber dem Richter dadurch verstärkt, dass er an diesen bestimmten Antrag teilweise gebunden war[96]. Zwar durfte er den Antrag nunmehr ablehnen, wenn besondere Bedenken dem Erlass eines Strafbefehls entgegenstanden[97], allerdings durfte er die Höhe der Strafe nicht mehr autonom festsetzen. Wollte er eine mildere als die von der Staatsanwaltschaft beantragte Strafe festsetzen,

---

91 § 346; falsch ist somit die Angabe bei *Müller*, Strafbefehl, S. 221, das Verfahren sei bei allen Übertretungen anwendbar. Vielmehr war der Anwendungsbereich von vornherein beschränkt.

92 § 346 E 1850.

93 Vgl. auch die Äußerung *Abeggs*, Der Entwurf einer Strafprozeß-Ordnung, S. 176: „Die Erfahrung hat die Zweckmäßigkeit jener Vorschrift bewährt".

94 Vorläufiger Entwurf für die ganze Monarchie, Anm. zu § 346.

95 § 420 Abs. 1 E 1851.

96 §§ 420 Abs. 2, 422 E 1851.

97 § 420 Abs. 3 E 1851, Folge: ordentliches Verfahren.

brauchte er deren Zustimmung, deren Ausbleiben das ordentliche Verfahren nach sich zog; eine höhere Strafe durfte er aber ohne Zustimmung festsetzen[98].

Hinsichtlich der sonstigen Verfahrensausgestaltung sind der Wechsel vom Termin- zum zehntägigen Fristsystems hervorzuheben[99] sowie eine Besonderheit im sich gegebenenfalls anschließenden ordentlichen Verfahren. So hatte die amtseidliche Anzeige, aufgrund derer die Strafverfügung erlassen wurde, „eine solche Vermuthung für die Wahrheit ihres Inhalts [...], daß, wenn nicht der Gegenbeweis geführt wird, die Verurtheilung des Angeschuldigten darauf gegründet werden kann", auch wenn der Beamte zur Hauptverhandlung nicht erschien[100].

Der Entwurf hatte jedoch keinen Erfolg, da die Staatsratskommission am 20. September 1851 die Vorlage an die Kammern mit der Begründung ablehnte, man müsse zunächst die Geschworenengerichte durch Einzelgesetze verbessern[101].

Zuvor berührte bereits der bisher von der Forschung unberücksichtigt gebliebene Art. XX des „*Einführungsgesetzes zum Strafgesetzbuch vom 14. April 1851*"[102] den Anwendungsbereich des Mandatsverfahrens[103]. Dadurch wurde im Gegensatz zur Tendenz des E 1851 wegen der Beibehaltung der obligatorischen Verfahrensausgestaltung der Einfluss der Polizei verfestigt, ja sogar ausgeweitet. Hintergrund war, wie bereits angedeutet, dass durch das StGB der Unterschied zwischen peinlichen und polizeilichen Vergehen (materiell) aufgehoben wurde[104]. In der neuen Dreiteilung Verbrechen, Vergehen, Übertretungen, gingen die Polizeivergehen, soweit sie nicht aufgehoben wurden[105], in den letzten beiden Kategorien auf[106]. Dieser materiellen Dreiteilung entsprach – wie im E 1846 – eine prozessuale Dreiteilung[107], wobei der Einzel-

98 § 422 E 1851.

99 § 421 Nr. 4 E 1851; der E 1850 sah weiter vor, dass die eine Geldbuße festsetzende Strafverfügung für den Fall des Unvermögens eine verhältnismäßige Gefängnisstrafe anzugeben hatte, § 347 Nr. 3. Dies ist nur insoweit von Interesse, als genau dies nach Einführung der RStPO umstritten war, vgl. *Schwarze*, Erörterungen, S. 3.

100 § 348 Abs. 2 E 1850, § 418 E 1851.

101 *Schubert / Regge*, Gesetzesrevision, I. Abt, Bd. 6, Teil 1, S. XXXIV.

102 G.S. Preußen 1851, S. 101.

103 Dieses Gesetz ist – soweit ersichtlich – bisher nicht beachtet worden, auch nicht in den diese Zeit sehr genau untersuchenden Arbeiten Katzensteins und Müllers.

104 Kommissionsbericht der zweiten Kammer, Vollständige Materialien, S. 169.

105 Vgl. Art. II, VIII EGStGB.

106 Denn gemäß Art. VIII. des EGStGB waren Verbrechen Handlungen, deren Begehung mit über fünf Jahren Freiheitsstrafe bedroht waren. Übertretungen waren Handlungen, deren Begehung mit Freiheitsstrafe bis zu sechs Wochen oder Geldbuße bis zu 50 Talern bedroht waren. Dazwischen lagen die Vergehen.

107 Art. XIII.

richter für die Übertretungen zuständig war[108]. Für Übertretungen galt entweder das ordentliche Verfahren nach den §§ 27 ff. der VO 1849 (II. Abschnitt)[109] oder, entsprechend der vorherigen StPO-Entwürfe, der V. Abschnitt und damit das Mandatsverfahren[110]. Eine Unterscheidung danach, ob es sich um kriminell strafbare oder bloß polizeilich zu ahndende Übertretungen handelte, so dass im ersten Falle der Abschnitt II und im zweiten Falle der Abschnitt V zur Anwendung käme, fand nicht mehr statt[111]. Es waren aber nicht, wie von den vorherigen Entwürfen eigentlich vorgesehen, alle Polizeivergehen, welche aufgrund ihrer erhöhten Strafdrohung eigentlich zu den Vergehen zählten, dem Einzelrichter und damit dem Mandatsverfahren entzogen[112]. Denn gemäß Art. XX des Einführungsgesetzes zum StGB behielten die Polizeigerichte unter Umständen eine über die bei Übertretungen zulässige hinausgehende Sanktionsgewalt bei. Voraussetzung dafür war, dass diese Delikte Materien betrafen, hinsichtlich welcher das Strafgesetzbuch nichts bestimmte, ferner, dass diese Delikte nicht den Verlust von Ämtern, den Verlust des Rechts zum Gewerbebetrieb oder die Stellung unter Polizeiaufsicht androhten; nur letztere galten als Vergehen und unterfielen der Zuständigkeit der aus drei Richtern bestehenden Gerichtsabteilungen. Das hieß im Umkehrschluss, dass die Polizeivergehen, die diese Voraussetzung nicht erfüllten, trotz erhöhter Haft- oder Geldstrafe materiell als Übertretungen galten[113] und prozessual in die Zuständigkeit des Einzel- bzw. – hier ist die Terminologie nicht einheitlich – des Polizeirichters fielen und damit das Mandatsverfahren eröffnet war.

Das etwa ein Jahr später ergangene „*Gesetz, betreffend die Zusätze zu der Verordnung vom 3. Januar 1849 über die Einführung des mündlichen und öffentlichen Verfahrens mit Geschworenen*“[114] vom 3. Mai 1852 (G 1852)

---

108 Für die Vergehen war eine aus drei Richtern bestehende Gerichtsabteilung zuständig, für Verbrechen die Schwurgerichtshöfe.

109 Dies ist das Verfahren für die Vergehen, das Mandatsverfahren war nicht umfasst.

110 Ein Unterschied danach, ob es sich um eine kriminell strafbare oder bloß polizeilich zu ahndende Übertretung handelt, wurde nicht gemacht, *Hahn*, Preußische Gesetzgebung, Anm. 2 zu § 27 und zu Art. XIII des EGStGB; *Oppenhoff*, Die Preußischen Gesetze, Anm. 3 zu § 27; beide Kommentarstellen allerdings erst nach dem Gesetz vom 3. Mai 1852.

111 Dies war in der Praxis zunächst umstritten, wurde aber durch die Allgemeine Verfügung vom 6. August 1851 betreffend das Verfahren in Untersuchungssachen wegen Uebertretungen, J.M.Bl. Preußen 1851, S. 266 geklärt.

112 Dies sahen aber die beiden StPO-Entwürfe aus den Jahren 1850 und 1851 vor.

113 Vgl. die Äußerung in der Sitzung der zweiten Kammer vom 18. März 1852, Vollständige Materialien, S. 659.

114 G.S. Preußen 1852, S. 209.

nahm dann die im E 1851 vorgesehenen Änderungen größtenteils auf. Danach war das Mandatsverfahren ebenfalls bei allen Übertretungen[115], darüber hinaus auch bei den in Art. XX des Einführungsgesetzes zum Strafgesetzbuch der Kompetenz der Polizeirichter zugewiesenen strafbaren Handlungen[116] anwendbar[117]. Der Hinweis auf Art. XX EGStGB wurde nur klarstellend eingeführt, da die zweite Kammer davon ausgegangen war, dass die dort genannten Polizeivergehen ohnehin zu den Übertretungen zählten[118]. Das Verfahren war wie auch im E 1851 unzulässig, wenn die Verhaftung des Beschuldigten erforderlich war.

Das Verhältnis zwischen Exekutive und Judikative erfuhr im Gegensatz zum E 1851 eine bemerkenswerte Modifikation. So fiel die – 1846 noch als unabdingbar bezeichnete – Voraussetzung weg, nach der es einer „Anzeige eines Beamten, welcher die That aus eigener amtlicher Wahrnehmung bekundet" hat, bedurfte[119]; vielmehr war jetzt *jede Art von Beweis* zulässig, wodurch der formale Einfluss der Polizei gänzlich wegfiel und der Einfluss der Staatsanwaltschaft erneut gestärkt wurde.

Der durch diese Verfahrensausgestaltung beseitigte formelle Einfluss der Polizei war jedoch nur ein Pyrrhussieg, da durch ein Gesetz vom 14. Mai 1852[120] die Polizei wieder zur eigenmächtigen, vorläufigen Straffestsetzung ermächtigt wurde. Bei Übertretungen durfte die Polizei Geldstrafe von bis zu 5 Talern und Gefängnisstrafe von bis zu dreißig Tagen festsetzen. Erachtete „der Polizeianwalt eine höhere Strafe für gerechtfertigt", so konnte er das Verfahren an sich ziehen[121].

Durch die Zulassung jedweden Beweises sollte das Mandatsverfahren zur Regel gemacht werden[122], weshalb es dem ordentlichen Verfahren im Text auch vorangestellt wurde[123]. Die gestärkte Verfahrensposition der Staatsan-

---

115 Ein Unterschied, ob es sich um eine kriminell strafbare oder bloß polizeilich zu ahndende Übertretung handelt wird nicht gemacht, *Hahn*, Preußische Gesetzgebung, Anm. 2 zu § 27 und zu Art. XIII des EGStGB; *Oppenhoff*, Die Preußischen Gesetze, Anm. 3 zu § 27.

116 Dies galt jedoch nicht für Gesetze, die nach dem EGStGB erlassen wurden, *Oppenhoff*, Die Preußischen Gesetze, Anm. 13 zu § 27.

117 Kommissionsbericht der zweiten Kammer, Vollständige Materialien, S. 169.

118 Sitzung der zweiten Kammer vom 18. März 1852, Vollständige Materialien, S. 659.

119 Art. 122 G 1852.

120 G.S. Preußen 1852, S. 245.

121 § 1 Abs. 2 des Gesetztes.

122 Kommissionsbericht der zweiten Kammer, Vollständige Materialien, S. 170.

123 Kommissionsbericht der zweiten Kammer, Vollständige Materialien, S. 172.

waltschaft gegenüber dem Richter durch die – modifizierte[124] – Übernahme des im E 1851 vorgesehenen Zustimmungserfordernisses bei Abmilderung der Strafe wurde während der Beratungen der zweiten Kammer kontrovers diskutiert, da es sich von selbst verstehe, dass durch den Antrag „der Polizeirichter nicht in seinem Urtheile beschränkt werden" dürfe[125]. Nach *Wetzel* sollten etwaige Differenzen zwischen Richter und Staatsanwaltschaft über die angemessene Strafe daher im Keim schon dadurch erstickt werden, dass es der Staatsanwaltschaft überlassen sein sollte, ob sie einen bestimmten Antrag stelle oder nicht, was zur Folge gehabt hätte, dass der Richter autonom über die Strafe entscheiden könnte. Von anderer Seite wurde gefordert, dass der Richter bei jeder beabsichtigten Abweichung vom Antrag der Staatsanwaltschaft die Hauptverhandlung anzuberaumen habe[126]. Begründet wurde dies damit, dass durch die Aufnahme des Zustimmungserfordernisses „gewissermaßen ein Transakt zwischen dem Polizei-Richter und dem Polizei-Anwalte" stattfinde, was „keineswegs angemessen erscheine"[127]. Beide Vorschläge schienen der Mehrheit unpassend. Gegen eine strikte Bindung spreche, dass auch bei Divergenzen zwischen Staatsanwaltschaft und Richter über die Höhe der Strafe das Mandatsverfahren möglich sein müsse[128]. Gegen den Vorschlag *Wetzels* wurde eingewandt, dass es in jedem Fall eine Regelung für eine etwaige Divergenz geben müsse, sei es wie letztlich beschlossen oder in Form eines Rechtsmittels der Staatsanwaltschaft. Warum der Richter eine höhere als die beantragte Strafe autonom festsetzen durfte, wurde kurioserweise nicht problematisiert.

Gegen die Strafverfügung stand dem Angeschuldigten, wie auch im E 1851 vorgesehen, ein *zehntägiges Einspruchsrecht* zu[129]. Erstmals findet sich die

---

124 Die Modifikation lag darin, dass der Richter, wenn er unter der beantragten Strafe bleiben wollte, die Strafverfügung zunächst dem Polizeianwalt nur noch mitzuteilen hatte. Dieser konnte zustimmen oder binnen drei Tagen die Einleitung des mündlichen Verfahrens beantragen. Beantragte er sie nicht, so galt sein Unterlassen als stillschweigendes Einverständnis und die Strafverfügung wurde dem Beschuldigten in beglaubigter Form zugestellt; Kommissionsbericht der zweiten Kammer, Vollständige Materialien, S. 172.

125 Kommissionsbericht der zweiten Kammer, Vollständige Materialien, S. 172.

126 Sitzung der zweiten Kammer vom 18. März 1852, Vollständige Materialien, S. 660: danach wurde ebenfalls der Antrag gestellt, dass die Stellung eines bestimmten Strafverfügungsantrags nicht Pflicht sein solle, da durch eine geringfügige Divergenz von z.B. einem Taler ein weiteres Verfahren stattfinde. Jedoch dürfe der Polizeianwalt einen solchen Antrag stellen.

127 Kommissionsbericht der zweiten Kammer, Vollständige Materialien, S. 172.

128 Kommissionsbericht der zweiten Kammer, Vollständige Materialien, S. 172.

129 Art. 124 Abs. 1 Nr. 4 G 1852.

Fiktion, dass bei Unterbleiben des Einspruchs die Strafverfügung die Kraft eines rechtskräftigen Urteils erlangt.

Uneins war man sich bei der Frage, ob bei Ausbleiben des Beschuldigten in der Hauptverhandlung der Einspruch wie gehabt zu verwerfen oder ob in der Sache zu entscheiden sei[130]. Ersteres setzte sich durch, da insbesondere die erste Kammer der Ansicht war, dass es sonst zu einer „weitläufigere(n) Verhandlung" kommen werde, die „mit der geringeren Wichtigkeit derselben gewöhnlich in keinem Verhältnis stehen würde"[131]. Zudem müsse – so die späteren Motive zum ersten Entwurf einer StPO für das Deutsche Reich – davon ausgegangen werden, dass der Einspruch nur um der Aufschiebung der Strafvollstreckung Willen eingelegt werde, weshalb der Einspruch zu verwerfen sei[132].

Explizit wurde zudem aufgenommen, dass der Richter im ordentlichen Verfahren auf eine andere als die in der Strafverfügung festgesetzten Strafe erkennen könne[133], „da es der Mehrheit nicht passend erschien, den Richter bei einer vorläufig festgesetzten Strafe festzuhalten, welche mit dem klar gestellten Sachverhalt in Widerspruch stehen würde"[134]; eine Minderheit in der ersten Kammer opponierte – ohne dass die Gründe erkennbar wären – erfolglos gegen diese Bestimmung[135].

3. Die Vorläufer der Reichsstrafprozessordnung

Über zehn Jahre später, im Jahre 1865, war das Mandatsverfahren wieder Gegenstand eines Reformvorhabens. Eingebettet war es in den „*Entwurf einer Strafprozeß-Ordnung für den preußischen Staat nebst motivierenden Anmerkungen*", dessen Ausarbeitung bereits 1861 begonnen hatte[136].

---

130 Dies wäre analog zum Civil-Bagatell-Prozeß. Kommissionsbericht der zweiten Kammer, Vollständige Materialien, S. 173; Kommissionsbericht der ersten Kammer, Vollständige Materialien, S. 785.

131 Kommissionsbericht der ersten Kammer, Vollständige Materialien, S. 785.

132 Motive zu dem Entwurf, S. 281.

133 Art. 127 G 1852.

134 Kommissionsbericht der ersten Kammer, Vollständige Materialien, S. 785; ähnlich die Motive zum Entwurf einer Deutschen Strafprozessordnung, S. 281, da der Einspruch nicht die Natur eines Rechtsmittel habe und daher der Gesichtspunkt der *reformatio in peius* nicht Platz greife, sei der Amtsrichter nicht an die im Strafbefehl festgesetzte Strafe gebunden; außerdem könne das Gericht nicht genötigt werden eine andere als die sich aus der Hauptverhandlung ergebende gerechte Strafe festzusetzen.

135 Kommissionsbericht der ersten Kammer, Vollständige Materialien, S. 785.

136 *Schubert / Regge*, Gesetzesrevision, I. Abt, Bd. 6, Teil 1, S. XXXV.

Wegweisend für die weitere Entwicklung des Strafbefehlsverfahrens war die neue Ausrichtung des Anwendungsbereichs. Er wurde über die Übertretungen hinaus – welche jetzt nicht mehr die in Art. XX EGStGB genannten Delikte umfassten – auch auf die in § 11 des Entwurfs aufgeführten *Vergehen* ausgeweitet[137]. Damit waren jetzt auch Delikte umfasst, die in der Regel mit einer Strafe von bis zu drei Monaten Gefängnis[138], teils sogar von bis zu sechs Monaten Gefängnis[139] bedroht waren. Zudem konnte nach § 15 BergAufsG eine Geldbuße von bis zu 500 Talern, also das Zehnfache der bei Übertretungen angedrohten Geldbuße, angeordnet werden. Diese Strafen konnten auch tatsächlich im Mandatsverfahren verhängt werden, da die Sanktionsgewalt nicht beschränkt war. Begründet wurde die Ausweitung auf die von § 11 umfassten Vergehen damit, dass die „praktische Zweckmäßigkeit [des Mandatsverfahrens] allgemein anerkannt" sei[140], was in der Praxis auf fast ungeteilte Zustimmung stieß[141], ein klares Abgrenzungskriterium für den Umfang des Anwendungsbereichs aber vermissen ließ. Damit schloss der Entwurf an die durch Art. 1 des *„Gesetzes, betreffend die Abänderung und Ergänzung einiger Bestimmungen des Einführungsgesetzes zum Strafgesetzbuch vom 14. April*

137 § 11 i.V.m. § 370 ff E 1865; die Ausweitung bezog sich auf die §§ 105, 116–119, 146, 273–275 StGB, §§ 177–180 GO, und einige andere Delikte.

138 So die §§ 105, 117–119, 273, 274, 254 StGB, §§ 177–180 GewO, §§ 15, 16 KleinhG, §§ 74, 75 der VO vom 9. Februar 1849, § 15 BergAufsG; § 146 StGB war mit höchstens acht Wochen Gefängnis bedroht.

139 §§ 116, 275 StGB.

140 Vgl. die Fußnote im Entwurf einer Strafprozeß-Ordnung für den preußischen Staat nebst motivierenden Anmerkungen, S. 162; *Abegg*, Der Entwurf vom Jahr 1865, S. 84, „[...] und [ich] halte die gemachten Vorschläge vom Standpunkt des Rechts aus und im allseitigen Interesse einer Abkürzung und Beschleunigung des Verfahrens, und rasch eintretender Ahndung, nach Form und Inhalt für wohl begründet".

141 Vgl. die Gutachten in Rep 84a, Nr. 8076–8082. Gegen die Ausweitung sprach sich nur das Appellationsgericht Insterburg aus, Nr. 8076, Bl. 349, 360. Keine Einwände erhoben: Kammergericht, Nr. 8076, Bl. 52, 96; Kreisgericht Lauban, Nr. 8077, Bl. 256, 261; Kreisgericht Diegenitz, Nr. 8077, Bl. 263, 337; Kreisgericht Coesfeld, Nr. 8078, Bl. 52, 74; Kreisgericht Siegen, Nr. 8078, Bl. 256, 262; Oberstaatsanwalt aus Bromberg, Nr. 8080, Bl. 94, 181; Staatsanwalt Schrader aus Langenhausen, Nr. 8081, Bl. 68, 84; Staatsanwalt Kanz zu Wittenberg, Nr. 8081, Bl. 99, 157; Staatsanwalt Leve in Halbersbach, Nr. 8081, Bl. 282. Positive Zustimmung bzw. Ausweitung auf „das Gesetz, den Diebstahl an Holz und anderen Waldprodukten betreffend", vom 2. Juni 1852, welches in § 29 Abs. 2 das Mandatsverfahren ausschloss: Appellationsgericht Frankfurt a.O., Nr. 8076, Bl. 165, 179; Appellationsgericht Cöslin, Nr. 8076, Bl. 191, 207; Kreisgericht Ostrowo, Nr. 8076, Bl. 404; Appellationsgericht Bromberg, Nr. 8076, Bl. 409, 437; Kreisgericht zu Brandenburg, Nr. 8076, Bl. 122, 128; Kreisgericht Guhrau, Nr. 8077, Bl. 142, 213; Appellationsgericht zu Naumburg, Nr. 8077, Bl. 499, 528; Appellationsgericht Arnsberg, Nr. 8078, Bl. 155, 173; Oberstaatsanwalt in Frankfurt, Nr. 8079, Bl. 138, 204.

1856“[142] begonnene Entwicklung an. Dieser hatte bereits für die meisten der jetzt mit einbezogenen Vergehen die Untersuchung durch den Einzelrichter nach dem ordentlichen Verfahren vorgesehen[143], das Mandatsverfahren aber noch ausgeschlossen.

Neu war auch, dass der Einspruch nur so lange zurückgenommen werden konnte, wie die Hauptverhandlung noch nicht begonnen hatte[144]. Dies beruhe darauf, so die späteren Motive zu dem Entwurf einer Deutschen Strafprozeßordnung, dass dem Angeklagten nicht die Befugnis zustehen sollte, das Verfahren willkürlich zu beenden, da dies gegen die Ordnung des Verfahrens und die Rücksicht auf die Autorität des Gerichts verstoße[145]. Wurde der Einspruch bei Ausbleiben des Beschuldigten in der auf den Einspruch folgenden Hauptverhandlung durch Urteil verworfen, stand ihm, abgesehen von der Wiedereinsetzung in den vorigen Stand[146], kein Rechtsmittel zu. Darauf war der Beschuldigte bei der Vorladung hinzuweisen[147].

Dieser Entwurf der Strafprozessordnung für den preußischen Staat trat, wenn auch nicht in der ganzen Monarchie, so doch in den 1866 annektierten Gebieten[148] in Kraft[149]. Die „*Verordnung, betreffend das Strafrecht und das Strafverfahren in den durch das Gesetz vom 20. September 1866 und die beiden Gesetze vom 24. Dezember 1866 mit der Monarchie vereinigten Landestheile, mit Ausnahme des vormaligen Oberamtsbezirks Weisenheim und der Enklave Kaulsdorf vom 25. Juni 1867*“[150] übernahm den Entwurf in ihren §§ 359–363 fast wörtlich. Geändert wurde lediglich, dass gemäß § 11 der Verordnung der Polizeirichter, entsprechend dem durch den E 1865 vorgezeichneten Weg, jetzt abstrakt für alle Vergehen zuständig war, deren Strafandrohung Freiheitsstrafe von höchstens sechs Monaten (!) oder Geldbuße von höchstens 500 Talern nicht überstieg, wobei Pressevergehen allerdings ausgenommen waren. Zudem entfiel die in § 374 Abs. 2 E 1865 noch enthaltene Hinweispflicht darauf, dass im Falle des Ausbleibens in der Hauptverhandlung der Einspruch ohne weiteres durch Urteil zu verwerfen war. *Katzenstein* äußerte die Vermutung, der

142 G.S. Preußen 1856, S. 208.

143 §§ 28–35, 37 der VO 1849.

144 § 372 Abs. 3 S. 2 E 1865.

145 Motive zu dem Entwurf, S. 281.

146 § 427 E 1865.

147 § 374 Abs. 2.

148 Hannover, Kurhessen, Nassau, Frankfurt am Main und Holstein.

149 Zu den Auseinandersetzungen zwischen Bismarck und dem Justizminister hinsichtlich der Einführung, von *Poschinger*, DJZ 1911, Sp. 22.

150 G.S. Preußen 1867, S. 92.

Grund für diese rigorose Ausweitung sei in den damaligen angespannten politischen Verhältnissen zu sehen[151]. Dies ist insofern nachvollziehbar, als dass die Annexion nicht mit schonender Hand durchgeführt wurde[152] und mancherorts zu heftigen Protesten der Bevölkerung führte[153]; insoweit bot sich das Strafbefehlsverfahren als Mittel der schnellen und unkomplizierten Züchtigung an.

4. Zusammenfassung

Der Ursprung des amtsrichterlichen Mandatsverfahrens liegt im Konflikt zwischen Justiz und Polizei. Das von der Polizei um der *Entlastung* der Administrativjustiz in „klaren Fällen" willen eingeführte Mandatsverfahren wurde als *Kompromiss* der Verfechter und Gegner dieser Administrativjustiz als richterliches Mandatsverfahren übernommen. Ursprünglich sollte die polizeiliche Strafbefugnis gänzlich beseitigt werden, so dass – wie im ersten E 1846 vorgesehen – alle Delikte der Kognition des Richters unterstellt wurden. Aufgrund befürchteter Kompetenzverluste für die Polizei gestaltete man das Mandatsverfahren letztlich aber als obligatorische, formale Straffestsetzung des Richters aufgrund einer polizeilichen Anzeige aus. Somit lag dem richterlichen Mandatsverfahren anfangs weder die Idee zugrunde, für unbedeutende Delikte ein vereinfachtes bzw. beschleunigtes Verfahren einzuführen, noch die Justiz zu entlasten. In der Folge setzte sich jedoch die Ansicht durch, dass es – unabhängig vom Konflikt zwischen Polizei und Justiz – eines *einfachen Verfahrens in geringfügigen Strafsachen*[154] bedürfe, wobei dies auf eine einfache Kosten-Nutzen-Rechnung zurückzuführen ist. Die Bedeutung der geringfügigen Sachen rechtfertige nicht den Aufwand und die Kosten eines ordentlichen Verfahrens[155].

Entsprechend dieser Entwicklung beschränkte sich der Anwendungsbereich auch zunächst nur auf Polizeivergehen und schloss Handlungen kriminellen Unrechts aus. Eine formelle Abgrenzung, beispielsweise nach der Strafandrohung der Delikte, war nicht möglich, da dies immer auch die Begrenzung des polizeilichen Einflusses mit sich brachte, wie die E 1850 und E 1851 zeigten

---

151 Diese Vermutung äußert *Katzenstein*, IKV Bd. 10 (1902), S. 184.

152 *Gebhardt*, Handbuch, Bd. 3, S. 199.

153 *Holborn*, Geschichte, Bd. 2, S. 437.

154 Vgl. Motive nach den Beschlüssen, S. 201.

155 Es komme sonst zu „weitläufigere(n) Verhandlung", die „mit der geringeren Wichtigkeit derselben gewöhnlich in keinem Verhältnis stehen würde"; Kommissionsbericht der ersten Kammer, Vollständige Materialien, S. 785.

und das EGStGB geschickt zu vermeiden wusste. Somit war die Ausgestaltung des Anwendungsbereichs eher Spiegel des Machtkampfs zwischen Polizei und Justiz als Folge einer dogmatischen Überlegung oder eines praktischen Bedürfnisses. Die nach Erlass des Gesetzes vom 14. Mai 1852 greifbare Chance, eine formale, auf Grundlage des StGB aufbauende Abgrenzung des Anwendungsbereichs zu schaffen, wurde nicht genutzt. Das Verfahren hatte sich schon zu sehr praktischer Beliebtheit erfreut, als dass eine dogmatisch eindeutige Beschränkung auf Übertretungen möglich schien. Mit der Begründung der praktischen Zweckmäßigkeit wurden daher in den E 1850, E 1851, EGStGB, E 1865 und G 1876 auch Vergehen vom Anwendungsbereich umfasst[156]. Dies bedeutete zweierlei. Zum einen wurde die Frage, was eine geringfügige Sache sei, nunmehr nach praktischen, nicht nach dogmatischen Gesichtspunkten beantwortet. Zum anderen wurde, da das maßgebliche Abgrenzungskriterium zwischen geringfügigen und nicht geringfügigen Strafsachen nicht offen zu Tage trat bzw. vielfältigen Interpretationen Raum ließ, hier der Samen – wie bereits das G 1867 zeigte – für eine fortwährende Ausweitung des Anwendungsbereichs gesät. Die Rechtsfolgenkompetenz war bis auf den E 1850 prozessual nicht beschränkt, so dass die nach materiellem Recht zulässigen Strafen verhängt werden konnten.

Bei der Verfahrensausgestaltung stand der Konflikt zwischen Justiz und Verwaltung im Vordergrund, wobei dieser anfangs noch vom internen Konflikt zwischen Polizei und Staatsanwaltschaft überschattet wurde. So fand das Verfahren zunächst praktisch zwischen Polizei und Richter statt, die Staatsanwaltschaft war lediglich verlängertes Organ der Polizei. Der Einfluss der Polizei im Mandatsverfahren wurde jedoch bereits durch die E 1851 und E 1852 zugunsten der Staatsanwaltschaft zurückgedrängt, und schließlich im G 1852 dadurch aufgehoben, dass die Staatsanwaltschaft selbst, ohne auf die Anzeige eines Beamten angewiesen zu sein, darüber entscheiden konnte, ob das Verfahren Platz greift. Allerdings wurde der Polizei durch das Gesetz vom 14. Mai 1852 gleichzeitig die Befugnis eingeräumt, eigenständig leichte Strafen vorläufig festzusetzen. Der Konflikt wurde ohnehin nur verlagert. Denn nunmehr stand anstelle des Einflusses der Polizei der Einfluss der Staatsanwaltschaft, der dem Richter Schranken setzte, wie die fortwährenden Kontroversen um die Bindung an den Antrag der Staatsanwaltschaft zeigen. Rückblickend wurde dadurch einerseits eine der Hauptforderungen der liberalen Strafrechtsbewegung, die Trennung zwischen Verwaltung und Justiz, hier

156 Vgl. die Fußnote im Entwurf einer Strafprozeß-Ordnung für den preußischen Staat nebst motivierenden Anmerkungen, S. 162. Vgl. auch Kommissionsbericht der ersten Kammer, Vollständige Materialien, S. 785.

nicht erfüllt. Andererseits kann man aus der damaligen Perspektive auch darauf abstellen, dass zumindest innerhalb der Exekutive die Kompetenz der Polizei auf die Staatsanwaltschaft überging, was ein Etappensieg war.

Die Rechte des Beschuldigten spielten zwar nur eine untergeordnete Rolle, decken aber auch die dem Verfahren zugrundeliegenden Motive auf. So standen die den Beschuldigten sichernden Rechte nämlich unter dem Vorbehalt, dass dadurch das Verfahren nicht verlangsamt werden dürfe. Diese Argumentation fügt sich teilweise in die oben beschriebene Kosten-Nutzen-Rechnung ein, wenn es da heißt, dass es zu einer „weitläufigere(n) Verhandlung" kommen werde, die „mit der geringeren Wichtigkeit derselben gewöhnlich in keinem Verhältnis stehen würde"[157]. Diese Aussage legt nahe, dass entscheidendes Motiv bei der Verfahrensausgestaltung des Mandatsverfahrens ein *einfaches Verfahren in geringfügigen Strafsachen*[158] war, nicht aber die Beschleunigung als solche.

II. Die weiteren Partikulargesetzgebungen

Von den übrigen Partikulargesetzgebungen[159] kannten etwas mehr als die Hälfte das Mandatsverfahren, dessen moderne Bezeichnung Strafbefehl erstmals in *Hannover* auftauchte, was die RStPO später übernahm. Kein Mandatsverfahren kannten die Staaten bzw. freien Städte *Frankfurt*[160], *Hessen-Homburg*[161], die beiden Fürstentümer *Hohenzollern*[162], die beiden Fürstentümer *Lippe*[163], *Lauenburg, Lübeck*[164], *Nassau*[165], *Österreich*[166], *Waldeck*[167] und

157 Kommissionsbericht der ersten Kammer, Vollständige Materialien, S. 785.

158 Vgl. Motive nach den Beschlüssen, S. 201.

159 Luxemburg und *Liechtenstein* werden von vornherein nicht berücksichtigt, da diese Staaten nicht im Deutschen Reich aufgegangen sind und daher der Erkenntnisgewinn über die Reichsstrafprozessordnung und ihre Entwicklung als gering anzusehen ist.

160 Vgl. Gesetz vom 15. Mai 1856, betreffend das Verfahren in Strafsachen, *Sundelin*, Sammlung, S. 584.

161 Vgl. die Gesetze das Strafverfahren betreffend in *Sundelin*, Sammlung, S. 459 ff.

162 Vgl. *Buddeus*, Anwaltbuch, S. 166 f. Die beiden Hohenzollern wurden jedoch mit Gesetz, betreffend die Vereinigung der Fürstenthümer Hohenzollern-Hechingen und Hohenzollern-Sigmarien mit dem preußischen Staatsgebiet vom 12. März 1850 mit Preußen vereint, G.S. Preußen 1850, S. 289; daraufhin wurde die VO 49 implementiert, vgl. *Callenberg*, Gerichtsverfassung, S. 13.

163 Nach *Hahn*, Strafprozess I, S. 3 galt dort bis zur Reichsgründung der Inquisitionsprozess.

164 Vgl. die Strafproceß-Ordnung für die Freie Hansestadt Lübeck vom 26. November 1862, Sammlung der lübeckischen Verordnungen und Bekanntmachungen, 29. Band, 1862, S. 253.

Württemberg[168]; in *Schleswig* und *Holstein*[169] sowie in beiden Fürstentümern *Mecklenburg*[170] gab es lediglich Entwürfe, die das Verfahren berücksichtigten. Die Gesetzgebungen der Staaten bzw. freien Städte *Anhalt-Bernburg*[171], *Anhalt-Dessau*[172], *Anhalt-Köthen*, *Baden*[173], *Bayern*[174], *Braunschweig*[175], *Bremen*[176], *Hamburg*[177], *Hannover*[178], *Hessen-Darmstadt* (Großherzogtum)[179],

---

165 Vgl. *Sundelin*, Sammlung, S. 268 ff.

166 Vgl. *Haeberlein,* S. 89 ff.; nach der endgültigen Trennung vom Deutschen Reich gab es indes ein Strafbefehlsverfahren; vgl. das Material in GSPK, Rep. 84a/7999, Bl. 163 ff.

167 Zwar galt in Waldeck das Gesetz vom 14. Juni 1850 die Einführung des mündlichen und öffentlichen Verfahrens mit Geschworenen betreffend, welches der VO 1849 nachempfunden war, jedoch gelten die das Mandatsverfahren betreffenden Vorschriften nicht, *Häberlein*, Sammlung, S. 183, insb. S. 225, Fn. 145.

168 Vgl. Strafprozessordnung vom 22. Juni 1843, *Häberlein*, Sammlung, S. 525; Strafprozessordnung vom 17. April 1868, Regierungsblatt für das Königreich Württemberg vom Jahre 1868, S. 205.

169 Nach *Schirach*, Entwurf, S. 68 f.

170 §§ 62 ff.; *Boehlau*, Entwurf, S. 282.

171 §§ 167 ff.; Gesetzessammlung für das Herzogthum Anhalt-Bernburg, 9. Band enthaltend die Gesetze und Verordnungen der Jahre 1849 und 1850, S. 384. Nach der Vereinigung mit Anhalt-Dessau im Jahre 1863 galt deren StPO, vgl. einerseits *Beohlau*, Entwurf, S. 267 und andererseits *Jähning / Biewer*, Territorialgeschichte, S. 123.

172 Art. 345 ff; Anhalt-Dessau, Anhalt-Köthen, Sachsen-Meiningen, Sachsen-Weimar, Schwarzburg-Rudolstadt und Schwarzburg-Sonderhausen führten etwa zeitgleich im Jahre 1850 sich lediglich in wenigen Details unterscheidende Strafprozessordnungen ein. Die Regelungen über das Strafbefehlsverfahren waren identisch. Sachsen-Coburg-Gotha und die beiden Fürstentümer Reuss waren zwar an der Ausgestaltung des Gesetzes beteiligt, verzichteten aber auf die Umsetzung; *Müller*, Strafprozessordnungen, S. IV. Sachsen-Altenburg und Anhalt-Bernburg waren schon an der Ausarbeitung nicht beteiligt; *Müller*, Strafprozessordnungen, S. III. Für beide Anhalt: Puplicationspatent, Strafgesetzbuch, Strafprozessordnung nebst Gebührentaxe betreffend vom 28. Mai 1850 nebst Strafprozessordnung in: *Müller*, Strafprozessordnungen, S. 17. Für Sachsen und Schwarzbug: Strafprozessordnung vom 20. März, 21. Juni, 26. April, 25. März 1850; *Häberlein*, Sammlung, S. 751.

173 §§ 315 f.; *Ammann*, Strafprozessordnung, S. 50, 227.

174 Art. 75; *Weis*, Strafgesetzbuch, S. 443, 449 f.; Art. 86 ff; Gesetzblatt für das Königreich Bayern 1871–1872, S. 82, 133.

175 § 74, *Häberlein*, Sammlung, S. 725; § 13, Gesetz- und Verordnungs-Sammlung für die herzoglich Braunschweigischen Lande 57ster Jahrgang 1870, S. 663, 672.

176 Art. 132, §§ 565 ff., Provisorische Strafprozessordnung der freien Hansestadt Bremen vom 30. Juli 1863, Bremen 1863.

177 § 241, Sammlung sämtlicher das neue Strafverfahren in Hamburg betreffenden Gesetzte nebst alphabetischem Sachregister über dieselben, Hamburg 1869.

178 § 212, *Sundelin*, Sammlung, S. 117, 173.

179 Art. 427 ff., Großherzoglich Hessisches Regierungsblatt auf das Jahre 1865, S. 681.

Hessen-Kassel (Kurfürstentum)[180], *Oldenburg*[181], die beiden Fürstentümer *Reuß*[182], *Sachsen*[183], *Sachsen-Altenburg*[184], *Sachsen-Coburg-Gotha*[185], *Sachsen-Meiningen*[186], *Sachsen-Weimar* und die beiden Fürstentümer *Schwarzburg*[187] sahen ein Strafbefehlsverfahren jeweils vor.

Die Ausgestaltung des Strafbefehlsverfahrens in den deutschen Staaten lehnte sich stark an das preußische Recht an, dies gilt insbesondere für die Strafprozessordnungen der *Thüringischen Staaten, Bayerns, Bremens, Hamburgs, Mecklenburgs, Oldenburgs* sowie *Schleswigs* und *Holsteins*, die die Normen teils wörtlich übernahmen. Ein geraffter Überblick soll hier daher genügen.

Der *Anwendungsbereich* beschränkte sich in der Regel auf den untersten Bereich strafwürdigen Verhaltens, wobei es klare Grenzen nicht gab. Das *Königreich Sachsen* und partiell auch der Entwurf der *Herzogtümer Schleswig* und *Holstein* gingen darüber hinaus und schlossen auch Delikte wie die leichte Körperverletzung, den einfachen Diebstahl, Erpressung und Betrug mit ein[188]. Andernorts, z.B. in *Braunschweig*, war der Anwendungsbereich stark eingeengt[189]. Die Art der Einschränkung des Anwendungsbereichs unterschied sich von Staat zu Staat. Entweder wurde sie über die Begrenzung der konkret

180 § 215 ff., *Haeberlein*, Sammlung, S. 462; §11, a.a.O., S. 451.

181 Art. 380, *Sundelin*, Sammlung, S. 494, 549.

182 Art. 344, Gesetzessammlung für die fürstlich Reußischen Lande jüngerer Linie, 13. Band, 1862–1863, S. 367; Gesetzessammlung des Fürstenthums Reuß ältere Linie 1868, S. 391.

183 Art. 337, Entwurf einer Strafprozessordnung für das Königreich Sachsen nebst Motiven und Inhaltsverzeichnis, Dresden 1853, dort noch auf die mit Geldstrafe bedrohten Übertretungen beschränkt; Art. 368, *Sundelin*, Sammlung, S. 637; Art. XXVII., Gesetz zur Erläuterung einiger Artikel des Strafgesetzbuchs, das Gesetz über die Forst-, Feld-, Garten-, Wild-, und Fischdiebstähle und der Strafprozessordnung; in: Gesetz- und Verordnungsblatt für das Königreich Sachsen vom Jahre 1861, S. 165; Art. 368a, Revidierte Strafprozessordnung für das Königreich Sachsen, vom 1. Oktober 1868; in: Gesetz- und Verordnungsblatt für das Königreich Sachsen vom Jahre 1868, 2. Abtheilung, S. 1036.

184 Art. 306, Strafprozessordnung mit Einführungspatent vom 7. Februar 1857, *Sundelin*, Sammlung, S. 389.

185 Art. 346, Strafprozessordnung vom 21. September 1857, *Sundelin*, Sammlung, S. 355.

186 Art. 345, *Haeberlein*, Sammlung, S. 821.

187 § 82, „Thüringische Novelle“ genannt; Gesetz vom 9. Dezember 1854, betreffend die Abänderung der Strafprozessordnung, *Sundelin*, Sammlung, S. 294 zusammen mit Sachsen-Weimar.

188 So Art. 44 i.V.m. Art. 368 der sächsischen Strafprozessordnung vom 13. August 1855.

189 § 74 Abs. 1 der Strafprozessordnung vom 22. August 1849; danach war das Verfahren nur bei den mit Geldstrafe bedrohten Vergehen zulässig. Zusätzlich war die Sanktionsgewalt auf 10 Reichstaler beschränkt.

verwirkten[190] oder der abstrakt angedrohten[191] Strafe erreicht. Teilweise waren aber auch alle Übertretungen bei unbegrenzter Sanktionsgewalt umfasst[192]. Beim verhafteten Beschuldigten war das Verfahren in allen Staaten bis auf *Kurhessen* ausgeschlossen.

Die fakultative Verfahrenseinleitung auf *Antrag der Staatsanwaltschaft* dominierte. Daneben gab es die obligatorische Einleitung[193] sowie die Verfahrenseinleitung durch den Richter von Amts wegen[194]. Unterschiedlich war auch die Bindung des Richters an den Antrag des Staatsanwaltes ausgestaltet. Mal war der Richter an den Antrag gar nicht gebunden[195], mal völlig[196]. Dazwischen gab es wie in Preußen die partielle Bindung[197], in diesen Fällen durfte der Richter ohne Zustimmung der Staatsanwaltschaft eine höhere als die beantragte Strafe festsetzen. Beim Einspruch dominierte das Fristsystem[198]. Neben diesem und dem aus *Preußen* bekannten Terminsystem[199] gab es noch eine Mischform wie z.B. in *Bremen* und *Oldenburg*[200]. Weitere Besonderheiten, die im Laufe der Entwicklung des Strafbefehlsverfahrens eine Rolle spielten, sind die Rücknahmemöglichkeit des Strafbefehls durch den Richter nach Einspruch in *Baden* sowie die Beschränkung des Einspruchs auf die Art oder die Höhe der Strafe in *Baden* und *Bremen* und die in *Hannover* vorgese-

190 Z.B. in Hamburg: nicht mehr als 50 Taler; Hannover: nicht mehr als 25 Taler.

191 Z.B. die thüringischen Staaten: Übertretungen, welche allein oder wahlweise mit Geldstrafe bedroht waren; Baden: Vergehen, welche nur mit Geldstrafe oder Gefängnis von höchstens acht Tagen bedroht waren; Braunschweig: alle mit Geldstrafe bedrohten Vergehen.

192 Z.B. in Oldenburg, Art. 380 § 1 Abs. 1.

193 Z.B. in Kurhessen, § 212.

194 So in Sachsen-Coburg-Gotha, Sachsen-Altenburg, vgl. Art. 344, 346 und 306 und Sachsen.

195 Anhalt-Dessau, Anhalt-Köthen, Sachsen-Meiningen Sachsen-Weimar, Schwarzburg-Rudolstadt, Schwarzburg-Sonderhausen, Baden, Hannover, Großherzogtum Hessen und Königreich Sachsen.

196 Hamburg, Mecklenburg, Sachsen-Weimar, Schwarzburg, Schleswig und Holstein.

197 Bayern, Bremen und Oldenburg.

198 Baden, Bayern, Hannover, Kurhessen, Sachsen-Weimar, Schwarzburg, Sachsen-Altenburg, Sachsen-Coburg-Gotha und Königreich Sachsen.

199 Anhalt-Dessau, Anhalt-Köthen, Sachsen-Meiningen, Sachsen-Weimar, Schwarzburg-Rudolstadt, Schwarzburg-Sonderhausen, Anhalt-Bernburg, Braunschweig, Hamburg, Mecklenburg, Schleswig und Holstein.

200 Der Beschuldigte konnte lediglich in „einem bestimmten Termine“ den Einspruch erheben, in welchem dann wiederum eine „Sitzung zur Hauptverhandlung bestimmt“ wurde.

hene Möglichkeit, im Strafbefehl auch zivilrechtliche Ansprüche des Verletzten mit durchzusetzen[201].

Im Hinblick auf den unterschiedlichen Anwendungsbereich und die unterschiedliche Verfahrensausgestaltung waren Kontroversen in der weiteren Entwicklung des Strafbefehlsverfahrens bei genau diesen Punkten vorprogrammiert.

---

201 § 212 Nr. 6 Abs. 2.

Zweites Kapitel: Die Monarchie 1871 bis 1918

Der Eingang des Mandatsverfahrens, das von nun an Strafbefehlsverfahren hieß, in die RStPO war unumstritten (I.). Zaghafte Versuche, das Strafbefehlsverfahren nach In-Kraft-Treten der RStPO auszuweiten und die Verfahrensstellung des Beschuldigten zu stärken, scheiterten an der Schwäche des Reichstags und seiner Unfähigkeit, eine Gesamtreform zu beschließen (II.). Die dann Anfang des 20. Jahrhunderts vom RJA ausgehende Strafprozessreform, die vielseitige Änderungen des Strafbefehlsverfahrens vorsah, war ebenso erfolglos (III.). Erst der einsetzende Erste Weltkrieg führte zu ersten Änderungen des Strafbefehlsverfahrens seit dessen Eingang in die RStPO, wobei dies auf teils fragwürdige Weise mit dem Kriegszustand gerechtfertigt wurde (IV.).

I. Die Reichsstrafprozessordnung

Während der annähernd siebenjährigen Ausarbeitung der RStPO wurde der Anwendungsbereich des Strafbefehlsverfahrens beständig ausgeweitet, ohne die Verfahrensrechte des Beschuldigten zu stärken; zudem kristallisierte sich der Grundsatz der Übereinstimmung zwischen Staatsanwaltschaft und Richter heraus[1].

1. Die Entwürfe einer Strafprozessordnung für den Norddeutschen Bund

Die Gesetzgebungsgeschichte der RStPO geht auf die Verfassung des Norddeutschen Bundes[2] vom 26. Juli 1867 zurück. Entsprechend ihres Art. 4 Nr. 13, der für den Bund eine einheitliche Strafprozessordnung vorschrieb, beantragten die Abgeordneten *Planck* und *Wagner* am 30. März 1868 im Reichstag des Norddeutschen Bundes, „Entwürfe eines gemeinsamen Strafrechts und eines gemeinsamen Strafprozesses, so wie die dadurch bedingten Vorschriften der Gerichts-Organisation baldthunlichst vorbereiten und dem Reichstage vorlegen zu lassen“[3]. Am 18. April 1868 wurde dieser Antrag vom Reichstag debattiert und anschließend beschlossen, „den Bundeskanzler aufzufordern,

1 Vgl. *Meyer-Goßner*, Strafprozeßordnung, vor § 407, Rn. 1 a.E.

2 G.B.NDB 1867, S. 1.

3 Sten. Berichte RT, Bd. 5, S. 27; der Entwurf wurde der Schlussberatung vorbehalten.

den Entwurf einer gemeinsamen Strafprozessordnung für den Norddeutschen Bund vorbereiten und dem Reichstage vorlegen zu lassen“[4].

Daraufhin befasste sich der Justizausschuss des Bundesrats mit der vom Reichstag vorgeschlagenen Vereinheitlichung des Strafprozessrechts[5] und schlug dem Plenum vor, den Kanzler zu ersuchen, zunächst das Strafgesetzbuch und sodann eine gemeinsame Strafprozessordnung auszuarbeiten und dem Bundesrat zur Beschlussfassung vorzulegen[6]. Diesen Vorschlag nahm der Bundesrat in seiner Sitzung vom 5. Juni 1868 an[7]. Erst über ein Jahr später[8], am 12. Juli 1869, ersuchte der Bundeskanzler *von Bismarck* den preußischen Justizminister *Leonhardt*, einen Entwurf für eine gemeinsame Strafprozessordnung auszuarbeiten[9]. Nachdem dieser das Ersuchen am 24. Juli 1869 angenommen hatte[10], beauftragte er *Friedberg*[11], der schon zuvor einen Entwurf für ein gemeinsames Strafgesetzbuch[12] ausgearbeitet hatte, eine Strafprozessordnung zu entwerfen[13].

Friedberg legte zunächst einen handschriftlichen „Ersten Entwurf einer Strafprozeß-Ordnung für den Norddeutschen Bund“[14] (E Friedberg) vor, der noch ganz in der Tradition der vorangegangenen preußischen Entwürfe stand[15]. Ausgehend von dieser Arbeitsgrundlage wurde im Justizministerium ein neuer Entwurf erstellt[16], der wiederum zweimal beraten wurde. Die daraus resultie-

---

4 Sten. Berichte RT, Bd. 5, S. 129.

5 Auch über den Vorschlag, das materielle Strafrecht zu vereinheitlichen, wurde beraten.

6 BR-Drucks. 56/1868.

7 Protokolle über die Verhandlungen des Bundesrathes des Norddeutschen Bundes, Session 1868, Protokoll der 14. Sitzung vom 5. Juni 1868, § 140.

8 Da zunächst das gemeinsame StGB ausgearbeitet werden sollte, bat Bismarck Friedberg bereits am 17. Juni 1868 dieses auszuarbeiten. Dieser Entwurf war im Juli 1869 fertigerstellt.

9 BA R 1401, Nr. 569, Bl. 11.

10 BA R 1401, Nr. 569, Bl. 13.

11 Zu den biographischen Daten *Ignor*, Geschichte, S. 270, Fn. 61.

12 *Schubert / Regge*, Strafprozessordnung, S. 6.

13 Als Hilfsarbeiter waren ihm beigesellt der Appellationsgerichtsrat Löwe, Gerichtsassessor Erler sowie zeitweise der Obergerichtsrat Leuthe; *Dochow*, Strafprozessordnung, S. 106; *Schubert / Regge*, Strafprozessordnung, S. 6.

14 BA R 1401, Nr. 573.

15 Er war in 12 Titel aufgeteilt, regelte unter dem 7. Titel „Von der Amtsgerichtlichen Untersuchung“ in den §§ 397–399 den Strafbefehl und enthielt, von sprachlichen Änderungen abgesehen, im Vergleich zum E 1865 drei wesentliche Neuerungen: Anwendungsbereich, Bindung des Richters an den Antrag der Staatsanwaltschaft und Wiedereinsetzungsrecht.

16 BA R 1401, Nr. 574; er sah in den §§ 304–308 des 8. Abschnitts „Von dem Verfahren vor den kleinen Schöffengerichten und von Strafbefehlen“ des 2. Teils „Von dem Gang der Untersuchung“ das Strafbefehlsverfahren vor.

renden revidierten Entwürfe erster[17] und zweiter Lesung[18] führten schließlich im November 1870 zu dem endgültigen *Entwurf einer Strafprozessordnung für den Norddeutschen Bund* (E 1870)[19].

Umstritten waren während der Beratungen insbesondere der Anwendungsbereich und die Bindung des Richters an den Antrag der Staatsanwaltschaft.

Friedberg wollte den *Anwendungsbereich* zunächst doppelt beschränkt wissen. Einerseits sollten nur Übertretungen, also gemäß § 1 Abs. 3 des StGB des Norddeutschen Bundes[20] alle mit Haft bis zu sechs Wochen oder mit Geldstrafe bis zu 50 Talern bedrohten Handlungen per Strafbefehl geahndet werden. Andererseits sollte – und dies hatten die preußischen Entwürfe bisher nicht vorgesehen – die Sanktionsgewalt im Strafbefehlsverfahren auf eine *Geldbuße von höchstens 10 Talern* sowie die im Unvermögensfalle eintretende Freiheitsstrafe und auf eine etwaige Einziehung begrenzt sein[21]. *Friedberg* konnte sich während der Beratungen aber nicht durchsetzen. Erst wurde die Beschränkung auf Übertretungen gestrichen, so dass das Strafbefehlsverfahren bei allen zur Zuständigkeit der kleinen Schöffengerichten gehörenden Sachen anwendbar war, wobei die Sanktionsgewalt allerdings auf 10 Taler beschränkt blieb[22]. Dann wurde im E 1870 auch diese Begrenzung gestrichen und die Sanktionsgewalt auf 50 Taler, also das Höchstmaß der bei Übertretungen möglichen Geldstrafe, ausgeweitet[23]. Dies sei gerechtfertigt, weil dieser Betrag weniger weit gehe als in den meisten Partikulargesetzen[24]. Ferner wurde explizit aufgenommen, dass der Angeklagte sich auf freiem Fuß befinden müsse[25].

Für welche Delikte das kleine Schöffengericht zu diesem Zeitpunkt zuständig war, ließ sich nicht ermitteln, da der Entwurf Regelungen über die Gerichtsverfassung vermissen lässt.

---

17 BA R 1401, Nr. 574, §§ 277–281, die Angaben ergeben sich aus der Fassung nach der handschriftlichen Korrektur der revidierten Fassung. Es ist wohl der Entwurf nach der ersten Lesung, da es noch einen weiteren revidierten Entwurf zweiter Lesung gibt.

18 BA R 1401, Nr. 575; dieser beinhaltet nur minimale sprachliche Änderungen. So änderte man den Ausdruck „Versäumniß-Urtheil“ in § 281 zu „Urtheil“; man beachte im übrigen die Nähe zum Zivilprozessrecht.

19 Abgedruckt bei *Schubert / Regge*, Strafprozessordnung,, S. 48 (87).

20 G.B.NDB 1870, S. 197; dieselbe Definition hat insoweit im übrigen auch das StGB des Deutschen Reiches vom 15. Mai 1871 übernommen.

21 BA R 1401, Nr. 573, § 397.

22 BA R 1401, Nr. 574, § 304; BA R 1401, Nr. 575, § 304.

23 § 277 Abs. 2 E 1870.

24 Motive zu dem Entwurf einer Deutschen Strafprozeßordnung, S. 281.

25 § 277 Abs. 1 E 1870.

Leonhardt schrieb am 5. Januar 1870 an *Bismarck*, dass er bei der Ausarbeitung der Regelungen über die Gerichtsverfassung die Vorschriften der Strafprozessordnung berücksichtigen wolle, welche nicht das Verfahren im engen Sinne, sondern die Organisation betreffen[26]. Der erste Entwurf einer solchen Gerichtsverfassung (*E Falk*) kann daher erst auf einen Zeitpunkt nach der Erstellung des StPO-Entwurfs datiert werden[27], nämlich den 23. April 1871. Als feststehend kann gelten, dass die Entwurfsverfasser der Strafprozessordnung eine wie auch immer geartete Vorstellung einer noch auszuarbeitenden Gerichtsverfassung hatten, da ansonsten ihr Entwurf nicht sachgerecht umzusetzen gewesen wäre. Man kann aber nur darüber spekulieren, ob die Vorstellungen über die Regelung der Zuständigkeiten dem EGVG 1873[28] ähnlich waren.

Mit Sicherheit lässt sich jedoch sagen, dass das kleine Schöffengericht auch für einige Vergehen zuständig war. Dafür spricht, dass der – ansonsten identische – revidierte Entwurf erster Fassung in § 304 noch eine Einschränkung auf Übertretungen vorsah[29]. Daher muss man davon ausgehen, dass ohne diese Einschränkung auch einige Vergehen vom Anwendungsbereich mitumfasst gewesen wären.

Unterschiedlich war auch die *Bindung des Richters* an den Antrag der Staatsanwaltschaft in den Entwürfen ausgestaltet. Im E 1870 war die Bindung dergestalt gelockert, dass der Richter ohne Zustimmung der Staatsanwaltschaft eine über der beantragten liegende Strafe festsetzen durfte[30]. *Friedberg* hatte in seinem Entwurf noch eine strikte Bindung des Richters vorgesehen. Gemeinsam war den Entwürfen aber, dass der Richter, anstatt den Strafbefehl zu erlassen, die Hauptverhandlung anberaumen konnte. Nach *Friedberg* war diese Möglichkeit gegeben, wenn der Richter die beantragte Strafe nicht für angemessen oder er weitere Aufklärung des Sachverhalts für erforderlich hielt. Die revidierten Entwürfe wie schließlich auch der E 1870 sprachen hingegen abstrakt von besonderen Bedenken, die dem Erlass des Strafbefehls entgegenstünden[31].

Zudem sah der E 1870 – wie aus Hannover bekannt – eine Mischung aus *Termin- und Fristsystem* vor. Der Angeklagte konnte weiterhin innerhalb von

---

26 *Schubert*, GVG, S. 325 f.

27 Entwurf von *Falk* in Rep. 84a, Nr. 8012, Bl. 17; danach war das kleine Schöffengericht u.a. zuständig für Übertretungen und die §§ 113, 117, 119, 120, 121, 123 Abs. 3, 137, 196, Diebstahl, Unterschlagung, Begünstigung, Betrug, §§ 288, 291, 198, 303, 304, 327, 328 des Strafgesetzbuches.

28 *Schubert*, Gerichtsverfassung, S. 423; vgl. auch Entwurf *Foerster*, a.a.O., S. 338.

29 BA R 1401, Nr. 574, § 304.

30 § 278 Abs. 2 E 1870.

31 § 397 Abs. 2 E Friedberg.

zehn Tagen den Einspruch erheben. Für den Fall des Einspruchs wurde der Angeklagte aber bereits im Strafbefehl zu einer Sitzung vorgeladen[32]. Erstmals wurde nun geregelt, dass demjenigen Angeklagten, welchem die *Wiedereinsetzung* in den vorigen Stand wegen Versäumung der Einspruchsfrist gewährt worden war, diese nicht abermals wegen des Ausbleibens in der Hauptverhandlung zuerkannt werden durfte[33]. Gerechtfertigt wurde dies damit, dass es sich um „Strafsachen von geringer Bedeutung" handele und eine „ungebührliche Verzögerung" eintrete[34].

2. Die Entwürfe der RStPO

Der E 1870 wurde zunächst preußischen Juristen zur vertraulichen Begutachtung vorgelegt[35] und dann von einer Ministerialkommission unter dem Vorsitz *Leonhardts* umgearbeitet[36]. Der daraus resultierende Entwurf[37] war dann im September 1871 im wesentlichen abgeschlossen[38]. Die zwischenzeitlich durch den Krieg mit Frankreich[39] und die Gründung des Deutschen Reichs[40] unterbrochenen Beratungen der Ministerialkommission wurden im Oktober 1872 wieder aufgenommen[41]. Im Januar 1873[42] war schließlich der Druck des

---

32 § 279 Abs. 2 des revidierten Entwurfs zweiter Lesung.

33 Erstmals in § 399 E Friedberg; § 281 Abs. 2 E 1870.

34 Motive zu dem Entwurf, S. 282.

35 *Dochow*, Strafprozessordnung, S. 108; die Gutachten befinden sich in der Akte Rep. 84a, Nr. 8019.

36 *Schubert / Regge*, Strafprozessordnung, S. 8.

37 In der Akte Rep. 84a, Nr. 7995 findet sich ab Bl. 3 ein umgearbeiteter Entwurf einer „Strafprozessordnung für den Norddeutschen Bund". Auf dem Entwurf ist „Norddeutscher Bund" durchgestrichen und an dessen Stelle handschriftlich „Deutsches Reich" vermerkt.

38 *Schubert / Regge*, Strafprozessordnung, S. 8.

39 Vgl. den Friedensvertrag mit Frankreich vom 10. Mai 1871, RGBl. 1871, S. 223.

40 Am 15. November 1870 verständigten sich Preußen, Baden und Hessen in einem Vertrag über die Verfassung des Deutschen Bundes (BGBl. 1870, S. 650), der nach dessen Präambel den Namen Deutsches Reich führen sollte. Die Wirksamkeit der diesem Vertrag beigefügten Verfassung (BGBl. 1870, S. 627) war auf den 1. Januar 1871 festgesetzt. Mit Vertrag vom 23. November 1870 (BGBL. 1871, S. 9) trat Bayern, mit Vertrag vom 25. November 1870 (BGBl. 70, S. 654) Württemberg dem Vertrag des Deutschen Bundes bei. Mit dem Gesetz betreffend die Verfassung des Deutschen Reichs vom 16. April 1871 trat anstelle der oben genannten Verträge die Verfassungs-Urkunde für das Deutsche Reich. Bis einschließlich der Ausgabe Nr. 3 des Gesetzblattes des Jahres 1871 wurde dieses als Gesetzblatt des Norddeutschen Bundes bezeichnet. Die Ausgaben Nr. 4 bis Nr. 18 bezeichnen es als Gesetzblatt für den Deutschen Bund. Ab der Nr. 19 vom 8. Mai 1871 hieß es Reichsgesetzblatt.

41 Rep. 84a, Nr. 7995, Bl. 285 (Frankfurter Zeitung vom 7. Oktober 1872).

„Entwurfes einer Deutschen Strafprozeß-Ordnung“ (E 1873/1)[43], der den Strafbefehl nun in den §§ 337–341 regelte, abgeschlossen und wurde vom Reichskanzler *von Bismarck* an den Bundesrat überwiesen[44].

a) Die Bundesratsvorlage (E 1873/1)

Der Eingang des Strafbefehlsverfahrens in die Strafprozessordnung wurde – nachdem es schon in Preußen seinen unmittelbaren Zusammenhang mit der polizeilichen Strafbefugnis verloren hatte – damit gerechtfertigt, dass es von großer praktischer *Zweckmäßigkeit* sowie in den meisten deutschen Gesetzgebungen bereits vorhanden sei[45]. Außerdem wurde auf die Begründung zum Ungehorsamsverfahren verwiesen[46], das nach seinen Motiven darauf beruhe, dass es sich um „Handlungen *geringerer* Art“ handele und der Zwang zum Erscheinen für den Angeklagten oft ein größeres *Übel* darstelle als die Verurteilung zu einer Freiheitsstrafe von einigen Tagen oder Geldstrafe von einigen Talern[47]. Das Strafbefehlsverfahren entsprang somit – wie zuletzt auch in Preußen – dem rechtspolitischen Bedürfnis nach einem *einfachen Verfahren in geringfügigen Strafsachen*[48].

Nur bedingt nachvollziehbar ist daher die Aussage, dass der Verweis auf das Ungehorsamsverfahren unergiebig sei[49], da für dieses der *freiwillige Verzicht* auf das rechtliche Gehör charakteristisch sein solle[50], was beim Strafbefehlsverfahren nicht der Fall sei. Diese Feststellung hat ihre Berechtigung nur, wenn man – wie *Müller* und *Thuma* – nach einer dogmatischen Begründung für die Existenz des Strafbefehlsverfahrens sucht. Der Grundgedanke dieses Verfahrens und seine Rechtfertigung beruht aber nicht auf einer dogmatischen, sondern – wie gesehen – auf der politischen Erwägung, dass das Verfahren für den unteren Bereich strafbaren Handelns summarisch ausgestaltet werden könne bzw. solle[51].

---

42 *Hahn*, Strafprozessordnung, Abt. I, S. 71.

43 *Schubert / Regge*, Strafprozessordnung, S. 113 (143).

44 BR-Drucks. 17/1873. Aufgrund der Reichsgründung war die Rechtsgrundlage für die Strafprozessordnung nun der Art. 4 Nr. 13 der neuen „gesamtdeutschen“ Verfassung (RGBl. 1871, 63 (64)), die im wesentlichen der des Norddeutschen Bundes glich.

45 Motive zu dem Entwurf, S. 280.

46 Motive zu dem Entwurf, S. 280.

47 *Hahn*, Strafprozessordnung, Abt. I, S. 188.

48 Vgl. Motive nach den Beschlüssen, S. 201.

49 *Müller*, Strafbefehlsverfahren, S. 232; *Thuma*, Strafbefehlsverfahren, S. 29.

50 Motive zu dem Entwurf, S. 185.

51 So auch für die Zeit zwischen der RStPO und dem Ende des Zweiten Weltkrieges, *Fisch*, Strafbefehlsverfahren, S. 8.

Auffällig ist eine neue Stellung des Strafbefehlsverfahrens in der Gesetzessystematik. War es bisher innerhalb der Regelungen über das ordentliche Verfahren eingegliedert[52], stand es nun als erster Abschnitt an der Spitze der im 6. Buch geregelten *Besonderen Arten des Verfahrens*. Im Gegensatz zu der preußischen Gesetzeslage, die davon ausgegangen war, dass das Mandatsverfahren innerhalb seines Anwendungsbereiches die Regel darstellen sollte[53], war es nunmehr systematisch gesehen die Ausnahme[54]. Trotz – oder gerade wegen – dieser Umkehr des Regel-Ausnahmeprinzips wurde die *Sanktionsgewalt* des Strafbefehlsverfahrens aber ausgeweitet.

Bereits der Entwurf vom September 1871 sah die Festsetzung einer sechswöchigen *Gefängnisstrafe*[55], also das Höchstmaß der bei Übertretungen möglichen Gefängnisstrafe vor[56]. Begründet wurde dies damit, dass es keinen genügenden Grund gebe, die Zulässigkeit des Strafbefehls „auf die Fälle zu beschränken, in denen zunächst nur Geldstrafe und erst für den Fall des Unvermögens eine Freiheitsstrafe festzusetzen ist“[57]. Interessant ist hier die *Umkehr der Argumentationslast*. So bedarf es keiner Rechtfertigung für die Ausweitung der Sanktionsgewalt, sondern einer Rechtfertigung für deren Einschränkung[58].

Der sachliche Anwendungsbereich war weiterhin parallel zur Zuständigkeit des kleinen Schöffengerichts festgelegt. Gemäß § 142 des EGVG[59] waren also alle Übertretungen und diejenigen Vergehen umfasst, welche mit keiner anderen Strafe als Gefängnis von höchstens drei Monaten oder Geldstrafe von

52 Schon der revidierte Entwurf für den Norddeutschen Bund sah einen „5. Teil von besonderen Arten des Verfahrens“ vor. Dort war das Strafbefehlsverfahren allerdings noch nicht geregelt.

53 Vgl. oben S. 20. G 1852.

54 Allerdings war es im Rahmen seines Anwendungsbereichs in Bayern die Regel, vgl. Rep. 84a, Nr. 8324, Bl. 12.

55 Rep. 84a, Nr. 7995, Bl. 67, § 259 (277).

56 § 18 StGB.

57 Motive zu dem Entwurf, S. 281.

58 Dies musste sowohl aus konservativer als auch aus liberaler Sicht verwundern.

59 *Schubert*, Gerichtsverfassung, S. 427 i.V.m. S. 368; angemerkt sei, dass gemäß § 143 EGVG bestimmte, grds. den Landgerichten (mittlere und große Schöffengerichte) zugewiesene Vergehen unter weiteren Voraussetzungen vom LG an das kleine Schöffengericht überwiesen werden konnten. Der Entwurfsverfasser sah diese wohl als minder schwer an. Die dort aufgezählten Delikte sind daher auch die ersten, die später noch in den Anwendungsbereich des Strafbefehlsverfahrens fallen sollten (§§ 113, 117, 1119, 120, 121, 123, 137, 183, 196, 242, 246, 258, 259, 263, 288, 291, 298, 303, 304, 327, 328).

höchstens sechshundert Mark Reichsmünzen[60], allein oder in Verbindung miteinander, bedroht waren.

Geht man davon aus, dass der revidierten Fassung des Entwurfs einer Strafprozessordnung für den Norddeutschen Bund die Gerichtsverfassung entsprechend dem Entwurf *Falks* zugrunde lag[61], wurde der Anwendungsbereich nochmals erweitert, nämlich *pauschal* auf alle Vergehen, für die die Strafdrohung ein gewisses Maß nicht überschritt.

Die einzige Neuerung der Verfahrensausgestaltung im Gegensatz zum E 1870 war die Einführung des *Fristsystems*[62], zunächst wie im E 1850 ein zehntägiges, letztlich im E 1873/1 ein einwöchiges Fristsystem[63]. Bemerkenswert ist noch eine lapidare Äußerung zum Wiederaufnahmeverfahren, dass dieses ein Urteil voraussetze und es daher bei einem durch rechtskräftigen Strafbefehl beendeten Verfahren nicht zur Anwendung kommen könne[64], obwohl doch die Sachverhaltsaufklärung gegenüber dem ordentlichen Verfahren tendenziell mangelhafter ist[65].

b) Die Entwürfe im Bundesrat

In seiner Sitzung vom 13. Mai 1873 beschloss der Bundesrat auf Antrag seines Justizausschusses[66], den E 1873/1 einer elfköpfigen Sachverständigenkommission zur Beratung zu überweisen[67]. Die Kommission unter dem Vorsitz *Friedbergs*[68] trat am 17. April 1873 erstmals[69] zusammen und beendete ihre Sitzungen mit dem 3. Juli 1873. In dem daraus resultierenden „*Entwurf einer Deutschen Strafprozessordnung nach den Beschlüssen der vom Bundesrath*

---

60 Mittlerweile wurde eine neue, einheitliche Währung eingeführt.

61 Vgl. oben S. 36.

62 Rep. 84a, Nr. 7995, Bl. 67, § 261 (279); bedingt durch diese Änderung wurde nur noch bestimmt, dass bei rechtzeitigem Einspruch zur Hauptverhandlung zu schreiten sei und nicht wie bisher "in der im Strafbefehl bezeichneten Sitzung", § 280 Abs. 1 (§ 263 Abs. 1).

63 §§ 337 Abs. 3, 339 Satz 2.

64 *Hahn*, Strafprozessordnung, Abt. I, S. 268.

65 Vgl. Rep. 84a, Nr. 787, Bl. 71.

66 Vgl. Art. 8 Abs. 1 Nr. 6 der Verfassung des Deutschen Reiches.

67 *Hahn*, Strafprozessordnung, Abt. I, S. 72.

68 Die Mitglieder waren neben Friedberg Foerster, Mager, Zachariä, Wiener, Staudinger, Schwarze, von Binder, Binger, Zentgraf, Mittelstädt, vgl. *Hahn*, Strafprozessordnung, Abt. I, S. 72 und *Schubert / Regge*, Strafprozessordnung, S. 9, mit jeweiliger Kurzbiographie.

69 *Hahn*, Strafprozessordnung, Abt. I, S. 72; Landau, Reichsjustizgesetze, S. 176, danach gab es drei Lesungen in insgesamt 39 Sitzungen.

eingesetzten Kommission" (E 1873/2)[70] war der Strafbefehl in den §§ 342–347 (349) geregelt. Im Herbst 1873 ging der E 1873/2 an den Bundesrat, der ihn wiederum an seinen Justizausschuss weiterleitete[71], wo er vom 27. Februar bis zum 18. Mai 1874 beraten wurde[72]. Dessen Beschlüsse wurden wiederum am 16. Juni 1874 im Plenum des Bundesrats beraten und fast unverändert übernommen (E 1874)[73].

aa) Sachverständigenkommission (E 1873/2)

In der Sachverständigenkommission war das Strafbefehlsverfahren Gegenstand heftiger Kontroversen. Dies hing wohl damit zusammen, dass die Entwürfe bisher ganz im Zeichen der preußischen Tradition gestanden hatten und sich nun erstmals auch nichtpreußische Juristen an der Diskussion beteiligten, deren Gesetzgebungen sich teilweise nicht unwesentlich vom preußischen Recht unterschieden[74]. Im Kern ging es um die schon bekannten Brennpunkte, den Anwendungsbereich und das Verhältnis der Exekutive zur Judikative.

Die Kommission schränkte den sachlichen Anwendungsbereich wieder auf Übertretungen ein[75]. Hintergrund war eine inzwischen erfolgte Ausweitung in der Zuständigkeit der kleinen Schöffengerichte, an die der Anwendungsbereich des Strafbefehlsverfahrens anknüpfte. Die bisherigen Entwürfe zum GVG sahen für deren Zuständigkeit nur Übertretungen und die Vergehen vor, welche mit keiner anderen Strafe als Gefängnis von höchstens drei Monaten oder Geldstrafe von höchstens 600 Mark Reichsmünzen allein, in Verbindung miteinander oder in Verbindung mit Einziehung[76] bedroht waren. Gemäß § 42 des aktuellen EGVG konnte die Staatsanwaltschaft bei weiteren Vergehen die Zuständigkeit der kleinen Schöffengerichte begründen[77], was bisher nur infolge einer Überweisung durch die Landgerichte möglich gewesen war. Weil diese Ausweitung für das Strafbefehlsverfahren nicht gewollt war und die Kommission offensichtlich ein eindeutiges, formales Abgrenzungskriterium

---

70 *Schubert / Regge*, Strafprozessordnung, S. 293 (351).

71 *Schubert / Regge*, Strafprozessordnung, S. 16.

72 *Schubert / Regge*, Strafprozessordnung, S. 364 ff.

73 Landau, Reichsjustizgesetze, S. 178.

74 Vgl. oben S. 27 f.

75 *Schubert / Regge*, Strafprozessordnung, S. 266 und zuvor S. 231.

76 Dieser Passus wurde in der Sitzung vom 25. Februar 1873 von der Kommission aufgenommen, *Schubert*, GVG, S. 460, 461.

77 Vgl. § 42 EGVG, *Schubert*, Gerichtsverfassung, S. 550, 551; vgl. auch Fn. 48.; diese sogenannten beweglichen Zuständigkeiten wurden erstmals durch § 3 VO 1915/2 eingeführt.

suchte[78], konnte sich auch *Binger* nicht mit seinem Antrag durchsetzen, das Strafbefehlsverfahren zumindest für die bisherigen Vergehen künftig zuzulassen[79].

Die Sanktionsgewalt ließ die Kommission demgegenüber unangetastet[80].

Vor der Änderung der Gerichtsverfassung wollte die Kommission den Anwendungsbereich bezüglich der Sanktionsgewalt nicht verändern. Zwar beantragten *Staudinger*[81] und *Binger*[82] seinerzeit, die verhängbare Strafe auf 300 Reichsmark zu erhöhen. Sie konnten sich aber nicht durchsetzen, so dass man die Sanktionsgewalt auf 150 Reichsmark festsetzte, was den bisherigen 50 Talern entsprach.

Weiterhin sollte der persönliche Anwendungsbereich nach Ansicht *Bingers* und *Schwarzes* auch auf den nicht auf freiem Fuß befindlichen Angeklagten ausgedehnt werden[83]. Zur Begründung führten sie an, dass die jetzige Situation „dem praktischen Bedürfniß nach einem einfachen Verfahren in geringfügigen Strafsachen noch nicht genügt“[84]. Denn durch den Ausschluss des Strafbefehlsverfahrens beim nicht auf freiem Fuß Befindlichen werde die Haft zum einen unnötig verlängert und zum anderen die Dienstpflicht der Schöffen über das Maß des Notwendigen erhöht. Man stand diesen Anträgen allerdings skeptisch gegenüber, da ein Strafbefehl nach dem Wortlaut des § 337 ohne Gewährung rechtlichen Gehörs erlassen werden konnte[85], ein Passus, der so verstanden wurde, als sei bei Gewährung rechtlichen Gehörs, wie in Haftsachen vorgeschrieben, der Erlass eines Strafbefehls nicht möglich. Letztlich kam man auf Antrag *Staudingers*[86] überein, für den Fall der Festnahme ein gesondertes Verfahren einzuführen, den *Strafbescheid*[87]. Dieser erklärte für

78 Vgl. unten S. 47f.

79 Der Antrag lautete: „In denjenigen Sachen, in denen die Zuständigkeit der kleinen Schöffengerichte nicht mit Rücksicht auf die Umstände des Falles zu erkennende Strafe begründet ist [...]“, vgl. BA R 1401, Nr. 578, Bl. 192. Damit sollten die Vergehen gemäß § 42 EGVG ausgeschlossen werden, womit der Anwendungsbereich wie bisher geblieben wäre.

80 Es konnten sechs Wochen Freiheitsstrafe und 50 Taler Geldstrafe festgesetzt werden, also das bei Übertretungen zulässige Höchstmaß.

81 *Schubert / Regge*, Strafprozessordnung, S. 232.

82 BA R 1401, Nr. 538, Bl. 183; *Schubert / Regge*, Strafprozessordnung, S. 289.

83 *Schubert / Regge*, Strafprozessordnung, S. 232.

84 Motive nach den Beschlüssen, S. 201.

85 Möglicherweise sah man dies als zwingende Voraussetzung an, vgl. unten S. 46, was dann wegen der obligatorischen Anhörung beim Verhafteten den Erlass eines Strafbefehls verhindert hätte.

86 *Schubert / Regge*, Strafprozessordnung, S. 231.

87 Entsprechend wurde auch die Überschrift in „Verfahren bei amtsrichterlichen Strafbefehlen und Strafbescheiden“ geändert.

den Fall, dass „der Beschuldigte in Folge einer vorläufigen Festnahme vorgeführt wird“[88], die Regelungen über den Strafbefehl grundsätzlich für entsprechend anwendbar. Ein entscheidender Unterschied war aber, dass der Strafbescheid erst „nach Vernehmung des Beschuldigten“, also des vorläufig Festgenommenen, erlassen werden durfte, so dass den Bedenken der Kommission Rechnung getragen wurde.

Bezüglich der Zuständigkeit für den Erlass eines Strafbefehls war das Verhältnis der Exekutive zur Judikative im Strafbefehlsverfahren umstritten. *Schwarze* beantragte erfolglos[89], dass der Richter den Strafbefehl von Amts wegen erlassen können[90] und der Einfluss der Exekutive somit ganz entfallen solle. Die quasi entgegengesetzte Position nahm *Binger* ein, der sich dafür aussprach, bei Übertretungen die Polizeibehörden zum Erlass eines Strafbefehls zu ermächtigen[91]. Indes stand die Kommission mehrheitlich auf dem Standpunkt, es bei der bereits im E 1870 vorgesehenen Antragsbefugnis der Strafverfolgungsbehörde zu belassen.

Die noch in den E 1870 sowie E 1873/1 vorgesehene gelockerte *Bindung des Richters* an den Antrag der Staatsanwaltschaft wurde – wohl auch auf Intervention *Friedbergs*, der sich schon zu Beginn der Arbeiten dafür ausgesprochen hatte[92] – wieder aufgehoben[93], der Richter war nun hinsichtlich der Strafhöhe komplett an den Antrag gebunden. Als Korrektiv beschloss die Kommission auf Antrag *Staudingers*[94], dass der Richter den Antrag schon dann ablehnen dürfe, wenn dem Erlass „Bedenken“ entgegenstünden. Obwohl das Attribut „besondere“[95] im Gegensatz zum E 1870 entfiel und sich damit die Entscheidungsbefugnis – marginal – zugunsten des Richters verschieben müsste, äußern sich die Motive dazu nicht[96].

88 § 348 Abs. 1 E 1873/2.

89 Damit erledigten sich weitere von ihm in diesem Zusammenhang gestellte Anträge.

90 *Schubert / Regge*, Strafprozessordnung, S. 230; indes handelt es sich nicht wie dort vermerkt um den Antrag Nr. 433, sondern um den Antrag Nr. 413, vgl. BA R 1401, Nr. 578, Bl. 138.

91 *Schubert / Regge*, Strafprozessordnung, S. 234.

92 Vgl. oben S. 36.

93 *Schubert / Regge*, Strafprozessordnung, S. 232 f.

94 BA R 1401, Nr. 578, Bl. 109; *Schubert / Regge*, Strafprozessordnung, S. 232; Staudinger beabsichtigte mit diesem Antrag, dass der Richter den Antrag bei Bedenken ablehnt und nicht zur Hauptverhandlung schreitet. Dies sollte der Initiative der Staatsanwaltschaft vorbehalten bleiben; letzteres wurde jedoch abgelehnt.

95 Vgl. oben S. 36.

96 Vgl. Motive nach den Beschlüssen, S. 200.

Für das Strafbefehlsverfahren ebenfalls relevant waren beispielsweise die erfolglosen Anträge *Staudingers*, dass der Angeklagte das Strafbefehlsverfahren wählen können solle[97], und dass die Zustellung des Strafbefehls an die Person des Angeklagten selbst zu erfolgen habe[98], wodurch die Möglichkeit, fristgerecht Einspruch einzulegen, gewährleistet wäre. Erfolgreich war demgegenüber der Antrag *Staudingers*, wonach die Staatsanwaltschaft auf die Benachrichtigung von dem Einspruch hin die Klage fallen lassen konnte[99]. Diese Möglichkeit führte dazu, dass sie einen Strafbefehl beantragen konnte, ohne dass dies nach Einspruch zwingend die Hauptverhandlung und damit den „Verbrauch der Strafklage" zur Folge hatte. In der Konsequenz konnte die Staatsanwaltschaft den Strafbefehl auf einer unsicheren Tatsachengrundlage beantragen und ihn gleichsam als „Versuchsballon" missbrauchen und sehen, „ob der Beschuldigte sich schuldig bekennt"[100] oder nicht. Bekannte er sich „nicht schuldig", konnte die Klage zurückgenommen werden und erneut ermittelt oder das Verfahren eingestellt werden. Insoweit ging vom Strafbefehlsverfahren keine Disziplinierungsfunktion für die Staatsanwaltschaft aus.

bb) Der Entwurf im Justizausschuss des Bundesrates

Im Justizausschuss des Bundesrates wurde auf Antrag *Bayerns* der Anwendungsbereich des E 1873/2 wieder auf alle zur Zuständigkeit der (kleinen[101]) Schöffengerichte gehörenden Sachen ausgedehnt[102]; damit entsprach er wieder dem der Bundesratsvorlage (E 1873/1)[103]. *Bayern* begründete seinen Antrag

---

97 *Schubert / Regge*, Strafprozessordnung, S. 232; vgl. auch die Beratungen der vom RJA 1902 eingesetzten Sachverständigenkommission, *Schubert*, Protokolle der Kommission, Bd. 1, S. 327.

98 *Schubert / Regge*, Strafprozessordnung, S. 233.

99 *Schubert / Regge*, Strafprozessordnung, S. 233.

100 *Freisler*, DJ 1939, S. 1538.

101 Der Antrag Bayerns lautete in der Tat „in den zur Zuständigkeit der kleinen Schöffengerichte gehörigen Sachen". Aufgrund einer Änderung in der Gerichtsverfassung, welche zu einem Fortfall der kleinen Schöffengerichte führte, wurde der Antrag aber mit „Schöffengerichte" angenommen; vgl. §§ 14, 55 der Fassung vom 12. Mai 1874, *Schubert*, Gerichtsverfassung, S. 741 ff.

102 *Schubert / Regge*, Strafprozessordnung, S. 393, 366; erledigt war somit ein Antrag Sachsens, der bei Beibehaltung des Strafbescheides den Strafbefehl bei der (einfachen) Beleidigung zulassen wollte, soweit nicht mehr als 150 Reichsmark oder Freiheitsstrafe von sechs Wochen beantragt sind, mit der Maßgabe, dass im Falle der Privatklage, der Privatkläger an Stelle des Staatsanwalts (!) tritt. Sachsen begründete dies mit dem Hinweis darauf, dass die kleinen Schöffengerichte nicht mit Bagatellen überlastet werden sollten.

103 Vgl. oben S. 40.

damit, dass es „nicht unbedenklich erscheine, die Zulässigkeit des Strafbefehls zu beschränken, da damit Fälle wie die der „kleinen Sachbeschädigung, des Hausfriedensbruches etc. vom Mandate ausgeschlossen wären“[104]. Damit setzte sich *Bayern* gegen den zuständigen Referenten durch, der argumentiert hatte, dass regelmäßig nur Übertretungen für das Strafbefehlsverfahren geeignet erschienen[105]. Der Justizausschuss hob zudem das Strafbescheidsverfahren auf, da man nunmehr davon ausging, dass die obligatorische Anhörung in Haftsachen[106] dem späteren Erlass des Strafbefehls nicht entgegenstünde[107]. Entsprechend wurde die im Sachverständigenentwurf noch vorgesehene Beschränkung auf Beschuldigte auf freiem Fuße ebenfalls aufgehoben. Folge dieser Regelung war, dass der Verhaftete unter dem Eindruck der Haft zu einem Verzicht auf das Einspruchsrecht und zu einer schnellen Ahndung durch Strafbefehl gedrängt werden konnte.

Die Frage wurde später im Plenum des Bundesrates wieder aktuell. *Hamburg* beantragte klarzustellen, dass im Falle der vorläufigen Festnahme des Beschuldigten dessen Vernehmung dem Erlass eines Strafbefehls nicht entgegenstehen sollte[108]. Das Land ging davon aus, die Wendung „ohne vorgängige Verhandlung“ in § 375 umfasse auch die im Falle der vorläufigen Festnahme obligatorische Vernehmung. Folge davon sei, dass „die Strafbefehle für die wichtige Kategorie des § 361 (Landstreicher, Bettler, Arbeitsscheue, Obdachlose, gewerbsmäßig Unzüchtige etc.) im wesentlichen unanwendbar“ seien, da diese Beschuldigten sich in der Regel nicht auf freiem Fuß befänden. Das Interesse des Angeschuldigten gleichwie das der Schöffengerichte[109](!) empfehle aber gerade hier eine möglichst beschleunigte und summarische Aburteilung. Indes war man sich – wie schon im Justizausschuss – einig, dass in der dem Antrag *Hamburgs* zugrundeliegenden Konstellation ohne weiteres ein Strafbefehl ergehen könne, da die „vorgängige Verhandlung“ in § 375 nur die Verhandlung zum Zwecke der Urteilsfällung im Auge habe[110]. Die in § 117 Abs. 1 vorgeschriebene Vernehmung des vorläufig Festgenommenen diene aber nicht der Urteilsfällung, sondern nur der Klärung der Frage, ob die Haft aufrechterhalten werden könne oder nicht[111].

Hinsichtlich der Stellung des Beschuldigten beantragte *Sachsen* im Justizausschuss, dass im Strafbefehl die Beweismittel nicht angegeben werden müssten,

104 *Schubert / Regge*, Strafprozessordnung, S. 393.

105 *Schubert / Regge*, Strafprozessordnung, S. 393.

106 §§ 102, 115, 117 des E nach den Beschlüssen der Kommission.

107 *Schubert / Regge*, Strafprozessordnung, S. 366.

108 BR-Drucks. 82/1874; *Schubert / Regge*, Strafprozessordnung, S. 452.

109 Vgl. schon die Motive nach den Beschlüssen, S. 281 (zum Strafbescheid), danach dürfe der Gesetzgeber die Dienstpflicht der Schöffen nicht über das Maß des Notwendigen hinaus erhöhen.

110 *Schubert / Regge*, Strafprozessordnung, S. 450.

111 Vgl. die Motive zu §§ 104, 117 der Reichstagvorlage, *Hahn*, Strafprozessordnung, Abt. I, S. 133, 138.

da der Angeklagte wisse, ob er die ihm zur Last gelegte Handlung verübt habe oder nicht[112]. Daher könne das „Gesetz nicht indirekt sanktionieren oder begünstigen wollen, dass ein Widerspruch seitens des Schuldigen aus dem Grunde erfolgt, weil er sich bei der Verhandlung möglicherweise noch durchlügen kann“[113]. Der Antrag wurde jedoch abgelehnt, wobei unklar ist, ob dies aufgrund des eher formalen Arguments des zuständigen Referenten geschah, der Strafbefehl habe „bei rechtzeitigem Einspruch an der Stelle der Anklageschrift und eines Beschlusses über die Eröffnung des Hauptverfahrens die Grundlage des weiteren Verfahrens zu bilden“[114] oder ob dies auf anderen Gründen basierte. Die Formulierung des Referenten legt es nahe, dass nicht die Information des Angeklagten im Vordergrund stand, sondern die Beschleunigung des Verfahrens, da ansonsten eine neue Anklageschrift gefertigt werden müsste[115].

c) Die Reichstagsberatungen

Der vom Bundesrat verabschiedete, hier als E 1874 bezeichnete Entwurf[116], der den Strafbefehl nun in den §§ 375–380 regelte, wurde am 29. Oktober 1874 durch den Reichskanzler dem Reichstag übermittelt[117]. In der ersten Lesung des Reichstags betreffend die Reichsjustizgesetze[118] wurde am 25. November zunächst beschlossen, das sich ebenfalls im Gesetzgebungsverfahren befindliche Gerichtsverfassungsgesetz einer achtundzwanzigköpfigen Kommission[119], der Justizkommission, zur Beratung zu übergeben[120]. Ihr wurde mit Beschluss vom darauffolgenden Tag auch die Beratung der Strafprozessordnung zugeteilt[121]. Nach der konstituierenden Sitzung der Justizkommission am 26. Januar 1875[122] zog sich die erste Lesung hinsichtlich der Strafprozessord-

112 *Schubert / Regge*, Strafprozessordnung, S. 393.

113 Nach *Schubert / Regge*, Strafprozessordnung, S. 393.

114 Nach *Schubert / Regge*, Strafprozessordnung, S. 393.

115 Vgl. auch in neuerer Zeit den Antrag Hessens in PA, VIII 122, A 2, lfd. Nr. 8, Bl. 78.

116 Abgedruckt bei *Hahn*, Strafprozessordnung, Abt. I, S. 48.

117 *Hahn*, Strafprozessordnung, Abt. I, S. 3.

118 Erste Lesung vom 24. bis 27. November 1874, vgl. Landau, Reichsjustizgesetze, S. 184 und die veröffentlichten Protokolle bei *Hahn*, Gerichtsverfassungsgesetz, Abt. I, S. 188, 230, 271 und *Hahn*, Strafprozessordnung, Abt. I, S. 271, 497, 503.

119 Reichensperger (Olpe), von Forcade Biaix, Mayer (Donauwörth), Hauck, von Schoening, von Jagow, Thilo, Schwarze, Klotz, Herz, Enfoldt, Zinn, Lasker, Marquardsen, Miquél, von Puttkamer, Bernards, Lieber, Pfaffenrott, Kraetzer, Baehr (Cassel), Becker (Oldenburg), Gneist, Grimm, Voelk, Struckmann (Diepholz), Wolffson, Gaupp, vgl. *Hahn*, Gerichtsverfassungsgesetz, Abt. I, S. 274.

120 *Hahn*, Gerichtsverfassungsgesetz, Abt I, S. 269.

121 *Hahn*, Gerichtsverfassungsgesetz, Abt. I, S. 269.

122 *Hahn*, Gerichtsverfassungsgesetz, Abt. I, 275; Landau, Reichsjustizgesetze, S. 189.

nung vom 11. Juni 1875 bis zum 16. Februar 1876 hin[123]. Den Strafbefehl betrafen davon aber nur die 78. Sitzung vom 22. September 1875 sowie die 79. Sitzung vom nachfolgenden Tag[124]. Danach befasste sich der Justizausschuss des Bundesrates mit den Änderungswünschen des Reichstages, ohne dass Änderungen des E 1874 beschlossen wurden[125]. Vom 2. Mai bis 3. Juli 1876 hielt die Kommission ihre zweite Lesung ab[126], in der 154. Sitzung am 21. Juni 1876[127] kam das Strafbefehlsverfahren nochmals zur Sprache.

Im Ergebnis wurde der E 1874 nur redaktionell[128] geändert, so dass die beiden Lesungen hier gemeinsam dargestellt werden können. Die Beratungen kreisten um drei Hauptthemen: den Anwendungsbereich, die Frage der Bindung des Richters an den Antrag der Staatsanwaltschaft und die Möglichkeit der Klagerücknahme.

Der *Anwendungsbereich* des Strafbefehlsverfahrens war erneut Gegenstand einer Kontroverse[129]. Auslöser war eine neue Zuständigkeitsbestimmung für die Schöffengerichte, durch welche sie über die ihnen bisher zugewiesenen[130]

123 *Schubert / Regge*, Strafprozessordnung, S. 25.

124 *Hahn*, Strafprozessordnung, Abt. I, S. 1101 (1118 f.), 1120 ff.

125 Vgl. *Schubert / Regge*, Strafprozessordnung, S. 461, 476, 492; In dem Justizausschuss wurde lediglich von Sachsen beantragt, in den §§ 375, 379 vor die Worte „Schöffengerichte" die Worte „Kleine" einzustellen. Dieser Antrag ist eine Reaktion auf die Beschlüsse der Justizkommission des Reichstages erster Lesung zum GVG. Danach wurden die Schöffengerichte in kleine und große aufgeteilt. Die letzteren wären beim Landgericht angesiedelt gewesen und gemäß § 17 EGVG für alle Vergehen und teilweise sogar Verbrechen zuständig. Dieser zunächst vom Strafbefehlsverfahren mit aufgenommenen Ausweitung wollte Sachsen entgegentreten. Aber in der Beratung des Justizausschusses zum GVG vom 3. April 1876 wurde diese Differenzierung gegen die Stimme Sachsens wieder aufgehoben. Dadurch „erledigten sich auch die sonstigen, die großen Schöffengerichte voraussetzenden Anträge Sachsens"; *Schubert*, Gerichtsverfassung, S. 834. Der sich mit dem Entwurf am 27. April 1876 befassende Bundesrat erhob keine Einwände gegen die Beschlüsse des Ausschusses; zitiert nach *Schubert / Regge*, Strafprozessordnung, S. 461, Fn. 1; vgl. auch S. 581.

126 *Hahn*, Strafprozessordnung, Abt. II, S. 1425 ff.

127 Die 161. Sitzung am 17. Oktober 1876 (*Hahn*, Strafprozessordnung, Abt. II, S. 1491), sowie die 163. Sitzung vom 19. Oktober 1876 (*Hahn* a.a.O., S. 1496) bringen hinsichtlich des Strafbefehlsverfahrens ebenfalls nur redaktionelle Änderungen mit sich.

128 Vgl. die Beschlüsse der Redaktionskommission zu dem Entwurf einer Strafprozessordnung erster und zweiter Lesung in BA R 101, 30952; die Änderungen bezogen sich auf § 367, der komplett neu gefasst wurde und §§ 377, 379, 380 in denen jeweils der Begriff „Angeklagte" durch den des „Beschuldigten" ersetzt wurde. Vgl. die Beschlüsse der Redaktionskommission zu des Entwürfen zweiter Lesung in BA R 101, 30952.

129 *Hahn*, Strafprozessordnung, Abt. II, S. 1425 ff.

130 Vgl. unten Fn. 131, § 16 Nr. 2 GVG.

hinaus für eine Vielzahl weiterer Vergehen zuständig wurden[131]. Man war sich in der Kommission einig, dass die Ausdehnung auf die von § 16 EGVG umfassten Vergehen[132] zu weit sei, da die summarische Behandlung zur Verschleierung schwerer, eine energische Repression verdienender Taten führen könne, wobei sich insbesondere *Pfaffenrott* gegen die Einbeziehung des kleinen Diebstahls und der Eigentumsdelikte wandte[133]. Wie der Anwendungsbereich eingeschränkt werden sollte, war jedoch strittig. So beantragte *Struckmann* primär, den Strafbefehl auf Übertretungen zu begrenzen, was seines Erachtens den Vorteil hätte, dass eine „systematisch korrekte, sofort zu übersehende [...] Abgliederung" eingeführt werde[134]. Für eine so weitgehende Einschränkung bestand jedoch nach *Hanauer* und der ihm folgenden Mehrheit kein Grund, da „eine Differenzierung in der Intensität des Delikts, welche jene verschiedene Behandlung der noch in Frage gelangenden geringeren Vergehen und der Uebertretungen rechtfertigen würde [...] in der Tat nicht" vorläge[135]. Daher wurde der Eventualantrag *Struckmanns*[136] angenommen,

---

131 § 16 (14) GVG nach der zweiten Lesung lautete:
Die Schöffengerichte sind zuständig:

1. für alle Uebertretungen;

2. für diejenigen Vergehen, welche nur mit Gefängnis von höchstens drei Monaten, oder Geldstrafe von höchstens sechshundert Mark, allein oder neben Haft, oder in Verbindung mit Einziehung bedroht sind, mit Ausnahme der in § 320 des Strafgesetzbuchs und der im § 54 dieses Gesetzes bezeichneten Vergehen;

3. für das Vergehen der Beleidigung im Falle des § 185 des Strafgesetzbuchs, wenn die Beleidigung nicht in den §§ 196, 197 bezeichnet ist;

4. für das Vergehen des Diebstahls im Falle des § 242 des Strafgesetzbuchs, wenn der Werth des Gestohlenen fünfundzwanzig Mark nicht übersteigt;

5. für das Vergehen der Unterschlagung im Falle des § 246 des Strafgesetzbuchs, wenn der Werth des Unterschlagenen fünfundzwanzig Mark nicht übersteigt;

6. für das Vergehen des Betruges im Falle des § 263 des Strafgesetzbuchs, wenn der Schaden fünfundzwanzig Mark nicht übersteigt;

7. für das Vergehen der Sachbeschädigung im Falle des § 303 des Strafgesetzbuchs, wenn der Schaden fünfundzwanzig Mark nicht übersteigt;

8. für das Vergehen der Begünstigung und für das Vergehen der Hehlerei in den Fällen des § 258 Nr. 1 und des § 259 des Strafgesetzbuchs, wenn die Handlung, auf welche sich die Begünstigung bezieht, zur Zuständigkeit der Schöffengerichte gehört;

9. für das Vergehen der leichten, vorsätzlichen oder fahrlässig begangenen Körperverletzung, insoweit die Verfolgung nur auf Antrag eintritt.

132 Vgl. Fn. 131.

133 Vgl. Struckmann über Pfaffenrott, *Hahn*, Strafprozessordnung, Abt. II, S. 1325.

134 *Hahn*, Strafprozessordnung, Abt. II, S. 1425 f.

135 *Hahn*, Strafprozessordnung, Abt. II, S. 1426.

136 Der Abgeordnete Struckmann beantragte im Abs. 1 des § 375 den Eingang dahingehend zu ändern: „Bei Uebertretungen kann u.s.w." eventuell hinter „gehörige Sachen"

nach dem alle zur Zuständigkeit der Schöffengerichte gehörenden Sachen mit Ausnahme der im § 16 Nr. 5–9 des GVG bezeichneten Vergehen vom Anwendungsbereich des Strafbefehlsverfahrens mit umfasst sein sollten[137].

Hier handelte es sich offenbar um einen Fehler in der Antragstellung; eine Analyse der Argumentation *Struckmanns* ergibt nämlich, dass er auch die Nr. 4 (den kleinen Diebstahl) vom Anwendungsbereich ausgenommen wissen wollte. Am 17. Oktober 1876 stellte *von Schwarze* daher den Antrag, den § 375 Abs. 1 wie folgt zu ändern: „mit Ausnahme der in § 14 Nr. 4–9 des Gerichtsverfassungsgesetzes". Der § 14 ist durch die zwischenzeitlich erfolgte neue Zählung des EGVG bedingt. Danach entfiel auch die Nr. 9 des § 14 (16 a.F.), so dass der Antrag am 19. Oktober auf die Ausnahme „Nr. 4–8" umgestellt und angenommen wurde. Am 14. November wurde aufgrund einer Änderung der Nr. 3 zudem der Antrag gestellt, dass das Zitat „Nr. 3–9" lauten müsse. Die neue Fassung lautete: „3. für die nur auf Antrag zu verfolgenden Beleidigungen und Körperverletzungen, wenn die Verfolgung im Wege der *Privatklage* geschieht". Im Ergebnis blieb es daher bei dem Anwendungsbereich der Reichstagsvorlage (E 1874).

Struckmann führte zur Begründung aus, dass durch die Änderung des § 16 GVG der Anwendungsbereich „auf eine große Anzahl von Vergehen ausgedehnt" werde, „deren Bestrafung auf tief sittlichen Gründen beruhe". Bei solchen Delikten aber, die „an den Fundamenten der Staatsordnung rütteln", erscheine nach seiner und *Laskers*[138] Ansicht jenes Verfahren, „welches mehr den Charakter einer vergleichsweisen Erledigung [!] der Sache an sich trage, prinzipiell unzulässig"[139]. Denn „eine so wesentliche Beeinträchtigung der Oeffentlichkeit und Mündlichkeit [...] könne man sich nur bei Verfehlungen von geringer Bedeutung und mehr polizeilicher Natur gefallen lassen"[140], da der Richter bei erheblichen Delikten „nur sehr schwer die Strafe finden" könne, wenn er den „Beschuldigten nicht vor Augen habe".

Hinsichtlich des persönlichen Anwendungsbereichs beantragte *Pfaffenrott* erfolglos, den Strafbefehl gegen den nicht auf freiem Fuße befindlichen Beschuldigten für unzulässig zu erklären[141]. Die Begründung gewann er aus den zum beschleunigten

---

einzuschalten: „mit Ausnahme der in § 16 Nr. 5–9 des Gerichtsverfassungsgesetzes bezeichneten Vergehen".

137 Eine Übersicht über die davon umfassten Delikte gibt es aus dem Jahre 1915; RT-Drucks. 658/1914/18, Anlage 2.

138 Eine Justiz auf dem Korrespondenzwege lasse sich nach Lasker nur für die strafbaren Handlungen polizeilicher Natur rechtfertigen und sich für die nach dem Eventuellantrag umfassten Vergehen nur aus organisatorischen Rücksichten als unvermeidlich gefallen lassen.

139 *Hahn*, Strafprozessordnung, Abt. II, S. 1426.

140 Auch Lasker war der Ansicht, dass für diese mit erheblichen Strafen bedrohten Delikten nur die öffentliche und mündliche Verhandlung angemessen sei.

141 *Hahn*, Strafprozessordnung, Abt. II, S. 1425; zunächst beantragte Pfaffenrott nach § 375 Abs. 2 einzuschalten: „Gegen den vorgeführten, verhafteten oder zu verhaftenden

Verfahren[142] gefassten Beschlüssen. Danach war das beschleunigte Verfahren bei Übertretungen zulässig, wenn der Beschuldigte vorläufig festgenommen worden war. Dem Staatsanwalt dürfe aber *nicht die Wahl* zwischen den beiden Verfahrensarten anheim gestellt sein[143]. Ein grundsätzliches Problem im Strafbefehlsverfahren bestehe nämlich darin, dass für den Angeschuldigten eine „Pression" entstehe, sich „dem Urtheil [...] zu unterwerfen"[144]. Die Mehrheit war jedoch der Ansicht, dass das Strafbefehlsverfahren geeignet sei, die ansonsten unverhältnismäßig lange Haft zu verkürzen[145].

Das Verhältnis der Exekutive zur Judikative wurde wieder bei der Frage der *Bindung* des Richters an den Antrag der Staatsanwaltschaft virulent. Es wurden vier Alternativen zur in den E 1873/2 und E 1874 vorgesehenen strikten Bindung vorgeschlagen, die sich jedoch allesamt nicht durchsetzen konnten.

So beantragte[146] *von Schwarze*[147], dass auf einen bestimmten, die Strafhöhe beinhaltenden Antrag verzichtet werden und demgemäß der Richter die Strafe autonom festsetzen können solle. Denn die Staatsanwaltschaft sei auch bei der Einreichung der Anklageschrift nicht verpflichtet, einen bestimmten Antrag bezüglich der Strafhöhe zu stellen.

Hilfsweise beantragte *von Schwarze*[148] – unterstützt durch *Struckmann*[149] – dem Amtsrichter wenigstens die Befugnis zuzusprechen, eine höhere Strafe autonom festzusetzen. Nur wenn der Richter unter der von der Staatsanwaltschaft beantragten Strafe bleiben wolle, sei eine Bindung gerechtfertigt. Denn die Staatsanwaltschaft habe nach Ansicht *von Schwarzes* gar kein Interesse, die

---

Beschuldigten ist der Erlaß eines Strafbefehls unzulässig". Nach der Diskussion fasste er unter Bezugnahmen auf die Ausdrucksweise des § 179 seinen Antrag dahin: in § 375 nach Abs. 2 einzuschalten: „Gegen den nicht auf freiem Fuße befindlichen Beschuldigten ist der Erlaß eines Strafbefehls unzulässig".

142 § 175 des Entwurfs; § 211 der RStPO.

143 Er trat daher dafür ein, das beschleunigte Verfahren nicht bloß auf den geständigen Delinquenten einer Übertretung zu beschränken, sondern auch auf die Fälle der leichten Vergehen auszuweiten, um für den Festgenommenen auch eine beschleunigte Aburteilung zu erreichen.

144 Vgl. oben S. 44.

145 *Hahn*, Strafprozessordnung, Abt. I, S. 286; aaO. Abt. II, S. 1426 f.

146 *Hahn*, Strafprozessordnung, Abt. I, S. 1119; von Schwarze beantragte in Abs. 1 des § 376 die Worte: „welcher auf eine bestimmte Strafe gerichtet sein muß" und in Abs. 2 des § 376 die Worte „oder will derselbe eine andere – bis – beharrt," zu streichen; eventuell, in Abs. 2 des § 376 statt der Worte: „eine andere als die beantragte Strafe" zu setzen,: „eine geringere, ihrer Art oder ihrer Höhe nach, als die beantragte Strafe".

147 Der Antrag wurde zurückgenommen und von Herz wieder aufgenommen; *Hahn*, Strafprozessordnung, Abt. I, S. 1120.

148 *Hahn*, Strafprozessordnung, Abt. I, S. 1119.

149 *Hahn*, Strafprozessordnung, Abt. I, S. 1120.

Sache zur öffentlichen Verhandlung zu bringen, wenn der Amtsrichter eine schwerere Strafe festsetze, da in diesen Fällen die Differenz zur beantragten Strafe nur eine solche von wenigen Tagen Haft oder wenigen Mark Geldstrafe sei. Seine Begründung beinhaltete indes eine Inkonsequenz, da dieses Argument auch auf den Fall passte, in dem der Amtsrichter eine geringere Strafe aussprach.

Trotz – oder gerade wegen – dieser Inkonsequenz beantragten *von Puttkammer*[150] und *von Schwarze*[151] in der zweiten Lesung, dass der Amtsrichter die Sache nur dann zur Hauptverhandlung zu bringen habe, wenn er eine höhere Strafe bzw. eine andere Strafart festzusetzen beabsichtigte. Eine Abweichung *nach unten* könnte der Richter demnach autonom vornehmen. Als weiteres Argument wurde nunmehr vorgetragen, dass der Vorschlag eine „sehr wünschenswerte Beschleunigung und Vereinfachung" herbeiführe.

Dieser *Beschleunigungsgedanke* lag auch dem Antrag *Pfaffenrotts*[152] zugrunde, den *von Thilo* unterstützte[153]. Danach sollte der Amtsrichter, entsprechend der früher in Preußen geltenden Regelung, dem Staatsanwalt die Abweichung mitteilen, woraufhin dessen Schweigen die Zustimmung fingieren sollte. Durch seinen Antrag werde das Verfahren beschleunigt, da ein „Hin- und Herverschieben" der Sache verhindert werde, welches immer dann eintrete, wenn der Richter zwar mit dem Antrag im allgemeinen einverstanden sei, er jedoch eine andere als die beantragte Strafe auszusprechen wünsche. Ein weiterer Gedanke *von Thilos*, den Staatsanwalt zum Erlass des Strafbefehls zu ermächtigen, blieb ebenfalls ungehört[154].

Gegen eine gelockerte Bindung wurden mehrere Argumente erhoben.

Hanauer stellte sich auf den Standpunkt, dass das Verfahren nur dann Platz greifen solle, wenn Staatsanwaltschaft und Amtsrichter vollständig übereinstimmten, da der Amtsrichter sonst „statt der beantragten vierwöchigen Haft auf einen Tag Haft" erkennen könne. Dies hätte die – unerwünschte, weil verzögernde – Konsequenz, dass dem Staatsanwalt dann durch ein Rechtsmittel die Möglichkeit gegeben werden müsste, „durch Beharren auf seinem Antrage die Sache zur öffentlichen Verhandlung zu bringen"[155].

---

150 *Hahn*, Strafprozessordnung, Abt. I, S. 1119.

151 *Hahn*, Strafprozessordnung, Abt. II, S. 1428.

152 *Hahn*, Strafprozessordnung, Abt. I, S. 1118.

153 *Hahn*, Strafprozessordnung, Abt. I, S. 1119 f.

154 *Hahn*, Strafprozessordnung, Abt. I, S. 1120.

155 So Struckmann; *Hahn*, Strafprozessordnung, Abt. II, S. 1428.

Zudem meinte *von Amsberg,* dass der Amtsanwalt[156] ohnehin „besser als der Amtsrichter in der Lage sei, die angemessene Strafe zu bestimmen"[157]. Warum dies der Fall sein sollte, bleibt unklar, war doch *von Amsberg* ebenso der Ansicht, die Staatsanwaltschaft müsse oft auf Grund bloßer Denunziation vorgehen. Unter solchen Umständen müsste der Richter aber wohl genauso in der Lage sein, die Strafe festzusetzen, zumal dies ohnehin die originäre Aufgabe des Richters ist.

Hinsichtlich des Beschleunigungsgedankens war *von Amsberg* der Ansicht, dass die von *Pfaffenrott* dargestellte Ausgangslage der Verzögerung durch Hin- und Herschieben bei Uneinigkeit nicht vorliege. Zum einen werde der Amtsanwalt durch die kurzen Verjährungsfristen[158] zum raschen Handeln bewegt, zum anderen werde er sich der Ansicht des Richters regelmäßig fügen. Dieses von *von Amsberg* angeführte Argument war jedoch inkonsequent, denn an anderer Stelle war er noch der Ansicht, der Amtsanwalt sei besser als der Richter in der Lage, die Strafe festzusetzen[159]. Folglich hätte es für ihn keinen Grund gegeben, dem Urteil des weniger befähigten Richters zu folgen. Vielmehr wäre es doch im Interesse eines gerechten Urteils[160] seine Pflicht gewesen, diesem „falschen" Urteil entgegen zu treten. Selbst wenn aber ein Bedürfnis nach Beschleunigung bestehe, dann sei – so *von Amsberg* und *Puttkamer* – ein beschleunigender Effekt von der Annahme des Antrags *Pfaffenrotts* nicht zu erwarten, da das Verfahren dann komplizierter werden würde.

Die Stellung des Beschuldigten im Verfahren war Gegenstand der Frage, ob die Staatsanwaltschaft entsprechend den E 1873/2 und E 1874 die Möglichkeit haben sollte, die Klage, die nach Einspruch an die Stelle des Strafbefehls trat, zurückzunehmen[161]. *Pfaffenrott* und *von Schwarze* sprachen sich vehement dagegen aus, da sie sich dadurch eine Disziplinierung der Staatsanwaltschaft

---

156 § 143 des GVG vom 27.1.1877 lautete: Das Amt der Staatsanwaltschaft wird ausgeübt: [...] 3. bei den Amtsgerichten und den Schöffengerichten durch einen oder mehrere *Amtsanwälte*.
Die Zuständigkeit der Amtsanwälte erstreckt sich nicht auf das amtsrichterliche Verfahren zur Vorbereitung der öffentlichen Klage in denjenigen Strafsachen, welche zur Zuständigkeit anderer Gerichte als der Schöffengerichte gehören.

157 *Hahn*, Strafprozessordnung, Abt. I, S. 1119.

158 § 67 Abs. 3 StGB: Die Strafverfolgung von Uebertretungen verjährt in drei Monaten; zur Unterbrechung und zum Ruhen der Verjährung vgl. §§ 68, 69 StGB.

159 *Hahn*, Strafprozessordnung, Abt. I, S. 1119.

160 Vgl. zum „gerechten Urteil" Motive zum Entwurf, S. 201.

161 *Hahn*, Strafprozessordnung, Abt. I, S. 1121 f.

bei der Vorbereitung der öffentlichen Klage[162] erhofften. Sie führten aus, dass die Staatsanwaltschaft Strafbefehle „nicht voreilig beantragen“ dürfe, weil so „leichtsinnigen Denunziationen Thür und Thor geöffnet“ sei und so später „der Anschein erweckt [werde], als sei die Klage ohne gehörige Vorbereitung eingeleitet“ worden[163]. Damit lief die Argumentation auf die Forderung nach gewissenhafteren Ermittlungen[164] der Staatsanwaltschaft vor Erlass eines Strafbefehls hinaus. Dass dies dem Beschleunigungsgedanken zuwider lief, sahen die beiden Redner nicht als problematisch an. Da die Vorschrift in der Fassung des vorliegenden Entwurfs dem Beschuldigten das Recht nehme, „dass der Richter über die Anschuldigung das entscheidende Wort spreche“[165], habe das Prinzip der Beschleunigung zurückzustehen. Zudem führten sie an, werde dies zu einer Reduzierung von Einsprüchen und damit von Arbeit und Kosten führen.

Dem wurde scharf widersprochen. *Von Amsberg, von Puttkammer*[166] und *Gneist*[167] bezweifelten die Prämisse der Argumentation *Pfaffenrotts* und *von Schwarzes*. Deutlich wird dies in der Aussage *von Amsberg*, die Staatsanwaltschaft „müsse oft aufgrund bloßer Denunziation vorgehen“[168], ansonsten, so *Gneist*, „streiche man lieber das ganze Mandatsverfahren“. Hierbei befürchtete man im Gegensatz zu *Pfaffenrott* keine „Schikanen“, da es sich um unwichtige Delikte handele[169]. Ausgehend vom Beschleunigungsgedanken argumentierten *Grimm* und *Becker*[170], dass „die Fortsetzung des Verfahrens Zeitvergeudung wäre“, wenn sich der Staatsanwalt von der „Unhaltbarkeit seiner Klage“ nachträglich überzeugt habe. *Hanauer* hingegen ging vom „provisorischen Charakter“ des Strafbefehlsverfahrens aus und rechtfertigte die Möglichkeit der Klagerücknahme damit, dass diese schon deshalb gewährt werden müsse, damit die Staatsanwaltschaft nicht bei der Erhebung der Klage gegen das Legalitätsprinzip verstoße.

---

162 Vgl. auch *Hahn*, Strafprozessordnung, Abt. I, S. 148 oben.

163 *Hahn*, Strafprozessordnung, Abt. I, S. 1121.

164 Vgl. *Levis*, Strafbefehl, S. 570, „und einzuräumen ist ja, dass manchmal das Strafbefehlsverfahren in zu oberflächlicher Weise durchgeführt wird [...]“.

165 *Hahn*, Strafprozessordnung, Abt. I, S. 1121.

166 Der Strafbefehl müsse schon aufgrund „hinreichender Indizien“ erlassen werden können.

167 Eine „glaubhafte Anzeige“ müsse ausreichen.

168 *Hahn*, Strafprozessordnung, Abt. I, S. 1122.

169 *Hahn*, Strafprozessordnung, Abt. I, S. 1121.

170 *Hahn*, Strafprozessordnung, Abt. I, S. 1121.

Die weitere Diskussion verlief ruhiger. Der Abgeordnete *Bähr* schlug zu § 377 vor, wie schon zuvor *Sachsen* im Justizausschuss des Bundesrates[171], die Pflicht zur Angabe der Beweismittel im Strafbefehl zu streichen, weil sich so mancher aufgefordert fühlen könnte, bei schwachen Beweismitteln Einspruch zu erheben[172]. Dem hielt *Hanauer* sehr formal entgegen, dass der Strafbefehl im Falle des Einspruchs die Anklageschrift ersetze und diese doch die Angabe der Beweismittel erfordere. Er fügte hinzu, der Beschuldigte habe ein Interesse daran, die Beweismittel der öffentlichen Klage zu kennen.

Struckmann forderte, dass die Wiedereinsetzung wegen Versäumung des Verhandlungstermins nicht deshalb zu versagen sei, weil schon einmal Wiedereinsetzung nach Versäumung der Einspruchsfrist gewährt worden sei[173]. Denn dies sei auch im ordentlichen Verfahren bei den Rechtsmitteln nicht der Fall. Mit dem schlichten durch *von Amsberg* vorgetragenen Argument, „bei den vorliegenden kleinen, leichten Sachen sei kein Anlaß für ein Verfahren, wie es für Verbrechen und Vergehen nothwendig sei", wurde der Antrag abgelehnt[174].

Nach Ende der zweiten Lesung befasste sich am 21. und 23. Oktober 1876 wiederum der Justizausschuss des Bundesrats mit der von der Justizkommission eingebrachten Vorlage und akzeptierte sie, ohne weitere Änderungen hinsichtlich des Strafbefehlsverfahrens vorzunehmen. Diesen Entwurf beriet das Plenum des Bundesrates am 31. Oktober 1876[175]. Dessen Beschlüsse teilte der Reichskanzler am 3. November dem Reichstag mit[176], woraufhin die Justizkommission des Reichstages sie vom 6. bis 14. November 1876 nachverhandelte und redaktionelle Änderungen vornahm. Der Reichstag beriet den Entwurf dann vom 27. November bis 2. Dezember in zweiter Lesung und nahm ihn bis auf eine redaktionelle Änderung – das Strafbefehlsverfahren war nun in den §§ 449–454 geregelt – unverändert an. Der Justizausschuss des Bundesrats, der den Entwurf dann am 9. Dezember 1876 verhandelte, schlug dem Plenum vor, elf, davon zehn die StPO betreffende, Normen für unannehmbar zu erklären. Mit Beschluss vom 12. Dezember 1876 folgte der Bundesrat dem Vorschlag. Am 17. Dezember gelang es *Friedberg*, einen Kompromiss[177] herzustellen, der vom Justizausschuss gebilligt wurde. Der so entstandene Entwurf, der wegen der Streichung der §§ 54 und 380 den Strafbefehl in den §§ 447–452 regelte, wurde sodann an den Reichstag zur dritten Lesung weitergeleitet. In dieser vom 18. bis 21. Dezember dauernden dritten Lesung wurde der Kompromiss gebilligt und die Strafprozessordnung

---

171 Vgl. oben S. 45.

172 *Hahn*, Strafprozessordnung, Abt. I, S. 1121.

173 *Hahn*, Strafprozessordnung, Abt. I, S. 1122.

174 *Hahn*, Strafprozessordnung, Abt. I, S. 1123.

175 *Schubert / Regge*, Strafprozessordnung, S. 637.

176 *Schubert / Regge*, Strafprozessordnung, S. 26.

177 Abgedruckt bei *Schubert / Regge*, Strafprozessordnung, S. 666.

mit einigen redaktionellen Änderungen angenommen. Für das Strafbefehlsverfahren hieß es in § 447 nun: „[…] Ausnahme der in *§ 27 Nr. 3–8* […]". Diese Entwurfsfassung war es dann, die der Bundesrat am 22. Dezember 1876[178] im Rahmen der Justizgesetze als *Strafprozessordnung* verabschiedete. Am 1. Februar 1877 wurde die RStPO im Reichsgesetzblatt verkündet[179] und trat am 1. Oktober 1979 in Kraft.

3. Zusammenfassung

Der Anwendungsbereich des Strafbefehlsverfahrens erfuhr vom ersten Entwurf der RStPO bis zur Gesetzesfassung eine beständige Ausweitung. Nachdem er zunächst gegenüber der preußischen Gesetzeslage auf Übertretungen beschränkt wurde, weitete man ihn erst zaghaft auf einige, dann darüber hinaus auf alle Vergehen aus, die mit Gefängnis von höchstens drei Monaten oder Geldstrafe von höchstens 600 Reichsmark bedroht waren. Entsprechend der Ausweitung des sachlichen Anwendungsbereichs wurde auch die Strafgewalt ausgeweitet. Durften zunächst nur 10 Taler festgesetzt werden, waren es später 50 Taler und schließlich sogar bis zu sechs Wochen Gefängnisstrafe.

Der Grund für die Ausweitung des sachlichen Anwendungsbereich, der sich partiell mit der Frage nach der Rechtfertigung für das Strafbefehlsverfahren überschneidet, war – wie bereits in Preußen – von der Prämisse getragen, dass sich aus praktischen Zweckmäßigkeitserwägungen ein vereinfachtes Verfahren für geringfügige Sachen empfehle. Für die Bestimmung dessen, was eine geringfügige Sache sei, sollte die formelle Abgrenzung des StGB nach Übertretungen und Vergehen nicht übernommen werden. Man stellte auf materielle Kriterien ab. Geringfügig sei ein Delikt dann nicht mehr, wenn dessen „Bestrafung auf tief sittlichen Gründen" beruhe und daher „an den Fundamenten der Staatsordnung" rüttele. Darunter verstand man alle Vergehen, die mit einer höheren Strafe als Gefängnis von drei Monaten oder Geldstrafe von 600 Mark *bedroht* waren. Dies wurde wiederum damit begründet, dass der Richter bei diesen Delikten „nur sehr schwer die Strafe finden" könne, wenn er den „Beschuldigten nicht vor Augen habe". Die Argumentation lief darauf hinaus, dass die strafbefehlsfähigen Delikte als Verfehlungen von geringer Bedeutung[180] qualifiziert wurden (a), deren *Sachverhalt* regelmäßig hinreichend aus den *Akten* feststellbar sei (b). Daneben trat das *Interesse* des Beschuldigten. Dieser habe ein Interesse an dem Strafbefehlsverfahren, weil dessen Pflicht zum Erscheinen in der Hauptverhandlung oft ein größeres Übel darstelle als

178 Protokolle über die Verhandlungen des Bundesraths des Deutschen Reichs, Session 1876, Protokoll der 36. Sitzung, § 451.

179 RGBl. I, S. 253.

180 *Hahn*, Strafprozessordnung, Abt. II, S. 1426.

die Verurteilung zu einer Freiheitsstrafe von einigen Tagen oder Geldstrafe von einigen Talern[181].

Die Sanktionsgewalt wurde während der Beratungen von zunächst 10 Talern auf 50 Taler Geldstrafe und dann auf das bei Übertretungen zu verhängende Höchstmaß ausgeweitet, nämlich Geldstrafe bis zu 150 Reichsmark (50 Taler) und sechs Wochen Gefängnis. Im Gegensatz zum sachlichen Anwendungsbereich, bei dem man die Ausweitung positiv zu begründen versuchte, kehrte man die Argumentationslast aber um. So bedurfte es eines Arguments für die Beibehaltung der Einschränkung und nicht für die angestrebte Erweiterung. Anhand der Begründung zur Ausweitung des Anwendungsbereichs ist dies nachvollziehbar. Denn wenn der Richter bei den vom Anwendungsbereich mitumfassten Delikten die Strafe ohne weiteres im schriftlichen Verfahren finden könnte, bedurfte es von dieser Prämisse aus zwangsläufig eines Arguments für die Einschränkung der Strafgewalt. Da es augenscheinlich ein solches Argument nicht gab, konnte man sie ausweiten. Aus welchen Gründen man dann aber die Strafgewalt überhaupt einschränkte, ist aus der Argumentation nicht ersichtlich. Man darf aber vermuten, dass die Strafe, wenn sie über das bei Übertretungen mögliche Höchstmaß hinausging, als zu schwerwiegend angesehen wurde.

Der Einfluss der Staatsanwaltschaft wurde dadurch gestärkt, dass der Richter hinsichtlich der Strafe an ihren Antrag gebunden war. Die Regelung einer gelockerten Bindung wurde genauso verworfen wie die Vorschläge, den Erlass des Strafbefehls der Polizei beziehungsweise dem Richter von Amts wegen zu überlassen. Wohl wegen dieses gesteigerten Einflusses der Staatsanwaltschaft gab es den Vorschlag, dass diese die Klage nach Einspruchseinlegung nicht mehr zurücknehmen dürfe, wodurch verhindert werden sollte, dass sie einen Strafbefehl auf Grundlage ungenügender Ermittlungen beantragte. Zwar war diesem Vorschlag der Erfolg verwehrt, so dass eine Disziplinierung der Staatsanwaltschaft nicht erzielt wurde. Jedoch widerstand man dem entgegengerichteten Ansinnen, die Beweismittel im Strafbefehlsverfahren nicht anzugeben, wodurch zumindest ein Minimum an hinreichenden Ermittlungen sichergestellt wurde. Zaghafte Vorstöße, die Verfahrensposition des Beschuldigten im Strafbefehlsverfahren zu stärken, wurden verworfen. Dies gilt sowohl für die Möglichkeit des Beschuldigten, das Strafbefehlsverfahren selbst zu wählen, als auch für die Pflicht der Justiz, den Strafbefehl dem Beschuldigten persönlich zuzustellen. Als großes Manko kann in diesem Zusammenhang auch der Ausschluss der Wiederaufnahme des Verfahrens gelten, also die Abwälzung

181 *Hahn*, Strafprozessordnung, Abt. I, S. 188 (Motive zu § 196).

der Risiken der unzulänglichen Ermittlungen auf den Bürger trotz der Tatsache, dass das Strafbefehlsverfahren gegenüber dem ordentlichen Verfahren eher fehlerbehaftet ist.

II. Die Entwicklung zwischen 1877 und 1902

Schon kurz nach dem Inkrafttreten der Strafprozessordnung wurde der Ruf nach einer Reform des Strafverfahrensrechts laut[182]. Da jedoch sowohl die Reformbestrebungen des Bundesrats als auch die Initiativen aus der Mitte des Reichstags scheiterten, waren dem Strafbefehlsverfahren keine Neuerungen beschert[183].

1. Die das Strafbefehlsverfahren betreffenden Vorschläge

Der erste auch das Strafbefehlsverfahren betreffende Entwurf wurde am 15. Januar 1894 dem Bundesrat vorgelegt[184]. Dieser auf eine preußische Initiative zurückgehende „Entwurf eines Gesetzes, betreffend Aenderungen und Ergänzungen des Gerichtsverfassungsgesetzes und der Strafprozessordnung“[185] sah zunächst nur eine redaktionelle Änderungen des Strafbefehlsverfahrens vor[186].

Er wurde am 18. Januar 1894 an den VI. Ausschuss überwiesen[187], welcher dem Bundesrat empfahl[188], den in § 447 StPO geregelten sachlichen *Anwendungsbereich* des Strafbefehlsverfahrens auch auf die Delikte des Hausfriedensbruchs nach § 123 Abs. 3 StGB[189] und der Bedrohung mit der Begehung

182 Vgl. RT-Drucks. Nr. 399/1884/85, dortige Begründung S. 13 und RT-Drucks. Nr. 84/1885/86; Nr. 18/1892/93; Nr. 26/1892/93.

183 Auch die Reichsregierung sah den strafprozessualen Reformbedarf, mit Rücksicht auf die Reform des Zivilrechts sollte die Justizverwaltung aber nicht mit dieser Frage befasst werden.

184 BR-Drucks. 4/1894.

185 Sten. Berichte RT, Bd. 141, Aktenstück Nr. 15, S. 55.

186 § 447 StPO wurde lediglich dem § 27 GVG des Entwurfs insoweit angepasst, als dass es bei der bisherigen Rechtslage bleiben sollte.

187 Protokoll der dritten Sitzung des Bundesrats am 18. Januar 1894, § 29.

188 BR-Drucks. 56/1894; auf wessen Initiative der Vorschlag zurückgeht konnte nicht eruiert werden.

189 § 123 Abs. 3: Ist die Handlung von einer mit Waffen versehenen Person oder von mehreren gemeinschaftlich begangen worden, so tritt Gefängnißstrafe von einer Woche bis zu einem Jahre ein.

eines Verbrechens nach § 241 StGB[190] auszudehnen. Die Ausweitung wurde damit begründet, dass „bei den gedachten Vergehen [...] der Thatbestand oftmals einfach und weiterer Aufklärung nicht bedürftig [sei], so dass die Erledigung der Sache durch Strafbefehl unbedenklich und im Interesse der Beschleunigung[191] wünschenswert" erscheine[192]. Insofern reiht sich diese Begründung in die allgemeine, dem Entwurf zugrundeliegende Tendenz ein, das Strafverfahren zu beschleunigen[193]. Denn da „die inländische Strafrechtspflege in Beziehung auf die Schleunigkeit des Verfahrens von einem befriedigenden Zustand weit entfernt" sei[194], versuchte der Entwurf „durch Abkürzungen und Vereinfachungen auf eine Beschleunigung des Verfahrens in allen Strafsachen hinzuwirken". Grund dafür war nicht eine Überlastung der Justiz und damit einhergehende Finanznot[195], sondern „die Gestaltung des Verfahrens selbst"[196], da es dem „Angeklagten so viele Behelfe zur Verschleppung und Verweitläufigung der Sache [gibt], dass deren langsames Fortschreiten schon hierdurch ausreichend erklärt wird"[197]. Daher müsse man „die Beseitigung gewisser prozessualer Formen, die man gemeiniglich unter dem Namen „Garantien des Verfahrens" zusammenzufassen pflegt"[198], anstreben. Konkret bedeutete dies hier, dass für die Fälle des §§ 123 Abs. 3, 241 StGB die Garantien der Öffentlichkeit, der Mündlichkeit und des rechtlichen Gehörs

---

190 § 241: (1) Wer einen anderen mit der Begehung eines Verbrechens bedroht, wird mit Gefängniß bis zu sechs Monaten oder mit Geldstrafe bis zu 100 Thalern bestraft. (2) Die Verfolgung tritt nur auf Antrag ein.

191 Vgl. zum Beschleunigungsgedanken auch die „Allgemeine Verfügung vom 4. Dezember 1894, betreffend die Beschleunigung in Strafsachen", in: J.M.Bl. Preußen 1894, S. 340.

192 Sten. Bericht RT, Bd. 141, Aktenstück Nr. 15, S. 82.

193 Einen Zusammenhang zwischen der Beschleunigungsabsicht und der Ausdehnung des Strafbefehlsverfahrens sieht auch *Seufert*, DJZ 1896, S. 87.

194 Sten. Bericht RT, Bd. 141, Aktenstück Nr. 15, S. 69, insb., weil teilweise der Prozess bis zur rechtskräftigen Entscheidung weit mehr als Jahresfrist beansprucht. Grund für letzteres wird im Beweisantragsrecht des Angeklagten gesehen, vgl. Sten. Berichte RT, Bd. 138, S. 393 (A).

195 Vgl. Sten. Bericht RT, Bd. 141, Aktenstück Nr. 15, S. 70: „Zahlreiche, namentlich kleinere Amtsgerichte sind gegenwärtig nicht voll beschäftigt"; vgl. aber das in die entgegengesetzte Richtung tendierende Zitat eines Richters in der Nationalzeitung vom 27. März 1895, wonach dessen Arbeit eine „Sisyphus Arbeit" sei.

196 Sten. Bericht RT, Bd. 141, Aktenstück Nr. 15, S. 69.

197 Sten. Bericht RT, Bd. 141, Aktenstück Nr. 15, S. 69; gegen „die Phrase von den bösen Verschleppungsversuchen des Angeklagten" argumentiert *Heinemann*, Reform, S. 33.

198 So *Nieberding*, Sten. Berichte RT, Bd. 138, S. 392; zudem auf S. 393 zum „Missbrauch" des Beweisantragsrecht: „so wird man zugeben müssen, daß [...] im Interesse der Gerechtigkeit der Sache, der Autorität der Gerichte und der Ordnung vor den Gerichten Abhilfe geschaffen werden muß", vgl. unten S.73.

durch die Möglichkeit der Staatsanwaltschaft, das Strafbefehlsverfahren zu wählen, suspendiert werden sollten.

Die Ausweitung traf in der Literatur auf breite Zustimmung[199]. Die Äußerungen reichten von der Feststellung, dass sie eine „dankenswerte Verbesserung" sei[200], bis hin zu konkreten Erweiterungsvorschlägen. Man forderte, dass alle *Vergehen* erfasst sein sollten, soweit die konkret verwirkte Strafe eine Geldstrafe war[201], oder dass alle der Überweisung an die Schöffengerichte vorbehaltenen Fälle und sogar nicht überweisungsfähige Vergehen wie die Untreue[202] dem Strafbefehlsverfahren zugänglich sein sollten.

Der Entwurf wurde im Reichstag in erster Lesung am 17., 18. und 19. Januar 1895 beraten[203] und einer aus 28 Mitgliedern bestehenden Kommission überwiesen. Diese verhandelte ihn in der Zeit vom 29. Januar bis 28. Mai 1895 in 38 Sitzungen[204], musste ihre Arbeit jedoch wegen des Schlusses der Session noch vor Beendigung der ersten Lesung abbrechen, ohne den § 447 beraten zu haben[205].

Daraufhin wurde der Entwurf am 13. Dezember 1895 in der nächsten Session dem Reichstag erneut zur Beschlussfassung vorgelegt[206]. Er wurde am 13. und 14. Januar 1896 in erster Lesung vom Plenum beraten[207] und an eine aus 21 Mitgliedern bestehende Kommission überwiesen. Nachdem deren Mitglieder am 17. Januar 1896 gewählt

---

199 Sehr scharf gegen die Ausweitung äußert sich allerdings *Binding* in der Nationalzeitung vom 27. März 1895; *Wolf*, GA Bd. 42 (1894) äußert sich nicht explizit. Da er aber schon die Kompetenz des Schöffengerichts bzgl. § 123 Abs. 3 kritisiert (S. 94), wird er erst Recht die Ausweitung des Strafbefehls ablehnen. Daneben macht *Wolff*, GA Bd. 42 (1894), S. 193 f. den Vorschlag, dass der Gesetzgeber das Problem der Rechtskraft, § 450 StPO lösen solle; vgl. unten S. 78 f.

200 *Kronecker*, DJZ 1896, S. 478; die Reform als solche lehnte er aber wegen Einführung der Berufung ab.

201 *Aschrott*, Die Reform des Strafverfahrens, S. 49: Die Zulässigkeit [...] ist zu erweitern, insbesondere auf alle Vergehen, falls die festzusetzende Strafe eine Geldstrafe ist.

202 *Kulemann*, GS 51 (1895), S. 130; allg. zustimmend äußert sich auch *Seufert*, DJZ 1896, S. 87.

203 Sten. Bericht RT, Band 138, S. 387 ff.

204 Vgl. Sten. Bericht, RT, Bd. 153/154, S. 1564; in BA R 101, 30953 ist das letzte vorhandene Kommissionsprotokoll, allerdings auf den 21. Mai 1895 datiert.

205 Vgl. Drucks. Nr. 3b der VII. Kommission zur Vorberatung des Entwurfs eines Gesetzes, betreffend Aenderungen und Ergänzungen des Gerichtsverfassungsgesetzes und der Strafprozessordnung in: BA R 101, 30953.

206 Sten. Berichte RT, Bd. 151, Aktenstück Nr. 73, S. 341. In § 447 Abs. 1 StPO wurde der Anwendungsbereich aufgrund der neuen Fassung des § 27 GVG auf Nrn. 3 und 5 (nicht mehr 6) ausgeweitet. Inhaltlich änderte sich dadurch nichts.

207 Sten. Berichte RT, Bd. 143, S. 279, 296 ff.

worden waren[208], konstituierte sich die Kommission am 23. Januar 1896 und verhandelte den Entwurf in 27 Sitzungen[209].

Die Ausweitung des *Anwendungsbereiches* schien bei den Kommissionsmitgliedern auf allgemeine Zustimmung zu treffen. Ein diesbezüglich von *Beckh* (Deutsche Freisinnige Volkspartei) gestellter Antrag[210], den Strafbefehl auch im Falle der gefährlichen Körperverletzung nach § 223a StGB[211] zuzulassen, wurde hingegen ohne Diskussion – der Antragsteller war persönlich nicht anwesend – von der gesamten Kommission abgelehnt. Es wurde vorgetragen, dass es „bedenklich sei, bei einem so schwerwiegenden Vergehen das Prinzip der mündlichen Verhandlung zu durchbrechen und eine vorläufige Verurtheilung durch einen Strafbefehl [...] zuzulassen“. Dies gelte insbesondere im Hinblick auf das „jetzige Zustellungsverfahren“[212], das die Aushändigung an den Angeschuldigten nicht garantiere. Ohne größere Diskussion wurde ebenfalls ein Antrag *Rintelens* (Zentrum) abgelehnt[213], nach dem der Strafbefehl als nicht erlassen gelten sollte, wenn er den Erfordernissen des § 449 Abs. 1 nicht entspräche[214].

---

208 Die Kommission wurde in der 17. Sitzung des Reichstages am 16. Januar 1896 gewählt und hatte folgende Mitglieder: Zentrum: Broekmann; Lerno, Dr. Stefhan, Dr. Rintelen (Vorsitzender), Roeren, Schmidt (Schriftführer); Reichspartei: Freiherr von Gültlingen; Sozialdemokraten: Frohme, Stadthagen (Schriftführer); Polen: Dr. von Wolszlegier; Deutsch-Konservative: Buchka (stellvertretender Vorsitzender), Dr. von Himburg (Schriftführer), Schall; Deutsche Freisinnige Volkspartei: Beckh (Schriftführer), Lenzmann, Munckel; Nationalliberale: Günther, Dr. Pieschel; Reformpartei: Werner; Freisinnige Vereinigung: Schröder; Fraktionslos: Graf von Bernstorff.

209 Die Kommission nahm auf Antrag Buchkas vom 16. Januar 1896 en bloc die von der vorherigen Kommission gefassten Beschlüsse als Beschlüsse der ersten Lesung an, Sten. Berichte RT, Bd. 153/154, Aktenstück Nr. 294, S. 1564 (Kommissionsbericht); d.h. bis § 273a, da zu § 300 kein Beschluss mehr gefasst wurde, vgl. BA R101/30953.

210 Der Antrag lautete in § 447 die Worte „3 und“ zu streichen, BA R 101, Nr. 30953, Drucks. Nr. 50 der XI. Kommission.

211 § 223a: Ist die Körperverletzung mittels einer Waffe, insbesondere eines Messers oder eines anderen gefährlichen Werkzeuges, oder mittels eines hinterlistigen Ueberfalls, oder von Mehreren gemeinschaftlich, oder mittels einer das Leben gefährdenden Behandlung begangen, so tritt Gefängnißstrafe nicht unter zwei Monaten ein.

212 Vgl. nur *Schwarze*, Erörterungen, S. 12.

213 Der Antrag lautete, dem § 449 Absatz 1 zuzufügen: „Mangelt es dem Strafbefehle an einem dieser Erfordernisse, so gilt derselbe für nicht erlassen, BA R 101, 30953, Drucks. Nr. 10 der XI. Kommission; siehe für den Wortlaut der Norm den Anhang.

214 Nach *Schwarze*, Erörterungen, S. 11 ist der Strafbefehl unwirksam wenn er der Vorschrift des § 449 nicht entspricht, so dass dessen Vollstreckung mit der Beschwerde erfolgreich angegriffen werden kann. Allerdings sind bloße Mängel und Unvollständigkeiten in den einzelnen Angaben nicht geeignet ihn für unwirksam zu erachten.

Zwar stimmte der Reichstag der Änderung des Anwendungsbereichs in der Sitzung am 28. November 1896 zu[215], jedoch kam es in der dritten Lesung am 14. Dezember 1896 bezüglich der Besetzung der Strafkammern[216] zu einer unüberwindbaren Kontroverse[217], so dass der Entwurf schließlich scheiterte[218]. Dieselbe Kontroverse sowie die andauernde Beschlussunfähigkeit des Reichstags führten auch zum Scheitern zweier weiterer Entwürfe, die die eben genannte *Ausweitung* enthielten[219]. Es handelte sich um den „Entwurf eines Gesetzes, betreffend Aenderungen und Ergänzungen des Gerichtsverfassungsgesetzes und der Strafprozessordnung“[220], der von *Rintelen* (Zentrum) am 30. November 1897 eingebracht wurde und um das von *Lenzmann* und *Munckel* (beide Freisinnige Volkspartei) am 10. Dezember 1897 eingebrachte „Gesetz betreffend Aenderungen und Ergänzungen des Gerichtsverfassungsgesetzes und der Strafprozessordnung“[221].

Nachdem die verbündeten Regierungen trotz einer sie auffordernden Resolution des Reichstages[222] keinen Entwurf einer StPO vorgelegt hatten, brachte *Rintelen* (Zentrum) am 6. Dezember 1898 erneut einen „Entwurf eines Gesetzes, betreffend Aenderungen und Ergänzungen des Gerichtsverfassungsgesetzes, der Strafprozessordnung und des Strafgesetzbuchs“[223] beim Reichstag ein. Dieser beinhaltete die gleiche *Ausweitung* des Anwendungsbereiches wie die vorherigen Entwürfe und nahm explizit auf diese Bezug. Die den Entwurf beratende Kommission[224] nahm die Ausweitung des *Anwendungsbereichs*

---

215 Sten. Berichte, RT, Bd. 147, S. 3574.

216 § 77 des vom Entwurf mitumfassten GVG.

217 Vgl. Sten. Berichte RT, Bd. 147, S. 3935.

218 Der Gesetzesentwurf wurde im eigentlichen Sinne nicht fallen gelassen, sondern aufgrund der Absetzung von der Tagesordnung wurde die Beratung nur ausgesetzt, *Rintelen*, Sten. Berichte RT, Bd. 159, S. 441.

219 Vgl. Bericht der VI. Kommission, Sten. Berichte RT, Bd. 173, Aktenstück Nr. 203, S. 1393, 1394.

220 Sten. Berichte RT, Bd. 162, Aktenstück Nr. 33, S. 331.

221 Sten. Berichte RT, Bd. 162, Aktenstück Nr. 67, S. 787.

222 Sten. Berichte RT, Bd. 164, Aktenstück Nr. 281, S. 2356; die Resolution lautete, „die verbündeten Regierungen aufzufordern, dem Reichstage in der nächsten Session alsbald nach dessen Zusammentreten den Entwurf eines Gesetzes, betreffend die Berufung in Strafsachen, welche vor den bürgerlichen Gerichten verhandelt werden, vorzulegen“.

223 Sten. Berichte RT, Bd. 172, Aktenstück Nr. 17, S. 55.

224 Sten. Berichte RT, Bd. 165, S. 421; die Mitglieder waren: Zentrum: Dr. Rintelen (Vorsitzender), von Strombeck, Rath, Freiherr von Thünefeld, Dr. Stephan, Zehnter; Nationalliberale: Dr. Esche, Graßmann; Deutsche Freisinnige Volkspartei: Hofmann (Schriftführer), Beckh (stellvertretender Vorsitzender), Lenzmann, Munckel; Reichspartei: Graf von Bernstorff; Polen: Dr. von Dziembowski-Vomian; Deutsch

ohne Debatte an. Zu § 447 Abs. 3 wurde vorgeschlagen, den Ausschluss der *Überweisung an die Landespolizeibehörden*[225] ersatzlos zu streichen. Die Vertreter der Regierung sowie die weiteren Kommissionsmitglieder „bekämpften den Antrag lebhaft“, da wegen der bedeutsamen Folgen einer Überweisung ein mündliches Verfahren notwendig sei[226], so dass der Antrag letztlich mit 16 zu einer Stimme abgelehnt wurde.

Mit derselben Stimmverteilung wurde hingegen nach kurzer Debatte ein – möglicherweise von *Rintelen* gestellter[227] – Antrag angenommen, der der Staatsanwaltschaft bis zur Verkündung des Urteils die *Klagerücknahmemöglichkeit* einräumte. Auf der anderen Seite wurde dem Beschuldigten bis zu diesem Zeitpunkt das Recht zugestanden, seinen *Einspruch zurückzunehmen.* Beide Rechte durften *ohne Zustimmung* der jeweils anderen Seite ausgeübt werden[228], womit der Beschuldigte einer drohenden *reformatio in peius* entgehen konnte. Indes gelangte auch dieser Kommissionsbericht nicht mehr zur Beratung in dem Reichstag[229], so dass der Entwurf schließlich scheiterte.

Im selben Jahr wurden nochmals zwei das Strafbefehlsverfahren betreffende Entwürfe beim Reichstag eingebracht. Beide sahen die bereits erwähnte Ausweitung des Anwendungsbereiches und die Klage- bzw. Einspruchsrücknahmemöglichkeit vor. Am 14. November 1900 brachte *Rintelen*[230] (Zentrum), am 16. November 1900 die Abgeordneten *Lenzmann* und *Munckel* (beide Freisinnige Volkspartei) den Entwurf eines

Konservative: Himburg (Schriftführer), Graf von Carmer, von Salisch; Deutsche Reform Partei: Raab; Sozialdemokraten: Frohme, Haafe, Dr. Herzfeld (Schriftführer). Vgl. auch Bericht der VI. Kommission, Sten. Berichte RT, Bd. 173, Aktenstück Nr. 203, S. 1393.

225 § 38 StGB (1) Neben einer Freiheitsstrafe kann in den durch Gesetz vorgesehenen Fällen auf die Zulässigkeit von Polizeiaufsicht erkannt werden. (2) Die höhere Landespolizeibehörde erhält durch ein solches Erkenntnis die Befugnis, nach Anhörung der Gefängnißverwaltung den Verurtheilten auf die Zeit von höchstens fünf Jahren unter Polizei-Aufsicht zu stellen. (3) [...]
§ 39 StGB Die Polizeiaufsicht hat folgende Wirkungen: 1. dem Verurtheilten kann der Aufenthalt an einem bestimmten Orte von der höheren Landespolizeibehörde untersagt werden; 2. die höhere Landespolizeibehörde ist befugt, den Ausländer aus dem Bundesgebiet zu verweisen; 3. Haussuchungen unterliegen keiner Beschränkung der Zeit, zu welcher sie stattfinden dürfen.

226 Sten. Berichte RT, Bd. 173, Aktenstück Nr. 203, S. 1413.

227 Dafür spricht, dass er denselben Antrag in der 1902 eingesetzten Sachverständigenkommission stellt, vgl. unten S. 75.

228 § 452 Abs. 1: Bei rechtzeitigem Einspruch wird zur Hauptverhandlung geschritten. Bis zur Verkündung des Urtheils, kann die Staatsanwaltschaft die Klage fallen lassen, der Beschuldigte den Einspruch zurücknehmen.

229 Sten. Berichte RT, Bd. 190, Aktenstück Nr. 220, S. 1368, 1370.

230 Sten. Berichte RT, Bd. 189, Aktenstück Nr. 35, S. 303.

„Gesetzes, betreffend Aenderungen und Ergänzungen des Gerichtsverfassungsgesetzes und der Strafprozessordnung" im Reichstag ein[231].

Beide Entwürfe wurden in der Sitzung am 30. November 1900 in erster Lesung beraten und an eine aus 21 Mitgliedern bestehende Kommission überwiesen[232], welche sich am 5. Dezember 1900 konstituierte[233] und den Entwurf in vierzehn Sitzungen beriet. Die VIII. Kommission nahm dabei die Beschlüsse der Kommission 98/99 als Grundlage der erster Lesung ohne Debatte an[234]. In der Sitzung des Reichstags am 19. April 1902[235] wurde auf Antrag *Rintelens* (Zentrum) und anderer eine Resolution angenommen, „die verbündeten Regierungen zu ersuchen, baldmöglichst dem Reichstage einen Entwurf, betreffend Aenderungen des Gerichtsverfassungsgesetzes und der Strafprozessordnung im Sinne der Wiedereinführung der Berufung vorzulegen"[236]. Daraufhin ging man zur Tagesordnung über, ohne dass die Beschlüsse der Kommission weiter beraten worden wären.

2. Zusammenfassung

Die beabsichtigte, aber nicht umgesetzte Ausweitung des Anwendungsbereichs stand mit dem Bestreben im Zusammenhang, das ordentliche Verfahren zu beschleunigen und zu vereinfachen. Dies hatte aber weder einen rein finanzpolitischen Grund, noch sollte die Justiz entlastet werden, es war vielmehr Selbstzweck. Es war, wie bereits in der Vergangenheit, von der Prämisse getragen, dass man für geringfügige Delikte ein (bloß) vereinfachtes Verfahren benötige; das Argument der Beschleunigung trat daneben. Allerdings änderte sich die Grenze dessen, was noch geringfügiges, nicht aber schon schwerwiegendes Vergehen war – zumindest mental. Nach offensichtlich überwiegender Ansicht sollten nämlich nun auch die §§ 123 und 241 StGB, die über die Grenze des § 14 Nr. 1 GVG hinausgehend eine Höchststrafe von einem Jahr beziehungsweise eine erhöhte Mindeststrafe von zwei Wochen Freiheitsstrafe vorsahen, geringfügige Delikte sein. Diese Einstufung ist daraus ersichtlich,

231 Sten. Berichte RT, Bd. 189, Aktenstück Nr. 30, S. 286.

232 Sten. Berichte RT, Bd. 179, S. 237, 271.

233 Vgl. Sten. Berichte RT, Bd. 179, S. 335; die Mitglieder waren: Reichspartei: Graf von Bernstorff, Hegelmaier; Deutsch Soziale Reformpartei: Dr. Vogel; Sozialdemokraten: Stadthagen, Frohme, Dr. Herzfeld; Nationalliberale: Boltz, Hofmann (Schriftführer), Graßmann; Zentrum: Dr. Rintelen (Vorsitzender), von Strombeck, Marbe, Rembold, Schmidt, Lurz (Schriftführer); Konservative: von Salisch, Himburg, Freiherr von Maltzan (Schriftführer); Freisinnige Volkspartei: Munckel, Beckh (stellvertretender Vorsitzender); Freisinnige Vereinigung: Gaulke.

234 Bericht der VIII. Kommission, Sten. Berichte RT, Bd. 190, Aktenstück Nr. 220, S. 1368, 1370.

235 Sten. Berichte, RT, Bd. 184, S. 4909.

236 Sten. Berichte, RT, Bd. 194, Aktenstück Nr. 568, S. 3852.

dass die Einbeziehung des § 223a StGB mit der Begründung abgelehnt wurde, dass es sich um ein schwerwiegendes Delikt handele[237]. In diesem Zusammenhang ist erwähnenswert, dass die Einbeziehung des § 223a StGB abgelehnt wurde, obwohl der Sachverhalt durchaus leicht aus den Akten feststellbar sei. Das Kriterium der Feststellbarkeit des Sachverhalts blieb also hinter dem der Geringfügigkeit der Sache zurück. Im übrigen wurde auch die Ausweitung auf die Möglichkeit, die Überweisung an die Landespolizeibehörden festzusetzen, mit dem Argument abgelehnt, dass dies eine schwerwiegende Maßnahme sei. Interessant ist zudem, dass die Ausweitung auf § 223a StGB auch abgelehnt wurde, weil das Zustellungsverfahren mangelhaft und damit die Kenntnisnahme vom Strafbefehl nicht garantiert sei. Daraus könnte man schließen, dass eine verbesserte Rechtsstellung auch eine Ausweitung des Strafbefehlsverfahrens nach sich ziehen könnte.

III. Die gescheiterte Strafprozessreform

Die Reichstagsresolution vom 19. April 1902 hatte Erfolg. Nachdem sämtliche Vorschläge für eine Gesamtreform gescheitert, aber durch die Verabschiedung des BGB wieder genügend Kräfte im RJA frei geworden waren, konnte man sich auf die Reform der Strafprozessordnung konzentrieren. Noch im Jahre 1902 berief der Staatssekretär *Nieberding* eine aus 21 Mitgliedern bestehende Sachverständigenkommission ein (1)[238], deren Beschlüsse die Grundlage für einen im RJA aufgestellten Entwurf bildeten. Jener Entwurf wurde erstmals 1908 in das Gesetzgebungsverfahren eingeleitet, scheiterte jedoch im Reichstag (2).

---

237 Warum es sich bei § 232a StGB um ein schwerwiegendes Delikt handeln sollte, kann zwei Gründe haben. Es kann zum einen mit der erhöhten Mindeststrafe, zum anderen mit der Höchststrafe zusammenhängen. Bei § 223a StGB war die Mindeststrafe zwei Monate Gefängnis und die Höchststrafe fünf Jahre. Was das entscheidende Kriterium war, ist nicht ersichtlich. Es kann sowohl das eine als auch das andere als auch beide Kriterien in ihrem Zusammenwirken den Ausschlag gegeben haben.

238 Bassermann, Baumbach (schied im Januar 1905 aus, seinen Platz nahm Becker ein), Baumstark, Behringer (schied im November 1903 aus, seinen Platz nahm Pfannschmidt ein), Buff, van Calker, Gammersbach, Gröber, von Hecker (schied Ende Oktober 1903 aus, seinen Platz nahm Rupp ein), Himburg, Kaufmann, Kronecker, Lenzmann, Nagel, Opfergelt; Oppermann, Rintelen, Tauchert, Wach, Wachler, Wolffson; zu den Personen: Schubert, Protokolle der Kommission, Bd. 1, S. XXIII ff.; soweit 20 Personen an der Abstimmung beteiligt waren fehlte Gröber, soweit 18 Personen beteiligt waren fehlten Gröber, Himburg und Rintelen.

1. Die Sachverständigenkommission von 1903

Die Sachverständigenkommission trat am 10. Februar 1903 erstmals zusammen und beendete ihre Beratungen am 1. April 1905, um sodann ihre Beschlüsse vorzulegen. Die erste Lesung zog sich vom 10. Februar 1903 bis zum 8. Juli 1904, die zweite Lesung vom 4. Oktober 1904 bis zum 1. April 1905 hin. Davon betrafen das Strafbefehlsverfahren die Sitzungen vom 23. Januar, 8. und 9. März 1904, sowie vom 25. Februar 1905.

Das Ziel der Sachverständigenkommission war, „ohne irgend welche sachliche Direktive [erhalten zu haben], lediglich [...] dasjenige zur Geltung zu bringen, was nach ihrer wissenschaftlichen Ueberzeugung und nach ihren persönlichen Wahrnehmungen und Erfahrungen in der Rechtsprechung unserem Strafprozesse noth thut“[239]. Dabei orientierte sich die Beratung an folgenden, vom RJA aufgestellten Fragen[240]:

I. Empfiehlt es sich, die Voraussetzungen, unter denen ein amtsrichterlicher Strafbefehl erlassen werden kann, zu erweitern?

II. In welcher Weise würde dies zu geschehen haben? (Str.PrO. §§ 447–452).

Die Kommission setzte sich dementsprechend ausführlich mit dem Strafbefehlsverfahren auseinander. Da hier nicht der Ort sein kann, um die Diskussion in allen ihren Facetten[241] widerzuspiegeln, wird sich die Darstellung wie bisher auf den Anwendungsbereich, das Verhältnis der Exekutive zur Judikative, sowie die Stellung des Bürgers im Strafbefehlsverfahren, konzentrieren.

a) Der Anwendungsbereich

Die Kommission entschloss sich, das Strafbefehlsverfahren zu erweitern, weil es zu einer „Entlastung der Gerichte von [...] Bagatellsachen“ führe, die dem Staat Kosten und Arbeit verursachten, „die mit der geringen Bedeutung der Sache in keinem Verhältnis stehen würden“[242]. Daneben „gereiche [es] dem Beschuldigten selbst zum Vorteil“, weil es ihm vor allem den „Zwang, in

---

239 Vgl. Reichsanzeiger No. 286 vom 5. Dezember 1902.

240 Die „Fragen zur Reform des Strafprozesses“ sind bei Schubert, Protokolle der Kommission, Bd. 1, S. 1 ff. abgedruckt.

241 Teilweise handelte es sich um untergeordnete Fragen, teilweise um Folgefragen, aufgrund letztlich abgelehnter Anträge; die gesamte Diskussion erschließt sich aus: *Schubert*, Protokolle der Kommission, Bd. 1 und 2 sowie die Aufzeichnungen für die Protokolle über die Sitzungen der Kommission für die Reform des Strafprozesses mit Anträgen und Abstimmungslisten in BA R 3001, Nr. 5321 und 5325.

242 *Schubert*, Protokolle der Kommission, Bd. 1, S. 314.

öffentlicher Verhandlung auf der Anklagebank erscheinen zu müssen", erspare[243]. Was unter Bagatellen zu verstehen sei, war umstritten.

So beantragte *Kronecker*, das Verfahren auf alle Vergehen auszuweiten, die ausschließlich mit Geldstrafe bedroht waren, *Rupp* wollte gar strafbare Handlungen von „schwererer Kriminalität" mit einbeziehen[244], weil insbesondere beim einfachen Diebstahl und Betrug im Rückfall oftmals ein Geständnis vorliege, wodurch die *Sache so einfach* werde, dass die Strafe getrost durch Strafbefehl festgesetzt werden könne[245]. Entscheidendes Kriterium war hier also der aus den Akten leicht feststellbare Sachverhalt der in Frage stehenden Delikte.

Die Mehrheit wollte den Anwendungsbereich jedoch auf geringfügige Sachen beschränkt wissen und sprach sich von daher gegen eine so weitgehende Ausweitung aus[246]. Neben der schematischen Strafzumessung und der Schwächung der abschreckenden Wirkung der Strafe[247] berge das Strafbefehlsverfahren nämlich die Gefahr, dass der „Täter der verdienten strengen Bestrafung" entgehe oder ihn „eine völlig ungerechtfertigte oder doch über Gebühr hohe Strafe" treffe[248]. Um diese Gefahren auf ein erträgliches Maß zu reduzieren, müssten „alle strafbaren Handlungen, welche die sittlichen Grundlagen des Gemeinwesens berührten oder bei denen aus anderen Gründen das öffentliche Interesse besonders beteiligt sei, [...] von vornherein ausgeschieden werden"[249]. Daher dürfe der Strafbefehl „nur innerhalb gewisser, vorsichtig zu bestimmender Grenzen zugelassen werden"[250]. Als dem Strafbefehlsverfahren zugänglich sah die Kommission – wenn auch unter Kritik einiger Kommissi-

243 *Schubert*, Protokolle der Kommission, Bd. 1, S. 314.

244 *Schubert*, Protokolle der Kommission, Bd. 1, S. 316; Rupp dachte namentlich an die strafbaren Handlungen der §§ 27, 75 GVG, sowie die Verbrechen des einfachen Diebstahls und Betruges im Rückfall.

245 Zudem sei davon auszugehen, dass die Staatsanwaltschaft wie die Gerichte von der ihnen eingeräumten Befugnis vorsichtig Gebrauch machen würden.

246 *Schubert*, Protokolle der Kommission, Bd. 1, S. 314 ff.

247 Dass die generalpräventive Wirkung vereitelt werde sieht auch *von Nagler*, Protokolle, S. 225.

248 Die Ursache dafür sei, neben der Versäumung des Einspruchs, in einer schematischen Strafbemessung und der Schwächung der abschreckenden Wirkung der Strafgesetze zu sehen; nicht also in der fehlenden Ermittlung durch die Strafverfolgungsbehörden.

249 *Schubert*, Protokolle der Kommission, Bd. 1, S. 318.; außerdem wollte man technisch nur einzelne, bestimmt zu bezeichnende Delikte mit einbeziehen.

250 *Schubert*, Protokolle der Kommission, Bd. 1, S. 315.

onsmitglieder[251] – entsprechend einem Antrag *Gammersbachs* den Widerstand gegen die Staatsgewalt, § 113, den Hausfriedensbruch, § 123 Abs. 3, die Beleidigung, § 185, die Körperverletzung, §§ 223, 230, die Bedrohung, § 241, den strafbaren Eigennutz, § 285, 286 und die Sachbeschädigung, § 303, weil es sich um „Verfehlungen von nur geringer krimineller Bedeutung“ handele und der Sachverhalt in „diesen Fällen sehr häufig [...] weiterer Aufklärung nicht bedürfe“[252]. Während der zweite Lesung wurde auf Antrag *Rupps* noch die Begünstigung im Falle des § 257 StGB gegen die Stimmen *Gammersbachs, Buffs, Gröbers, Kroneckers, Nagels, Opfergelts* und *Taucherts,* sowie § 320 StGB[253] in den Anwendungsbereich mit einbezogen[254]. Zudem wurde er implizit durch die Ausweitung der schöffengerichtlichen Zuständigkeit um einige bisher den Strafkammern ausschließlich zugewiesene Vergehen erweitert[255].

Die Kommission entschied sich auch für die Möglichkeit, das Verfahren bei Übertretungen mangels öffentlichen Interesses einzustellen[256]. Ob diese Aufweichung des Legalitätsprinzips mit der Ausweitung des Anwendungsbereichs zusammenhängt, ist fraglich, aber wahrscheinlich. Denn dadurch entfiel gleichsam der untere Anwendungsbereich des Strafbefehlsverfahrens. Insofern ist es nur folgerichtig, wenn man ihn nach oben hin ausweitet; ansonsten wäre das Verfahren wohl verkümmert[257].

Trotz – oder gerade wegen – der Ausweitung des sachlichen Anwendungsbereichs sollte die Sanktionsgewalt nicht erhöht werden[258]. Zwar sprachen sich Baumbach, Baumstark, van Calker, Gröber, Kroneckes, Nagel, Oppermann und Rupp dafür aus[259], jedoch trat die Mehrheit dem entgegen, weil in der

251 § 113 gegen die Stimmen Buffs und Opfergelts, § 123 Abs. 3 gegen die Stimmen Buffs, von Calkers und Opfergelts, §§ 185, 223, 230, 241, 286, 303 gegen die Stimme Buffs, § 285 gegen die Stimmen Buffs und Gröbers, vgl. BA R 3001, Nr. 5321, Bl. 1665 ff.

252 *Schubert,* Protokolle der Kommission, Bd. 1, S. 318.

253 Weiterbeschäftigung und Wiedereinstellung von rechtskräftig für unfähig zum Eisenbahn- oder Telegraphendienst erklärte Personen durch Vorsteher einer Eisenbahngesellschaft oder einer öffentlichen Telegraphenanstalt.

254 BA R 3001, Nr. 5325, Bl. 3837.

255 Die Schöffengerichte waren nunmehr auch für alle in § 74 genannten, nicht im StGB enthaltene Vergehen zuständig; vgl. *Schubert,* Protokolle der Kommission, Bd. 2, S. 20 f, 334 f, 356 f. und 565 ff.

256 *Schubert,* Protokolle der Kommission, Bd. 1, S. 133 ff, Bd. 2, S. 459.

257 Dies gilt auch im Hinblick auf Bestrebungen, die Übertretungen aus dem StGB herauszunehmen.

258 BA R 3001, Nr. 5321, Bl. 1639 f.; *Schubert,* Protokolle der Kommission, Bd. 1, S. 322 ff.

259 Zurückgenommen wurden neben dem Antrag Kroneckers, die Höchstgrenze für die im Strafbefehl zu verhängende Geldstrafe gänzlich aufzuheben, auch der Antrag Rupps – der im Zusammenhang mit seinem zuvor gestellten Antrag steht – bei allen Vergehen

Praxis schon jetzt die Strafhöchstgrenzen von 150 Reichsmark bzw. sechs Wochen Freiheitsstrafe kaum erreicht würden[260]. Vielmehr könne man erwägen, so ein von Lenzmann aufgeworfener, aber nicht weiter verfolgter Gedanke, ob man ein „so tief eingreifendes Strafübel wie die Freiheitsstrafe dem Strafbefehl ganz [...] entziehen" solle[261]. Die Nebenfolgen wurden auf Antrag Rupps erweitert[262], allerdings nur marginal, denn er scheiterte mit der Hauptforderung nach der Aufnahme einer Buße[263] und der Möglichkeit, auf Überweisung an eine Landespolizeibehörde[264] erkennen zu können. Streitpunkt war die Frage, ob der Richter ohne mündliche Verhandlung in der Lage sei, die für die Nebenfolgen maßgeblichen Umstände allein aus den Akten festzustellen. Rupp trug vor, dass „eine persönliche Kenntnis des Beschuldigten [...] nicht unbedingt nötig" sei, da sich die maßgeblichen Umstände „meist aus den Akten" ergäben und folglich „Zeit und Kraft" gespart werde. Dem widersprachen Gammersbach, Baumbach, Buff und Himburg, wobei sie auch auf die Gefahr steigender Einspruchszahlen und Kosten hinwiesen[265].

Die Problematik der *mangelnden Erkenntnisgewinnung* im schriftlichen Verfahren wurde auch bei der in der Literatur umstrittenen Frage diskutiert, ob der Erlass eines Strafbefehls gegenüber Personen zulässig sein sollte, die das 18. Lebensjahr noch nicht vollendet hatten[266]. *Calker* und *Lenzmann* sprachen sich dagegen aus, weil bei diesen Personen nie aus den Akten feststellbar sei, ob die Person die zur Erkenntnis ihrer Strafbarkeit erforderliche Einsicht habe[267]. Die Mehrheit ging jedoch davon aus, dass es sich um eine allgemeine

---

und Übertretungen die Höchstgrenze auf drei Monate, bei den Verbrechen auf ein Jahr anzuheben.

260 Nach dem Referenten Gammersbach begnügten sich die Gerichte mit 50 M. Geldstrafe, BA R 3001, Nr. 5321, Bl. 1645; so auch *von Nagler*, Protokolle, S. 227.

261 *Schubert*, Protokolle der Kommission, Bd. 1, S. 317; diese Bemerkung geht wohl auf eine Äußerung Lenzmanns zurück, nach dem man Freiheitsstrafe möglicherweise nicht so formlos verhängen könne, BA R 3001, Nr. 5321, Bl. 1655.

262 Jeweils auf Rupps Antrag: Unbrauchbarmachung von Gegenständen und öffentliche Bekanntmachung der Bestrafung auf Kosten des Schuldigen; BA R 3001, Nr. 5321, Bl. 1682.

263 § 231 Abs. 1 StGB: In allen Fällen der Körperverletzung kann auf Verlangen des Verletzten neben der Strafe auf eine an denselben zu erlegende Buße bis zum Betrage von 6000 Mark erkannt werden; vgl. auch § 443 StPO für die Nebenklage.

264 Vgl. oben, Fn. 225.

265 BA R 3001, Nr. 5321, Bl. 1617 f.

266 *Schubert*, Protokolle der Kommission, Bd. 1, S. 324 ff.; die Frage war strittig, vgl. *Gouthier*, S. 10 m.w.N.; *Hertzsch*, S. 8; *Tilscher*, S. 7.

267 Vgl. *Köhne*, Jugendliche, S. 627, 636, er spricht sich für die Unzulässigkeit des Strafbefehls gegenüber Jugendlichen aus, da nach ihm sogar die herkömmliche Haupt-

Schuldfrage handele, deren Beantwortung auch bei strafmündigen Personen erforderlich sei, bei denen der Strafbefehl prinzipiell zulässig ist. Zudem sei die Hauptverhandlung als solche für den Jugendlichen charakterschädigend, da die „feierliche Gerichtsverhandlung" bei manchem Jugendlichen das Gefühl erwecke, dass „er eine wichtige Persönlichkeit sei", und so „die Zukunft des Beschuldigten geschädigt werde"[268].

Nachdem die Kommission die prinzipielle Zulässigkeit des Strafbefehls gegenüber Jugendlichen beschlossen hatte, beschäftigte sie sich mit der besonderen Verfahrensgestaltung in diesem Fall.

Die bisherige Praxis, einen Verweis zu verhängen[269], wurde auf Antrag *Taucherts* von der Mehrheit gegen die Stimmen *Buffs, Lenzmanns* und *Opfergelts*[270] ausdrücklich für zulässig erklärt[271]. Die von den Gegnern angeführten Argumente, dass der Richter einerseits vor dem Erlass den Angeklagten sehen müsse und ein schriftlicher Verweis[272] andererseits auf diesen keinen Eindruck machen würde, wurden als nicht ausschlaggebend angesehen[273]. Zu weit ging der Kommission aber der Antrag *van Calkers*, die *Sanktionsgewalt* auf das Verhängen eines Verweises zu beschränken[274], da ansonsten dem Strafbefehl ein großer Teil „seiner praktischen Bedeutung" genommen werde. Das Argument, dass Geld- und Freiheitsstrafe vom Jugendlichen möglichst fern gehalten werden müssten, fand keine Zustimmung.

Ein Antrag *Rupps*[275], nach dem der Strafbefehl gegen einen Jugendlichen die *Gründe enthalten* solle, die den Richter von dem Vorliegen der die Strafbarkeit begründenden Tatsachen überzeugt hatten, wurde gegen die Stimmen *Gammersbachs, Rupps, Bassermanns* und *Baumbachs* abgelehnt[276]. Zwar sei es „an sich wünschenswert, Kautelen dafür zu schaffen", die „vorgeschlagene Bestimmung sei dafür aber nicht geeignet", da sie entweder zu einer kurzen wertlosen Begründung führe oder aber zu einer längeren Begründung, welche eine zu große Belastung des Richters darstellen würde.

---

verhandlung mit ihren stark besetzten Sitzungstagen nicht ausreiche, den Besonderheiten gerecht zu werden. Zudem lehre die Erfahrung, dass entsprechende Personen die Einlegung des Einspruchs oftmals unterlassen.

268 *Schubert*, Protokolle der Kommission, Bd. 1, S. 325.

269 § 57 Abs. 1 Nr. 4 StGB: 4. ist die Handlung ein Vergehen oder eine Übertretung, so kann in besonders leichten Fällen auf Verweis erkannt werden.

270 BA R 3001, Nr. 5321, Bl. 1696.

271 *Schubert*, Protokolle der Kommission, Bd. 1, S. 326.

272 Ein solcher ist nach RGSt 23, S. 403; 31, S. 282 zulässig.

273 *Köhne*, Jugendliche, S. 629 forderte ausdrücklich die Möglichkeit, im Strafbefehl einen Verweis zu erteilen.

274 Lenzmann trat zunächst für den Antrag van Calkers ein, stimmte aber schließlich gegen ihn, vgl. BA R 3001, Nr. 5321, Bl. 1687 und 1698.

275 *Schubert*, Protokolle der Kommission, Bd. 1, S. 330.

276 BA R 3001, Nr. 5321, Bl. 1722a.

Der Antrag *Kroneckers*[277], den Strafbefehl auch dem gesetzlichen Vertreter *zuzustellen*[278], wurde von der Mehrheit gegen die Stimmen *Gammersbachs, Bassermanns, van Calkers, Kroneckers, Lenzmanns, Opfergelts, Wachlers* und *Wolffsons* abgelehnt[279]. Man stellte in erster Linie[280] darauf ab, dass dies „praktisch undurchführbar" sei. Die Mehrheit[281] erachtete eine von *Wach*[282] vorgeschlagene formlose Mitteilung als ausreichend[283], da dies zu erzieherischen Maßnahmen vom gesetzlichen Vertreter gegenüber dem Minderjährigen führe, genauso wie es verhindere, dass der Minderjährige aus Unachtsamkeit den Einspruch unterlasse.

Zudem gestand die Mehrheit dem gesetzlichen Vertreter ein selbständiges *Einspruchsrecht* zu[284]. Lediglich *Oppermann, Pfannnschmidt* und *Tauchert*[285] stimmten dagegen. Sie wandten ein, dass dieses der Berufung entnommene Recht zu Nachteilen führen könne, da dort die reformatio in peius ausgeschlossen, wohingegen sie hier zulässig sei. Ihnen wurde entgegnet, dass das Risiko der reformatio in peius kein rechtlich relevantes sei. Denn zum einen träfen den Vertretenen auf allen Gebieten des Rechtslebens die negativen Folgen der vom Vertreter vorgenommenen Maßnahmen. Zum anderen erleide der Beschuldigte bei einer höheren Strafe keine Ungerechtigkeit, da sich diese „bei genauer Würdigung des Falles als die angemessene herausgestellt habe".

b) Die Ausgestaltung des Verfahrens

Nachdem man den Anwendungsbereich ausgedehnt hatte, ging man zur Beratung über die konkrete Ausgestaltung des Verfahrens über. Sowohl das

277 *Schubert*, Protokolle der Kommission, Bd. 1, S. 331.

278 Für die Zustellung: *Köhne*, Jugendliche, S. 629 (s. aber dort Fn. 28). Gegen die Zustellung: *Levis*, Strafbefehl, S. 567.

279 BA R 3001, Nr. 5321, Bl. 1734; damit war auch der Antrag Lenzmanns erledigt, nach dem in diesem Fall die Einspruchsfrist mit der zeitlich letzten Zustellung beginnen sollte, BA R 3001, Nr. 5321, Bl. zu 1730.

280 Rücksichtlich der Regelungen den Haftbefehl und das Urteil betreffend wurde darauf hingewiesen, dass auch in diesen Fällen, mit Ausnahme des § 268, eine Zustellung nicht vorgeschrieben sei, so dass dies hier (erst recht) nicht gelten könne. Dagegen wurde gehalten, dass in den beiden Fällen, die „richterliche Verfügung in ganz anderer Weise [...] in die öffentliche Erscheinung" trete, eine „Mitteilung dort von daher gar nicht erforderlich sei.

281 Der Antrag wurde mit 12 gegen 6 Stimmen angenommen.

282 *Schubert*, Protokolle der Kommission, Bd. 1, S. 332.

283 Für den Antrag stimmten Gammersbach, Bassermann, Baumbach, Buff, van Calker, Kronecker, Lenzmann, Nagel, Oppermann, Pfannschmidt, Wach und Wolffson. Dagegen stimmten Rupp, Baumstark, Opfergelt, Tauchert, Wachler und Kaufmann. Erledigt waren damit ein Antrag Wachlers, nach dem die Einspruchsfrist für den gesetzlichen Vertreter selbständig seit der Zustellung an ihn zu laufen beginnt und ein Antrag Lenzmanns, nach dem die Frist mit der zeitlich letzten Zustellung zu laufen beginnt; *Schubert*, Protokolle der Kommission, Bd. 1, S. 331, 332.

284 *Schubert*, Protokolle der Kommission, Bd. 1, S. 335, (§ 340 der StPO).

285 BA R 3001, Nr. 5321, Bl. 1748.

umstrittene Verhältnis der Exekutive zur Judikative als auch die Rechtsstellung des Beschuldigten waren Gegenstand heftiger Kontroversen. Dabei wurde die Position des Richters gegenüber der Staatsanwaltschaft leicht gestärkt. Die Stellung des Beschuldigten im Strafbefehlsverfahren wurde nicht verbessert, obwohl es – wohl als Korrektiv zum erweiterten Anwendungsbereich – dahingehende Bestrebungen gab.

Dass die Verfahrensposition des Richters gestärkt wurde, zeigt sich daran, dass dessen *Bindung an den Antrag der Staatsanwaltschaft* zum Teil gelockert wurde. Bisher war umstritten, ob der Richter den Strafbefehlsantrag zurückweisen durfte, wenn der Beschuldigte der Tat nicht hinreichend verdächtig war, oder ob er – anders als im ordentlichen Verfahren – die Hauptverhandlung anzuberaumen hatte. Denn nach dem Wortlaut des § 448 Abs. 2 StPO durfte der Richter nur einen Strafbefehl erlassen oder die Hauptverhandlung anberaumen. Dem entgegen wandte die Praxis in solchen Fällen teilweise §§ 201 f. StPO[286] analog an und lehnte den Antrag durch Beschluss ab, gegen den der Staatsanwaltschaft die sofortige Beschwerde zustand.

Gerade dieses Beschwerderecht führte *Tauchert* gegen die Ablehnungsbefugnis des Richters an, da in diesen Fällen die Sache unnötig verlängert und damit erschwert werde. Die Mehrheit war jedoch der Ansicht, die Reaktionsmöglichkeiten des Richters erweitern zu müssen, so dass man auf Antrag *Kroneckers*[287] beschloss, dass der Amtsrichter den Antrag der Staatsanwaltschaft durch Beschluss abzulehnen hatte, wenn die Voraussetzungen des § 178 Abs. 1[288] vorlägen oder der Beschuldigte der Tat nicht hinreichend verdächtig erschien. Dies hatte zum einen zur Folge, dass eine erneute Strafverfolgung nur aufgrund neuer Tatsachen oder Beweismittel zulässig war[289], was die Staatsanwaltschaft mittelbar zu gewissenhaften Ermittlungen disziplinierte. Zum anderen konnte die Staatsanwaltschaft den Richter über den Umweg des Strafbefehls nicht mehr zwingen, die Hauptverhandlung anzuberaumen, wodurch eine Missbrauchsmöglichkeit entfiel.

---

286 Nach § 201 StPO beschließt das Gericht die Eröffnung des Hauptverfahrens, wenn der Angeschuldigte einer strafbaren Handlung hinreichend verdächtig erscheint. Aus § 202 StPO ergibt sich, dass andernfalls ein abweisender Beschluss ergeht.

287 *Schubert*, Protokolle der Kommission, Bd. 1, S. 329; gegen die Stimme Taucherts, BA R 3001, Nr. 5321, Bl. 1714.

288 § 178 Abs. 1: Der Antrag [auf Eröffnung der Voruntersuchung] kann nur wegen Unzuständigkeit des Gerichts oder wegen Unzulässigkeit der Strafverfolgung oder der Voruntersuchung (§ 176), oder weil die in dem Antrage bezeichnete That unter kein Strafgesetz fällt, abgelehnt werden. Hierzu bedarf es eines Beschlusses des Gerichts.

289 *Levis*, Strafbefehl, S. 571.

Die Bindung des Richters an die beantragte Strafhöhe blieb hingegen bestehen, da die diesbezüglichen Anträge *Rupps*[290], nach denen eine Abweichung möglich sein sollte, abgelehnt wurden[291]. Die Mehrheit begründete ihre Haltung damit, dass an dem geltenden *Grundsatz der Übereinstimmung* zwischen Richter und Staatsanwaltschaft festzuhalten sei, da sich der Beschuldigte in vielen Fällen dem Strafbefehl in der Erwägung unterwerfe, „daß die Strafe, welche der Staatsanwalt und der Richter übereinstimmend für angemessen hielten, gerecht sein werde“[292]. Falle diese Voraussetzung weg, werde die Zahl der Einsprüche und damit Arbeitsaufwand und Kosten steigen. Als eine Art Korrektiv wurde der Antrag *Kroneckers* angenommen[293], nach dem der Richter vor Erlass des Strafbefehls befugt sein sollte, *Ermittlungen*[294] vorzunehmen. Dadurch wurde der Richter in die Lage versetzt, besser als bisher auf einer größeren Tatsachengrundlage zwischen dem Erlass eines Strafbefehls, dessen Ablehnung oder der Anberaumung der Hauptverhandlung entscheiden zu können.

Nach einem anderen, in diesem Zusammenhang zu erwähnenden Antrag *Rupps*[295] sollte das bisher der Strafverfolgungsbehörde zustehende Antragsrecht auf Erlass eines Strafbefehls auch auf den *Privatkläger*[296] und den *Beschuldigten*[297] ausgeweitet werden. Man beschloss einstimmig[298], dass der

---

290 *Schubert*, Protokolle der Kommission, Bd. 1, S. 329. Nach dem Primärantrag sollte bestimmt werden, dass der Richter auf eine andere als die beantragte Strafe erkennen dürfe. Nach dem Sekundärantrag hätte der Richter bei einem vom Privatkläger beantragten Strafbefehl eine geringere als beantragte Strafe festsetzen können.

291 Dabei wurde der Primärantrag gegen die Stimmen Rupps und Bassermanns, der Eventualantrag hingegen nur mit 10 gegen die Stimmen Rupps, Bassermanns, Baumbachs, Baumstarks, Kroneckers, Pfannschmidts, Taucherts, Wolffsons und Kaufmanns abgelehnt.

292 *Schubert*, Protokolle der Kommission, Bd. 1, S. 330.

293 *Schubert*, Protokolle der Kommission, Bd. 1, S. 329.

294 Diesem Antrag wurde der Vorzug gegeben vor einem in ähnliche Richtung tendierenden Antrag Rupps, der es dem Amtsrichter gestattet hätte, vor der Entscheidung über den Antrag den Beschuldigten zu vernehmen.

295 *Schubert*, Protokolle der Kommission, Bd. 1, S. 327.

296 Zudem sollte in Privatklagesachen das Gericht von Amts wegen berechtigt sein, anstatt der Klage einen Strafbefehl zu erlassen; *Schubert*, Protokolle der Kommission, Bd. 1, S. 327.

297 Vgl. schon die vom Bundesrat eingesetzte Sachverständigenkommission, *Schubert / Regge*, Strafprozessordnung, S. 232.

298 Der Antrag, dass der Beschuldigte berechtigt sein solle, die Erledigung der Sache durch Strafbefehl, anstatt im ordentlichen Verfahren, zu beantragen, wurde gegen die Stimmen Rupps, Bassermanns und Baumstark abgelehnt. Denn dies sei praktisch undurchführbar, da der Beschuldigte „häufig nicht rechtzeitig erfahre, dass das Verfahren gegen

Privatkläger berechtigt sein sollte, den Antrag zu stellen[299]. Hintergrund dieser *Privatisierung* war, dass zuvor auf Antrag *Rupps* gegen die Stimmen *Gammersbachs*, *Buffs*, *von Calkers*, *Lenzmanns*, *Opfergelts*, *Wachlers*, *Wolffsons* und *Kaufmanns* das Strafbefehlsverfahren allgemein bei den im Wege der Privatklage zu verfolgenden Delikten zugelassen wurde[300]. Begründet wurde die Einbeziehung damit, dass die Argumente der Einfachheit und geringen kriminellen Bedeutung des Tatbestandes hier in erhöhtem Maße zuträfen und der mit dem Strafbefehlsverfahren verbundene Vorzug der Kostenersparnis gerade hier besonders ins Gewicht falle.

Gegen das Antragsrecht des Beschuldigten wurde vorgetragen, dass es ihm ohnehin freistehe, das Strafbefehlsverfahren anzuregen[301], was angesichts dessen, dass der Beschuldigte „häufig nicht rechtzeitig erfahre, dass das Verfahren gegen ihn eingeleitet sei“[302] zynisch anmutet. Ausschlaggebendes Argument für die letztliche Ablehnung dürfte im Gegensatz zur Ansicht in der heutigen Praxis eher gewesen sein, dass es zu einem „unangemessenen Paktieren zwischen dem Beschuldigten und den Organen des Staates“[303] komme.

Ebenso wie das Verhältnis der staatlichen Gewalten untereinander umstritten war, war das Verhältnis des Staates zum Bürger Gegenstand von Kontroversen.

Dies zeigt sich sehr deutlich bei der Frage, ob der rechtskräftige Strafbefehl wie ein rechtskräftiges Urteil den *Verbrauch der Strafklage* nach sich ziehe[304],

---

ihn eingeleitet sei“. Zudem komme es „zu einem unangemessenen Paktieren zwischen dem Beschuldigten und den Organen des Staates“. Außerdem habe der Beschuldigte die Möglichkeit, die Erledigung im Wege des Strafbefehlsverfahrens anzuregen.

Der Antrag Rupps, dass der Strafbefehl im Privatklageverfahren auch von Amts wegen erlassen werden solle, wurde gegen die Stimmen Rupps, Bassermanns, Baumstarks, van Calkers, Taucherts und Kaufmanns abgelehnt, da der Richter auch in den Fällen, in denen der Privatkläger ein berechtigtes Interesse an einer öffentlichen Verhandlung habe, einen Strafbefehl erlassen könne.

299 Insoweit war auch § 223a StGB umfasst, *Schubert*, Protokolle der Kommission, Bd. 2, S. 567.

300 *Schubert*, Protokolle der Kommission, Bd. 1, S. 319; zunächst war auch der Staatsanwalt zur Stellung eines Antrags berechtigt. In der zweiten Lesung änderte man dies; *Schubert*, Protokolle der Kommission, Bd. 2, S. 87.

301 *Schubert*, Protokolle der Kommission, Bd. 1, S. 328.

302 *Schubert*, Protokolle der Kommission, Bd. 1, S. 328.

303 *Schubert*, Protokolle der Kommission, Bd. 1, S. 328.

304 *Schubert*, Protokolle der Kommission, Bd. 1, S. 343.

was angesichts des Wortlautes des § 450 StPO[305] nahe gelegen hätte. Nach der nicht unumstrittenen[306] Rechtsprechung des RG sollte dies jedoch nicht der Fall sein. Folglich konnte dieselbe Tat erneut im ordentlichen Verfahren verfolgt werden, wenn sich herausstellte, dass auf die Tat ein schwereres Strafgesetz anwendbar war[307]. Das Reichsgericht begründete seine Ansicht damit, dass die dem Angeklagten zu gewährende Billigkeit in Ausnahme zum *Gerechtigkeitsprinzip* notwendig die Befugnis des Richters voraussetzte, die Tat in alle Richtungen hin zu beurteilen, was beim Strafbefehl nicht möglich sei. Das Risiko unzulänglicher Ermittlungen wurde dadurch einseitig auf den Bürger abgewälzt. Denn in Fällen, in denen im Strafbefehl eine *ungerechte* Entscheidung zulasten des Bürgers getroffen wurde, war er auf eine Gnadenentscheidung[308] angewiesen, da das Wiederaufnahmeverfahren ausgeschlossen war. Konsequent wäre es gewesen, bei prinzipieller Geltung des Strafklageverbrauchs das Wiederaufnahmeverfahren beim Strafbefehl als einzige Ausnahme zuzulassen und so zumindest die allgemeine Wertung des ordentlichen Verfahrens zu übernehmen. Trotzdem sprach sich nur *Kronecker* für den prinzipiellen Strafklageverbrauch auch beim Strafbefehl aus, weil sonst eine Durchbrechung des Prinzips „ne bis in idem" vorliege, die theoretisch nicht zu rechtfertigen sei[309]. Die Mehrheit folgte jedoch der Rechtsprechung, nach der die „richterliche Beurteilung nämlich nicht unbegrenzt ausdehnungsfähig, sondern an den Antrag des Anklägers gebunden sei", so dass eine Durchbrechung des Grundsatzes *ne bis in idem* hiernach „logisch" sei[310]. Daher wurde der die bisherige Rechtsprechung des Reichsgerichts berücksichtigende Antrag *Wachlers*[311], nach dem die Strafklage als verbraucht gelten sollte, „sofern nicht bei erneuter Strafverfolgung die Tat unter einen im Strafbefehl noch nicht gewürdigten, eine erhöhte Strafbarkeit begründenden rechtli-

305 § 450 StPO. Ein Strafbefehl, gegen welchen nicht rechtzeitig Einspruch erhoben worden ist, erlangt die Wirkung eines rechtskräftigen Urtheils.

306 Vgl. *Levis*, Strafbefehl, S. 570.

307 RGSt 4, S. 245.

308 Vgl. BA R 3001/1127, Bl. 4, danach war im RJM fraglich, ob es sich empfehle, den Beschuldigten vor Erlass des Strafbefehls zu hören, da es immer mehr Gnadenverfahren gebe.

309 *Schubert*, Protokolle der Kommission, Bd. 1. 343. Er anerkannte aber das praktische Bedürfnis.

310 So auch RGSt 28, S. 84: „Gebot sowohl der logischen Konsequenz als der Gerechtigkeit".

311 *Schubert*, Protokolle der Kommission, Bd. 1, S. 343.

chen Gesichtspunkt gebracht wird“, – kurioserweise einstimmig – angenommen[312].

Das vom Reichsgericht propagierte und von der Kommission aufgenommene Gerechtigkeitsprinzip spielte auch bei der Frage eine Rolle, ob nach Einspruch die *reformatio in peius* zulässig sein sollte. Die Mehrheit sprach sich dafür aus, da keine „Klärung des Sachverhalts durch eine mündliche Verhandlung stattgefunden“ habe und der Richter somit frei sein müsse, über die Sache zu entscheiden und dem Angeklagten die Strafe zu geben, die er verdient habe[313]. Daher wurde der Antrag *Lenzmanns* abgelehnt[314], nachdem keine Verhängung einer härteren als der im Strafbefehl ausgesprochenen Strafe möglich sein sollte. Er begründete seinen Antrag damit, dass die Zulassung der reformatio in peius zu Härten führe, die dem Volksbewusstsein unverständlich seien. Darüber hinaus bestehe eine zweifache Missbrauchsgefahr. Zum einen seien einige Richter geneigt, auf eine härtere Strafe zu erkennen, wenn der Einspruch ihres Erachtens zu Unrecht eingelegt wurde. Zum anderen bestehe die Besorgnis, dass der „Beschuldigte unter dem Druck des Zuredens von Seiten des Gerichts den Einspruch zurücknähme“[315]. Ferner werde die Zahl der „frivolen Einsprüche“ nicht, wie von der Mehrheit behauptet, steigen, da die vermehrte Kostenlast sowie die Scheu der Beschuldigten vor öffentlicher Verhandlung genügend Schutz davor böten.

Intensiver Diskussion unterlag auch die Frage, ob die *Rücknahme des Einspruchs* bis zur Verkündung des Urteils möglich sein sollte, da der Beschuldigte so der drohenden *reformatio in peius* entgehen konnte. Ein dahingehender Antrag *Rintelens*, der so schon 1899 gestellt wurde[316], nach dem dieses Recht dem Beschuldigten *ohne* Zustimmung der Staatsanwaltschaft zustehen sollte, wurde von der Mehrheit gegen die Stimmen *Bassermanns*, *Baumstarks* und *Rintelen* abgelehnt[317]. Zur Begründung berief man sich auf die Motive der RStPO, nach denen die vorgeschlagene Befugnis gegen die Ord-

312 BA R 3001, Nr. 5321, Bl. 1786.

313 Aus denselben Gründen wurde auch ein von Kronecker zunächst fallengelassener, aber von Lenzmann aufgenommener Antrag (so der Vermerk auf dem Antrag, BA R 3001, Nr. 5321, Bl. 225), der die reformatio in peius in den Fällen ausgeschlossen sehen wollte, in denen der gesetzliche Vertreter den Einspruch einlegte, ebenfalls gegen die Stimmen Baumstarks, Kroneckers, Lenzmanns und Opfergelts von der Kommission abgelehnt.

314 BA R 3001, Nr. 5321, Bl. 1774.

315 Ein heute in der Praxis durchaus übliches Mittel.

316 S. oben, S. 62.

317 BA R 3001, Nr. 5321, Bl. 1763.

nung des Verfahrens und die Autorität des Gerichts verstoßen würde. Zudem bestehe die Gefahr, dass der Richter den Angeklagten zur Rücknahme drängen könnte[318], was einem Paktieren gleich käme, welches nicht der „Würde des Gerichts“ entspräche und „dem Ansehen der Justiz schade“, da es in der Bevölkerung den Eindruck erwecke, dass der Richter die Sache „möglichst schnell [...] erledigen“ wolle. Da die Kommission aber der Rücknahmemöglichkeit als solcher wohlwollend gegenüber stand, wurde der Antrag *Rupps*[319], die Rücknahmemöglichkeit *mit* Zustimmung der Staatsanwaltschaft einzuräumen, von der Mehrheit gegen die Stimmen *Gammersbachs*, *Buffs*, *van Calkers*, *Lenzmanns*, *Taucherts* und *Wachlers*[320] beschlossen[321]. Im Gegensatz zum Antrag *Rintelens* konnte der Beschuldigte, wenn er sah, dass die mündliche Verhandlung zu seinen Ungunsten verlief, den Einspruch faktisch nicht zurücknehmen, da die Staatsanwaltschaft in diesen Fällen regelmäßig ihre Zustimmung verweigern würde. Ein weiterer Antrag *Rupps*, es der Staatsanwaltschaft zu gestatten, unter denselben Voraussetzungen – also mit Zustimmung des Angeklagten – die Klage zurückzunehmen, wurde gegen die Stimmen *Nagels*, *Taucherts* und *Wachlers* angenommen[322]. Es wurde eingewandt, diese Befugnis führe zu einer Durchbrechung des Grundsatzes, dass eine Klage nach Eröffnung der Hauptverhandlung nicht mehr zurückgenommen werden könne[323]. Dem wurde entgegengehalten, dass „das Wesen des Strafbefehls“ darin liege, „daß eine Strafe ohne nähere Untersuchung der Sache verhängt werde“[324], so dass sich häufig erst in der Hauptverhandlung die Unschuld des Angeklagten herausstellte und die Rücknahmemöglichkeit so „unnötige Weiterungen und Kosten“ sparen könnte.

Der letzte, die Rechtsstellung des Beschuldigten betreffende Antrag *Rupps*, nach dem § 452 Abs. 2 gestrichen[325] und demgemäss die *Wiedereinsetzung in den vorigen Stand*

318 *Schubert*, Protokolle der Kommission, Bd. 1, S. 333.

319 *Schubert*, Protokolle der Kommission, Bd. 1, S. 337.

320 BA R 3001, Nr. 5321, Bl. 1764.

321 Im Interesse der Strafrechtspflege sowie im Interesse des Beschuldigten müsse die Rücknahmemöglichkeit aber im gegenseitigen Einverständnis erfolgen. Denn nur so könne der Staatsanwalt einen kommenden Freispruch nicht verhindern, wie auch der Angeklagte einer drohenden Erhöhung der Strafe nicht entgehen kann.

322 BA R 3001, Nr. 5321, Bl. 1766, zur Mehrheit. Rücksichtlich dieses Beschlusses wurde zudem eine Vorschrift aufgenommen, nach der man auf den Einspruch sowie dessen Rücknahme vor Ablauf der Einlegungsfrist wirksam verzichten könne und eine Vorschrift, nach welcher der Verteidiger für die Zurücknahme des Einspruchs einer ausdrücklichen Ermächtigung bedarf.

323 § 154 StPO.

324 *Schubert*, Protokolle der Kommission, Bd. 1, S. 338.

325 *Schubert*, Protokolle der Kommission, Bd. 1, S. 339.

bei Versäumung der anberaumten Hauptverhandlung auch dann zugelassen werden sollte, wenn diese bereits nach der Versäumung der Einspruchsfrist gewährt worden war, wurde zurückgenommen. Weitere Anträge betrafen die Gerichtszuständigkeiten[326], den Zustellungsverzicht beim Verhafteten[327], die analoge Anwendung von Rechtsmittelvorschriften[328] und die Verteilung der Kostenlast[329].

2. Die Reichstagsvorlage von 1909

Anhand der eben dargestellten Beschlüsse der Sachverständigenkommission, der daran geübten Kritik und früherer Reichstagsvorlagen und -beschlüsse erstellte das RJA in enger Zusammenarbeit mit den Bundesregierungen den am 1. September 1908 veröffentlichten „Entwurf einer Strafprozessordnung“ (E 1908)[330]. Er wurde erstmals am 9. Juli 1908 dem Bundesrat[331] und am 26. März 1909 dem Reichstag zur Beschlussfassung vorgelegt[332]. Aufgrund des Sessionswechsels konnte der Entwurf jedoch nicht beraten werden[333], so dass der Bundesrat am 21. Oktober 1909 nochmals die unveränderte Einbringung des Entwurfs beim Reichstag beschloss[334]. Die zweite Beratung im Reichstag dauerte vom 6. bis zum 10. Februar 1911[335] und blieb noch vor der Beratung über den Abschnitt über das Strafbefehlsverfahren stecken, weil man sich nicht über die Mitwirkung von Laien bei den Berufungsgerichten einigen konnte[336].

---

326 *Schubert*, Protokolle der Kommission, Bd. 1, S. 326; BA R 3001, Nr. 5321, Bl. 1679, 1701; vgl. auch *Binding*, GS Bd. 74 (1909), S. 26, danach seien die Bagatellen der niedersten Strafgerichtsbarkeit vorbehalten.

327 *Schubert*, Protokolle der Kommission, Bd. 1, S. 333.

328 *Schubert*, Protokolle der Kommission, Bd. 1, S. 334; BA R 3001, Nr. 5321, Bl. 1749.

329 *Schubert*, Protokolle der Kommission, Bd. 1, S. 341; BA R 3001, Nr. 5321, Bl. 1781.

330 Vgl. Die Äußerungen des Staatssekretärs Lisco in der 13. Sitzung des Reichstags am 13. Januar 1910; Sten. Berichte, RT, Bd. 258, S. 507 (B); zweifelnd zum Einfluss der Kommissionsberichts, Gröber, a.a.O., S. 525 (B).

331 BR-Drucks. 119/1908. Vgl. auch § 668 des Protokolls der 32. Sitzung des Bundesrats am 8. Oktober 1908; BR-Drucks. Nr 41/1909; Beschluss § 271, Protokoll der 13. Sitzung vom 25. März 1909, Protokolle über die Verhandlungen des Bundesrats des Deutschen Reichs, Jahrgang 1909.

332 Sten. Berichte RT, Bd. 254, Drucks. Nr. 1310.

333 Vgl. Sten. Berichte RT, Registerband 1909, S. 9784; vgl. auch Sten. Berichte RT, Bd. 254, Drucks. Nr. 1310.

334 Beschluss § 747, Protokoll der 32. Sitzung, Protokolle über die Verhandlungen des Bundesrats des Deutschen Reichs, Jahrgang 1909; vgl. auch Sten. Berichte RT, Bd. 270, Drs. Nr. 7, Sten. Berichte RT, Bd. 258, S 506 (C) ff.

335 Sten. Berichte RT, Band 263, S. 4369, 4398, 4429, 4463, Band 264, S. 4502.

336 L/R-*Rieß*, Bd. 1, Einl. Abschnitt E, Rn. 20.

a) Inhalt des Entwurfs

Eines der Hauptziele des *Entwurfs* war die *Beschleunigung und Vereinfachung* des Strafverfahrens[337]. Um dieses Ziel zu erreichen, hatten „Verfahrensarten, die für besonders einfache Fälle eine von den gewöhnlichen Vorschriften abweichende Behandlung gestatten, im Entwurf eine erhöhte Berücksichtigung gefunden“[338]. Daher sei namentlich das Strafbefehlsverfahren[339] weiter ausgebaut worden, da es sich laut der Begründung in der Praxis bewährt habe[340] und eine möglichst angängige Vereinfachung und Beschleunigung erlaube.

Der Entwurf weitete den sachlichen Anwendungsbereich auf die von der Sachverständigenkommission vorgeschlagenen Delikte aus[341]. Darüber hinaus wurde – wie *Beckh* bereits 1896 vorgeschlagen hatte – die gefährliche Körperverletzung, § 223a StGB, zusätzlich mit aufgenommen, da es sich dabei „um sehr einfache und leichte Fälle handeln kann“[342], wobei auch hier ein Zusammenhang mit der gleichzeitig vorgenommenen Aufweichung des Legalitätsprinzips bestehen könnte[343]. Im Gegensatz zu den Kommissionsbeschlüssen wurde die *Sanktionsgewalt* ausgeweitet. Zum einen fiel die Beschränkung auf 150 Reichsmark bei der Geldstrafe weg, so dass nunmehr bei den bisher vom Anwendungsbereich umfassten Vergehen auf bis zu 600 Reichsmark, bei der gefährlichen Körperverletzung sogar das bei Vergehen zulässige Höchstmaß[344] von 10.000 Reichsmark festgesetzt werden durfte; es blieb allerdings beim Höchstmaß von sechswöchiger Freiheitsstrafe. Zum anderen waren bis auf die Überweisung an die Landespolizeibehörden und die Zuerkennung einer Buße

---

337 *Schubert*, Entwürfe, S. 83; so auch zum Zweck der gesamten Reform, *Dr. Müller* in der 16. Sitzung des Reichstags am 14. Januar 1910, Sten. Berichte RT, Band 258, S. 533 (D); a.A. Stadthagen, der dem Entwurf einen „gerechtigkeitsfeindlichen Charakter“ bescheinigt und ihn als Waffe gegen die Arbeiter ansieht, a.a.O., S. 546 (A).

338 *Schubert*, Entwürfe, S. 84.

339 Es wurde im Entwurf in den §§ 421–430 geregelt.

340 Scharfe Kritik von *Binding*, GS Bd. 74 (1909), S. 50: „Freilich, keine Statistik vermag anzugeben, wie viel unschuldig Verurteilte lieber die Strafe als die Fatalität der Hauptverhandlung vorm ordentlichen Gericht auf sich genommen haben“. Der Deutsche Anwaltsverein billigte die Erweiterung, bezweifelte aber, dass sie die von der Reichsregierung erhoffte Vereinfachung zur Folge haben werde; BA R 3001, Nr. 5338, Bl. 143 ff.

341 § 421 E 1908.

342 *Schubert*, Entwürfe, S. 180.

343 Vgl. §§ 153 ff. E 1909 einerseits und oben S. 64 andererseits.

344 Nach § 27 Abs. 2 Nr. 1 StGB beträgt ihr Höchstmaß, soweit nicht anders angegeben, 10.000 Reichsmark.

grundsätzlich[345] alle Nebenstrafen zulässig[346], da diese – so die Begründung – eine minder schwere Strafe als Gefängnis darstellten[347].

Der noch von der Kommission aufgenommene Vorschlag, dem *Privatkläger* die Antragsbefugnis für einen Strafbefehl in Privatklagesachen zu erteilen, wurde nicht mit berücksichtigt. Die Vorteile, so die Begründung, stünden „außer Verhältnis zu den Schwierigkeiten, die sich der Verwirklichung des Vorschlags entgegenstellen"[348]. Ein dahin gehender Antrag *Graefs*[349] in der Reichstagskommission wurde abgelehnt.

Auch die Ausgestaltung des Verfahrens orientierte sich an den Kommissionsbeschlüssen. So durfte der Amtsrichter den Antrag auf Erlass eines Strafbefehls durch anfechtbaren Beschluss ablehnen, wenn er von dessen Unzulässigkeit oder Unbegründetheit überzeugt war[350]. Entsprechend den Beschlüssen der Kommission hatte der Amtsrichter zudem die Möglichkeit, zur weiteren Aufklärung der Sache *Ermittlungen* anzustellen[351]. Bei der dabei eventuell stattfindenden Beweiserhebung standen den Prozessbeteiligten dieselben Rechte zu wie im Zwischenverfahren nach § 195 Abs. 2 StPO[352]. Das Ergebnis der Ermittlungen sollte der Amtsrichter, soweit es ihm geboten erschien, der Staatsanwaltschaft mitteilen[353].

Der Richter war aber weiterhin an die beantragte Strafe gebunden[354]. Sowohl der *Berliner* als auch der *Deutsche Anwaltsverein* wandten sich gegenüber dem RJA dagegen[355], da sich eine solche Bindung ihres Erachtens nicht mit der Stellung des Richters vertrage. Nach einem Vorschlag des *Deutschen Anwaltsvereins* sollte der Staatsanwaltschaft zudem ein Einspruchsrecht zugunsten des

345 Implizit waren die Festsetzung von Ehrenstrafen und die Zulässigkeit von Polizeiaufsicht ausgeschlossen, da sie bei den hier in Frage stehenden Delikten nach materiellem Recht nicht verhängt werden konnten; *Schubert*, Entwürfe, S. 180.

346 Z.B. Unbrauchbarmachung, Verweis und Publikationsbefugnis.

347 *Schubert*, Entwürfe, S. 180; Motive zu § 421.

348 *Schubert*, Entwürfe, S. 169.

349 Antrag No. 393 in BA R 3001, Nr. 5345.

350 § 424 Abs. 1 E 1908; der Entwurf stellt die Fälle gleich, in denen der Richter die Festsetzung einer Strafe wegen mangels an Beweisen nicht für gerechtfertigt hielt.

351 § 423 des E 1908.

352 § 195 Abs. 2: Die Anwesenheit bei den Beweiserhebungen darf den Prozeßbeteiligten und dem Verteidiger nicht versagt werden; [...].

353 § 423 Abs. 3 E 1908; die Begründung nannte als Beispiel, dass sich die dem Angeschuldigten zur Last gelegte Tat nach den Ermittlungen als schwerer oder leichter darstellt.

354 Vgl. § 425 Abs. 1 E 1908.

355 BA R 3001, Nr. 5338, Bl. 15 ff., 143 ff.

Angeklagten zustehen[356], da es vorkommen könne, dass sich die Staatsanwaltschaft bei Beantragung des Strafbefehls geirrt oder der Richter auf eine unangemessen hohe Strafe erkannt habe. Dieser Vorschlag wurde jedoch nicht aufgenommen.

Der Entwurf stellte im Anschluss an die Rechtsprechung des Reichsgerichts und die Kommissionsbeschlüsse auch klar, dass der nicht angefochtene Strafbefehl nicht in gleicher Weise den *Strafklageverbrauch* nach sich ziehe wie ein Urteil. Stellte sich heraus, dass auf die Tat ein schwereres Strafgesetz anwendbar war, konnte die Staatsanwaltschaft sie im ordentlichen Verfahren erneut verfolgen[357]. Der *Berliner* und der *Königsberger Anwaltsverein*[358] forderten demgegenüber vom RJA, dass die Rechtskraft den Strafklageverbrauch nach sich ziehen müsse. Nach dem Vorschlag des *Berliner Anwaltsvereins* sollte dies nur dann nicht gelten, wenn ein Verbrechen vorlag[359]. In diesem Fall sollte die Staatsanwaltschaft ohne die Einräumung des im Entwurf vorgesehenen Ermessens verpflichtet sein, die Tat erneut zu verfolgen.

Im Gegensatz zu den Kommissionsbeschlüssen wurde der Ausschluss der wiederholten *Wiedereinsetzung in den vorigen Stand* gemäß § 452 Abs. 2 StPO gestrichen, da die Vorschrift der inneren Berechtigung entbehre und unter Umständen zu einer unverdienten Härte führe[360].

Im Bundesrat wurde der Entwurf nur marginal geändert[361], denn sowohl den Anwendungsbereich als auch die Rechtsstellung des Beschuldigten betreffende Anträge wurden abgelehnt[362]. So beantragte *Hessen*, die Beleidigung im Falle des § 185, sowie die Vergehen der Körperverletzung im Falle der §§ 223,

---

356 § 426 Abs. 1 E 1908.

357 § 430 E 1908.

358 BA R 3001, Nr. 5338, Bl. 47 ff. Andere Interessenverbände hatten, von redaktionellen Vorschlägen des Vereins Sächsischer Richter und Staatsanwälte abgesehen (a.a.O., Bl. 45), keine Eingaben das Strafbefehlsverfahren betreffend gemacht.

359 § 430 Abs. 1 E 1908.

360 *Schubert*, Entwürfe, S. 181.

361 Zum einen wurde der Antrag Bayerns angenommen, nach dem der Strafbefehl dem gesetzlichen Vertreter lediglich fakultativ zugestellt werden sollte (Rep. 84a, Nr. 787, Bl. 75). Zum anderen wurde der Antrag Sachsens und Bayerns angenommen, der vorsah, dass die das „Einspruchsrecht“ des gesetzlichen Vertreters regelnden §§ 324 Abs. 2 und 326 Abs. 3 im Strafbefehlsverfahren entsprechende Anwendung finden sollten.

362 Vgl. auch den Antrag Bayerns, nach dem in § 423 klargestellt werden sollte, dass der Amtsrichter zur weiteren Aufklärung auch die „Beamten“ um einzelne Ermittlungen ersuchen kann; Rep. 84a, Nr. 787, Bl. 75.

223a, 230 StGB wieder vom Anwendungsbereich auszunehmen[363]. Ohne Erfolg blieb auch ein Antrag *Sachsens*, nach dem der Strafbefehl die Angabe der Beweismittel und die Rechtsbelehrung bezüglich des Einspruchs nicht obligatorisch, sondern bloß fakultativ enthalten sollte[364]. Auf Ablehnung stießen ebenfalls der Antrag *Sachsens*, die reformatio in peius auszuschließen, wenn der gesetzliche Vertreter den Einspruch eingelegt hatte[365], und der Antrag *Bayerns*[366], gegen den Strafbefehl die Wiederaufnahme des Verfahrens – zugunsten des Beschuldigten, da zu dessen Ungunsten die anderweitige Verfolgung ohnehin möglich war – innerhalb von zwei Jahren nach dessen Rechtskraft zuzulassen. Die Mehrheit konnte dem Argument *Bayerns*, dass gegen einen Strafbefehl die Wiederaufnahme erst recht zuzulassen sei, da hier die richterliche Kontrolle weniger weit als bei einem Urteil gehe, nichts abgewinnen.

b) Beratungen

Der Reichstag beriet den Entwurf vom 13. bis zum 15. Januar 1910 in erster Lesung[367] und überwies ihn an die Justizkommission. In den anschließenden Kommissionsberatungen entbrannte eine intensive Diskussion um das Strafbefehlsverfahren[368], die auf mannigfache Änderungsanträge der Abgeordneten *Graef* (Wirtschaftliche Vereinigung) und *Gröber* (Zentrum) zurückzuführen ist. Sie betrafen den Anwendungsbereich und die Rechtsposition des Beschuldigten.

Das Plenum stand der Erweiterung des Strafbefehlsverfahrens wohlwollend gegenüber[369] – *Varrenhorst* (Reichspartei)[370] erhoffte sich in Zukunft gar eine noch umfangreichere Ausweitung. Die hatte ebenfalls keine Bedenken und weitete auf Antrag *Graefs*[371] die Sanktionsgewalt auf die Festsetzung einer

363 Rep. 84a, Nr. 787, Bl. 28.

364 Rep. 84a, Nr. 787, Bl. 71. im Gegensatz zur Vorlage, welche dies obligatorisch vorschrieb, vgl. §§ 425 Abs. 2, 426 Abs. 2.

365 Rep. 84a, Nr. 787, Bl. 71.

366 Rep. 84a, Nr. 787, Bl. 71.

367 Sten. Berichte RT, Bd. 258, S 506 (C) ff.

368 Sten. Berichte RT, Bd. 278, RT-Drucks. 638/1909/1911: Kommissionsbericht, insb. S. 3413 ff. und *Schubert*, Protokolle der Reichstagsverhandlungen, S. 377 ff.

369 Heinze (Nationalliberale) begründete das damit, dass der Strafbefehl leicht umgestoßen werden könne und sich dann der ganze Prozess vor der ordentlichen Instanz in voller Ausdehnung entwickelte; Sten. Berichte, RT, Bd. 258, S. 521 (B).

370 Sten. Berichte, RT, Bd. 258, S. 539 (B).

371 Antrag No. 400 in BA R 3001, Nr. 5345.

Buße aus[372]. Insoweit konnten sich die Regierungsvertreter mit der Argumentation, die Festsetzung einer Buße erfordere *weitläufige Vorermittlungen* über die Höhe des Schadens und konterkariere damit das summarische Strafbefehlsverfahren, nicht durchsetzen[373]. Der Umfang der Ermittlungen wurde auch bei der Frage diskutiert, ob der Erlass eines Strafbefehls bei einem *Jugendlichen* möglich sein sollte. Nach dem Antrag *Gröbers*[374] sollte dies völlig ausgeschlossen werden, da es einer *persönlichen Vernehmung* durch den Richter bedürfe[375]. Dagegen wurde insbesondere von den Regierungsvertretern eingewandt, dass es sich nicht empfehle, bei Jugendlichen stets eine Hauptverhandlung anzuberaumen. *Frohme*, *Stadthagen* und *Zietsch* (Sozialdemokraten) wollten die generelle Möglichkeit, einen Strafbefehl gegen einen Jugendlichen zu erlassen, ebenfalls beibehalten, ihres Erachtens nach sollte aber zwingend eine Anhörung vorausgehen[376]. Ihrem Argument, ohne die Gewährung rechtlichen Gehörs bestehe immer die Gefahr, dass der Jugendliche „zu Unrecht bestraft werde“, hielten die Regierungsvertreter wiederum entgegen, dass es dem Richter nach § 423 Abs. 1 der Entwurfsfassung unbenommen sei, den Jugendlichen zu hören. Die Kommission war zweigeteilter Auffassung, so dass man sich schließlich auf den Kompromissvorschlag *Doves* (Fortschrittliche Volkspartei) einigte, nach dem ein Strafbefehl gegen einen Jugendlichen nur bei Übertretungen zugelassen sei[377], wobei die Anhörung fakultativ bleiben sollte.

---

372 Sten. Berichte RT, Bd. 278, S. 3414: § 421 Abs. 2: Im Strafbefehl darf keine andere Strafe als sechs Wochen Gefängnis, allein oder in Verbindung, mit Nebenstrafe oder mit einer Buße ausgesprochen werden.

373 Ihre Intervention war aber insoweit erfolgreich, als dass eine Bestimmung aufgenommen wurde, nach der der Berechtigte im Antrag eine bestimmte Geldsumme zu verlangen und der Staatsanwalt dem zuzustimmen hatte. Zudem hatte der Richter den Antrag abzulehnen, wenn er „gegen die Zuerkennung der verlangten Buße Bedenken“ hatte; vgl. die Anregungen der Regierungskommissare zur Redaktion der Beschlüsse der siebte Kommission vom 4. Oktober 1910, BA R 101, 30954 einerseits und den Bericht der siebte Kommission, Sten. Berichte, RT, Band 278, S. 3415 andererseits. § 422 Abs. 2 lautet: Der Antrag kann auch auf Zuerkennung einer Buße in bestimmter Höhe gerichtet sein, wenn der Berechtigte dies verlangt und die Staatsanwaltschaft zustimmt, Sten. Berichte RT, Band 278, S. 3415.

374 Antrag No. 388 in BA, R 3001, Nr. 5345.

375 Ansonsten sei es dem Richter unmöglich, zu prüfen, ob der Bestrafung Besserungs- oder Erziehungsmaßregeln vorzuziehen seien, und ob der Jugendliche die erforderliche Einsicht gehabt habe.

376 Antrag No. 359 in BA R 3001, Nr. 5345; sowohl der Jugendliche als auch dessen gesetzlicher Vertreter sollten gehört werden.

377 Sten. Berichte RT, Bd. 278, RT-Drucks. 638/1909/1911, S. 3415, falsch daher S. 3414, dass Antrag c angenommen wurde.

In der weiteren Beratung setzte sich *Gröber* vehement für eine Stärkung der Beschuldigtenrechte ein. Die Kommission nahm seinen Antrag[378] an, nach dem die öffentliche Zustellung des Strafbefehls nicht stattfinden dürfe[379], weil nur dies die Kenntnis des Beschuldigten vom Strafbefehl sicherstelle. Nach einem weiteren erfolgreichen Antrag *Gröbers*[380] sollte im Strafbefehl nicht nur darauf hingewiesen werden, dass der Angeklagte Einspruch erheben kann, sondern auch, in welcher Frist und Form[381].

Abgelehnt wurde unter anderem[382] ein Antrag *Gröbers*[383], nach dem eine zurückgenommene Klage – an die der Strafbefehl im Falle des Einspruchs tritt – nur aufgrund neuer Tatsachen oder Beweismittel wieder aufgenommen werden kann. Der Angeklagte müsse, wenn die Staatsanwaltschaft die Klage zurücknehme, die Gewissheit haben, nicht ohne Hinzutreten neuer Momente wieder verfolgt zu werden. Es könne nicht sein, so *Gröber*, dass die Staatsanwaltschaft durch die Möglichkeit, die Klage jederzeit neu zu erheben, den Angeklagten „in fortgesetzter Sorge" halte. Dem wurde von den Regierungsvertretern entgegengehalten, dass die Rücknahme lediglich ein „Verfügungsakt der Staatsanwaltschaft" sei, der der Neuaufnahme der Strafverfolgung keine Schranken setzen könne.

3. Zusammenfassung

Die Strafprozessreform scheiterte. Nichtsdestotrotz wurde das Bestreben erkennbar, den Anwendungsbereich des Strafbefehlsverfahrens auszuweiten.

378 Vgl. auch die Anregungen der Regierungskommissare zur Redaktion der Beschlüsse der 7. Kommission vom 4. Oktober 1910, BA R 101, 30954. Antrag No. 392 in BA R 3001, Nr. 5345; vgl auch die Anregungen der Regierungskommissare zur Redaktion der Beschlüsse der 7. Komission vom 4. Oktober 1910, BA, R 101, 30954.

379 Sten. Berichte RT, Bd. 278, RT-Drucks. 638/1909/1911, S. 3415.

380 Antrag 388 in BA R 3001, Nr. 5345.

381 Des weiteren wurde zu § 426 beantragt, dass der Einspruch beim Amtsgericht „schriftlich oder zu Protokoll des Gerichtsschreibers" erhoben werden könne. Nachdem die Regierungsvertreter jedoch auf die allgemeine Regel des § 37 E StPO abstellten, der dies ohnehin bestimmte, zog der Antragsteller den Antrag zurück.

382 Keine Zustimmung fand Gröbers Antrag, im Falle des Fernbleibens des Angeklagten in der auf den Einspruch folgenden Hauptverhandlung den Einspruch nicht durch Urteil zu verwerfen; sten. Berichte RT, Bd. 278, S. 3416 (Drucks. 638/1909/1911); Antrag No. 392 in BA R 3001, Nr. 5345.

Gröber wollte zudem die reformatio in peius für den Fall einschränken, dass der gesetzliche Vertreter den Einspruch eingelegt hatte; Antrag No. 392 in BA R 3001, Nr. 5345, vgl. auch sten. Berichte RT, Bd. 278, RT-Drucks. 638/1909/1911, S. 3416.

383 Antrag No. 388 in BA, R 3001, Nr. 5345.

Daher wurden die Schwachstellen des Verfahrens sowohl im Zusammenhang mit der Ausweitung als auch in seiner Ausgestaltung selbst problematisiert, ohne dass man sich aber für eine spürbare Verbesserung der Verfahrensstellung des Beschuldigten, insbesondere rücksichtlich der angestrebten Ausweitung, entschied.

Bei der Ausweitung des Anwendungsbereichs ging man im Grunde von der bisherigen Prämisse aus, dass man *für geringfügige Sachen nur ein vereinfachtes Verfahren* benötige. Wie bereits in Preußen ging sie auf eine einfache Kosten-Nutzen-Rechnung zurück. Denn das Strafbefehlsverfahren führe zu einer „*Entlastung* der Gerichte von [...] Bagatellsachen", die dem Staat Kosten und Arbeit auferlegten, „die mit der geringen Bedeutung der Sache in keinem Verhältnis stehen würden"[384]. Die darin zum Ausdruck kommende finanzpolitische Erwägung ist eine rechtsdogmatische, denn die prozessuale Aufarbeitung bestimmter, als geringfügig erachteter Delikte dürfe unabhängig von der konkreten Haushaltslage nur bestimmte Kosten verursachen; daneben bediente man sich des Arguments der *Beschleunigung.*

Bei dem, was man unter einem geringfügigen Delikt (Bagatelle) zu verstehen hatte, herrschte Streit. Die wohl überwiegende Ansicht ging zunächst dahin, dass strafbare „Handlungen, welche die sittlichen Grundlagen des Gemeinwesens berührten oder bei denen aus anderen Gründen das öffentliche Interesse besonders beteiligt sei, [...] von vornherein ausgeschieden werden" müssten[385]. Es dürfe sich nur um „Verfehlungen von nur geringer krimineller Bedeutung" handeln und der Sachverhalt müsse in „diesen Fällen sehr häufig [...] weiterer Aufklärung nicht bedürfe[n]"[386], da die Erkenntnisgewinnung im schriftlichen im Gegensatz zum ordentlichen Verfahren mangelhaft sei. Die andere, namentlich von *Rupp* vertretene Ansicht wollte allein auf die Sachverhaltsaufklärung abstellen. Immer dann, wenn die Sache so einfach werde, dass die maßgeblichen Umstände aus den Akten zu entnehmen seien, könne die Strafe durch Strafbefehl festgesetzt werden. Diese Ansicht schienen sich auch die Verfasser des 1909 eingebrachten Entwurfs zu eigen gemacht haben. Denn unter Verweis darauf, dass sich das Strafbefehlsverfahren in der Praxis be-

---

384 Insofern handelt es sich um eine ökonomisch motivierte Entscheidung, die weder mit der aktuellen Haushaltslage, noch mit der Menge der geringfügigen Strafsachen in einem konkreten Zusammenhang steht. Vielmehr steht dahinter die Prämisse, dass es sich für bestimmte Strafsachen „nicht lohne" einen bestimmten Betrag an Geld auszugeben.

385 Dabei dachte er namentlich an die strafbaren Handlungen der §§ 27, 75 GVG, sowie die Verbrechen des einfachen Diebstahls und Betruges im Rückfall.

386 *Schubert*, Protokolle der Kommission, Bd. 1, S. 318.

währt habe und eine möglichst angängige *Vereinfachung* und[387] *Beschleunigung* erlaube, sollte der § 223a StGB, der zuvor noch als schwerwiegendes Delikt eingestuft wurde, nunmehr auch vom Anwendungsbereich mitumfasst sein, da es sich „um sehr einfache und leichte Fälle handeln kann".

Die gleiche Argumentation (Sachverhalt sei aus den Akten feststellbar, Vereinfachung und Beschleunigung) wurde auch bei der Diskussion um den Umfang der Sanktionsgewalt dienstbar gemacht.

Hier lässt sich schon ein beginnender Prämissenwechsel feststellen, der aber nicht ohne Opposition blieb. Nicht mehr die, wenn auch nicht klar zu bestimmende, geringfügige Tat stand im Vordergrund, sondern die behauptete Möglichkeit, den Sachverhalt aus den Akten vollständig aufklären zu können, weshalb man das Verfahren vereinfachen und damit beschleunigen könne. Da die mangelnde Erkenntnisgewinnung als das eigentliche Manko des Strafbefehlsverfahrens angesehen wurde, muss die neue Argumentation eigentlich nicht verwundern. Sie zielte auf eine Vereinfachung des Strafverfahrens auch rücksichtlich solcher Delikte, die nicht mehr geringfügig waren.

Im Rahmen der Verfahrensausgestaltung wurden das Verhältnis des Richters zur Staatsanwaltschaft wie auch die Stellung des Bürgers im Verfahren eingehend diskutiert. Die Stellung des Richters zur Staatsanwaltschaft wurde – wie bereits in Preußen – bei der Frage virulent, ob der Richter an den Antrag der Staatsanwaltschaft gebunden sei. Dabei stand die Bindung als Chiffre für ein einfaches, schnelles und preiswertes Verfahren und die gelockerte Bindung als Chiffre für ein kompliziertes, langsames und teures Verfahren. Die Bindung wurde dementsprechend nur marginal gelockert. Denn der Staatsanwalt sollte nicht mehr befugt sein, den Richter zur Anberaumung einer Hauptverhandlung zu zwingen, obwohl kein hinreichender Tatverdacht vorlag. Zudem sollte der Richter vor Erlass des Strafbefehls eigene Ermittlungen anstellen können.

Bezüglich der Stellung des Bürgers im Verfahren zielten einerseits die Vorschläge, das Wiederaufnahmeverfahren gegen einen rechtskräftigen Strafbefehl auszuschließen sowie die Möglichkeit, sich im Strafbefehl die Angaben der Beweismittel und der Rechtsmittelbelehrung zu ersparen, auf eine Zementierung beziehungsweise Einschränkung der Beschuldigtenrechte. Andererseits verfolgten die Vorschläge, dass die Zustellung an den Beschuldigten persönlich zu erfolgen habe, wie auch dessen Möglichkeit einer doppelten Wiedereinsetzung in den vorigen Stand, das Ziel der Verbesserung seiner Rechtsstellung. Hier lässt sich eine klare Tendenz nicht ausmachen, vielmehr

---

387 Also nicht wie heute behauptet wird, eine Vereinfachung zum Zwecke der Beschleunigung. Die Vereinfachung war Selbstzweck.

wäre die Stellung trotz Änderungen einzelner Normen insgesamt unverändert geblieben.

IV. *Die Zeit des Ersten Weltkrieges*

Während des Ersten Weltkrieges wurde das Strafbefehlsverfahren durchgehend ausgeweitet. Allerdings lassen sich zwei Phasen unterscheiden: In einer ersten Phase der Kriegsmaßnahmen (1) wurde das Strafbefehlsverfahren auf bestimmte kriegsrelevante Delikte ausgedehnt. In einer zweiten Phase wurde der Krieg von Seiten der Reichsregierung lediglich als Vorwand für eine ohnehin geplante Vereinfachung der Rechtspflege missbraucht (2) und das Strafbefehlsverfahren dementsprechend generell erweitert.

1. Die Kriegsverordnungen

Mit dem Beginn des Ersten Weltkrieges im Jahre 1914 ging die Anzahl der Strafsachen aufgrund der „Millionen zu den Fahnen geeilter Männer" zunächst zurück[388]. Aber bereits Anfang 1915 nahm sie wieder zu[389], weil aufgrund § 3 WirtschErmG[390] und aufgrund von Anordnungen der Militärbefehlshaber[391] nach dem PreußBelZustG[392] eine Vielzahl von Verhaltensweisen *kriminalisiert* wurde. Diese Zunahme habe, so damals die allgemeine Meinung, zu einer Vergeudung richterlicher Kräfte[393] geführt,

---

388 *Falck*, DJZ 1915, Sp. 374.

389 Sten. Berichte RT, Bd. 309, S. 5123; *Ebermayer*, LZ 1915, Sp. 806; *Falck*, DJZ 1915, Sp. 374; nach *Oppler*, DJZ 1915, Sp. 908 sei eine Befassung mit § 9b PreußBelZustG das „tägliche Brot der Arbeitstätigkeit der Gerichte" gewesen. Die Zahl der Strafkammerklagen sei bei einigen ländlichen Staatsanwaltschaften im ersten Vierteljahr 1915 im Vergleich zum Vorjahrjahreszeitraum um das drei- bis vierfache angestiegen; *Falck*, DJZ 1915, Sp. 708. Eine solche Behauptung ist, den Wahrheitsgehalt unterstellt, nicht besonders aussagekräftig, da sie über die absoluten Zahlen keine Auskunft gibt. Die Argumentation ist aber exemplarisch.

390 RGBl. 1914, S. 327; § 3 Abs.1: Der Bundesrat wird ermächtigt, während der Zeit des Krieges diejenigen gesetzlichen Maßnahmen anzuordnen, welche sich zur Abhilfe wirtschaftlicher Schädigungen als notwendig erweisen. Dazu kritisch: *Schmidt*, ZStW Bd. 37 (1917), S. 69 ff.

391 Außergewöhnliche Zeiten wie der Krieg bedingten auch außergewöhnliche Machtbefugnisse; so *Ebermayer*, LZ 1915, Sp. 806; zu den Kriegsnotgesetzen vgl. *Schmidt*, ZStW 37 (1917), S. 69.

392 § 9 Wer in einem in Belagerungszustand erklärten Orte oder Distrikte
a) […], b) ein bei Erklärung des Belagerungszustandes oder während desselben vom Militärbefehlshaber im Interesse der öffentlichen Sicherheit erlassenes Verbot übertritt, oder zu solchen Uebertretungen auffordert oder anreizt, oder c) […] soll, wenn die bestehenden Gesetze keine höhere Freiheitsstrafe bestimmen, mit Gefängnis bis zu einem Jahr bestraft werden.

393 *Falck*, DJZ 1915, Sp. 708; vgl. auch RT-Drucks. 107/1914/15, S. 76.

obschon die personelle Ausstattung der Justiz durch die Einberufungen ohnehin geschwächt gewesen sei[394]. Daher wurde der Ruf nach einer „schnelle(n), wenn auch nicht so peinlich genaue(n) Justiz“[395] und damit insbesondere nach der Zulässigkeit des Strafbefehlsverfahrens bei *Kriegsvergehen* laut[396]. Begründet wurde diese Forderung mit der Überlastung der Justiz[397], daneben mit der Geringfügigkeit der Sachen[398] und der einfachen Sach- und Rechtslage[399], also größtenteils mit vom Krieg unabhängigen Argumenten.

Die Forderung nach einer Ausweitung des Strafbefehlsverfahrens nahm der Landgerichtspräsident in Weimar *Blücher* in seinem an das großherzogliche Staatsministerium gerichteten Bericht vom 23. März 1915 auf[400]. Darin bat er um Zulassung des Verfahrens bei allen Vergehen gegen ein auf Grund von § 9b PreußBelZustG erlassenes Verbot sowie bei Zuwiderhandlungen gegen Maßnahmen, die auf § 3 des WirtschErmG beruhten. Er begründete dies damit, dass es sich bei diesen Delikten, namentlich der Überschreitung der Höchstpreise oder dem unerlaubten Verlassen der Dienststelle und des Ortspolizeibezirkes durch russische Arbeiter, fast ausnahmslos um *geringfügige Straftaten* handele, die daher im Strafbefehlsverfahren verfolgt werden könnten.

Der Gemeinschaftliche Thüringische Bevollmächtigte zum Bundesrat legte diesen Bericht dem RJA vor, das ihn mit der Bitte um Stellungnahme unmittelbar an das preußische Justizministerium weiterleitete[401]. Der Preußische Justizminister war wie *Blücher* der Ansicht, dass man dem „Mißstand am zweckmäßigsten mittels Ausweitung des Strafbefehlsverfahrens entgegentreten“[402] solle.

Das RJA teilte diese Einschätzung, wollte jedoch, da es sich „um nicht unerhebliche Eingriffe in das Strafverfahren“ handele, die Ausweitung des Strafbefehlsverfahrens und insbesondere die Frage, ob diese – wie vom Preußischen Justizminister angeregt[403] – im Verordnungswege[404] vorgenommen werden

394 *Oppler*, DRiZ 15, 667; BR-Drucks. 144/1915, S. 3.

395 So *Eberhard*, DStrZ 1915, Sp. 152.

396 *Doerr*, DStrZ 15, S. 338.

397 *Doerr*, DStrZ 15, S. 337; vgl. auch RT-Drucks. 650/1914/17, S. 166.

398 Nach *Feisenberger*, LZ 15, Sp. 937. Dieses Argument bezieht sich wohl in erster Linie auf § 9b PreußBelZustG, denn diese Verfehlungen sind eher polizeilicher denn krimineller Natur; ansonsten sind die Vergehen nämlich nicht geringfügiger Natur.

399 *Falck*, DJZ 1915, Sp. 708.

400 Rep. 84a, Nr. 1781, Bl. 2 f.

401 Rep. 84a, Nr. 1781, Bl. 1.

402 Rep. 84a, Nr. 1781, Bl. 4.

403 Rep. 84a, Nr. 1781, Bl. 4.

könne, zunächst zum Gegenstand einer Besprechung machen[405], die am 12. Mai 1915 stattfand[406]. Darin kam man überein, das Strafbefehlsverfahren auf Vergehenstatbestände auszuweiten, die aufgrund des § 3 des WirtschErmG vom 4. August 1914[407] ergangen waren oder noch ergehen würden, wobei keine schwerere Strafe als Gefängnis bis zu einem Jahre, allein oder in Verbindung mit Geldstrafe und Einziehung oder einem von beidem, *angedroht sein durften.* Zur Begründung wurde ausgeführt, dass der Sachverhalt bei diesen Verfehlungen oft einfach und die Anwendung des Verfahrens insofern unbedenklich sei[408]. Des weiteren stehe der mit einer Behandlung im ordentlichen Verfahren verbundene Aufwand[409] an Kräften und Kosten *nicht in einem angemessenen Verhältnis* zu der Bedeutung der Verfehlung[410]. Eingehend wurde eine Erweiterung der Strafobergrenze erörtert[411]. Da die Änderungen des geltenden Rechts aber auf das Notwendigste beschränkt bleiben und das Strafbefehlsverfahren daher nur für objektiv und subjektiv leichte Fälle gelten sollte, wurde hierauf verzichtet[412]. Zudem verzichtete man auf die Ausweitung auf die aufgrund von § 9b PreußBelZustG erlassenen Verbote[413]. Diese waren mit einer Mindeststrafe von einem Tag Gefängnis sanktioniert, welche en gros der Fälle für zu hoch gehalten wurde[414]. Die Richter erließen daher oft Freisprüche und hätten von daher dem Strafbefehlsantrag ohnehin nicht entsprochen.

Der aus der Besprechung resultierende Entwurf einer Verordnung über die „Zulassung von Strafbefehlen bei Vergehen gegen Vorschriften über wirt-

404 Gemeint war § 3 WirtschErmG.

405 Rep. 84a, Nr. 1781.

406 Es nahmen neben Vertretern des RJA und dem Preußischen Justizminister auch der Sächsische Justizminister und die Mitglieder des Bundesratsausschusses für Justizwesen für Bayern und Württemberg teil.

407 RGBl. 1914, S. 327.

408 BR-Drucks. 144/1915.

409 Zuständig waren die Strafkammern, die mit fünf Richtern besetzt waren, hinzukommen Kosten für Zeugen und Dolmetscher.

410 BR-Drucks. 144/1915.

411 Dies geht aus einem Schreiben des RJA an den Preußischen Justizminister vom 22. Dezember 1915 hervor, Rep. 84a, Nr. 8347, Bl. 17.

412 Rep. 84a, Nr. 8347, Bl. 17.

413 Dies geht aus den Archivalien zwar nicht direkt hervor, folgt aber daraus, dass der Preußische Justizminister die Ausweitung auf § 9b des PreußBelZustG anstrebte und gerade diese Frage Gegenstand der Besprechung sein sollte.

414 Zu diesem Problemkreis vgl. *Miltner*, LZ 1915, Sp. 1414 m.w.N. Zudem galt der Belagerungszustand im ganzen Reich, obwohl zu diesem Zeitpunkt das Reichsgebiet nicht bedroht war, vgl. Sten Berichte RT, Bd. 306, S. 397 (B).

schaftliche Maßnahmen" wurde dem Bundesrat am 19. Mai 1915 vorgelegt[415] und an die Ausschüsse VI und IV überwiesen[416]. In den Ausschusssitzungen wurde diskutiert, ob man das Strafbefehlsverfahren doch auch auf § 9b des PreußBelZustG und sein bayerisches Pendant ausweiten sollte. Nachdem der stellvertretende Reichskanzler *Delbrück* erfahren hatte, dass in der Ausschusssitzung ein darauf gerichteter – unerwünschter – Antrag gestellt werden sollte, bat er am 1. Juni 1915 den Preußischen Kriegsminister zu einer Besprechung[417], auf der man beschloss, den Antrag zu verhindern. Dieses Vorgehen hatte Erfolg, so dass der Bundesrat der unveränderten Vorlage am 4. Juni 1915 zustimmte[418]. Daraufhin wurde sie aufgrund § 3 des WirtschErmG als „Verordnung über Zulassung von Strafbefehlen bei Vergehen gegen Vorschriften über wirtschaftliche Maßnahmen"[419] (VO 1915/1) erlassen.

Die Rechtmäßigkeit der VO wurde teilweise bestritten[420], überwiegend aber bejaht[421], da § 3 des WirtschErmG das „Schulbeispiel einer gesetzgeberischen Blankettvollmacht"[422] sei, durch welche „dem BR. die alleinige gesetzgebende Gewalt [...] gleich einem Diktator übertragen wurde"[423]. Die VO selbst führte auch zu einem dogmatischen Problem[424]. Strittig war, ob nach Ablehnung des Antrags auf Erlass eines Strafbefehls die Strafkammer[425] oder das Schöffengericht[426] zuständig sein sollte. Zudem nahm man – entgegen den Motiven – in Praxis[427] und Literatur[428] eine Erhöhung der Sanktionsgewalt an, so dass teilweise über die in § 447 Abs. 2 StPO festgesetzte Grenze von sechs Wochen Freiheitsstrafe und 150 Reichsmarkt hinaus Strafen festgesetzt wurden.

---

415 BR-Drucks. 144/1915.

416 Protokoll der 36. Sitzung des Bundesrats vom 27. Mai 1915, § 581.

417 Rep. 84a, Nr. 1781, Bl. 9.

418 Protokoll der 37. Sitzung des Bundesrats vom 4. Juni 1915, § 613.

419 RGBl. I, 1915, S. 325.

420 *Schmidt*, ZStW 37 (1915), S. 86; zweifelnd auch *Schiffer*, DJZ 1915, Sp. 746.

421 *Falck*, DJZ 1915, Sp. 708; *Feisenberger*, LZ 1915, Sp. 939; *Heinrici*, LZ 1915, Sp. 866.

422 *Miltner*, LZ 1915, Sp. 1414, 1415.

423 *Feisenberger*, LZ 1915, Sp. 939.

424 Durch VO 1915/2 geklärt. Zuständig sollten immer die Schöffengerichte sein, da im Antrag auf Erlass eines Strafbefehls konkludent ein Antrag nach § 3 VO 1915/2 enthalten wäre; vgl. *Beling*, ZStW Bd. 37, (1915), S. 260.

425 *Feisenberger*, LZ 1915, Sp. 940.

426 *Doerr*, DStrZ 15, S. 338; wohl auch *Heinrici*, LZ 1915, Sp. 868.

427 Nach *Lucas*, DStrZ 1918, Sp. 4.

428 So z.B. *Schmidt*, ZStW 37 (1915), S. 85; gegen ihn: *Feisenberger*, LZ 15, Sp. 939; *Miltner*, LZ 15, Sp. 1409.

Die Neuerung stieß auf allgemeine Zustimmung und verursachte weitere Forderungen nach Ausweitung des Anwendungsbereichs.

So sprach sich beispielsweise *Feisenberger* für eine schleunige Ausdehnung der VO auf § 9b PreußBelZustG[429] aus, da es hier zum größten Teil um Handlungen gehe, die sonst in Polizeiverordnungen geregelt seien und denen zudem oft ein einfacher, näherer Aufklärung nicht bedürfender Sachverhalt zugrunde liege.

Allerdings wies *Feisenberger* unterschwellig auch auf einen Widerspruch hin. Wenn man die Strafandrohung bei den in Frage stehenden Delikten auf ein Höchstmaß von 600 Mark Geldstrafe herabgesetzt hätte, wären sie nach § 447 Abs. 1 StPO vom Anwendungsbereich des Strafbefehlsverfahrens automatisch umfasst gewesen[430]. Dies habe man mit dem Argument unterlassen, dass die Strafen für eine abschreckende Wirkung hoch bemessen sein müssten[431]. Berücksichtigt man aber, dass im Strafbefehl keine höhere Geldstrafe als 150 Mark ausgesprochen werden dürfe, dann müsse – so *Feisenberger* – bezweifelt werden, dass der Strafbefehl verstärkt zum Einsatz kommen werde. Andernfalls nehme man die fehlende abschreckende Wirkung in Kauf und hätte die Strafandrohung auch herabsetzen können.

Für die Nachkriegszeit wurde die Ausweitung teils pauschal für alle Überweisungssachen gemäß § 75 GVG[432] gefordert[433], teils wurden konkrete Einzelvorschläge gemacht, die über die bisher bekannten Forderungen hinausgingen[434].

Den in der Fachwelt geäußerten Forderungen und Vorschlägen hinsichtlich § 9b PreußBelZustG trat zunächst der Reichstag bei. Nachdem der Bevollmächtigte zum Bundesrat *Lisco* ihm versichert hatte, dass er sich bei den verbündeten Regierungen für eine Ausweitung des Strafbefehlsverfahrens einsetzen werde, nahm der Reichstag am 27. August 1915 eine Resolution an[435], in welcher er den Bundesrat aufforderte, „die Bekanntmachung des Bundesrates vom 4. Juni 1915 über Zulassung von Strafbefehlen bei Vergehen gegen Vorschriften über wirtschaftliche Maßnahmen auf die Vergehen gegen § 9 des Belagerungszustandsgesetzes vom 4. Juni 1851 auszudehnen“. Knapp

---

429 *Feisenberger*, LZ 1915, Sp. 941; *Falck*, DJZ 1915, Sp. 708.

430 *Heinrici*, LZ 1915, Sp. 867; mit dieser Strafobergrenze wären die Delikte i.V.m. einer angepassten Höchstgrenze für die Gefängnisstrafe als Übertretung ohnehin vom Strafbefehl umfasst gewesen.

431 *Feisenberger*, LZ 1915, Sp. 938.

432 Die Strafkammern konnten unter Umständen eine Sache an die Schöffengerichte überweisen.

433 *Falck*, DJZ 1915, Sp. 708.

434 *Oppler*, DJZ 1915 908, 909 schlägt aus dem StGB folgende Vorschriften vor: §§ 134, 136, 183, 184, 184a, 185, 186, 223, 223a, 230, 240, 241, 285, 286, 290, 291, 293, 296, 296a, 303, Diebstahl sei allerdings wegen der damit verbundenen Ehrminderung nicht geeignet.

435 Sten. Berichte RT, Bd. 306, S. 413.

einen Monat später, am 22. September 1915, übersandte das RJA an die Preußischen Kriegs-, Finanz- und Innenminister einen diese Resolution berücksichtigenden und im Einverständnis mit dem Preußischen Justizminister aufgestellten „Entwurf einer Verordnung zur Entlastung der Strafgerichte“[436].

Nach dessen § 1 Abs. 2 unterfielen jetzt auch die Vergehen gegen die von den Militärbefehlshabern auf Grund des Kriegszustandes erlassenen Verbote und Anordnungen[437] dem Anwendungsbereich des Strafbefehlsverfahrens, also Vergehen, die zur ausschließlichen Strafkammerzuständigkeit gehörten[438]. Dass das Strafbefehlsverfahren auf die Vergehen aufgrund des PreußBelZustG ausgedehnt wurde, dürfte – trotz der Bedenken während der Vorbereitung der VO 1915/1 – seinen Grund darin haben, dass es sich um Verbote handelte, „die sonst in Polizeiverordnungen geregelt zu werden pflegten“[439] und somit unbedeutende Sachen (Bagatelle) darstellten. Eine unwesentliche Neuerung war die Einbeziehung solcher Vergehen, die neben einer Einziehung *eine andere Nebenstrafe androhten.* Hintergrund war, dass inzwischen bei einigen dem Strafbefehlsverfahren unterfallenden Straftatbeständen[440] andere Nebenstrafen als die Einziehung eingeführt worden waren[441] und man den Anwendungsbereich dieser materiellen Modifizierung anpassen wollte. Nicht mit aufgenommen hatte der Entwurf eine etwaige Ausweitung der Sanktionsgewalt. Zwar war dies im RJA erneut erwogen[442], jedoch aufgrund derselben Argumente wie bei der VO 1915/1 wieder verworfen worden.

Am 7. Oktober wurde der Entwurf vom Bundesrat angenommen[443] und auf Grundlage des § 3 des WirtschErmG als „Bekanntmachung zur Entlastung der Strafgerichte“[444] (VO 1915/2) erlassen.

---

436 Rep. 84a, Nr. 8347, Bl. 1.

437 Dies gilt, da das Bayerische Gesetz über den Kriegszustand vom 5. November 1912 mit einbezogen ist, für das gesamte Reichsgebiet.

438 Es handelt sich nicht mal um Überweisungssachen gemäß § 75 GVG.

439 *Feisenberger*, LZ 1915, Sp. 941.

440 Vgl. die durch die Bekanntmachung zur Fernhaltung unzuverlässiger Personen vom Handel vom 23. September 1915 (RGBl. S. 603) eingetretenen Änderungen im Höchstpreisgesetz und in der VO gegen übermäßige Preissteigerung vom 23. Juni 1915.

441 BR-Drucks. 278/1915, S. 4.

442 Dies geht aus einem Schreiben des RJA an den Preußischen Justizminister vom 22. Dezember 1915 hervor, Rep. 84a, Nr. 8347, Bl. 17.

443 Protokoll der 64. Sitzung des Bundesrats vom 7. Oktober 1915, § 1098; mit einer Änderung, die lediglich § 3 Abs. 3 der VO betrifft; vgl. auch Bundesratsvorlage vom 27. September 1915, BR-Drucks. 278/1915, und Protokoll der 62. Sitzung des Bundesrats vom 30. September 1915, § 1069.

Wie bereits bei der VO 1915/1 fand die Ausweitung allgemeine Zustimmung. Die Gerichte machten von ihr in recht weitem Umfang Gebrauch[445], so dass man zu der Ansicht gelangte, sie bedeute eine Entlastung der Strafrechtspflege[446]. Da von diesem Weg der Vereinfachung und Beschleunigung in jedem Fall zu erwarten sei, dass er in „späterer, ruhiger Friedensarbeit ausgebaut werden könne“[447], wurde zudem vorgeschlagen, dass „unbedenklich“ das Strafbefehlsverfahren grundsätzlich allgemein auf Vergehen ausgeweitet werden könne, die eine Höchststrafe von einem Jahr Gefängnis oder Geldstrafe androhten[448]. *Beling* befürchtete schon damals[449], dass diese Vorschläge über kurz oder lang auch an den Gesetzgeber herangetragen würden.

Zunächst jedoch rückte die Verordnung 1915/2 noch zweimal in den Blick der Regierung. Auf die Anfrage des Reichskanzlers, welche Verordnungen nach dem Krieg in Kraft bleiben könnten[450], trat das *Preußische Justizministerium* dafür ein, die VO 1915/2, soweit es Verstöße gegen Anordnungen auf Grund von § 3 des WirtschErmG betraf, auch für die Zeit nach dem Krieg aufrechtzuerhalten[451].

Zum anderen trat das *Preußische Oberkommando* an das RJA mit der Bitte heran, entweder durch eine Verordnung „klarzustellen“, dass bei den unter § 1 der Verordnung fallenden Vergehen die Strafobergrenze des § 447 Abs. 2 StPO nicht gelte, oder die Verordnung in diese Richtung zu ändern[452]. Hintergrund war, dass sich bei diesen Vergehen die Staatsanwaltschaft und Gerichte in Berlin an die Strafobergrenze des § 447 Abs. 2 StPO teilweise nicht gebunden gefühlt hatten, was das Oberkommando für zweckmäßig hielt. Indes hatte die Staatsanwaltschaft Berlin schon kurz vor der Bitte des *Preußischen Oberkommandos* eingeräumt, aus einem Rechtsirrtum heraus gehandelt zu haben, und kündigte an, dieses Verhalten zu unterlassen. Dies widerspräche aber, so das Oberkommando, dem Staatsinteresse, welches die Zulassung von Strafbefehlen auch für *objektiv schwerwiegende, wenn auch subjektiv harmlose Fälle* verlange[453].

---

444 RGBl. 1915, S. 631; vgl. auch Allgemeine Verfügung vom 7. Oktober 1915, J.M.Bl. 1915, S. 226.

445 *Lucas*, DStrZ 1918, Sp. 2.

446 *Miltner*, LZ 1915, Sp. 1413.

447 *Oppler*, DRZ 1915, Sp. 670.

448 *Oppler*, DRZ 1915, Sp. 670.

449 So ausdrücklich *Beling*, ZStW Bd. 37, S. 264; dieser auch mit dem Vorschlag den Strafbefehl ganz in die Hände der Staatsanwaltschaft zu legen, da die Stellung des Angeklagten sich bessern würde, a.a.O. S. 266; skeptisch auch *Heinze*, sten. Berichte RT, Bd. 307, S. 937 (D).

450 Rep. 84a, Nr. 1840, Bl. 74; Anfrage vom 13. Oktober 1915.

451 Rep. 84a, Nr. 1840, Bl. 82; das RJA sah dies genauso, a.a.O., Bl. 107.

452 Rep. 84a. Nr. 8347, Bl. 18.

453 Zu den bereits während der Vorarbeiten zu der VO 1915/1 und VO 1915/2 geäußerten Bedenken des RJA bezüglich der Strafobergrenze kam hinzu, dass der vom Oberkom-

2. Das Gesetz zur Vereinfachung der Strafrechtspflege vom 21. Oktober 1917

Die Befürchtung *Belings* bezüglich der Forderungen nach Ausweitung erwies sich als berechtigt. Im Laufe des Jahres 1916 wurden aus der Mitte des Reichstages immer mehr Stimmen laut[454], die wegen des andauernden Krieges „die Befugnis zum Erlass von Strafbefehlen über die bisherigen Grenzen"[455] hinaus ausdehnen wollten. Am 2. Dezember 1916 nahm der Reichstag dann eine Resolution an, nach der durch organisatorische Änderungen Maßnahmen zur Einschränkung der Tätigkeit der Justizbehörden, insbesondere auf dem Gebiet der Privatklagen und der *unerheblichen Verfehlungen*[456], und zur Verminderung der in den Justizbehörden beschäftigten Personenzahl getroffen werden sollten[457].

Daraufhin übersandte der *Preußische Justizminister* am 7. Dezember 1916 die ersten Vorschläge strafrechtlichen Inhalts an das Reichsjustizamt, welche auf eine Anregung des Finanzministers zurückgingen, die Zahl der Beamten zu vermindern[458]. Sie sahen für das Strafbefehlsverfahren vor, dass „in den Sachen, die zur Zuständigkeit der Amtsgerichte und Schöffengerichte gehören oder für welche die Zuständigkeit der Schöffengerichte gemäß § ... GVG begründet werden kann, durch schriftlichen Strafbefehl des Amtsrichters [...] eine Strafe festgesetzt werden" könne. Das Ausmaß dieser Erweiterung wird deutlich, wenn man die geplante Änderung des GVG[459] berücksichtigt. Danach

---

mando dargestellte Grund keine zur Abhilfe wirtschaftlicher Schädigungen notwendige Maßnahmen geboten erscheinen lasse. Das RJA kam der Bitte daher nicht nach; Rep. 84 a, Nr. 8347, Bl. 17.

454 Vgl. auch die Äußerungen Schiffers, dass man sich den Luxus einer Rechtspflege im bisherigen Umfange während des Krieges unmöglich länger leisten könne, sten. Berichte RT, Bd. 308, S. 2213 (B), und dessen Anregung „das Strafbefehlsverfahren ist erweitert worden; es verträgt auch noch größere Erweiterungen", sten. Berichte RT, Bd. 308, S. 2213 (C).

455 Mündlicher Bericht der Kommission für den Reichshaushaltsetat zu Anlage VII der Drucks. 227, Sten. Berichte RT, Bd. 317, Drucks. 264. Der Berichterstatter Liesching (Fortschrittliche Volkspartei) rechtfertigte am 8. April 1916 vor dem Reichstag den Antrag damit, dass die Kommission zur Entlastung der Gerichte mit beitragen wolle; sten. Berichte RT, Bd. 307, S. 936 (D).

456 Diese Bestrebung gab es allerdings schon vor dem Krieg, vgl. sten. Berichte RT, Bd. 309, S. 1252 (D) und Frank, Bagatelle, DRZ 1915, Sp. 629, der „nachweist", dass für Übertretungen pro Jahr 160 Jahre Zeit und 4 527 452 160 ccm Papier verschwendet würden.

457 Vgl. *Lisco* in: Sten. Berichte RT, Band 309, S. 2699.

458 BA R 3001/Nr. 4233, Bl. 13.

459 BA R 3001/Nr. 4233, Bl. 14.

sollte der Staatsanwalt für Verbrechen oder Vergehen, die zur Zuständigkeit der Strafkammern gehörten, vorbehaltlich des § 74 GVG[460] die Zuständigkeit des Schöffengerichts dadurch begründen können, dass er in der Anklageschrift die Eröffnung der Hauptverhandlung vor dem Schöffengericht beantragte[461]. Damit wären neben allen Vergehen grundsätzlich auch *Verbrechen* vom Anwendungsbereich des Strafbefehlsverfahrens mitumfasst gewesen. Zudem sah man gleichzeitig die Zulassung der Festsetzung einer Geldstrafe in unbegrenzter Höhe vor.

In der ersten, am 11. Dezember 1916 stattfindenden kommissarischen Besprechung unter dem Vorsitz des *Preußischen Justizministers*[462] wurde die Ausweitung des Strafbefehlsverfahrens grundsätzlich gebilligt. Allerdings erhob das Reichsjustizamt Widerspruch bezüglich der Zulassung des Strafbefehls bei Verbrechen[463]. Das *Preußische Justizministerium* wünschte zwar auch insoweit eine Ausweitung, legte darauf aber keinen besonderen Wert. Die Diskussion führte letztlich (noch) zu keiner Einigung. Man stimmte jedoch insoweit überein, dass eine Einschränkung rücksichtlich Jugendlicher zunächst nicht, jedoch ggf. später auf Wunsch des Reichstages aufgenommen werden sollte. Dabei wurde „in Aussicht genommen, zunächst die Form des Gesetzes ohne ausdrückliche Beschränkung auf die Kriegsdauer zu wählen, aber in der Begründung der Vorlage zum Ausdruck zu bringen, dass sie nur ein den dringenden Notwendigkeiten der Kriegszeit Rechnung tragendes Provisorium[464] sei und der allgemeinen Strafprozessreform nicht vorgreifen wolle“[465]. Der in dieser Formulierung zum Ausdruck kommende *Vorwand Krieg* wird in einer Äußerung des Staatssekretärs des Reichsjustizamtes *Lisco* gegenüber dem Reichskanzler vom 13. Dezember 1916 noch deutlicher[466]. Er äußerte sich zu einem geplanten Aufsatz *Liebermanns* in der Deutschen Juristenzeitung[467],

---

460 D.h. vorbehaltlich der zur ausschließlichen Strafkammerzuständigkeit gehörenden Verbrechen.

461 Dies freilich nur, wenn die zu erwartende Strafe nicht ein Jahr Freiheitsstrafe bzw. 3000 Mark Geldstrafe übersteigt.

462 BA R 3001/Nr. 4233, Bl. 20; hierbei waren Vertreter des Reichsjustizsamtes (Direktor im Reichsjustizsamt Delbrück, Geheimer Ober-Regierungsrat Dr. Zimmerle, Amtsrichter Dr. Schäfer sowie Geheimer Ober-Justizrat Dr. Cormann) und des Ministeriums für Inneres (Geheimer Ober-Regierungsrat Schlosser und Geheimer Regierungsrat Stölzel) anwesend.

463 BA R 3001/Nr. 4233, Bl. 22.

464 Daher in RT-Drucks. 1214/1914/17, S. 241 als Kriegsmaßnahme bezeichnet.

465 BA R 3001/Nr. 4233, Bl. 21.

466 BA R 3001/Nr. 4233, Bl. 35.

467 *Lieberman*, DJZ 1917, Sp. 1, dort Sp. 3.

in welchem dieser berichtete, dass in der staatlichen Rechtspflege noch zahlreiche Kräfte gebunden seien, die für den Heeresdienst frei gemacht werden könnten. Dazu nahm *Lisco* wie folgt Stellung:

„Diese Auffassung beruht, soweit ich die in den Justizverwaltungen der einzelnen Bundesstaaten obwaltenden Verhältnisse zu überschauen vermag, auf einer *starken Verkennung der Tatsachen.* [...] Inzwischen habe ich namentlich wegen der durch den Krieg verursachten finanziellen Belastungen des Reichs und der Einzelstaaten in ständiger Fühlung mit dem Königlich Preußischen Herrn Justizminister die Frage weiter verfolgt, welche Änderungen auf dem Gebiet des gerichtlichen Verfahrens dazu dienen werden, dass die der Rechtspflege obliegenden Geschäfte mit einem geringeren Aufwand an Arbeitskräften erledigt werden könnten. War die Durchführung dieser Pläne zunächst nur *für die Zeit nach dem Frieden gedacht*, so gab uns die mit dem Gesetze über vaterländischen Hilfsdienst einsetzende Bewegung *einen willkommenen Anlass, die Verwirklichung der auf Vereinfachung der Rechtspflege hinzielenden Bestrebungen in einzelnen Beziehungen schon jetzt in Angriff zu nehmen* [Hervorhebungen nicht im Original, T.E.]“[468].

In einer weiteren kommissarischen Besprechung[469] am 15. Dezember wurde den Bedenken des Reichsjustizamts Rechnung getragen und beschlossen, Verbrechen aus dem Anwendungsbereich wieder herauszunehmen. Die Ausweitung auf Vergehen blieb hingegen, denn „ein innerer Grund, das weite Gebiet der übrigen Vergehen grundsätzlich von dem Strafbefehlsverfahren auszuschließen, besteht nicht“[470]. So kämen bei allen Vergehen Fälle vor, in denen der Sachverhalt sowie die für die Strafzumessung wesentlichen Umstände ohne Hauptverhandlung genügend *aufgeklärt* werden könnten und nur eine *geringe Bestrafung* notwendig erscheine[471]. Die Möglichkeit, unbegrenzt Geldstrafe festzusetzen, blieb. Man meinte, nur bei der Freiheitsstrafe sei eine Einschränkung notwendig[472], wobei diese nicht für die Ersatzfreiheitsstrafe gelte[473].

Der Entwurf wurde, nachdem am 24. Januar 1917 eine streng vertrauliche Beratung unter dem Vorsitz des Staatssekretärs *Lisco* unter der Teilnahme des

---

468 BA R 3001/Nr. 4233, Bl. 35.

469 BA R 3001/Nr. 4233, Bl. 53; zwei weitere Besprechungen fanden noch am 5. und 6. Januar 1917 statt.

470 RT-Drucks. 658/1914–1917, S. 17.

471 Sten. Berichte RT, Band 320, Drucks. Nr. 658, S. 17.

472 D.h., dass die bisherige Begrenzung in § 447 Abs. 1 StPO auf Festsetzung einer Freiheitsstrafe von höchstens sechs Wochen bestehen blieb.

473 Anders hingegen teils die Praxis, vgl. Bericht des Oberlandesgerichtspräsidenten und des Generalstaatsanwaltes in Düsseldorf vom 30. November 1921, GSPK, Rep. 84a/8323, Bl. 234; vgl. auch BR-Drucks. 75/1917, S. 18; *Schoetensack*, GS Bd. 89 (1919), S. 7.

Preußischen Justizministers *Beseler*, des Bayerischen Justizministers *von Theleman*, des sächsischen Justizministers *Nagel* sowie des Württembergischen Justizministers *von Schmidlin* stattgefunden hatte[474], dem Bundesrat am 23. Februar 1917 vorgelegt[475]. Mit Erlass des Gesetzes zur Vereinfachung der Rechtspflege sollte die VO 1915/2 außer Kraft treten[476]. Zudem sah das Gesetz eine Befristung vor[477], nach der mit dem Ablauf von zwei Jahren nach Beendigung des Kriegszustandes – diese sollte durch kaiserliche Verordnung bestimmt werden, was allerdings nie geschah – unter anderem die Regelungen über das Strafbefehlsverfahren wieder in der alten Fassung in Kraft treten sollten.

Am 10. März 1917 wurde der vom Bundesrat am 1. März 1917 beschlossene[478] Entwurf des Gesetzes zur Vereinfachung der Rechtspflege dem Reichstag vorgelegt[479]. Bezeichnenderweise kam er schon vor der ersten regulären Lesung zur Sprache, nämlich bei der Beratung über den Reichshaushaltsetat am 24. März 1917. Staatssekretär *Lisco* drängte darin den sich gegen die

474 BA R 3001/Nr. 4233, Bl. 194. Lisco führte aus, dass es bereits seit dem Frühjahr 1916 Erwägungen zu Einschränkungen auf dem Gebiet der Rechtspflege gäbe. Er begründet sie in diesem Kreis mit den Opfern des Krieges und der allgemeinen finanziellen Lage, die zur Sparsamkeit zwinge. Thelemann und Nagel mahnten zwar zur Vorsicht, erkannten aber die Maßnahmen als durch den Krieg notwendig geworden an. Insbesondere dürfe nicht, so von Schmidler, der Eindruck entstehen, die Justiz sei luxuriös besetzt. Der Erweiterung des Strafbefehlsverfahrens wurde daher auch einmütig zugestimmt. Nagel schlug die Einführung des Strafbefehls im Privatklageverfahren vor, was Thelemann unterstützte und Beseler zumindest für erwägenswert hielt. Im weiteren Verlauf des Gesetzgebungsverfahrens wurde dieser Vorschlag allerdings nicht weiter thematisiert. Am 11. Februar fand zudem eine Besprechung mit Vertretern der Anwaltschaft im Reichsjustizamt statt. Diese schlugen vor, ausdrücklich aufzunehmen, dass nach Durchführung einer Voruntersuchung ein Strafbefehl erlassen werden dürfe (mit Schreiben vom 13. März 1917 wiederholte von Gordon diese Forderung gegenüber dem RJA, BA R 3001/4237, Bl. 298), da dies nach geltendem Recht nicht möglich sei. Das Reichsjustizamt stellte eine Nachprüfung in Aussicht, führte eine solche jedoch nicht durch. Das hing wohl auch damit zusammen, dass der Reichskanzler bereits am 8. Februar den Entwurf an das königliche Staatsministerium zwecks Zustimmung zur Vorlage an den Bundesrat schickte (BA R 43, Nr. 734, Bl. 70), welches sich mit der Vorlage an den Bundesrat am 16. Februar einverstanden erklärte (BA R 43, Nr. 734, Bl. 82).

475 BR-Drucks. 75/1917.

476 Art. XIV.

477 Art. XVI.

478 Protokoll der 15. Sitzung vom 8. März 1917, § 239; vgl. auch § 206 lit. f hinsichtlich der Überweisung an den Rechtsausschuss und BR-Drucks. Nr. 88/1917 hinsichtlich der Anträge des Justizausschusses.

479 Sten. Berichte RT, Band 320, Drs. Nr. 658/1914/18.

Vorlage sträubenden Reichstag zu einer schnellstmöglichen Entscheidung[480]. Denn das Gesetz sei eine dringendst erwünschte „Kriegsmaßregel", welche dazu diene, 2000 kriegsverwendungsfähige Beamte des Justizdienstes dem Heeresdienst zuzuführen[481]. Er wies das Reichstagsplenum darauf hin, dass es eine befristete Maßnahme sei[482]. Das Plenum stellte sich geschlossen gegen den Entwurf. Neben der grundsätzlichen Erwägung, dass eine Verschlankung der Justiz nicht auf Kosten der Rechtspflege stattfinden dürfe[483], wurde der von *Lisco* angeführte Effekt bezweifelt. Denn, so *Gröber* (Zentrum), man werde „mit einiger Wahrscheinlichkeit [nur] ein Regiment von Juristen nach dem Westen oder Osten schicken" können[484]. Auch dem Ansinnen, den Entwurf schnellstmöglich zu beraten, wurde widersprochen. Der Abgeordnete *Landsberg* (Sozialdemokraten) meinte, dass es schon 31 Monate ohne diesen Entwurf gegangen sei und es daher auch weiter so gehen werde[485]. Bei aller Kritik fand er jedoch: „Die Ausdehnung des Strafbefehls mag gut [...] sein"[486].

In der ersten Beratung des Reichstags am 4. Oktober 1917 wurde der Entwurf ohne Aussprache einer aus 14 Mitgliedern bestehenden Kommission überwiesen[487], welche die Ausweitung des Anwendungsbereichs sowie der Sanktionsgewalt in § 447 Abs. 1 und 2 unverändert annahm[488]. Zusätzlich wurde beschlossen, in § 447 Abs. 4 StPO die Festsetzung einer Freiheitsstrafe gegenüber Minderjährigen einzuschränken[489]. Danach sollte diese nur an Stelle einer nicht beitreibbaren Geldstrafe zulässig sein. Die zeitliche Beschränkung der Geltung des Gesetzes wurde auf ein Jahr nach Beendigung des Kriegszustandes festgelegt, was „auf eine geringe Neigung des Reichstags hindeutet, den

480 Sten. Berichte RT, Band 309, S. 2687 ff.

481 Im Laufe der Beratung erwähnte er auch Schöffen, Geschworene, Zeugen und Sachverständige.

482 Man denke an die internen Äußerungen Liscos.

483 *Müller* (Fortschrittliche Volkspartei), Sten. Berichte RT, Band 309, S. 2702 (B).

484 *Gröber* , Sten. Berichte RT, Band 309, S. 2702 (B).

485 *Landsberg*, Sten. Berichte RT, Band 309, S. 2718.

486 *Landsberg*, Sten. Berichte RT, Band 309, S. 2718.

487 Sten. Berichte RT, Band 310, S. 3651, 3652 (B).

488 Mündlicher Bericht des 29. Ausschusses über den Entwurf eines Gesetzes zur Vereinfachung der Rechtspflege Sten. Berichte RT, Bd. 322, RT-Drucks. 1110/1914/17.

489 RT-Drucks. 1110/1914/17, Band 322, Mündlicher Bericht des 29. Ausschusses über den Entwurf eines Gesetzes zur Vereinfachung der Rechtspflege: Als Abs. 4 wird folgende Vorschrift eingestellt: Gegen einen Beschuldigten, der das 18. Lebensjahr noch nicht vollendet hat, darf durch einen Strafbefehl Freiheitsstrafe nur festgesetzt werden, wenn die Freiheitsstrafe an die Stelle einer nicht beizutreibenden Geldstrafe treten soll.

dadurch geschaffenen Rechtszustand zu einem dauernden zu machen"[490]. In der zweiten und dritten Beratung des Reichstages am 11. Oktober 1917 wurde der § 447, wie von der Kommission empfohlen angenommen[491], so dass das Gesetz am 21. Oktober 1917 verkündet werden konnte.

3. Zusammenfassung

Während des Ersten Weltkriegs wurde der Anwendungsbereich des Strafbefehlsverfahrens erstmals seit der RStPO tatsächlich ausgeweitet. Dabei orientierte man sich – zumindest vordergründig – verstärkt an finanzpolitischen Erwägungen, nämlich dem Bestreben, die Justiz zu entlasten, um das dadurch eingesparte Geld und Personal an anderer Stelle, hier im Krieg, zu verwenden. War die Kosten-Nutzen-Rechnung bisher relativ unabhängig von der aktuellen Haushaltslage, stand das Strafbefehlsverfahren nunmehr also unter finanziellem Druck.

Hinsichtlich der ersten beiden Kriegsverordnungen mag dieses Argument noch redlich ins Feld geführt worden sein; sie betrafen ohnehin nur kriegsrelevante Delikte und wurden zudem mit der Geringfügigkeit der Delikte und der Einfachheit des Sachverhalts begründet. Dass diese Ausweitung mit der Ausnahmesituation des Krieges im Zusammenhang stand, wird auch daran deutlich, dass man die Änderungen auf das Notwendigste beschränken wollte und eine Erhöhung der Strafobergrenze daher ausdrücklich ausschloss. Auch das Gesetz von 1917, das eine Ausweitung auf alle Vergehen und den Wegfall der Beschränkung der Geldstrafe mit sich brachte, orientierte sich vordergründig an dieser Argumentation. Die Justiz dürfe in Zeiten des Krieges nicht luxuriös besetzt sein, da man das Geld und Personal an anderer Stelle dringender benötige. Allerdings zeigen die Äußerungen *Liscos*, dass es um eine *generelle Vereinfachung des Strafverfahrens* unabhängig von finanzpolitischen Erwägungen oder der Belastung der Gerichte ging. Ausschlaggebend war also nicht das finanzpolitische, sondern ein kriminalpolitisches Motiv, nämlich über die Bagatellen hinaus ein vereinfachtes Verfahren zuzulassen. Daher wurde das Argument, geringfügige Sachen bräuchten ein einfaches bzw. geringfügigeres Verfahren, so nicht mehr ausgesprochen. Denn dass es sich bei allen Vergehen um geringfügige Sachen handeln solle – auch wenn der Begriff einen weiten Spielraum zulässt – konnte man zu jener Zeit nicht ernsthaft behaupten, wie die Diskussionen zehn Jahre zuvor belegen. Entscheidendes Kriterium für die Einbeziehung in den Anwendungsbereich war, dass bei allen Vergehen Fälle

490 *Lucas*, DStrZ 1918, Sp. 4.

491 Sten. Berichte RT, Band 311, S. 3935.

vorkämen, in denen der Sachverhalt sowie die für die Strafzumessung wesentlichen Umstände ohne Hauptverhandlung genügend aufgeklärt werden könnten und nur eine geringe Bestrafung notwendig erscheine.

Drittes Kapitel: Der Strafbefehl während der Weimarer Republik

Während der Weimarer Republik schlugen die unruhigen politischen Verhältnisse auch auf das Strafbefehlsverfahren durch[1]. Zunächst stand dessen Ausweitung im Vordergrund (I), die mit dem Gesetz zur Entlastung der Gerichte vom 11. März 1921 begann und dann mit der Verordnung über Gerichtsverfassung und Strafrechtspflege vom 4. Januar 1924 ihren vorläufigen Höhepunkt erreichte. Zum Ende der Weimarer Republik wurde versucht, die Rechtsstellung des Beschuldigten im Strafverfahren zu stärken und dementsprechend das Strafbefehlsverfahren einzuschränken (II). Jedoch traf diese Forderung auf Widerstand der Länder und setzte sich vor der Machtergreifung *Hitlers* nicht mehr durch.

I. Die Phase der Erweiterung

Die Bestrebungen, das Strafbefehlsverfahren auszuweiten, verliefen in zwei Phasen. Zunächst sollte der Kriegszustand, der die ersten Änderungen des Strafbefehlsverfahrens seit der RStPO mit sich gebracht hatte[2], konserviert werden (1), dann folgte eine darüber hinausgehende Ausweitung (2).

1. Die Konservierung des Kriegszustandes

Bereits kurz nach den durch den 9. November 1918 bedingten Umwälzungen stellten die Vertreter des Reichsjustizamtes eine Vorlage zur generellen Reform des Strafprozessrechts in Aussicht[3], da „infolge der Neugestaltung der staatlichen Verhältnisse das Interesse an der Strafprozessreform [...] neu belebt worden" sei[4]. Nachdem Reichsjustizminister *Landsberg* am 11. April 1919 vor der Nationalversammlung die baldige Veröffentlichung eines Entwurfs einer Strafprozessordnung angekündigt hatte[5], übersandte das inzwischen neu

---

1 Ähnliche Wertung L/R- *Rieß*, Bd. 1, Einl., Abschnitt E, Rn. 25.

2 Ausweitung des sachlichen Anwendungsbereichs auf alle Vergehen sowie Wegfall der Beschränkung der Geldstrafe; vgl. S. 91 ff., insb. 99 ff.

3 *Mamroth*, Reform, S. 197.

4 Begründung S. 2; vgl. auch RJM in Rep. 84a, Nr. 8347, Bl. 98: Bedeutung der Revolution besteht in der Beseitigung der Macht der Obrigkeit.

5 Sten. Berichte RT, Bd. 327, S. 983 (D); vgl. auch Reichsjustizminister Schiffer, Sten. Berichte RT, Bd. 330, S. 2926(B).

benannte Reichsjustizministerium am 10. Juli 1919 einen ersten, im wesentlichen von *Goldschmidt* verfassten[6] Entwurf eines „*Gesetzes über den Rechtsgang in Strafsachen*“ an sämtliche deutsche Staaten[7]. Nach deren Stellungnahmen wurde der Entwurf im RJM revidiert und anschließend am 29. Dezember 1919 dem Reichsrat vorgelegt (E 1919)[8], wo er schließlich scheiterte[9].

Die Reichsratsvorlage[10] sah – wie bereits der erste Entwurf – vor, die durch das Gesetz zur Vereinfachung der Strafrechtspflege vom 21. Oktober 1917 einstweilen erfolgte Ausdehnung des Strafbefehlsverfahrens als dauernden Bestandteil in das Strafverfahren einzufügen[11]. Begründet wurde die Übernahme der Regelung damit, dass sich das Verfahren, trotz vereinzelt anderslautender Behauptungen[12], in der Praxis bewährt habe. Dass die Regelung ursprünglich offiziell auf die Zeit des Krieges beschränkt sein sollte, wurde nicht problematisiert[13]. Im Gegensatz zum G 1917 wurde der Anwendungsbereich bei Jugendlichen insoweit eingeschränkt, als dass ein Strafbefehl gegen sie nur wegen Übertretungen erlassen werden durfte[14].

Die Beibehaltung der Ausweitung des Strafbefehlsverfahrens war nicht unumstritten gewesen[15]. Der Preußische Justizminister hatte sich gegen sie gewandt, weil eine gute Strafrechtspflege *grundsätzlich* die mündliche Verhandlung als Grundlage einer gerechten Strafzumessung voraussetze[16]. Da der Fortbestand der Ausdehnung des Anwendungsbereichs aber ein wirksames Mittel darstelle, um auf Laienrichter verzichten zu können, hatte er letztlich keine Einwendungen erhoben. Denn dieser Verzicht sei

---

6 *Vormbaum*, Lex Emminger, S. 46.

7 *Schubert / Regge / Rieß / Schmid*, Quellen, Abt. I, Bd. 4, S. 5.

8 RR-Drucks. 296/1919.

9 Zu den Gründen *Vormbaum*, Lex Emminger, S. 48.

10 *Schubert / Regge / Rieß / Schmid*, Quellen, Abt I, Bd. 4, S. 5 ff., S. 11, 12.

11 Mit Ausnahme der Pressevergehen, für welche das Schwurgericht zuständig war; vgl. §§ 27 Nr. 2 i.V.m. 80 Nr. 2 GVG des Entwurfs in: *Schubert / Regge / Rieß / Schmid*, Quellen, Abt. I, S. 3.

12 *Von Hippel*, Entwurf, ZStW Bd. 41 (1920), S. 370, Fn. 118, hätte auch negative Urteile gehört.

13 § 447 Abs. 4.

14 § 447 Abs. 4.; *Schubert / Regge / Rieß / Schmid*, Quellen, Abt I, Bd. 4, S. 5 ff., S. 11. Diese Beschränkung wurde während der weiteren Beratungen im Justizministerium wieder herausgenommen, da man sie dem Entwurf eines JGG vorbehalten wollte; *Schubert / Regge / Rieß / Schmid*, Quellen, Abt I, Bd. 4, S. 219.

15 Vgl. *von Hippel*, Entwurf, ZStW Bd. 41 (1920), S. 370.

16 *Schubert / Regge / Rieß / Schmid*, Quellen, Abt. I, Bd. 4, S. 13, S. 15; vgl. auch *von Nagler*, Protokolle, S. 225, nach dem die Vorteile des summarischen Verfahrens auf Kosten der Gerechtigkeit erzielt werden.

notwendig, weil es keine ausreichende Anzahl an schöffenfähigen Personen im Volk gebe[17]. Eine ähnliche Begründung fand auch Eingang in die Reichsratsvorlage[18].

Weiterhin schlug die allgemein spürbare Bemühung des Entwurfs um eine „Demokratisierung der Strafrechtspflege"[19] partiell auch auf das Strafbefehlsverfahren durch. So wurde, gleichsam als Ausgleich für den erweiterten Anwendungsbereich, die Rechtsstellung des Beschuldigten verbessert. Zwar implementierte der Entwurf, wie schon 1905 und 1909 erfolglos vorgeschlagen worden war, die Rechtsprechung des Reichsgerichts zum beschränkten Strafklageverbrauch[20], so dass das Risiko unzulänglicher Ermittlungen weiterhin der Bürger zu tragen hatte. Diese Risikoverteilung wurde durch den Entwurf aber insoweit relativiert, als dass die Wiederaufnahme eines durch rechtskräftigen Strafbefehl abgeschlossenen Verfahrens[21] zugunsten des Verurteilten für zulässig erklärt wurde[22]. Damit stand dem Bürger nun ein förmlicher Rechtsbehelf gegen den rechtskräftigen Strafbefehl zu, so dass er nicht weiter auf eine Gnadenentscheidung[23] angewiesen war.

Des weiteren sollten die öffentliche sowie die Ersatzzustellung[24] ausgeschlossen werden[25], wodurch die Kenntnisnahme des Strafbefehls durch den Be-

---

17 Er wandte sich gegen die Zulassung von Frauen zum Schöffendienst, so dass nur Männer überblieben. Diese seien aber aufgrund des Krieges moralisch schwer erschüttert.

18 *Schubert / Regge / Rieß / Schmid*, Quellen, Abt. I, Bd. 4, S. 153; die Begründung relativiert sich freilich, wenn man berücksichtigt, dass mit Gesetz über die Heranziehung von Frauen zum Schöffen- und Geschworenengericht vom 25.4.1922 (RGBl. I, S. 569) Frauen zum Schöffengericht zugelassen wurden.

19 Zitiert nach *Vormbaum*, lex Emminger, S. 46; vgl. auch Rep. 84a, Nr. 8347, Bl. 98. Im RJM war beabsichtigt, dass die Staatsanwaltschaft nicht mit dem Richter, sondern mit dem Verteidiger auf gleicher Ebene sitzen solle und zudem die Roben aller Verfahrensbeteiligten gleich auszusehen hätten.

20 § 450a; dies stellte die Übernahme der Rechtsprechung des RG dar, vgl. oben, S. 80 f.

21 Zum Streit vgl. *von Mayer*, GS 99, S. 127.

22 § 450 Abs. 2; danach gelten die Regeln über die Wiederaufnahme des Verfahrens entsprechend. Da der Strafbefehl nicht in gleicher Weise wie das Urteil am Verbrauch der Strafklage teilnimmt, bedurfte es keiner Regelung über die Wiederaufnahme zu*un*gunsten des Angeklagten.

23 Vgl. BA R 3001/1127, Bl. 4, danach war im RJM fraglich, ob es sich empfehle, den Beschuldigten vor Erlass des Strafbefehls zu hören, da es immer mehr Gnadenverfahren gebe.

24 § 449 a.

25 Kann man die Motivation für den Ausschluss der Ersatzzustellung noch in der Stärkung der Rechte des Beschuldigten im weiten Sinne sehen, sieht dies für den Ausschluss der öffentlichen Zustellung nicht ganz so klar aus. Zwar kann die Motivation auch darin zu sehen sein, möglich ist aber auch eine andere Deutung. Denn in den Jahren 1911 ff. ist ein Streit über die öffentliche Zustellung vor dem Hintergrund fiskalischer Erwägungen

schuldigten und dessen Möglichkeit, Einspruch einzulegen, sichergestellt wurde. *Mecklenburg-Schwerin* und *Braunschweig* hatten sich mit unterschiedlicher Akzentuierung gegen den Ausschluss der Ersatzzustellung gewandt. *Mecklenburg-Schwerin* hatte seine ablehnende Haltung damit begründet, dass Verbrecher sonst in der Lage wären, sich der Zustellung und damit ihrer Strafe zu entziehen. Denn ein solcher, gleichsam in der Schwebe stehender Strafbefehl könne nicht zurückgenommen werden, was auch die anderweitige Verfolgung durch eine Anklage verhindere[26]. Während der Beratungen der zuständigen Arbeitsgruppe im RJM[27] hatte man den Bedenken *Mecklenburg-Schwerins* Rechnung getragen[28] und bestimmt, dass der Amtsrichter den Strafbefehl aufzuheben und die Hauptverhandlung anzuordnen habe, wenn sich im Nachhinein herausstellte, dass eine Ersatzzustellung nötig wäre[29]. *Braunschweig* hingegen hatte den Standpunkt vertreten, dass der Ausschluss der Ersatzzustellung dem Beschuldigten die Vorteile des Strafbefehlsverfahrens gegenüber der Hauptverhandlung nehme. Für den Fall, dass der Beschuldigte wegen der Ersatzzustellung keine Kenntnis vom Strafbefehl erlangt, könne er Wiedereinsetzung in den vorigen Stand beantragen[30].

Zudem hatte man sich während der Beratungen im RJM entschieden, einige schon im E 1909 vorgeschlagene Änderungen mit aufzunehmen[31]. Neu waren das Einspruchsrecht des gesetzlichen Vertreters[32] und die aus „praktischen Gründen" vorgesehene Möglichkeit, den Einspruch und die Anklage bis zur

---

in Preußen dokumentiert; vgl. GSTA, Rep. 84a, Nr. 8323, Bl. 38 ff. Denn, so kritisierte der Finanzminister, es gehe nicht an, dass bei einer Bestrafung wegen Entwendung von 6 Pfennigen und einer Bestrafung von 2 M Geldstrafe, 23, 20 M Einrückungsgebühr entstünden.

26 BA R 3001, Nr. 5369, Bl. 64.

27 *Schubert / Regge / Rieß / Schmid*, Quellen, Abt. I, Bd. 4, S. XII; in der sechsten Sitzung am 23. und 25. Oktober stellte man lediglich fest, dass der Entwurf betreffend das Strafbefehlsverfahren übernommen werde, BA R 3001, Nr. 5368 Bl. 206. Die Eingabe Mecklenburg-Strelitz konnte ohnehin nicht berücksichtigt werden, da sie das RJA erst am 9. Dezember erreichte.

28 Vgl. die Begründung in *Schubert / Regge / Rieß / Schmid*, Quellen, Abt. I, Bd. 4, S. 219.

29 § 412 Abs. 3.

30 *Schubert / Regge / Rieß / Schmid*, Quellen, Abt. I, Bd. 4, S. 249.

31 Es wurde bezüglich Jugendlicher keine Einschränkung mehr aufgenommen, weil diese dem Entwurf eines Jugendgerichtsgesetzes vorbehalten bleiben sollte; *Schubert / Regge / Rieß / Schmid*, Quellen, Abt. I, Bd. 4, S. 219.

32 § 415 Abs. 3 i.V.m. § 294; letztere Norm ist anwendbar, da § 413 auf den Einspruch die Vorschriften über die Rechtsmittel für entsprechend anwendbar erklärt.

Verkündung des Urteils zurückzunehmen[33], nach Beginn der Verhandlung jedoch nur mit Zustimmung des Gegners. Weiterhin wurde die bisherige Regelung, nach der die Wiedereinsetzung in den vorigen Stand nicht erneut möglich sein sollte, wenn diese schon gegen die Versäumung der Einspruchsfrist gewährt worden war, als „innerlich nicht berechtigt" angesehen und daher gestrichen[34].

Während der Revision des ersten Entwurfs hatte man überdies die Reaktionsmöglichkeit des Amtsrichters auf den Strafbefehlsantrag der Staatsanwaltschaft dadurch erweitert, dass er ihn ablehnen durfte, wenn er ihn für unbegründet oder unzulässig hielt[35]. Somit war er in diesen Fällen nicht mehr gezwungen, eine Hauptverhandlung anzuberaumen.

Der Staatsanwaltschaft stand gegen die Ablehnung die sofortige Beschwerde zu, wobei das Beschwerdegericht im Falle ihrer Begründetheit die Hauptverhandlung vor dem Amtsgericht anzuordnen hatte. Entgegen dem E 1909 sollte der Richter aber vor Erlass des Strafbefehls nicht befugt sein, eigene Ermittlungen anzustellen; war dies nötig, so sollte die Sache zur Hauptverhandlung zu bringen sein[36].

Der Entwurf wurde am 29. Dezember 1919 dem Reichsrat zur Beschlussfassung übergeben[37] und blieb dort in den Ausschüssen VII. und V. stecken[38]. Die Ursache dafür dürfte zum einen in der umstrittenen Ausgestaltung der Schwur- und Schöffengerichte, zum anderen in der angespannten finanziellen Lage der Länder gelegen haben[39], die eine Umsetzung des Entwurfs unmöglich machte[40]. Endgültig scheiterte der Entwurf im Sommer 1921[41], nachdem das Reich

---

33 § 415 Abs. 3.

34 *Schubert / Regge / Rieß / Schmid*, Quellen, Abt. I, Bd. 4, S. 220.

35 § 411.

36 *Schubert / Regge / Rieß / Schmid*, Quellen, Abt. I, Bd. 4, S. 219.

37 RR-Drucks. 296/1919.

38 Ob die Ausschüsse den Entwurf noch berieten, ist nicht ganz klar. Braunschweig merkte an, dass zwar der Ausschluss der öffentlichen Zustellung zu billigen sei. Zu weit gehe es aber, auch die Ersatzzustellung auszuschließen, da dem Angeklagten so die Vorteile des Strafbefehlsverfahrens verloren gingen. Zudem sei die Ersatzzustellung für ihn ungefährlich, da er Wiedereinsetzung in den vorigen Stand beantragen könnte; vgl. *Schubert / Regge / Rieß / Schmid*, Quellen, Abt. I, Bd. 4, S. 249.

39 BA R 3001, Nr. 5369 Bl. 90; ähnlich auch die Äußerung auf Bl. 157.

40 Diesem Einwand hielt der Reichsminister des Inneren allerdings entgegen, dass „die Güte der Strafjustiz [...] für die Existenz des Staates von so großer Bedeutung [sei], dass die Frage nach fiskalischen Gesichtspunkten nicht behandelt werden dürfe"; BA R 3001, Nr. 5369 Bl. 159.

41 Schreiben des Reichsjustizministers Schiffer an die Länder vom 16. August 1921; *Schubert / Regge / Rieß / Schmid*, Quellen, Abt. I, Bd. 4, S. 315.

zu der Einsicht gelangt war, man solle zunächst das materielle Strafrecht reformieren[42].

Inzwischen war Ende November 1920 ein erster Entwurf eines „*Gesetzes zur Entlastung der Gerichte*" im RJM fertiggestellt worden[43]. Kurioserweise wurde erst danach nach einer opportunen Begründung für ihn gesucht. So fragte das Reichsjustizministerium am 7. Dezember 1920 das Preußischen Justizministerium, ob „das einzubringende Entlastungsgesetz damit begründet werden könne, dass sich die Geschäftslast der Gerichte seit dem Kriegsende ständig vermehrt und gegenwärtig einen Umfang erreicht habe, der weit über das im Frieden zu leistende [...] hinausgehe"[44]. Insofern taucht hier das schon während des Ersten Weltkrieges beobachtete Phänomen auf, dass die Begründung nicht unbedingt die Motivation der Gesetzesverfasser widerspiegeln muss. Am 9. Dezember 1920 legte der Reichsminister der Justiz *Heinze* der Reichsregierung den Entwurf vor[45], der am 18. Dezember an den Reichsrat gelangte[46]. Nachdem er dem Reichstag am 22. Januar 1921 vorgelegt worden war[47], beschloss dieser am 8. März in dritter Beratung, dem Entwurf zuzustimmen[48], so dass es am 23. März 1921 im RGBl. verkündet werden konnte[49].

Hinsichtlich des Strafbefehlsverfahrens wollte das Gesetz den durch die Kriegsmaßnahmen geschaffenen Rechtszustand verfestigten, weil „die als § 447 vorgeschlagene Bestimmung [...] seit dem Gesetz vom 21. Oktober 1917 [ohnehin] geltendes Recht" war[50]. Damit fehlte sogar der in der Begründung des E 1919 noch angegebene Hinweis auf die praktische Bewährung. Der allgemeinen Begründung ist entsprechend einer Stellungnahme Preußens lediglich zu entnehmen, dass die Regelungen aufgrund der im Vergleich zur Vorkriegszeit um ein Vielfaches gesteigerten Geschäftstätigkeit der Justiz notwendig seien. Im Gegensatz zum E 1919 enthielt das Gesetz aber keinen Ausgleich für die Erweiterung des Anwendungsbereichs durch eine verbesserte Verfahrensstellung. Es gab auch niemanden, der dies einforderte.

---

42 Vgl. *Schubert / Regge / Rieß / Schmid*, Quellen, Abt. I, Bd. 4, S. XV.

43 Quellenmaterial in BA R 43 I, Nr. 1210.

44 BA R 43 I, Nr. 1210.

45 BA R 43 I, Nr. 1210, Bl. 29, 39; in der Kabinettssitzung vom 15. Dezember wurde dem Entwurf zugestimmt.

46 RR-Drucks. 334/1920.

47 Sten. Berichte RT, Band 365, Drucks. Nr. 1353, S. 934.

48 Sten. Berichte RT, Band 348, S. 2728; vgl. auch Bd. 366, S. 1552, RT-Drucks. Nr. 1839/1920 Entwurf nach Beschlüssen der Beratung.

49 RBGL. I, S. 229.

50 BA R 43 I, Nr. 1210, Bl. 37.

Während des Gesetzgebungsverfahrens waren nur die die Jugendlichen betreffenden Regelungen, sowie die Zuständigkeit für den Erlass eines Strafbefehls umstritten. So beantragte *Preußen* im Reichsrat, unterstützt von *Bayern*, dass der Staatsanwalt den Strafbefehl erlassen solle, da dessen Antrag in der Praxis ohnehin maßgebend sei[51]. *Hessen* und *Sachsen* unterstützten den Antrag, soweit die festzusetzende Strafe nur eine Geldstrafe sei, ansonsten müsse der Richter den Strafbefehl auf Antrag der Staatsanwaltschaft erlassen[52]. Allerdings sprach sich die Mehrheit dagegen aus, so dass der Änderungsantrag abgelehnt wurde.

Mecklenburg-Schwerin beantragte, dass Freiheitsstrafe auch gegen einen Jugendlichen in einem Strafbefehl festgesetzt werden können sollte, wenn der Beschuldigte zuvor durch einen Richter vernommen wurde, weil diese Voraussetzung sicherstelle, dass der Richter den Grad der Einsicht erkenne[53]. Die Erledigung in einem förmlichen, öffentlichen Hauptverfahren stehe nicht im Interesse des Jugendlichen. Der Antrag wurde jedoch an die Beratungen über das JGG überwiesen[54].

Auch im Reichstag waren die den Jugendlichen betreffenden Regelungen umstritten. So beantragte *Aderhold* (Unabhängige Sozialdemokratische Partei), eine Vorschrift mit aufzunehmen, nach welcher der gegenüber einem Jugendlichen ergehende Strafbefehl an den gesetzlichen Vertreter zuzustellen sei [55]. Der Antrag wurde abgelehnt, da die Mehrheit des Plenums den Ausführungen *Leutheutzers* (Deutsche Volkspartei) folgte, nach denen der gesetzliche Vertreter oft überhaupt nicht zu ermitteln sei, da Jugendliche ihren Wohnsitz oft nicht bei diesem hätten, so dass das Verfahren unnötig erschwert werde[56].

Keine sachliche Ausweitung erfuhr das Strafbefehlsverfahren im übrigen durch *die Verordnung über Sondergerichte gegen Schleichhandel und Preistreiberei* vom

---

51 *Schubert / Regge / Rieß / Schmid*, Quellen, Abt. I, Bd. 4, S. XVI. So auch der ausdrückliche Gegner des Strafbefehlsverfahrens *Beling*, ZStW Bd. 37, S. 266, da die Stellung des Angeklagten sich bessern würde.

52 *Schubert / Regge / Rieß / Schmid*, Quellen, Abt. I, Bd. 4, S. XVI.

53 BA R 3001, Nr. 4236.

54 *Schubert / Regge / Rieß / Schmid*, Quellen, Abt. I, Bd. 4, S. XVI; dort wurde der Antrag indes nicht wieder eingebracht.

55 Antrag Uderholds: In Ziffer 3 folgenden Absatz hinzuzufügen: Der Strafbefehl gegen einen Beschuldigten, welcher das 18. Lebensjahr noch nicht vollendet hat, ist auch an den gesetzlichen Vertreter zuzustellen; Sten. Berichte, Band 365, Aktenstück Nr. 1546, S. 1076.

56 Dagegen argumentiert *Bleeck*, Strafbefehl, S. 39.

27. November 1919[57]. Durch sie wurde ein vereinfachtes Verfahren vor den neu geschaffenen, an den Landgerichten angesiedelten Wuchergerichten gegen Preiswucher und Schleichhandel eingeführt. Gemäß § 8 Abs. 2 der Verordnung konnte die Staatsanwaltschaft zwar weiterhin in geeigneten Fällen einen Strafbefehl beantragen, jedoch nur im Rahmen der StPO, wie § 6 der Verordnung klarstellte. Daher hatte sich an dem sachlichen Anwendungsbereich des Strafbefehlsverfahrens nichts geändert. Vielmehr wurde klargestellt, dass trotz des neuen, vereinfachten Verfahrens die Befugnis zum Erlass eines Strafbefehls *unberührt* bleibe[58].

Zu erwähnen ist an dieser Stelle auch der – wenig beachtete[59] – *StPO-Entwurf* des Berliner Rechtsanwalts *Bendix* aus dem Jahre 1921, der versuchte, den Parteigedanken umzusetzen[60]. Beim Strafbefehlsverfahren äußerte sich dies darin, dass auch der Beschuldigte den Antrag auf Erlass eines Strafbefehls stellen konnte, Staatsanwaltschaft und Richter mussten zustimmen. Bei einer solchen „übereinstimmenden Erklärung" sei es nach Bendix legitim, selbst auf ein Jahr Zuchthausstrafe erkennen zu können. Die Geldstrafe sollte demgegenüber auf ein Höchstmaß von 20.000 Reichsmark begrenzt werden, um „nur den Schein zu vermeiden, als wenn die Täter aus den besitzenden Klassen bei ernsteren Straftaten und höheren Geldstrafen in dem heimlichen Strafbefehlsverfahren vor der verdienten öffentlichen Verhandlung bewahrt werden sollen".

2. *Erweiterungsbemühungen*

Mitte 1921 unternahm das RJM einen weiteren Versuch, einzelne, drängende Punkte des Strafverfahrensrechts zu regeln[61]. Es schickte am 16. August 1921 einen Fragebogen an sämtliche Landesjustizverwaltungen[62], in dem unter anderem um Reformvorschläge gebeten wurde. Nach Eingang der beantworteten Fragebögen übersandte das Reichsjustizministerium am 26. Januar 1922 den „*Entwurf eines Gesetzes zur Neuordnung der Strafgerichte*" an alle Reichsminister der Länder mit der Bitte um Stellungnahme[63]. Der Entwurf betraf das Strafbefehlsverfahren nur redaktionell[64], obwohl man nach den

57 RGBL., S. 1909; so aber *Fisch*, Strafbefehlsverfahren, S. 1; *Müller*, Strafbefehlsverfahren, S. 243.

58 So ausdrücklich die Begründung in: Verhandlungen der verfassungsgebenden Deutschen Nationalversammlung, Bd. 340, Drucks. 1639 (S. 1686).

59 L/R-*Rieß*, Bd. 1, Einl., Abschnitt E, Fn. 93.

60 *Bendix*, Gegenvorschläge, S. 1 ff., 325 ff.

61 *Schubert / Regge / Rieß / Schmid*, Quellen, Abt. I, Bd. 4, S. 315; *Vormbaum*, Lex Emminger, S. 49, vgl. auch den Entwurf nebst Begründung in BA R 43 I, Nr. 1210, Bl. 69 ff.

62 *Schubert / Regge / Rieß / Schmid*, Quellen, Abt. I, Bd. 4, S. 315.

63 BA R 43 I, Nr. 1210, Bl. 52.

64 Indem er die Streichung des § 447 Abs. 1 Satz 2 vorsah, da diese Bestimmung durch den Wegfall der erstinstanzlichen Zuständigkeit der Strafkammern und damit des bishe-

Vorschlägen des E 1919 und der Erweiterung des Verfahrens durch das Gesetz zur Entlastung der Gerichte eine Stärkung der Beschuldigtenrechte hätte erwarten können. Nach einigen Änderungen am Entwurf[65], die allesamt nicht den Strafbefehl betrafen, wurde ihm in der Kabinettssitzung vom 14. Juni 1922 zugestimmt[66]. Am 19. Juni 1922 gelangte er an den Reichsrat[67], der ihn an die zuständigen vereinigten Reichsratsausschüsse[68] überwies. In der ersten Lesung wurde eine Regelung beschlossen, nach der die durch den Entwurf entstehenden sachlichen und personellen Mehrkosten vom Reich zu tragen seien[69]. Daher meinte die Reichsregierung, sie sei nicht in der Lage, den Beschlüssen des Reichsrats beizutreten. Andererseits erkenne sie an, dass bei der derzeit desolaten Finanzlage der Länder diesen die Kosten ebenso wenig zugemutet werden könnten[70]. Daraufhin wurde der Entwurf mit Rücksicht auf die *Möglichkeit der Kostenersparnis* durch das RJM[71] durchgreifend umgearbeitet[72] und dann in den Reichsratsausschüssen erneut beraten. Die daraus resultierende Fassung wurde vom 9. Mai 1923 bis zum 28. Mai 1923 zum dritten Mal beraten. Am 29. Mai 1923 stimmte der Reichsrat dieser Entwurfsfassung zu, sie wurde anschließend dem Reichstag als „Entwurf eines Gesetzes zur Neuordnung der Strafgerichte" (E 1922) vorgelegt[73].

---

rigen § 29 GVG gegenstandslos geworden war; vgl. sten. Berichte RT, Band 378, Drucks. Nr. 5884/1920, S. 7005.

65 Zunächst fand eine Besprechung des RJM mit den Bevollmächtigten der im Reichsratsausschuss vertretenen Ländern am 15. März statt, BA R 43 I, Nr. 1210, Bl. 113 ff. Am 6. April dann eine interne Besprechung im RJM, BA R 3001, Nr. 5371 Bl. 52.

66 BA R 43 I, Nr. 1210, Bl. 164.

67 RR-Drucks. Nr. 173; dieser Entwurf wird auch als E Radbruch bezeichnet.

68 Ausschuss III (innere Verwaltung) und Ausschuss VII (Rechtspflege).

69 Vgl. dazu z.B. den Antrag Württembergs, BA R 3001, Nr. 5373 Bl. 1, nach dem die Zustimmung in erster Linie davon abhängig sei, ob das Reich die Mehrkosten übernimmt. Diese Entwicklung hatte der Reichsminister der Finanzen schon im Vorfeld, am 11. Februar 1922, geahnt; BA R 3001, Nr. 5371 Bl. 13.

70 Das Reichsfinanzministerium bat alle Länder um eine Schätzung der Mehrkosten. Aufgrund der Ländereingaben schätzte das Finanzministerium am 27. Januar 1923 die Kosten im ersten Jahr auf 3,7 Milliarden Mark, wobei die Summe den Stand Oktober 1922 wiederspiegelt. 1 Milliarde Mark sind davon laufende Kosten, der Rest einmalige Kosten. Zum Vergleich aber: 1 kg Roggenbrot kostete in Berlin im Dezember 1922 163,15 Mark.

71 In enger Zusammenarbeit mit dem Preußischen Justizministerium, *Vormbaum*, Lex Emminger, S. 51.

72 BA R 3001, Nr. 5373 Bl. 35.

73 Sten. Berichte RT, Band 378/1920, Drucks. Nr. 5884, S. 6983; dieser Entwurf wird auch als E Heinze bezeichnet.

Bemerkenswert ist, dass der Anwendungsbereich des Strafbefehlsverfahrens trotz des Bedürfnisses nach Kostenersparnis nicht entscheidend ausgeweitet wurde, die Reichsratsberatungen führten nur zu einer marginalen Ausweitung der Sanktionsgewalt. So wurde auf Antrag *Badens*[74] nunmehr die Bekanntmachung des Urteils[75] für zulässig erklärt, da es sich „unangenehm fühlbar gemacht“ habe, dass bei Verfehlungen gegen wirtschaftliche Maßnahmen, an deren Bekanntmachung ein Interesse bestehe, die Anwendung des Strafbefehls nicht möglich sei[76]. Weitere Vorschläge, die auf eine Ausweitung des Strafbefehlsverfahrens hinausliefen, wurden allesamt abgelehnt. So stellte beispielsweise *Thüringen* erfolglos eine generelle Erweiterung der Strafbefugnis zur Diskussion[77]. Abgelehnt wurden auch ein Antrag des Vertreters der Reichsregierung, die Möglichkeit einer Überweisung an die Landespolizeibehörde einzufügen[78], sowie ein Antrag *Badens*, im § 447 Abs. 2 StPO ausdrücklich aufzunehmen, dass ein Verweis ausgesprochen werden könne[79], da ein solcher – dies übersah *Baden* wohl – nach dem inzwischen veröffentlichtem JGG nicht mehr zulässig sein sollte[80].

Keinen Erfolg[81] hatten auch die zahlreichen Vorschläge[82] und – teilweise von *Thüringen* unterstützten[83] – Anträge[84] *Badens*, das Strafbefehlsverfahren im

74 *Schubert / Regge / Rieß / Schmid,* Quellen, Abt. I, Bd. 4, S. 473; vgl. auch *Quentel*, DStrZ 22, Sp. 284, der eine qualitative Ausweitung der Sanktionsgewalt forderte.

75 Es ist ein redaktioneller Fehler, es müsste Strafbefehl heißen.

76 Sten. Berichte RT, Band 378, Drucks. Nr. 5884/1920, S. 7005.

77 Nach dem Bericht des badischen Vertreters, *Schubert / Regge / Rieß / Schmid*, Quellen, Abt. I, Bd. 4, S. 503.

78 *Schubert / Regge / Rieß / Schmid*, Quellen, Abt. I, Bd. 4, S. 508.

79 *Schubert / Regge / Rieß / Schmid,* Quellen, Abt. I, Bd. 4, S. 473; vgl. auch *Quentel*, DStrZ 22, Sp. 284, der eine qualitative Ausweitung der Sanktionsgewalt forderte.

80 *Schubert / Regge / Rieß / Schmid*, Quellen, Abt. I, Bd. 4, S. 508.

81 *Schubert / Regge / Rieß / Schmid*, Quellen, Abt. I, Bd. 4, S. 507, dort allerdings ein „Druckfehler“, da der „badische“ Antrag gegen die Stimmen „Badens“ und Bayerns abgelehnt wurde.

82 So z.B. in der Beantwortung der Fragebögen; vgl. *Schubert / Regge / Rieß / Schmid*, Quellen, Abt. I, Bd. 4, S. 325, s. 329.

83 *Schubert / Regge / Rieß / Schmid*, Quellen, Abt. I, Bd. 4, S. 529; vgl. auch die Bemerkung in BA R 3001, Nr. 5373 Bl. 103, danach regte Thüringen dies im Dezember 1922 bei einer Besprechung an. Der damalige Vorschlag des RJM, dies dem EGStGB vorzubehalten, stieß auf Widerstand, da dessen Einführung ungewiss sei.

84 Zweite Beratung des Reichsratsausschusses am 23. und 24. März 1923 *Schubert / Regge / Rieß / Schmid*, Quellen, Abt. I, Bd. 4, S. 473; *Schubert / Regge / Rieß / Schmid*, Quellen, Abt. I, Bd. 4, S. 522. Vgl. auch den Antrag bei *Schubert / Regge / Rieß / Schmid*, Quellen, Abt. I, Bd. 4, S. 411; Möglicherweise wurde er auch zurückgezogen.

Privatklageverfahren zuzulassen. Denn seit dem Gesetz vom 21. März 1921, welches die Privatklage auf eine große Anzahl von Vergehen ausgedehnt hatte, sei es zu einer Vermehrung von Privatklagen und damit zu einer erhöhten Inanspruchnahme von Schöffen gekommen. Zu deren *Entlastung* sollte daher bei Privatklagen dem Richter Ermessen eingeräumt werden, ob er einen Strafbefehl erlassen oder die Hauptverhandlung anberaumen sollte[85]. Um die Entscheidung des Richters zu vereinfachen – bei Privatklagen fehlte ein Ermittlungsverfahren, so dass der Sachverhalt oft im Unklaren lag – sollte er zudem eigene Ermittlungen gemäß § 158, 160 StPO anstellen dürfen. Insbesondere *Preußen* und *Bayern* argumentierten dagegen, dass dies wiederum zu einem Einspruchsrecht des Privatklägers gegen den Strafbefehl führen müsse und so überflüssige theoretische Probleme entstünden[86]. Zudem biete die schiedsgerichtliche Erledigung[87] im Privatklageverfahren einen genügenden Ausgleich. *Baden* hielt die vorgetragenen Bedenken für nicht einschlägig[88]. Einerseits solle die Wissenschaft zusehen, wie sie mit theoretischen Problemen zurecht komme, denn der praktische Nutzen sei unbestritten. Andererseits beruhigten sich die Parteien vornehmlich aufgrund eines Richterspruches und nicht aufgrund eines mehr oder weniger aufgezwungenen Vergleiches.

In der ersten Lesung am 6. Juni 1923[89] wurde der Entwurf an den Rechtsausschuss des Reichstags überwiesen. Dieser begann zunächst die Beratung[90], beendete sie jedoch, nachdem der RMJ am 17. Oktober 1923 gebeten hatte, den Entwurf vorläufig nicht auf die Tagesordnung zu setzen[91]. Weil die Reichsregierung nach einer Intervention des Reichsfinanzministers[92] den Entwurf im Hinblick auf die in Vorbereitung befindliche *Verordnung über*

Aus dem thüringischen Antrag vom 19. März geht nur hervor, dass der badische Antrag vom 26. September 1922 wieder aufgenommen wurde; BA R 3001, Nr. 5373 Bl. 103.

85 Den Antrag auf Erlass eines Strafbefehls durfte der Privatkläger demnach nicht stellen.

86 *Schubert / Regge / Rieß / Schmid*, Quellen, Abt. I, Bd. 4, S. 507.

87 Vgl. § 420d E, eingefügt auf Initiative Preußens.

88 *Schubert / Regge / Rieß / Schmid*, Quellen, Abt. I, Bd. 4, S. 522.

89 Sten. Berichte RT, Band 360, S. 11185.

90 Sten. Berichte RT, Band 360, S. 11199; vgl. auch die Ausschussanträge in BA R 3001, Nr. 5373 Bl. 230 ff.

91 BA 3001, Nr. 5374 Bl. 1.

92 Der Reichsfinanzminister hatte gegen die Weiterführung des Entwurfs Widerspruch erhoben, vgl. BA R 43 I/1210, Bl. 230 und BA R 43 I/1390, Bl. 136.

Gerichtsverfassung und Strafrechtspflege im Dezember 1923 zurückzog[93], wurden die Beratungen nicht wieder aufgenommen[94].

Hintergrund dieses Vorgehens war das Ermächtigungsgesetz vom 13. Oktober 1923[95], welches der Reichsregierung die Möglichkeit zu umfangreichem Erlass von Verordnungen gab. Dadurch konnte sie die schon in Aussicht genommenen Veränderungen wenigstens zum Teil im Wege einer solchen Verordnung umsetzen[96]. Dabei ließ sich die Reichsregierung von dem Gedanken leiten, dass der Boden, auf dem der Entwurf eines Gesetzes zur Neuordnung der Strafgerichte ruhte[97], wegen finanzieller Bedenken ins Wanken gekommen und die Frage daher nicht mehr war „wie die Strafrechtspflege am besten, sondern wie sie am einfachsten und sparsamsten zu gestalten sei“[98].

Währenddessen war im RJM ein erster Entwurf fertiggestellt, der entsprechend dem E 1922 vorsah, dass durch den Strafbefehl auch die öffentliche Bekanntmachung des Urteils[99] angeordnet werden durfte[100]. Ein weiterer, Ende Oktober fertiggestellter, „Entwurf einer Verordnung zur Vereinfachung der Gerichtsverfassung“ sah auch die Möglichkeit vor, dass – wie von der Reichsregierung kurz zuvor beim E 1922 erfolglos vorgeschlagen worden war – die Überweisung an die Landespolizeibehörden ausgesprochen werden konnte[101]. Da man aber Widerstand gegen letztere Erweiterung befürchtete, enthielt der am 29. Oktober an die Länder verschickte Entwurf[102] zwar die Bekanntmachung, nicht aber die Überweisung an die Landespolizeibehörden.

Die Länder sprachen sich teilweise für eine Erweiterung des Strafbefehlsverfahrens aus. *Hamburg* und *Lübeck* wünschten, „die Obergrenze für die durch

93 Sten. Berichte RT, Band 380, Drucks. Nr. 6421, S. 7706; vgl. auch BA R 43 I, Nr. 1390, Bl. 146, danach bat der Reichsminister der Justiz in der Sitzung am 10. Dezember den Entwurf zurückzuziehen. Das Kabinett gab seine Zustimmung.

94 *Vormbaum*, Lex Emminger, S. 53.

95 RGBl. I, S. 943.

96 *Vormbaum*, Lex Emminger, S. 53.

97 Der Entwurf hatte noch zur Voraussetzung gehabt, dass man etwa die gleichen finanziellen Mittel wie bisher zur Verfügung hätte, *Bumke*, Verordnung S. 6.

98 *Bumke*, Verordnung, S. 6; ähnlich auch BA R 43 I, Nr. 1210, Bl. 230.

99 Baden und Bayern beantragten in der Folge, dass es anstatt Urteil Verurteilung heißen müsse, da der Strafbefehl kein Urteil sei.

100 Art. II § 28 (26); BA R 43 I, Nr. 1210, Bl. 223.

101 Dies ergibt sich daraus, dass der Entwurf für den zu verschickenden Entwurf diese Passage – wenn auch durchgestrichen – noch enthält, BA R 3001, Nr. 5374 Bl. 16.

102 BA R 3001, Nr. 5374, Bl. 8.

Strafbefehl zu erkennende Freiheitsstrafe auf drei Monate zu erhöhen“[103]. *Lübeck* rechtfertigte diese Ausweitung damit, dass dem Beschuldigten weiterhin die Möglichkeit gegeben sei, Einspruch einzulegen, wenn er sich nicht für strafbar oder die ihm zuerkannte Strafe für zu hoch halte. *Sachsen* sprach sich, wie *Baden* bei den Beratungen des E 1922, für eine Erweiterung auf Privatklagesachen aus[104].

Keiner dieser Vorschläge wurde von der Reichsregierung aufgenommen, was möglicherweise auch damit zusammenhing, dass das Ermächtigungsgesetz mittlerweile[105] außer Kraft getreten war[106] und die Reichsregierung entschlossen war, trotz des zu erwartenden Widerstandes des Reichstages die Änderungen notfalls im Gesetzeswege zu verabschieden[107]. Nachdem das RJM angeregt hatte, dass sich die Reichsregierung vom Reichstag ermächtigen lassen solle, die Gerichtsverfassung im Verordnungswege nach Zustimmung des Reichsrats zu vereinfachen[108], erging am 8. Dezember 1923 das zweite Ermächtigungsgesetz. Am 13. Dezember 1923 übersandte das RJM den Entwurf, dem zwei Tage zuvor das Kabinett zugestimmt hatte[109], an die zuständigen Ausschüsse von Reichsrat und Reichstag[110]. Dort wurde in der Sitzung am 19. Dezember einstimmig der Antrag *Hamburgs* angenommen, die Strafobergrenze bei der Freiheitsstrafe auf 3 Monate zu erhöhen[111]. Inwieweit die Entscheidung von der Einführung des § 23 der Verordnung (Ausnahme vom Verfolgungszwang / Legalitätsprinzip) mitbestimmt wurde, ist nicht ersichtlich. Da dadurch aber gleichsam der unterste Anwendungsbereich des Strafbefehlsverfahrens wegfiel und sich die Länder nur ein halbes Jahr zuvor gegen eine generelle Ausweitung der Strafbefugnis ausgesprochen hatten[112], ist

---

103 Für Hamburg: *Schubert / Regge / Rieß / Schmid*, Quellen, Abt. I, Bd. 4, S. 574 und für Lübeck: BA R 3001, Nr. 5374, Bl. 18.

104 *Schubert / Regge / Rieß / Schmid*, Quellen, Abt. I, Bd. 4, S. 604; mit Einspruchsrecht des Privatklägers.

105 Am 2. November 1924, da die SPD aus der Reichsregierung ausschied und damit die „parteipolitische Zusammensetzung“ wechselte. Entsprechend des Ermächtigungsgesetzes trat die Ermächtigung damit automatisch außer Kraft.

106 *Vormbaum*, Lex Emminger, S. 35.

107 Vgl. den Entwurf eines Gesetzes zur Vereinfachung der Strafrechtspflege; BA R 43 I, Nr. 1210, Bl. 230.

108 Vgl. die – zustimmende – Bemerkung Thüringens vom 7. Dezember 1923 in BA R 43 I, Nr. 1210.

109 BA R 43 I, Nr. 1210, Bl. 236.

110 BA R 43 I, Nr. 1214, Bl. 351.

111 *Schubert / Regge / Rieß / Schmid*, Quellen, Abt. I, Bd. 4, S. 635.

112 Vgl. oben S. 110.

zu vermuten, dass dies zumindest zur Einstimmigkeit beigetragen haben dürfte. *Bayern*, *Württemberg*, *Baden* und *Hessen* stellten, wie zuvor in einer Besprechung am 4. Dezember beschlossen worden war[113], den Antrag, das Strafbefehlsverfahren in Privatklagesachen zuzulassen. Er scheiterte jedoch am Widerstand *Preußens* und des *Reichs*[114].

Mit der Neuerung in der Strafobergrenze sowie der Möglichkeit, nach § 37 die Bekanntmachung der Entscheidung anzuordnen, wurde die als „Lex Emminger" bekannt gewordene Verordnung am 4. Januar 1924 erlassen. Gemäß § 43 der Verordnung wurden am 28. März 1924 die Texte des Gerichtsverfassungsgesetzes und der Strafprozessordnung neu bekannt gemacht[115], was zur Folge hatte, dass das Strafbefehlsverfahren seit dem in den § 407–412 StPO geregelt ist.

Von den folgenden zahlreichen, die Verordnung betreffenden, Abänderungs- und Aufhebungsanträgen betraf nur der von *Bartz* (Unabhängige Sozialdemokratische Partei) und anderen eingereichte „Entwurf eines Gesetzes zur Abänderung der Verordnung über Gerichtsverfassung und Strafrechtspflege"[116] das Strafbefehlsverfahren. Er sah die Streichung des § 37 der Verordnung vor. Von der 401. Sitzung am 26. Februar 1924 bis zur 411. Sitzung am 13. März 1924 wurden die Anträge beraten. Da der Reichskanzler *Marx* in der Debatte erkannt hatte, dass er nicht die erforderliche Mehrheit gegen die Anträge gewinnen konnte, beantragte die Reichsregierung beim Reichspräsidenten am 13. März 1924 die Auflösung des Reichstags. Dem kam dieser mit Verordnung vom selben Tage nach[117].

II. Das Einführungsgesetz zum ADStGB

Während durch die „Lex Emminger" einzelne Teile der zuvor angestrebten Prozessreform im Verordnungswege umgesetzt wurden, liefen im RJM die Arbeiten an der Reform des materiellen Strafrechts weiter. Am 17. November 1924 wurde der erste „Amtliche Entwurf eines Allgemeinen Deutschen Strafgesetzbuchs nebst Begründung" dem Reichsrat zur Beschlussfassung vorgelegt. Ein halbes Jahr später begannen dann die Arbeiten an einem *Einführungsgesetz zum ADStGB*, dessen erster Entwurf am 4. Dezember 1926

---

113 Besprechung der Justizminister Bayerns, Württembergs, Badens und Hessens im Justizministerium in Stuttgart; *Schubert / Regge / Rieß / Schmid*, Quellen, Abt. I, Bd. 4, S. 601.

114 *Schubert / Regge / Rieß / Schmid*, Quellen, Abt. I, Bd. 4, S. 635; ein Übertragungsfehler augenscheinlich dieselbe Materie betreffend auf S. 638 (Nr. 8).

115 RGBl. I, S. 299.

116 Sten. Berichte RT, Band 380, Aktenstück Nr. 6531/1920, S. 7873.

117 Sten. Berichte RT, Band 361, S. 12465, 12829.

an den Reichsminister des Inneren und die *Preußischen* Justiz- und Innenminister versandt wurde. Nach umfangreicher Überarbeitung schickte das RJM am 10. März 1928 einen geänderten Entwurf an die Justizminister *Preußens* und *Sachsens*[118]. Im weiteren Verlauf wurde er nochmals geringfügig geändert[119]. Am 22. Januar 1929 wurde er dann an alle Länder versandt und am 11. April 1929 vom Reichskabinett verabschiedet. Noch am selben Tag wurde er dem Reichsrat zur Beschlussfassung vorgelegt, welcher ihn am 25. April an den Vereinigten Ausschuss III, V und VII überwies[120].

Da das Strafbefehlsverfahren während der eben genannten Vorarbeiten zunächst nur redaktionell betroffen war, bietet es sich an, als Ausgangspunkt der folgenden Darstellung die Reichsratsvorlage[121] zu wählen. Sie zeichnete sich dadurch aus, dass die Stellung des Beschuldigten doppelt gestärkt wurde: Der Anwendungsbereich wurde bei gleichzeitiger Verbesserung der Verfahrensrechte eingeschränkt.

Das Höchstmaß der verhängbaren Freiheitsstrafe wurde auf jetzt *einen* Monat herabgesetzt[122]. Damit ging die Vorlage noch über die vor Erlass der Lex Emminger geltende Rechtslage hinaus, welche die Festsetzung von sechs Wochen Freiheitsstrafe vorgesehen hatte. Die Beschränkung wurde damit begründet, dass es mit „einem der leitenden Gedanken der Reform, die Persönlichkeit des Beschuldigten mehr als bisher in den Vordergrund zu rücken" nicht zu vereinbaren sei, wenn die Gerichte eine länger dauernde und daher tiefgreifende Freiheitsstrafe festsetzen könnten, ohne sich einen persönlichen Eindruck von dem Täter verschafft zu haben. Dies sollte nach der Begründung auch für die Ersatzfreiheitsstrafe und die nachträgliche Bildung der „Gesamt-

---

118 BA R 3001, Nr. 5384, Bl. 179.

119 Vgl. die abgeänderte Fassung des Entwurfs in BA R 3001, Nr. 5384, Bl. 251 (294 f.). Zudem lud am 29. September 1928 das RJM die Landesjustizverwaltungen zu einer Besprechung für den 25. Oktober 1928 ein, in der „gewisse Fragen von besonderer Wichtigkeit" erörtert wurden. Diese waren: 1. Eingriffe in die Gerichtsverfassung, insb. Schwurgerichte, 2. die Einschränkung der Eidesleistungen, 3. die Abschaffung der Voruntersuchung, 4. die Beweisaufnahme, 5. die Wiederaufnahme zu Gunsten des Verurteilten, 6. die Strafbarkeit der 18- bis 21-jährigen und 7. das Straftilgungsgesetz. Aufgrund dieser grundsätzlichen Fragen kam das Strafbefehlsverfahren in der Besprechung nicht zur Sprache.

120 *Schubert / Regge / Rieß / Schmid*, Quelle, Abt. I, Bd. 5, S. XX.

121 In der Reichsratsvorlage betraf der Art. 67 Ziffer 211–217 den Strafbefehl.

122 § 407; RR-Drucks. 45/1929, S. 88; *Schubert / Regge / Rieß / Schmid*, Quellen, Abt. I, Bd. 5, S. 388; ferner konnte die Strafe entsprechend der §§ 40 ff. des ADStGB 1927 festgesetzt werden; *Schubert / Regge / Rieß / Schmid,* Quellen, Abt. I, Bd. 1, S.437 (441).

strafe“ nach § 68 E ADStGB 1927 gelten[123]. Die Nebenstrafen bzw. Nebenfolgen wurden demgegenüber marginal ausgeweitet. Nachdem bereits der Entwurf vom 10. März 1928 die Unbrauchbarmachung mit aufgenommen hatte, sah die Reichsratsvorlage auch die Verfallserklärung und die Vernichtung vor, da es sich dabei laut der Begründung nur um Nebenformen der Einziehung handele[124]. Die im E ADStGB vorgesehenen Maßregeln der Besserung und Sicherung[125] sollten im Strafbefehlsverfahren nicht angeordnet oder für zulässig erklärt werden können[126], was dem Ausschluss der bisher im Gesetz enthaltenen Überweisung an die Landespolizeibehörden entsprach. Denn solche „folgenschwere(n) Maßnahmen“ könnten – so die Begründung – in einem summarischen Verfahren schlechterdings nicht angeordnet werden[127]. Die ausdrückliche Beschränkung war notwendig, weil die Praxis trotz der abschließenden Aufzählung in § 407 Abs. 2 StPO teilweise auf Überweisung erkannte[128].

Die Einschränkung des Anwendungsbereichs führte für sich genommen schon zu einer Stärkung der Beschuldigtenrechte. Denn der Entwurf sprach sich damit verstärkt für das ordentliche und gegen das Strafbefehlsverfahren aus. Die verfahrensrechtliche Stärkung kommt zudem in der Ausgestaltung des Strafbefehlsverfahrens selbst zum Ausdruck, insbesondere in der Regelung über die Rechtskraft. Nach der Begründung sollte nämlich „überall dort, wo vom rechtskräftigen Urteil die Rede ist, auch der nichtangefochtene Strafbefehl gemeint“ sein[129], so dass insbesondere die Wiederaufnahme des Verfahrens gegen einen rechtskräftigen Strafbefehl zugelassen wurde[130]. Damit entschied man sich zum einen gegen die Rechtsprechung des Reichsgerichts

---

123 Dadurch war die Festsetzung einer Freiheitsstrafe unmöglich, wenn zwar für die konkrete Tat eine Freiheitsstrafe unter einem Monat verwirkt wäre, sie aber im Zusammenwirken mit einer älteren, zu berücksichtigenden Strafe über einen Monat ergäbe.

124 So bereits *Friedländer*, ZStW Bd. 18 (1898), S. 500 f.

125 §§ 42 ff. E ADStGB 1927.

126 Dasselbe gelte auch für die Reichsverweisung eines Ausländers gemäß § 64 ADStGB.

127 RR-Drucks. 45/1929, S. 88; *Schubert / Regge / Rieß / Schmid*, Quellen, Abt. I, Bd. 5, S. 388.

128 Dies ergibt sich daraus, dass man im E 1919 den Ausschluss der Überweisung nicht mit aufnahm, weil sich dies schon aus der erschöpfenden Aufzählung der zulässigen Strafen ergebe. Im E Heinze hingegen fand sich schon im Entwurf der ausdrückliche Ausschluss (§ 447 Abs. 3), so dass man davon ausgehen kann, dass die Praxis anders verfuhr.

129 *Schubert / Regge / Rieß / Schmid*, Quellen, Abt. I, Bd. 5, S. 389; zu Ziffer 213.

130 *Schubert / Regge / Rieß / Schmid*, Quellen, Abt. I, Bd. 5, S. 382.

zum beschränkten Strafklageverbrauch. Zum anderen stand dem Bürger nun ein förmlicher Rechtsbehelf gegen den rechtskräftigen Strafbefehl zu, so dass er nicht mehr auf eine Gnadenentscheidung[131] angewiesen war.

Des weiteren sollte zum einen der Angeklagte den Einspruch über die bisherigen Grenzen hinaus – auch bis zur Verkündung des Urteils – zurücknehmen, zum anderen die Staatsanwaltschaft bis zu diesem Zeitpunkt die Klage fallen lassen können[132]. Dies befriedige, so die Begründung, ein Bedürfnis der Praxis, da sich die für eine solche Entscheidung erheblichen Umstände oft erst in der Hauptverhandlung ergäben[133]. Wie bisher überwiegend vorgeschlagen worden war, war nach dem Beginn der Hauptverhandlung die Zustimmung des jeweiligen Gegners erforderlich, da der Beschuldigte einen „Anspruch auf eine Rechtfertigung durch ein freisprechendes Urteil“ habe und die Staatsanwaltschaft um der gerechten Strafe Willen der Zurücknahme des Einspruchs widersprechen können müsse.

Ohne es explizit zu regeln, ging man in der Vorlage zudem davon aus, dass der Richter einen Antrag auf Erlass eines Strafbefehls mit der Begründung zurückweisen konnte, dass die Tat nicht strafbar oder nicht erwiesen sei[134]. So war die Praxis zum Teil ohnehin schon verfahren. Zusätzlich wurde eine Regelung eingeführt, nach der der Staatsanwaltschaft gegen diesen Beschluss die sofortige Beschwerde zustand[135]. Weitere Stärkungen der Beschuldigtenrechte waren die Möglichkeit, gegen den einen verspäteten Einspruch verwerfenden Beschluss die sofortige Beschwerde einzulegen[136] und sich bei den durch Vertagung veranlassten Terminen und in den höheren Instanzen durch einen Verteidiger vertreten zu lassen[137]. Zum Ausgleich sollte der Einspruch allerdings immer ohne Beweisaufnahme verworfen werden können[138], wenn

131 Vgl. BA R 3001/1127, Bl. 4, danach war im RJM fraglich, ob es sich empfehle, den Beschuldigten vor Erlass des Strafbefehls zu hören, da es immer mehr Gnadenverfahren gebe.

132 Art. 67. Ziffer 215, § 411 Abs. 1, Abs. 2.

133 RR-Drucks. 45/1929, S. 89; *Schubert / Regge / Rieß / Schmid*, Quellen, Abt. I, Bd. 5, S. 389.

134 RR-Drucks. 45/1929; S. 88.; *Schubert / Regge / Rieß / Schmid*, Quellen, Abt. I, Bd. 5, S. 388.

135 Art. 67. Ziffer 212, § 408d E.

136 Art. 67. Ziffer 214, § 410b; dadurch wurde die bisherige Möglichkeit, die einfache Beschwerde dann einzulegen, wenn schon die Vollstreckung eingeleitet wurde, unmöglich gemacht, *Klann*, GA 75, S. 12.

137 RR-Drucks. 45/1929, S. 89; *Schubert / Regge / Rieß / Schmid*, Quellen, Abt. I, Bd. 5, S. 389.

138 Art. 67. Ziffer 217, § 412.

der Angeklagte „in irgendeiner Hauptverhandlung der ersten Instanz" ausblieb[139]. Aufgrund dieser bürgerfreundlichen Gesamttendenz wurde im übrigen der Vorschlag des *Bundes Deutscher Justizämter* für indiskutabel erklärt, nach dem die Staatsanwaltschaft den Strafbefehl erlassen können sollte[140].

Dem Reichsrat[141] gingen diese Vorschläge mehrheitlich zu weit. Zwar schloss er die öffentliche Zustellung ausdrücklich aus[142], damit die „Unzuträglichkeit" vermieden werde, dass der Betroffene unter Umständen keine Kenntnis vom Strafbefehl erhalte[143]. Demgegenüber wurde die wohl wesentlichste Änderung, die Begrenzung der Freiheitsstrafe, wieder der geltenden Rechtslage angepasst, so dass Freiheitsstrafe bis zu drei Monaten festgesetzt werden konnte[144] – etwaige Argumente konnten nicht eruiert werden. Zudem wurde eine „Bekanntmachung" des Strafbefehls, die auch die Verkündung zuließ[145], für ausreichend erachtet[146]. Eine solche Verkündung sei erforderlich, weil sich in den Grenzgebieten[147] das praktische Bedürfnis entwickelt habe, dem vorgeführten und vernommenen Beschuldigten den Strafbefehl mündlich zu eröffnen[148].

Nicht durchsetzen konnte sich der auf Forderungen der Praxis zurückgehende Vorschlag *Bayerns,* der anstelle der Wiederaufnahme des Verfahrens die Rechtsprechung des Reichsgerichts implementieren wollte[149]. Begründet

---

139 RR-Drucks. 45/1929, S. 89; *Schubert / Regge / Rieß / Schmid*, Quellen, Abt. I, Bd. 5, S. 389.

140 Besprechung am 22. Dezember 1927, anwesend waren vom RJM Min. Rat Koffka und Amtsgerichtsrat Wille sowie vom Preuß. Justizministerium Min. Rat Hartung; BA R 3001, Nr. 5384, Bl. 88; ebenso ablehnend: Bayern, Bl. 104, Sachsen, Bl. 109, Württemberg, Bl. 112, Baden, Bl. 116, Hessen, Bl. 123, Hamburg, Bl. 125, Mecklenburg-Schwerin, Bl. 128, Oldenburg, Bl. 129, Braunschweig, Bl. 133, Anhalt, Bl. 134, Lübeck, Bl. 140, Mecklenburg-Strelitz, Bl. 142, Schaumburg-Lippe, Bl. 144, dem Vorschlag zugeneigt: Thüringen, Bl. 118, Bremen, Bl. 137, Lippe-Detmold, Bl. 139, vgl. auch die Zusammenstellung auf Bl. 146 ff.

141 Vgl. auch die Vorschläge des Unterausschusses des Reichsrats vom 17. Februar 1930.

142 *Schubert / Regge / Rieß / Schmid*, Quellen, Abt. I, Bd. 5, S. 497, Nr. 212a.

143 RR-Drucks. 2070/1918, S. 110.

144 Vgl. *Schubert / Regge / Rieß / Schmid*, Quellen, Abt. I, Bd. 5, S. 497, Nr. 212.

145 RR-Drucks. 2070/1918, S. 110.

146 Vgl. *Schubert / Regge / Rieß / Schmid*, Quellen, Abt. I, Bd. 5, S. 497.

147 Es handelte sich dabei um Haftsachen wegen unbefugtem Grenzübertritt, *Klann* GA 75, S. 11.

148 RR-Drucks. 2070/1918, S. 110.

149 Bayern trat dafür ein, die Tat nach Eintritt der Rechtskraft im ordentlichen Verfahren dann anderweitig verfolgen zu können, wenn sich herausstellte, dass „auf die Tat ein

wurde der Vorschlag damit, dass das Wiederaufnahmeverfahren ein „umständliches, bis zur Anordnung der Wiederaufnahme im wesentlichen schriftliches, zeitraubendes Verfahren [sei], das längst nicht die Gewähr für eine gründliche sachliche Aufklärung wie das ordentliche Verfahren bietet“[150]. Ohne Erfolg blieb auch der Antrag *Hessens*[151], nach dem im Strafbefehl auch das Erkennen auf Schadensersatz oder Herausgabe möglich sein sollte.

Am 14. April 1930 verabschiedete das Plenum des Reichsrats dann den Entwurf. Etwa einen Monat später, am 20. Mai 1930, wurde er dem Reichstag zur Beschlussfassung vorgelegt[152], der jedoch vor der Machtergreifung der Nationalsozialisten nicht in die Beratungen eintrat[153].

Während die Beratungen des EG ADStGB im Reichstag nicht vorankamen, verschlechterte sich unablässig die finanzielle Lage der Weimarer Republik. Daher erließ der Reichspräsident im Wege von Notverordnungen[154], gestützt auf Art. 48 der Weimarer Reichsverfassung, weitere Maßnamen zur Vereinfachung und Verbilligung der Justiz. Davon war das Strafbefehlsverfahren allerdings nicht betroffen, was auch damit zusammenhing, dass man sich eher auf Einstellungsgründe als Entlastungsmaßnahmen konzentrierte[155]. Der Generalstaatsanwalt des Bezirkes Naumburg, *Becker*, wandte sich an das RJM mit der Bitte, das Strafbefehlsverfahrens auf kleinere Verbrechen wie die schwere Urkundenfälschung, sowie die Strafbefugnis auf *sechs Monate* Freiheitsstrafe auszuweiten[156]. Ähnlich äußerte sich auch *Preußen*[157]. Aufgrund der desaströsen Finanzlage bat es am 2. März 1932, im Wege der Notverordnung weitere Maßnahmen zur „Vereinfachung und Verbilligung der Rechtspflege“ zu ergreifen, insbesondere den Strafbefehl bei *Verbrechen* zuzulassen und die Strafobergrenze auf sechs Monate Freiheitsstrafe zu erhöhen[158].

Der Reichsjustizminister konnte die Bitten nicht erfüllen. Denn es ginge nicht an, „weittragende rechtspolitische Probleme unter Zurückstellung sonstiger Erwägungen einseitig unter finanziellen Gesichtspunkten zu entscheiden und im Interesse geringfü-

---

schwereres als das im Strafbefehle zugrunde gelegte Strafgesetz anzuwenden ist“; *Schubert / Regge / Rieß / Schmid*, Quelle, Abt. I, Bd. 5, S. 569.

150 *Klann* GA 75, S. 12.

151 Vgl. *Schubert / Regge / Rieß / Schmid*, Quellen, Abt. I, Bd. 5, S. 569.

152 RT-Drucks. 2070/1928.

153 Der Grund dafür war, dass zunächst die Arbeiten am materiellen Strafrecht abgeschlossen werden sollten.

154 Ausführlich dazu: *Nobis*, Strafprozessgesetzgebung S. 31 ff.

155 Vgl. Rep. 84, Nr. 8348, Bl. 51.

156 BA R 3001, Nr. 5385, Bl. 365.

157 Vgl. auch Rep. 84a, Nr. 8324, Bl. 11 ff.; dort spricht sich *Dörfler* für vermehrte Anwendung des Strafbefehlsverfahrens wie in Bayern aus.

158 BA R 3001, Nr. 5385, Bl. 303. Seit Ende 1930 versuchte Preußen zunächst durch vermehrte Anwendung des Strafbefehlsverfahrens die Kosten in der Strafrechtspflege zu senken; Rep. 84a, Nr. 8324, Bl. 11 ff.

giger oder gar zweifelhafter Ersparnisse Maßnahmen zu treffen, die von weiten Kreisen als eine Verschlechterung der Rechtspflege empfunden werden“[159]. Hinsichtlich der Erweiterung der Strafbefugnis habe er weitere schwerwiegende Bedenken. Denn das Strafbefehlsverfahren eigne sich nur für die sogenannte kleine Kriminalität. Für die mittlere Kriminalität, welche bei ca. drei Monaten Freiheitsstrafe beginne, oder gar die große Kriminalität, zu welchen die Verbrechen zweifelsohne zählten, sei es ungeeignet. Zudem bedinge eine Erhöhung des Strafrahmens eine Zunahme der Einsprüche, so dass ein Spareffekt ausbleibe.

III. Zusammenfassung

Die Entwicklung des Strafbefehlsverfahrens während der Weimarer Republik schließt sich an die während des Ersten Weltkrieges an.

Zunächst wurde der durch das G 1917 erweiterte sachliche Anwendungsbereich für die Friedenszeiten übernommen, wobei man lediglich darauf abstellte, dass die Regelung ohnehin geltendes Recht sei und sich in der Praxis bewährt habe. Das Argument der Einfachheit des Sachverhalts der nunmehr miteinbezogenen Delikte wurde ebenso wenig verwendet wie das ihrer Geringfügigkeit. Ob der Hinweis der Gesetzesbegründung auf die gesteigerten Geschäftszahlen ernst zu nehmen ist, muss bezweifelt werden. Denn nach diesem Argument suchten die Gesetzesverfasser erst, nachdem die Einbringung des Entwurfs schon beschlossen war. Insoweit erscheint es wenig wahrscheinlich, dass die Entlastung der Justiz tatsächlich und nicht wie schon während des Ersten Weltkrieges vorgeschobenes Ziel war. Ob das Motiv aber eine generelle Vereinfachung der Justiz war, kann aufgrund des vorliegenden Materials auch nicht eindeutig belegt werden. Dies liegt aber angesichts des Umstandes, dass man entgegen anfänglicher Vorschläge die Rechtsposition des Beschuldigten im G 1922 und in der Lex Emminger nicht stärkte, nahe. In der Weimarer Republik erfolgte die endgültige Abkehr von der Prämisse, dass man für geringfügige Sachen ein vereinfachtes Verfahren bräuchte. Am deutlichsten wird dies in der Lex Emminger, die das Maß der zulässigerweise zu verhängenden Freiheitsstrafe auf drei Monate ausweitete. Die während der Beratungen des EGStGB anfangs vorherrschende Bestrebung, den Anwendungsbereich einzuschränken, konnte sich nicht durchsetzen und sollte für die weitere Entwicklung keinerlei Einfluss haben.

Mit der Ausweitung des Anwendungsbereichs sollte zunächst eine verbesserte Rechtsstellung des Beschuldigten einhergehen. So sollte beispielsweise die Wiederaufnahme des Verfahrens zu Gunsten des Verurteilten eingeführt

159 Schreiben des RJM an die Landesjustizverwaltungen, sowie Reichsarbeitsminister, Reichsminister der Finanzen und Preußischen Finanzminister vom 29. März 1932.

werden, wodurch die Risiken der mangelnden Erkenntnisgewinnung etwas relativiert worden wären. Dieser Vorschlag konnte sich jedoch genauso wenig durchsetzen wie derjenige, dass der Strafbefehl an den Beschuldigten persönlich zuzustellen sei. Die Rechtsstellung des Beschuldigten verschlechterte sich jedoch auch nicht. So stimmte man beispielsweise mehrheitlich dagegen, der Staatsanwaltschaft den Erlass des Strafbefehls zu überlassen.

IV. Exkurs: Der Entwurf eines Jugendgerichtsgesetzes

Da in der Praxis das Verfahren gegen Jugendliche aufgrund von Anordnungen der Landesjustizverwaltungen[160] ohnehin anders verlief als das gegen Erwachsene, gab es – wie gezeigt[161] – immer wieder Vorstöße, das Strafbefehlsverfahren gegen Jugendliche auch anderen gesetzlichen Regelungen zu unterwerfen. Am 15. Februar 1912 sprach sich der Reichstagsabgeordnete *Frank* (Sozialdemokraten) dafür aus, die Teile aus der StPO herauszunehmen, die sich mit den Jugendgerichten beschäftigten[162]. Daraufhin brachten *Ablaß* (Fortschrittliche Volkspartei) und seine Fraktion kurze Zeit später den Entwurf eines „Gesetzes, betreffend Änderungen des Gerichtsverfassungsgesetzes und der Strafprozeßordnung“ in den Reichstag ein[163]. Das Strafbefehlsverfahren war darin noch nicht berücksichtigt. Dieser Vorstoß des Reichstags bewog die Reichsregierung aber[164], einen eigenen Entwurf auszuarbeiten. Etwa einen Monat später war dann der erste, lediglich 15 Paragraphen umfassende, Entwurf eines Reichsgesetzes über das Verfahren gegen Jugendliche[165] fertiggestellt[166], der in § 12 bestimmte, dass ein Strafbefehl gegen Jugendliche nur wegen einer Übertretung erlassen werden dürfe. Die Begründung stellte explizit auf die Beschlüsse der Kommission aus dem Jahre 1909 zu § 421 Abs. 4 StPO[167] ab und hob hervor, dass das Gericht nicht auf Grund der Akten beantworten könne[168], ob der Jugendliche bei Begehung der Tat die im Gesetz genannte Einsicht besessen habe und ob Erziehungs- und Besserungsmaßre-

160 Vgl. die Zusammenstellung in RT-Drucks. 1054/1912/13 (Anlage 2).

161 Vgl. S. 73 ff, 87 f., 108, 113 f., 117.

162 Sten. Berichte RT, Bd. 298, S. 27 (B).

163 RT-Drucks. 198/1912.

164 Die Reichsregierung war, zumindest soweit es das Strafbefehlsverfahren betraf, gegen eine „Privilegierung“ des Jugendlichen, vgl. oben S. 82.

165 Gemäß § 1 des Entwurfs ist Jugendlicher, wer noch nicht 18 Jahre alt ist.

166 BA R 3001, Nr. 5565, Bl. 8 ff.

167 Vgl. oben, S. 82.

168 BA R 3001, Nr. 5565, Bl. 62.

geln einer Bestrafung vorzuziehen seien. Andererseits sollte das Strafbefehlsverfahren aber nicht ganz ausgeschlossen werden, da bei Übertretungen nicht selten Fälle vorkämen, in denen die Feststellung der Einsichtsfähigkeit keinerlei Schwierigkeiten bereite. Zudem sei das Verfahren von Wert, weil „der Weg des Strafbefehls zu einer schnelleren Ahndung führt“[169]. Diese letzte Passage der Begründung hielt der Revision des Begründungsentwurfs allerdings nicht stand und fiel daher später weg. Vielmehr wurde nur noch darauf abgestellt, dass der Strafbefehl dem Jugendlichen die Hauptverhandlung erspare.

Der Entwurf kam am 1. Juli 1912 in den Bundesrat[170], dem die Beschränkung nur auf Übertretungen zu weit ging. So beantragte *Hamburg,* den Anwendungsbereich auf solche Vergehen zu erweitern, welche mit Gefängnis- oder Haftstrafe bis zu drei Monaten oder Geldstrafe bis zu 300 Mark bedroht waren[171], da es „mit Rücksicht auf die Verhältnisse einer See- und Handelsstadt geboten“ sei, auch weniger schwere, dafür aber häufig auftretende Vergehen, wie z.B. §§ 93, 100 der Seemannsordnung und Delikte der GewO durch Strafbefehl zu erledigen[172]. Der Mehrheit erschien es jedoch „bedenklich“ [173], den Strafbefehl bei Vergehen auf Haft zuzulassen, daher wandten sie sich gegen den Antrag[174]. Da aber andererseits der Unterschied zwischen Vergehen und Übertretungen „nur von äußerlicher Natur“ sei, wurde der Antrag *Bremens* angenommen[175], dass bei Vergehen „auf Haft[176] nur neben Geldstrafe und für den Fall [erkannt werden dürfe], daß die Geldstrafe nicht beizutreiben“ sei[177].

---

169 BA R 3001, Nr. 5565, Bl. 62.

170 Am 12. März 1912 wurde der Entwurf an das Staatsministerium übersandt, welches sich am 14. Juni im wesentlichen mit ihm einverstanden erklärte; BA R 3001, Nr. 5565, Bl. 117. Am 19. Juni 1912 bat der Reichskanzler den Kaiser um die Ermächtigung, den Entwurf beim Bundesrat einzubringen; BA R 3001, Nr. 5565, Bl. 120. Dieser kam der Bitte nach, so dass der Entwurf am 1. Juli dem Bundesrat zukam und am 10. Oktober 1912 dem VI. Ausschuss überwiesen wurde; Protokoll der 28. Sitzung vom 10. Oktober 1912, § 733.

171 BA R 3001, Nr. 5565, Bl. 180.

172 Zudem sah der Vorentwurf zu einem deutschen Strafgesetzbuch ohnehin vor, eine Vielzahl der Vergehen als Übertretungen einzustufen.

173 BA R 3001, Nr. 5565, Bl. 193.

174 Vgl. nur den Antrag Hessens; BA R 3001, Nr. 5565, Bl. 190.

175 BA R 3001, Nr. 5565, Bl. 196; Protokoll der 36. Sitzung vom 28. November 1912, § 1005.

176 Haft bis zu drei Monaten.

177 BA R 3001, Nr. 5565, Bl. 193.

Am 29. November 1912 wurde der Entwurf in dieser Fassung beim Reichstag eingebracht[178], wo der Anwendungsbereich wieder zu Kontroversen führte. In der ersten Lesung am 13. Januar 1913 sprach sich *Stadthagen* (Sozialdemokraten) grundsätzlich gegen die Zulassung des Strafbefehls gegen Jugendliche aus und forderte hilfsweise, zumindest eine obligatorische Vorladung des Jugendlichen vorzuschreiben, damit die erforderliche Einsicht festgestellt werden könne[179]. Dies beantragte er erneut, nachdem der Entwurf der zuständigen Kommission[180] überwiesen worden war[181]. Er begründete dies damit, dass § 56 StGB in jedem einzelnen Fall die Prüfung der Einsicht des Jugendlichen verlange, was bei einem Strafbefehl nicht gewährleistet werden könne. Dem wurde entgegengehalten, dass es nicht im Interesse des Jugendlichen liege, ganz einfache Sachen zur Hauptverhandlung zu bringen und damit seine soziale Stellung zu gefährden[182]. Die Regierungsvertreter gaben zudem zu bedenken, dass der Beginn der Strafmündigkeit auf vierzehn Jahre heraufgesetzt und bei geringfügigen Taten die Verfolgung ganz ausgeschlossen sei, zudem sei die Frage der Einsichtsfähigkeit oft kein Problem[183].

Der Einwand eines weiteren Kommissionsmitglieds, jedwede Haftstrafe müsse ausgeschlossen werden, wurde von der Kommission durch Einfügung eines zweiten Absatzes in § 12 nur insoweit berücksichtigt, als dass vor dem Vollzug der Ersatzfreiheitsstrafe die Vormundschaftsbehörde zu benachrichtigen sei.

Aufgrund des Sessionswechsels wurde der Entwurf zunächst nicht weiter auf die Tagesordnung des Reichstags gesetzt. In der darauf folgenden Session verhinderte der Ausbruch des Ersten Weltkrieges dessen Umsetzung.

Im September 1918 einigte man sich im RJA auf die Wiederaufnahme der Reform, wie sie durch die 1911 gefassten Kommissionsbeschlüsse[184] begonnen

---

178 RT-Drucks. 576/1912.

179 Sten. Berichte RT, Bd. 286, S. 2901(D).

180 Zentrum: Wellstein, Bolz, Engelen, Hebel, Kuckhoff, Trendel, Werr; Fortschrittliche Volkspartei: v. Liszt, Kerschensteiner, Müller; Konservative: v. Bolko, Giese, Holtschke, v. Kerckernick zu Borg; Sozialdemokraten: Brandes, Deichmann, Göhre, Hierl, Körsten, Peus, Quarck, Rühle, Stadthagen; Nationalliberale: van Calker, Meyer, Ortmann; Wirtschaftliche Vereinigung: Mumm; Polen: Pospiech; sie tagte vom 23. Januar bis 18. April 1913 und am 29. und 30. Mai 1913.

181 RT-Drucks. 1054/1912/13, S. 1770; ein Kommissionsmitglied machte Stadthagen den Vorhalt, dass er sich taktisch unklug verhalte, da er im Plenum bereits einem Kompromissvorschlag zugestimmt hätte.

182 Zudem sei der Strafbefehl bei Schiffsjungen nicht zu entbehren.

183 Ohnehin, so die Regierungsvertreter, müsse dies einer umfassenden Strafprozessreform vorbehalten bleiben.

184 Vgl. oben S. 81 f.

worden war. Nachdem man die verbündeten Regierungen am 27. September 1918 um Stellungnahmen gebeten hatte, fand am 26. Oktober 1918 im RJA eine Besprechung betreffend die Wiedereinbringung des Entwurfs statt[185]. Bis auf *Sachsen-Altenburg*, welches sich gegen die Wiedereinbringung aussprach, stimmte man dem Vorschlag des RJA zu. Der Forderung *Hamburgs*, im Strafbefehl auch die Festsetzung einer Freiheitsstrafe zuzulassen[186], trat das RJA mit der Begründung entgegen, dass man der grundsätzlichen Forderung der modernen Strafrechtswissenschaft, die Freiheitsstrafe zu Gunsten von Erziehungsmaßregeln zurückzudrängen[187], nicht mit Erfolg entgegentreten können werde[188].

Der erst am 28. Januar 1920 im RJM fertiggestellte, 33 Paragraphen umfassende Entwurf eines Jugendgerichtsgesetzes[189] wurde am 6. Februar vom Kabinett gebilligt[190] und am 14. Februar dem Reichsrat vorgelegt[191]. Er sah den Ausschluss des Strafbefehlsverfahrens bei Vergehen[192] und den generellen Ausschluss der Freiheitsstrafe vor. Als Korrektiv wurde die Ausdehnung der Sanktionsgewalt auf Erziehungsmaßregeln beschlossen[193], soweit es sich nicht um Schutzaufsicht oder Fürsorgeerziehung handelte. Die Möglichkeit der Anordnung von Erziehungsmaßregeln wurde kontrovers diskutiert. *Hamburg*[194] und *Baden*[195] beantragten erfolglos eine Erweiterung der möglichen Erziehungsmaßregeln auf die im Entwurf noch ausgeschlossene Schutzaufsicht, weil dem Jugendlichen zum einen das Einspruchsrecht zustehe[196] und zum anderen die Vorermittlungen in Jugendsachen besonders sorgfältig seien,

---

185 BA R 3001, Nr. 5566, Bl. 54.

186 Der Vorschlag Hamburgs aus dem Jahre 1913, den Strafbefehl auch bei Vergehen zuzulassen, wurde hingegen nicht erneut eingebracht; BA R 3001, Nr. 5566, Bl. 55; konkret wurde wieder die Seemannsordnung zitiert.

187 Zu dieser Forderung: *Aschrott*, Entwurf, S. 91.

188 BA R 3001, Br. 5566, Bl. 56.

189 BA R 3001, Nr. 5566, Bl. 107.

190 RR-Drucks. 37/1920.

191 RR-Drucks. 37/1920.

192 Dass der Strafbefehl gegen Jugendliche nicht gänzlich ausgeschlossen wurde, rechtfertigte man damit, dass es Fälle gebe, in denen das Vorliegen der Einsichtsfähigkeit sowie die anzuwendenden Maßnahmen außer Frage stünden; BA R 3001, Nr. 5566, Bl. 167.

193 § 5 Abs. 1: Als Erziehungsmaßregel kann das Gericht jede Anordnung über die Erziehung oder Unterbringung des Jugendlichen treffen.

194 BA R 3001, Nr. 5566, Bl. 233.

195 BA R 3001, Nr. 5566, Bl. 281.

196 Ein Argument, mit dem man freilich jede Ausweitung rechtfertigen könnte.

der Sachverhalt also genügend aufgeklärt werde. *Braunschweig* hingegen hatte generelle Bedenken gegen die Anordnung von Erziehungsmaßregeln mittels Strafbefehl, da sie eine eingehende Prüfung der Persönlichkeit des Jugendlichen voraussetze[197], was das Strafbefehlsverfahren nicht leisten könne[198]. Die *Reichsregierung* folgte den Bedenken *Braunschweigs* gegen die Anordnung von Erziehungsmaßregeln und beantragte am 27. April 1921 ebenfalls, die diese Möglichkeit einräumende Passage des § 31 zu streichen[199]. Die Ausschüsse und im Anschluss auch der Reichsrat nahmen diese Anträge an[200].

Bayern, und im Anschluss *Preußen*[201], beantragten am 30. Juni 1921 erfolglos, dass die Festsetzung einer Geldstrafe nur „in der Regel" erfolgen solle[202]. Denn es gebe, so führte *Bayern* in der Begründung aus, durchaus Fälle[203], in denen eine Freiheitsstrafe unbedenklich festgesetzt und dadurch die Arbeitslast der Gerichte verringert werden könne.

Am 24. November 1922 gelangte die Vorlage schließlich an den Reichstag, wo die das Strafbefehlsverfahren betreffenden Passagen unverändert angenommen wurden[204], so dass das Gesetz am 27. Februar 1923 im RGBl. veröffentlicht werden konnte.

---

197 BA R 3001, Nr. 5567, Bl. 288.

198 BA R 3001, Nr. 5566, Bl. 220.

199 BA R 3001, Nr. 5566, Bl. 527.

200 Entwurf nach der ersten Lesung: BA R 3001, Nr. 5567, Bl. 106; Entwurf nach zweiter Lesung: BA R 3001, Nr. 5567, Bl. 215.

201 BA R 3001, Nr. 5566, Bl. 586.

202 BA R 3001, Nr. 5566, Bl. 562.

203 Dies seien die Fälle, in denen der Jugendliche nach der Verbüßung einer Freiheitsstrafe rückfällig wird und aus den alten und neuen Ermittlungen deutlich die strafrechtliche Verantwortlichkeit hervortritt.

204 In der ersten Lesung wird der Entwurf an den Rechtsausschuss überwiesen, der ihn bis Ende Januar 1923 in erster und zweiter Lesung beriet. Die zweite Lesung des RT fand am 27. und 31. Januar, die dritte Lesung am 1. Februar 1922 statt. Am 8. Februar 1922 beschloss der RR, keinen Einspruch einzulegen.

Viertes Kapitel: Der Strafbefehl zwischen 1933 und 1945

Die Entwicklung des Strafbefehlsverfahrens während der nationalsozialistischen Herrschaft lässt sich in zwei Phasen einteilen. Eine erste von Ende 1933 bis Anfang 1939 andauernde Phase der Reformbemühungen (I.) und eine zweite, sich direkt anschließende Phase der Kriegsmaßnahmen (II.). Geprägt war die Entwicklung durch ein Dilemma[1]: Einerseits herrschte das Prinzip vor, den Rechtsbrecher in einer autoritär geprägten, öffentlichen Verhandlung seiner Strafe zuzuführen[2], andererseits konnte man sich der praktischen Notwendigkeit des Strafbefehlsverfahrens für eine Entlastung der Rechtspflege nicht entziehen[3].

Von dieser zeitlichen Einteilung ist das Ausführungsgesetz zum Gesetz gegen gefährliche Gewohnheitsverbrecher und über Maßregeln der Sicherung und Besserung ausgenommen. Es wurde bereits am 24. November 1933[4] erlassen und setzte entsprechend dem E EGADStGB fest, dass auf Maßregeln der Sicherung und Besserung in einem Strafbefehl weder erkannt noch sie darin für zulässig[5] erklärt werden dürften, weil deren Anordnung einen persönlichen Eindruck des Täters unbedingt voraussetze[6].

I. Die nationalsozialistische Strafprozessreform

1. Die Beratungen der Kleinen Kommission

Bereits im Jahre 1933, die Rechtssetzungsbefugnis war weitestgehend vom Reichstag auf die Reichsregierung übertragen worden[7], gelangte man im RJM

---

1 Vgl. die Bemerkung Gleispachs in *Schubert / Regg /, Rieß / Schmid*, Quellen, Abt. III, Bd. 2, 2. Teil, S. 137.

2 § 11 E 1936: Öffentliche Hauptverhandlung. Nach deutscher Sitte wird vor dem Volke Recht gesprochen. Grundsätzlich findet deshalb die Hauptverhandlung öffentlich statt.

3 Trotz Ausweitung der Einstellungsgründe; vgl. auch die Äußerungen in BA R 3001, Nr. 1128. Bl. 42, linke Sp. und *Schubert / Regge / Rieß / Schmid*, Quellen, Abt. 3, Bd. 1, S. 559.

4 RGBl. I, S. 1000.; dort Art. 2 Nr. 36.

5 Das Gesetz über Reichsverweisungen vom 23. März 1934 (RGBl. I. S. 213) strich diesen Passus, weil die Kompetenz zur Erteilung einer Reichsverweisung allgemein auf die Landespolizeibehörden übertragen worden war.

6 BA R 43 II, Nr. 1514, Bl. 115.

7 Mit dem Gesetz zur Behebung der Not von Volk und Reich (RGBl. I 33, 141), so dass eine etwaige Opposition vom Reichstag nicht zu erwarten war. Näher zur Gesetzgebungspraxis: *Gruchmann,* Justiz, S. 746 ff. (749).

zu der Einsicht, dass die lang erwartete Strafprozessreform nun endlich umgesetzt werden könnte, und zwar auf Grundlage der neuen Staatsideologie[8]. Zu deren Realisierung berief der Reichsjustizminister *Gürtner* eine aus Praktikern und Sachbearbeitern des Reichsjustizministeriums bestehende amtliche Kommission ein[9], die sogenannte Kleine Strafprozesskommission. Sie kam erstmals im November 1933 zu einer allgemeinen Aussprache zusammen, in der die Grundfragen der Reform geklärt wurden[10]. Anfang Dezember 1933 begannen dann unter dem Vorsitz *Schäfers* die Detailberatungen, für die die einzelnen Abschnitte der Strafprozessordnung jeweils einem Bericht- und einem Mitberichterstatter zugewiesen wurden, deren Vorschläge die Grundlage für die sich anschließende Beratung bilden sollten[11]. Die Vorschläge des für die besonderen Verfahren zuständigen Berichterstatters *Parey* wurden am 19. Mai, die seines Mitberichterstatters *Schafheutle* am 9. Oktober 1934 der Kommission vorgelegt[12]; beide Vorschläge stützten sich explizit auf die Kommissionsbeschlüsse 1905, den E 1909 sowie den E EGADStGB und wichen nur unwesentlich voneinander ab.

Die erste Lesung – über die, soweit ersichtlich, keine Aufzeichnungen vorhanden sind – mündete Ende November 1934 in einem durch *Dörffler*, *Dürr*, *Ebert*, *Lehmann* und *Schafheutle* fertig gestellten Redaktionsentwurf[13], der mit dem daraufhin am 15. Dezember 1934 abgeschlossenen Entwurf erster Lesung[14] bis auf redaktionelle Abweichungen identisch war. Die zweite Lesung, auch hier konnten keine Aufzeichnungen gefunden werden, begann am 1. April 1935, wobei das Strafbefehlsverfahren in der letzten Tagung am 17. Februar 1936 beraten wurde[15]. Die Stellung des Berichterstatters für das

8 Vgl. § 1 E StPO 1936: Aufgabe der Strafrechtspflege ist es, das Verbrechen zu bekämpfen, die Rechts- und Friedensordnung des Volkes zu schützen und so dem Gemeinwohl zu dienen. Dazu sollte eine schnelle, gerechte, autoritäre und volksverbundene Justiz aufgebaut werden; *Schubert / Regge / Rieß / Schmid*, Quellen, Abt. 3, Bd. 1, S. X.

9 An der Kommission nahmen Schraut, Dürr, Weber, Crohne, Parey und Dörfler, später noch Detlefs und Cuhorst als „Praktiker“ und Schäfer, Lehmann, Doerner und Schafheutle, später noch Bähr und Niethammer für das Reichsjustizministerium teil; *Gruchmann*, Justiz, S. 981.

10 *Gruchmann*, Justiz, S. 981.

11 *Gruchmann*, Justiz, S. 931 u. 981.

12 BA R 3001, Nr. 1128, Bl. 2 ff. und Bl. 5 ff.

13 BA R 3001, Nr. 1047, Bl. 16 ff. (221); die Zeitangabe ergibt sich aus einem Schreiben Pareys an den Reichsjustizminister, BA R 3001, Nr. 1047, Bl. 9, und S. 66.

14 BA R 3001, Nr. 1034, Bl. 56 ff. (255).

15 BA R 3001. Nr. 1035, Bl. 41.

Strafbefehlsverfahren hatte mittlerweile *Cuhorst*[16] eingenommen, *Schafheutle* übernahm weiterhin die Funktion des Mitberichterstatters[17]. Der aus jenen Beratungen resultierende Entwurf zweiter Lesung war am 27. Februar 1936 fertiggestellt.

Ausgangspunkt für die folgende Darstellung soll der Entwurf zweiter Lesung (E 1936) sein, wobei mittels der Unterschiede zum Entwurf erster Lesung sowie zu den nicht umgesetzten Vorschlägen und Anträgen die Diskussion teilweise rekonstruiert wird.

Dem Entwurf erster Lesung waren bereits Motive beigefügt[18]. Diese konnten jedoch nicht aufgefunden werden. Soweit die Normen mit dem Entwurf zweiter Lesung identisch sind, wird daher auf den diesbezüglichen Begründungsentwurf der Mitarbeiter des RJM *Rempe* und *Wiskott* Bezug genommen[19]. Man wird vermuten dürfen, dass die Begründungen aufeinander aufbauten und ihm daher ein Informationswert zukommt[20].

Unumstritten war zunächst die Ausweitung des sachlichen *Anwendungsbereichs*, die lediglich sekundär durch eine Änderung der Gerichtsorganisation erfolgte. Danach war der Amtsrichter grundsätzlich[21] für alle Strafsachen zuständig, die nach der gegen den Täter zu verhängenden Strafe in seine Strafgewalt fielen[22] (sog. konkrete Betrachtungsweise[23]). Infolgedessen konnte der Amtsrichter generell alle Delikte mittels Strafbefehl ahnden, soweit die konkret zu verhängende Strafe im Rahmen der Sanktionsmöglichkeiten des Strafbefehlsverfahrens lag. Diese Strafgewalt wurde gegenüber dem durch die Lex Emminger geschaffenen Rechtszustand nur unwesentlich im Bereich der Nebenstrafen erweitert[24]; insbesondere die Freiheitsstrafe konnte weiterhin nur

16 BA R 3001, Nr. 1035, Bl. 28 (Arbeitsplan für die zweite Lesung).

17 Vgl. Inhaltsverzeichnis in BA R 3001, Nr. 1128, Bl. 1.

18 BA R 3001, Nr. 1128, Bl. 17 (18, linke Sp.); *Scheurlen*, Berichterstatter des Reichsgerichts, zitiert in seiner Stellungnahme zum Entwurf erster Lesung die „Motive".

19 Der Begründungsentwurf findet sich in BA R 3001, Nr. 1057, Bl. 619 ff.; die Urheberschaft ergibt sich aus BA R 3001, Nr. 1035, Bl. 201.

20 A.A. *Schubert / Regge / Rieß / Schmid*, Quellen, Abt. 3, Bd. 1, S. VII, die darauf abstellen, dass sich nicht feststellen lasse, inwieweit der Entwurf die endgültige Fassung darstelle.

21 Vorbehaltlich einer ausschließlichen Zuständigkeit des Schwurgerichts, OLG und Volksgerichtshofs; vgl. §§ 99 ff. E 1936.

22 § 94 E 1936.

23 BA R 3001, Nr. 1039, Bl. 424.

24 Die Strafbefugnis wurde bei den Nebenstrafen ausgeweitet, nämlich auf Verfallserklärung, Verwarnung mit Strafvorbehalt und auf Unbrauchbarmachung.

bis zu drei Monaten verhängt werden. Legt man das damals geltende StGB als Maßstab zugrunde, so konnte ein Strafbefehl also nunmehr auch bei Verbrechen[25] wie z.B. einem schweren Diebstahl bei Vorliegen mildernder Umstände, § 243 Abs. 2 StGB, oder einem Rückfalldiebstahl, § 244 Abs. 2 StGB, erlassen werden. Bezieht man die Regelung auf den gleichfalls zu jener Zeit fertiggestellten Entwurf des StGB[26], so ergibt sich in der Tendenz dasselbe Bild, denn trotz der allgemeinen Strafverschärfungen im materiellen Strafrecht[27] wäre der Erlass eines Strafbefehls auch hiernach bei einem schweren Diebstahl, §§ 455 Abs. 2 Nr. 2, 460 Abs. 2 E StGB 36, möglich gewesen. Die faktische Auswirkung dieser Ausweitung auf Verbrechen dürfte sich jedoch kaum bemerkbar gemacht haben. Zum einen wäre der Erlass eines Strafbefehls in diesen Fällen die Ausnahme gewesen, da die bei diesen Delikten angedrohte Mindeststrafe mit der im Strafbefehlsverfahren zu verhängenden Höchststrafe, nämlich drei Monaten Freiheitsstrafe, zusammen traf. Zum anderen weitete man die Einstellungsgründe aus, wodurch „für kleine Sachen [...] der Verfolgungszwang aufgegeben“[28] wurde und gleichsam der untere Anwendungsbereich des Strafbefehlsverfahrens eine faktische Einschränkung erfuhr[29]. Insgesamt lässt sich somit feststellen, dass der Anwendungsbereich zwar rechtlich erweitert, faktisch jedoch eingeschränkt wurde.

Streitigkeiten gab es abstrahiert in zwei Punkten, nämlich über das Verhältnis des Staates zum Bürger im Strafverfahren und über das Verhältnis der Exekutive zur Judikative. Letzterer Konflikt zeigte sich deutlich bei der Frage der *Reaktionsmöglichkeit* des Amtsrichters auf den Strafbefehlsantrag der Staatsanwaltschaft. Hatte der Amtsrichter auf den Antrag hin immer den Strafbefehl zu erlassen bzw. die Hauptverhandlung anzuberaumen, wie seinerzeit gesetzlich vorgesehen, oder durfte er unter Umständen den Antrag durch Beschluss zurückweisen? Es standen drei Vorschläge zur Diskussion. Nach dem Vorschlag *Pareys*, der die bis dahin h.M.[30] zu zementieren beabsichtigte, sollte der Amtsrichter den Antrag durch anfechtbaren Beschluss zurückweisen können,

---

25 Für diese Qualifizierung: *Schwarz*, Strafgesetzbuch 1933, § 1 Anm. C u. D: Tatbestände mit besonderen Schärfungen ändern auch den Charakter des Delikts. Mildernde Umstände sind bei der Einteilung bedeutungslos.

26 *Schubert / Regge / Rieß / Schmid*, Quellen, Abt. II, Bd. 1, 1. Teil, S. 409 ff.

27 *Schubert / Regge / Rieß / Schmid*, Quellen, Abt. III, Bd. 2, 2. Teil, S. 138, linke Sp. oben.

28 *Schubert / Regge / Rieß / Schmid*, Quellen, Abt. III, Bd. 1, S. 7.

29 Hier wird ein Verweis zu den Ausführungen der Lex Emminger platziert; die Ausführungen müssen noch umgearbeitet werden.

30 Nach BA R 3001, Nr. 1128 Bl. 42, rechte Sp.

wenn er ihn für unzulässig oder die vorgeworfene Tat für nicht strafbar hielt[31]. In der Konsequenz wäre der Amtsrichter in diesen Fällen nicht gezwungen gewesen, die Hauptverhandlung anzuberaumen. In die entgegengesetzte Richtung ging der Vorschlag eines Anonymus, wonach das Abweichen von der beantragten Strafe nur ein *Unterfall* der Bedenken des Amtsrichters sein sollte, welche die Anberaumung der Hauptverhandlung nach sich ziehen müssten[32]. Denn die Übereinstimmung in der Auffassung beider sei „ein notwendiges Erfordernis für die Erledigung der Sache im Wege des Strafbefehls" und die Staatsanwaltschaft solle die Verantwortung für den Antrag allein tragen[33], der Richter dürfe somit nicht dem Antrag durch dessen Zurückweisung jegliche Wirkung nehmen. Nach der vermittelnden Empfehlung *Schafheutles* sollte die Hauptverhandlung nur dann nicht anzuberaumen sein, wenn der Amtsrichter die formellen Voraussetzungen des Antrags als nicht erfüllt ansah; ging er hingegen von der fehlenden Strafbarkeit aus, sollte dies in der Hauptverhandlung geklärt werden müssen[34].

Übernommen wurde der Vorschlag des Anonymus, der so zu einer Verstärkung der staatsanwaltlichen Befugnis gegenüber der des Richters führte[35], da der Staatsanwalt den Amtsrichter zwingen konnte, die Hauptverhandlung anzuberaumen, selbst wenn der Richter von der Straflosigkeit des Verhaltens ausging. Damit reihte sich die Regelung letztlich aber nur in das allgemeine Strafverfahrensrecht ein. Denn im Gegensatz zur damals geltenden StPO, die in den §§ 170, 174 für das Zwischenverfahren vorsah, dass eine Anklage zurückzuweisen sei, wenn kein hinreichender Tatverdacht vorlag, musste nach dem E 1936 auf die Anklage hin immer die Hauptverhandlung anberaumt werden[36].

Diese während der Beratung der Kleinen Kommission vorherrschende Tendenz, im Strafbefehlsverfahren die Machtbalance zwischen Richter und Staatsanwalt zugunsten letzterem zu verschieben, deutete sich auch darin an, dass der Richter nach Ansicht der Kommission vor Erlass des Strafbefehls keine *eigenen Ermittlungen* vornehmen durfte[37]. Denn in Fällen, in denen eine Beweiserhebung nötig werde, sei es besser, die Sache zur Hauptverhandlung

---

31 BA R 3001, Nr. 1128, Bl. 3, linke Sp.

32 § 366 E 1936.

33 BA R 3001, Nr. 1057, Bl. 622.

34 BA R 3001, Nr. 1128, Bl. 6, linke Sp.

35 Dazu im Allgemeinen, *Schumacher*, Staatsanwaltschaft, S. 67.

36 § 44 E 1936; *Schubert / Regge / Rieß / Schmid*, Quellen, Abt. 3, Bd. 1, S. 7.

37 BA R 3001, Nr. 1057, Bl. 622 f.

zu bringen. Allerdings könne der Richter, so die Begründung *Rempe / Wiskott* weiter, sich mit dem Staatsanwalt ins Benehmen setzen und ihm Ermittlungen vorschlagen[38]. Dass dieser Ermittlungen vornehmen dürfe, jener aber die Hauptverhandlung anzuberaumen habe, stellt freilich einen inneren Widerspruch in der Begründung dar, denn die Beweiserhebung sollte ja gerade der Hauptverhandlung vorbehalten bleiben. Dies gilt erst recht, weil der Strafbefehlsantrag der Anklage gleichsteht und durch dessen Stellung die Entscheidungsbefugnis auf den Richter übergeht[39].

Während die letztgenannten Aspekte eher das Verhältnis der staatlichen Gewalten untereinander betrafen, berühren die folgenden das allgemeine Verhältnis Staat – Bürger.

Nach der Intention des Entwurfs sollte der Parteigedanke zugunsten des Autoritätsgedankens aus dem Strafverfahren verbannt werden[40]. Inwiefern dies ge- bzw. misslungen ist, lässt sich daran ermessen, inwieweit es für den Angeklagten möglich sein sollte, seinen Einspruch nach Eröffnung der Hauptverhandlung zurückzunehmen. Denn die Motive zur RStPO führten aus, dass die Gewährung dieser Möglichkeit gegen die Autorität des Gerichts verstoße[41]. Trotzdem wurde mit anscheinend überwältigender Mehrheit beschlossen, dass sowohl der Einspruch als auch die Klage, wie aus vorherigen Entwürfen bekannt[42], bis zum Beginn der Hauptverhandlung unbedingt und danach, wie von *Schafheutle* vorgeschlagen, nur nach Zustimmung des jeweiligen Gegners sowie des Richters *zurückgenommen* werden konnten[43]. Diesen Gegensatz zum ordentlichen Verfahren, in dem eine Klagerücknahme nicht zulässig war[44], begründeten *Rempe / Wiskott* damit, dass in den „meistens weniger bedeutungsvollen Sachen die Ermittlungen nicht so eingehend sind wie sonst und eine größere Freiheit bei der Zurücknahme der Anklage zweckmäßig ist“[45].

38 So auch die endgültige Begründung zum E 1939, *Schubert / Regge / Rieß / Schmid*, Quellen, Abt. 3, Bd. 1, S. 560.

39 Vgl. § 365 Abs. 2 E 1936, danach stand der Antrag der Klage gleich. Durch die Stellung des Antrags sollte aber die Herrschaft des Verfahrens auf den Richter übergehen; vgl. *Schubert / Regge / Rieß / Schmid*, Quellen, Abt. 3, Bd. 1, S. XI und S. 7.

40 Eb. *Schmidt*, Einführung, § 361; *Schubert / Regge / Rieß / Schmid*, Quellen, Abt. 3, Bd. 1, S. 6.

41 Vgl. S. 44.

42 S. oben S. 84, 91, 143.

43 § 441 E Redaktion, § 446 E, erste Lesung; Parey ließ die Zustimmung des Gegners genügen.

44 § 38 E 1936.

45 BA R 3001, Nr. 1057, Bl. 623.

Zwar trug der Angeklagte das Risiko der ungenügenden Ermittlungen, da die Staatsanwaltschaft die Tat – z.B. nach erneuten Ermittlungen – erneut anklagen konnte. Trotzdem zeigt diese Änderung exemplarisch[46], dass hier dem Parteigedanken durch die Möglichkeit der Einspruchsrücknahme und durch das Zustimmungserfordernis entgegen der Zielsetzung des Entwurfs Rechnung getragen wurde. Noch deutlicher wird dies daran, dass sich der weitergehende Vorschlag *Cuhorsts,* nach dem bei der Rücknahme der Klage – nicht aber des Einspruchs – das Einverständnis allein des Richters genügt hätte[47], nicht durchsetzen konnte, obwohl dies der allgemeinen nationalsozialistischen Tendenz, den Parteigedanken aus dem Verfahren fernzuhalten[48], entsprochen hätte. Diesen Vorschlag hatte im übrigen auch der *Reichsgerichtsausschuss* unterbreitet, wobei er zum Ausgleich des Risikos ungenügender Ermittlungen gleichzeitig gefordert hatte, dass die Rücknahme der Klage den Verbrauch der Strafklage zur Folge haben sollte[49]. Dadurch hätte die Staatsanwaltschaft das Risiko einer ungenauen Ermittlung getragen und wäre mittelbar *diszipliniert* worden, nur solche Strafbefehle zu beantragen, die auf einer sicheren Tatsachengrundlage fußten.

Die Einstellung des Staates zum Bürger zeigt sich auch am Umfang des *Strafklageverbrauchs* durch den Strafbefehl. Nach der viel kritisierten Rechtsprechung des RG kam dem Strafbefehl bisher nur ein beschränkter Strafklageverbrauch zu; so war bei nachträglicher anderer rechtlicher Bewertung eine neue Klage möglich. Die Einschränkung dieser Rechtsprechung durch den Entwurf stellte somit eine entscheidende Neuerung dar[50]. Gegen den Widerstand *Bährs*[51] sah der Entwurf vor, „dass der rechtskräftig gewordene Strafbefehl im gleichen Maße wie ein Urteil die Klage verbraucht“[52]. Andererseits

---

46 In diese Richtung auch der Ausschluss der öffentlichen Zustellung auf Vorschlag Pareys und Schafheutles, da im summarischen Verfahren nicht eine Maßnahme festgesetzt werden können sollte, ohne dass es unter allen Umständen zur Hauptverhandlung käme. Der Grund dafür liege, so die in der Begründung durchgestrichene Passage, auf der „Unsicherheit der öffentlichen Zustellung“; vgl. BA R 3001, Nr. 1057, Bl. 624. Auch die Vorschrift, dass dem Angeklagten die Wiedereinsetzung in den vorigen Stand zu verwehren sei, wenn sie ihm bereits gegen die Versäumung der Einspruchsfrist gewährt worden war, sah der Entwurf nicht weiter vor.

47 BA R 3001, Nr. 1128, Bl. 27, § 446 Abs. 2.

48 Eb. *Schmidt*, Einführung, § 361; *Schubert / Regge / Rieß / Schmid*, Quellen, Abt. 3, Bd. 1, S. 6.

49 BA R 3001, Nr. 1128, Bl. 18.

50 *Schubert / Regge / Rieß / Schmid*, Quellen, Abt. III, Bd. 2, 3. Teil, S. 413; vgl. auch S. 142.

51 BA R 3001, Nr. 1051, Bl. 496.

52 BA R 3001, Nr. 1057, Bl. 629.

wurde im gleichen Zuge „die Wiederaufnahme mit dem Ziel einer wesentlich schwereren Bestrafung“ ermöglicht[53]. Zulässig war sie, wenn neue Tatsachen oder Beweismittel eine solche erwarten ließen[54]. Damit wurde das bisher durch die Rechtsprechung des RG auf den Beschuldigten abgewälzte Risiko des summarischen Verfahrens wenn auch nur partiell, auf den Staat verlagert. Denn nunmehr genügte nicht die bloße neue rechtliche Wertung des bereits festgestellten Sachverhalts, vielmehr bedurfte es – was indes in der Regel vorliegen dürfte – neuer Tatsachen oder Beweismittel. Freilich war diese Risikoverschiebung insgesamt ambivalent, da das Risiko zwar aus Sicht des Strafbefehlsverfahrens abgeschwächt, insgesamt aber durch die Ausweitung des Wiederaufnahmeverfahrens auch im ordentlichen Verfahren zuungunsten des Angeklagten erweitert wurde. Insofern stellte die von nationalsozialistischen Zügen geprägte Hauptverhandlung nicht unbedingt die bessere Alternative zum Strafbefehlsverfahren dar.

Umstritten war auch die Pflicht des Angeklagten zum persönlichen Erscheinen in der Hauptverhandlung. *Cuhorst* und *Schafheutle*[55] schlugen dies – ohne Erfolg – vor. Dadurch wäre der Angeklagte genötigt gewesen, eine ggf. kostspielige Reise auf sich zu nehmen, was ihn durchaus von der Einlegung des Einspruchs hätte abhalten können. Damit der Angeklagte seinen Einspruch nicht möglicherweise im Wissen um diese Pflicht aus finanziellen Gründen von vornherein unterlasse, empfahl der *Reichsgerichtsausschuss*[56], dass er sich auf Antrag von seiner Anwesenheitspflicht befreien lassen können sollte. Auch nicht durchsetzen konnte sich der Vorschlag *Schafheutles*, dass die Berufung gegen das im Falle des Ausbleibens ergehende Urteil durch Beschluss, also schriftlich, entschieden werden konnte[57].

Mit diesen Änderungen wurde der Entwurf zweiter Lesung der Kleinen Strafprozesskommission des RJM am 27. Februar 1936 fertiggestellt. Das Ende der zweiten Lesung bildete aber nur das vorläufige Ende der Kleinen Strafprozesskommission[58], da sich das RJM die weitere Erörterung vorbe-hielt[59], die jedoch, soweit es das Strafbefehlsverfahren betraf, relativ fruchtlos verlief[60].

---

53 BA R 3001, Nr. 1057, Bl. 629.

54 § 335 E 1936.

55 BA R 3001, Nr. 1128, Bl. 28 und Bl. 23.

56 BA R 3001, Nr. 1128, Bl. 18.

57 § 442 E Redaktion, § 447 E, erste Lesung; der Beschluss war unanfechtbar.

58 *Gruchmann*, Justiz, S. 993 f.; vgl. auch die Entwürfe der Unterkommission vom 2. März 1936 in: BA R 3001, Nr. 1128, Bl. 28; in letzterem ist der Strafbefehl wieder in den §§ 440–448 geregelt.

59 Vgl. die Fußnote auf Bl. 2 der Begründung zum E 1936: „Die Erörterung der Entwürfe mit den anderen Ressorts und den sonst beteiligten Stellen ist vorbehalten“.

60 Bereits am 4. März 1936 wurden „die Entwürfe für die Beschlüsse der Unterkommission zu den Abschnitten: […] Strafbefehl […]“, an Dürr, Parey, Cuhorst, Detlefs und

2. Die Beratungen der Großen Kommission

Noch im selben Jahr, am 14. Dezember 1936, nahm die vom RJM eingesetzte Große Strafprozesskommission unter dem persönlichen Vorsitz des Reichsjustizministers *Gürtner* ihre Beratungen auf[61]. Die erste Lesung dauerte bis zum 23. Oktober 1937, die zweite Lesung vom 4. Mai 1938 bis zum 10. Dezember 1938[62]. Als Grundlage der Beratungen dienten, neben dem Vorentwurf des RJM, die Beratungsergebnisse des Ausschusses für Strafprozessrecht der Akademie für Deutsches Recht und die mannigfachen Äußerungen des Schrifttums[63]. Jedoch waren die Äußerungen beider, sowohl der Akademie als auch des Schrifttums, hinsichtlich des Strafbefehlsverfahrens verhalten.

Im Schrifttum, insbesondere in dem, welches das RJM zugrunde legte[64], stritt man insbesondere über den Anwendungsbereich des Strafbefehlsverfahrens. Von *Binding*[65] abgesehen, der dem gesamten Verfahren ablehnend gegenüberstand, wollte man das Verfahren teils auf Übertretungen[66] oder „einfache" Vergehen[67] beschränkt wissen,

---

Bähr übersandt, damit diese bis spätestens 10. März etwaige Änderungsvorschläge mitteilten (BA R 3001, Nr. 1047, Bl. 477); einzig Dürr ließ dem RJM seine Vorschläge am 9. März 1936 zukommen, wobei die Änderungen nur sprachlicher Natur waren (BA R 3001, Nr. 1047, Bl. 539).
Im Mai desselben Jahres leitete das RJM den E 1936 an die Ministerien, wobei es davon ausging, dass die Regelungen über den Strafbefehl kein anderes Ressort beträfen (Vgl. Anlage zum Fernschreiben vom 9. Mai 1936, BA R 43 II, Nr. 1536, Bl. 10); es gingen auch keine Änderungswünsche ein. Wie bereits zuvor zum Entwurf erster Lesung (Stellungnahme vom 20. Mai 1935, BA R 3001, Nr. 1128, Bl. 17), schlug das Reichsgericht in seiner Stellungnahme zu § 366 allerdings vor (BA R 3001, Nr. 1035, Bl. 536 = BA R 3001, Nr. 1128, Bl. 34), eine Bestimmung einzufügen, wonach der Amtsrichter das Verfahren einstellen sollte, wenn eine Verfahrensvoraussetzung fehlte. Denn „Hauptverhandlungen, in denen das Verfahren wegen Fehlens einer Verfahrensvoraussetzung eingestellt wird, müssen als unnütz vermieden werden". Der Ministerialrat Dr. Kutzner fragte zur Klagerücknahmemöglichkeit, ob man nicht diesbezüglich die Regelungen im Schnellverfahren (§ 362 Abs. 3 E 1936: Der Staatsanwalt kann die Anklage bis zur Verkündung eines Urteils im ersten Rechtszug zurücknehmen") und Strafbefehlsverfahren gleich regeln sollte. Dabei sprach er sich aber nicht für einen der Vorschläge aus (BA R 3001, Nr. 1036, Bl. 65).

61 Mitglieder: Gürtner, Freisler, Schäfer, Crohne, Kohlrausch, Gleispach, Dahm, Thierack, Martin, Lehmann, Niethammer, von Vacano, Lautz, Töwe, Lichtenberger, Neubert, von der Goltz, Dietz und Sack; näher: *Schubert / Regge / Rieß / Schmid*, Quellen, Abt. III, Bd. 2.1, S. XI, XIX ff.

62 *Schubert / Regge / Rieß / Schmid*, Quellen, Abt. III, Bd. 1, S. XI.

63 BA R 3001, Nr. 1037, Bl. 6 ff.

64 Vgl. nur die Literaturzusammenfassung in BA R 3001, Nr. 1037.

65 *Binding*, Abhandlungen, S. 318.

66 *Mayer*, Tagung, GS Bd. 97 (1928), S. 10; vgl. auch *Nagler*, a.a.O., der sich für eine Beschränkung der Strafgewalt auf einen Monat Freiheitsstrafe einsetzte.

67 *Hegler / Günther*, GS Bd. 97 (1928), S. 10.

teils sogar auf Verbrechen ausdehnen[68]. Umstritten war daneben, ob das Verfahren in Privatklagesachen anwendbar sein[69] und ob der Staatsanwalt den Strafbefehl erlassen können sollte[70].

Die Akademie für Deutsches Recht empfahl in ihrer Stellungnahme, dass der Antrag vom Richter aus rechtlichen oder tatsächlichen Gründen zurückgewiesen werden können sollte[71]. Zudem sprach sich die Akademie gegen die gleichfalls im E 1936 vorgesehene Möglichkeit der Angabe einfachgesetzlicher Begriffe im Strafbefehlsantrag[72] und gegen das Zustimmungserfordernis des Amtsrichters bei der Zurücknahme von Klage und Einspruch aus.

Das Strafbefehlsverfahren wurde in der ersten Lesung in der 32. Sitzung am 12. Mai 1937 besprochen[73]. In zweiter Lesung wurde es von der Kommission auf ihrer Sitzung vom 1. Dezember 1938 beraten[74]. Ausgangspunkt waren neben den soeben genannten Materialien die Vorschläge des Berichterstatters *von Vacano* vom 4. April 1937[75] und des Mitberichterstatters *Crohne* vom 26. April 1937[76], welche beide nur marginal vom E 1936 abwichen[77].

Inhaltlich kreisten die Gespräche wie bei den Beratungen der Kleinen Kommission um die Reaktionsmöglichkeit des Amtsrichters und um den Strafklageverbrauch. Daneben wurde nun aber die Erweiterung der Strafgewalt heftig diskutiert.

So leitete der Berichterstatter *von Vacano* die Sitzung auch mit der Erörterung des Vorschlags *Crohnes* ein, die Strafgewalt auf sechs Monate Freiheitsstrafe auszudehnen. *Crohne* begründete diesen Schritt mit der damit einhergehenden

---

68 *Brendel*, Neuregelung, DJZ 1929, Sp. 437, rekurriert auf den rückfällig gewordenen Einsteigedieb, § 244 StGB, bei dem zweijährige Zuchthausstrafe als Mindeststrafe eintritt; für die Einteilung als Verbrechen, *Schwarz*, Strafgesetzbuch, § 1, Anm. 1, d.

69 Dafür: *Metz*, Strafbefehlsverfahren, DRiZ 1929, S. 98; dagegen: *Runde*, Privatklagesachen, DRiZ 1929, S. 257 (557).

70 Dafür: *Busch*, DR 34, S. 61; *Grosch*, Strafbefehl, DR 40 (Ausgabe A), S. 2052; *Hennerici*, Strafbefehl, a.a.O., S. 1499; *Quentel*, Doppelbearbeitung, a.a.O. 41, S. 918; dagegen: *Niederreuther*, Gedanken, DJ 1936, S. 773.

71 BA R 3001, Nr. 1038, Bl. 124 ff. (143); vgl. auch *Niederreuther*, Gedanken, DJ 1936, S. 773.

72 Der Strafbefehlsantrag hatte die gesetzlichen Merkmale der Tat und die anwendbaren Strafvorschriften zu bezeichnen; die gesetzlichen Merkmale der Tat konnten durch einfachgesetzliche Merkmale ersetzt werden; *Schubert*, Protokolle, S. 24; man wollte „der Gefahr einer saloppen Praxis [...] begegnen".

73 *Schubert / Regge / Rieß / Schmid*, Quellen, Abt. 3, Bd. 2, 2. Teil, S. 124.

74 BA R 3001, Nr. 1038, Bl. 586.

75 BA R 3001, Nr. 1128, Bl. 36 ff. (Umdruck A 50).

76 BA R 3001, Nr. 1128, Bl. 40 ff. (Umdruck A 64).

77 *Crohne* schlug die Erhöhung der Strafgewalt auf sechs Monate Freiheitsstrafe vor.

Entlastung der Gerichte und dem „Vertrauen des Volkes in die Richtigkeit der Strafen in den Strafbefehlen“[78]. Gleichzeitig wandte er sich aber scharf gegen eine darüber hinausgehende Ausweitung der Strafgewalt, wie sie z.B. *Brendel* vertrat[79], weil „schwere Strafen mit ihren schweren Folgen auch sorgfältige Vorbereitung erfordern“[80]. Ablehnend stand *Crohne* auch den teilweise im Schrifttum geäußerten Vorschlägen gegenüber, der Staatsanwaltschaft den Erlass des Strafbefehls zu übertragen, da in diesen Fällen die Zahl der Einsprüche erheblich emporschnellen und damit eine Entlastung der Gerichte konterkariert werde.

Die Kommission nahm die vorgeschlagene Erhöhung der Strafgewalt unterschiedlich auf, lehnte sie im Ergebnis aber ab.

Dafür sprachen sich neben *Crohne*, der sich später aber mit der geltenden Strafobergrenze von drei Monaten wieder zufrieden gab[81], nur *von Vacano*[82] und *Lichtenberger*[83] aus. *Crohne* und *Lichtenberger* waren beide der Ansicht, dass es häufig Fälle (staats-)politischer Natur[84] gäbe, in denen ein Interesse bestehe, eine Bestrafung ohne Hauptverhandlung herbeizuführen, aber gleichzeitig eine Freiheitsstrafe von mehr als drei Monaten zu erwarten sei. Zudem sprach sich *Crohne* dafür aus, die tatsächliche Anwendung bei Freiheitsstrafen zwischen drei und sechs Monaten durch Richtlinie auf Ausnahmefälle zu beschränken. Daher ist davon auszugehen, dass mittels des Strafbefehls „linientreue“ Täter – wenn schon keine Einstellung möglich war – möglichst ohne Öffentlichkeit, still und heimlich abgeurteilt werden sollten[85]; für den „politi-

---

78 BA R 3001, Nr. 1128, Bl. 40 ff., Bl. 42; allein in Preußen würden regelmäßig etwa 2/3 aller Strafsachen durch Strafbefehl enden. Zudem werde in nur 85 % der Fälle Einspruch eingelegt.

79 *Brendel*, Neuregelung, DJZ 1929, Sp. 437.

80 BA R 3001, Nr. 1128, Bl. 42, linke Sp.

81 *Schubert / Regge / Rieß / Schmid*, Quellen, Abt. III, Bd. 2, 2. Teil, S. 138.

82 *Schubert / Regge / Rieß / Schmid*, Quellen, Abt. III, Bd. 2, 2. Teil, S. 136. Er rechtfertigte die Ausweitung mit dem Hinweis auf die Möglichkeit, Einspruch einzulegen, ohne dass seine Motive hierfür ersichtlich wären.

83 *Schubert / Regge / Rieß / Schmid*, Quellen, Abt. III, Bd. 2, 2. Teil, S. 137.

84 So *Lichtenberger* in: Schubert / Regge / Rieß / Schmid, Quellen, Abt. III, Bd. 2, 2. Teil, S. 137 und *Cuhorst*, BA R 3001, Nr. 1128, Bl. 43.

85 Vgl. auch die in diese Richtung gehenden Vorschläge *Heß’* in Gruchmann, Justiz, S. 809, 1046; danach sollte z.B. die Verletzung von Dienstgeheimnissen im Interesse der Partei nicht verfolgt werden.

schen Feind“ hingegen sollte die Inszenierung in der Hauptverhandlung erhalten bleiben[86].

Freisler, Gleispach, Krug, Lautz, Töwe und *Thierack*[87] sprachen sich gegen eine Erweiterung und für die Beibehaltung der bisherigen Rechtlage aus. *Dahm* hätte es gar begrüßt, wenn die Freiheitsstrafe ganz entfallen wäre, räumte seinem Vorschlag aber selbst keinen großen Erfolg ein[88]. *Freisler* und *Gleispach* begründeten ihre ablehnende Haltung damit, dass das Strafbefehlsverfahren als solches schon nicht zum neuen (nationalsozialistischen) Strafrecht passe, da es „nichts vom eigentlich Hoheitsmäßigen übrig [lässt], dessen die Strafrechtspflege bedarf, wenn sie ihren Zweck eines Eindrucks auf das Volk erreichen soll“[89]. *Lautz* und *Krug* kritisierten *Crohnes* Vorschlag aus praktischen Strafzumessungsgründen. *Lautz* ging davon aus, dass kein zwingendes praktisches Bedürfnis für eine derartige Erweiterung bestehe, da die Amtsrichter schon jetzt in aller Regel entweder den Strafrahmen nicht voll ausschöpften oder die Hauptverhandlung anberaumten[90]. Dieses Argument klammerte allerdings die politische Dimension der von *Crohne* und *Lichtenberger* befürworteten Ausweitung aus. *Krugs* Einwand hingegen setzte bei den Strafbefehlen an, die sich an der Strafobergrenze ansiedelten. Seines Erachtens käme es bei der Erweiterung auf sechs Monate zu einer unerwünschten Verschiebung des Strafniveaus nach oben, weil Grenzfälle bisher eher nach unten abgemildert worden seien[91].

Ein weiterer Punkt, der in der Kommission eine Kontroverse[92] auslöste, war die *Verwarnung mit Strafvorbehalt*, durch deren Aufnahme in die Rechtsfol-

---

86 Zur Instrumentalisierung des Strafverfahrens, um den politischen Feind auszuschalten vgl. *Schumacher*, Staatsanwaltschaft, S. 53 ff.

87 *Schubert / Regge / Rieß / Schmid*, Quellen, Abt. III, Bd. 2, 2. Teil, S. 136 f.; Thierack war schon die durch die „Lex Emminger“ vorgenommene Erweiterung auf drei Monate zu weit gegangen.

88 *Schubert / Regge / Rieß / Schmid*, Quellen, Abt. III, Bd. 2, 2. Teil, S. 137.

89 *Freisler*, Vereinfachungsverordnung, DJ 1939, S. 1538; außerdem, so warf Freisler ein, müsse man dann dem Richter ein Recht zu eigenen Ermittlungen einräumen, was auch die Befürworter nicht wirklich wollen könnten (*Schubert / Regge / Rieß / Schmid*, Quellen, Abt. III, Bd. 2, 2. Teil, S. 139).

90 *Schubert / Regge / Rieß / Schmid*, Quellen, Abt. III, Bd. 2, 2. Teil, S. 137.

91 *Schubert / Regge / Rieß / Schmid*, Quellen, Abt. III, Bd. 2, 2. Teil, S. 137 f.

92 Gegen die Verwarnung mit Strafvorbehalt in jedweder Ausgestaltung wandten sich vergeblich *von Vacano*, *Gleispach* und *Martin*.
Bei den Befürwortern sprachen sich gegen die Anordnungsmöglichkeit von Nebenmaßnahmen Grau, Lehmann und Thierack aus. Lehmann war der Ansicht, dass es einer persönlichen Erörterung mit dem Beschuldigten bedürfe, Thierack problematisierte, dass gemäß § 62 des E StGB eine Vielzahl von Pflichten auferlegt werden könne, die

genkompetenz man sich die Erledigung von ca. 50.000 Sachen jährlich erhoffte. Umstritten war, ob die Verwarnung mit Strafvorbehalt überhaupt im Strafbefehlsverfahren ihren Platz finden könne, ob neben der Verwarnung auch – wie im materiellen Recht vorgesehen – auf Nebenmaßnahmen erkannt werden könne und ob es vor deren Erlass einer Anhörung bedürfe. Man einigte sich letztlich auf die Einführung eines sogenannten „Verwarnungsbefehls" mit obligatorischer Anhörung, die Frage der Anordnung von Nebenmaßnahmen wurde nicht ausdrücklich geregelt.

Wie während der Beratungen der Kleinen Kommission war auch in der Großen Kommission die *Reaktionsmöglichkeit* des Amtsrichters auf den Antrag der Staatsanwaltschaft umstritten. Der von *von Vacano* eingeführte Vorschlag des Reichsgerichts, dem Richter die Möglichkeit zu geben, den Antrag auf Erlass eines Strafbefehls auch im Falle fehlender Prozessvoraussetzungen abzulehnen[93], wurde aufgegriffen und von der Kommission sogar ausgeweitet[94]. Zukünftig sollte der Amtsrichter immer dann den Antrag der Staatsanwaltschaft zurückweisen dürfen, wenn die Anordnung der Hauptverhandlung zurückzuweisen wäre[95]. Dies war nach § 336 des Entwurfs der Fall, wenn „aus tatsächlichen oder rechtlichen Gründen ausgeschlossen ist, dass die Hauptver-

---

nicht überschaubar sei. Für die Anordnung von Nebenmaßnahmen sprachen sich Töwe und Freisler aus. Töwe führte dazu aus, dass das Argument Lehmanns, es bedürfe einer persönlichen Erörterung mit dem Beschuldigten, genauso für Verfallserklärung, Einziehung usw. gelten müsse, dort aber nicht problematisiert werde. Letztlich konnte sich die Kommission offenbar nicht für das eine oder andere entscheiden. Der neue, den Verwarnungsbefehl regelnde § 365 sagte, wie schon § 364 E 1936, nur, dass der Richter eine Verwarnung mit Strafvorbehalt aussprechen könne. Obwohl diese Ausdrucksweise aber laut Lehmann den Richter nicht dazu befähigte, neben der Verwarnung auf andere Maßnahmen zu erkennen, hieß es in der endgültigen Begründung, dass es zulässig sei, dem Täter „besondere Pflichten [...] aufzuerlegen".

Hinsichtlich der Anhörung durch den Richter sprachen sich Schäfer und Grau für eine obligatorische, Freisler und Lautz für eine fakultative Anhörung aus. Wohl aus Rücksicht auf die Gegner der Verwarnung mit Strafvorbehalt und auf die umstrittene Frage, ob neben der Verwarnung auch weitere Pflichten nach § 62 E StGB auferlegt werden können sollten, entschied man sich in der endgültigen Fassung für eine obligatorische Anhörung.

Dieser Verwarnungsbefehl – eine von Freisler als unpassend erachtete Bezeichnung – wurde dann während der zweiten Lesung insoweit modifiziert, als dass trotz der in der ersten Lesung vorhandenen Opposition die obligatorische Anhörung zugunsten einer fakultativen gestrichen wurde, da man dies in Richtlinien regeln wolle. Vgl. *Schubert / Regge / Rieß / Schmid*, Quellen, Abt. III, Bd. 2, 2. Teil, S. 138 f, 562.

93 Vgl. den Vorschlag *Schafheutles* S. 151.

94 *Schubert / Regge / Rieß / Schmid*, Quellen, Abt. III, Bd. 2, 2. Teil, S. 141.

95 Vgl. §§ 31 ff. E 1937, *Schubert / Regge / Rieß / Schmid*, Quellen, Abt. III, Bd. 1, S. 111.

handlung zur Verurteilung des Angeklagten führen wird". Laut der endgültigen Begründung konnte demzufolge bei Zurückweisung aus tatsächlichen oder rechtlichen Gründen „wegen der Tat nur auf Grund neuerer Tatsachen oder Beweismittel Anklage erhoben werden"[96]. Zwar stand der Staatsanwaltschaft gegen den zurückweisenden Beschluss die befristete Beschwerde zu, nichtsdestoweniger wurde sie durch den Strafklageverbrauch zu ordentlichen Ermittlungen diszipliniert. Zudem wurde dadurch die Machtbalance zwischen Staatsanwalt und Richter wieder zugunsten des Richters geregelt, da er nun nicht mehr gezwungen war, den Strafbefehl zu erlassen oder die Hauptverhandlung anzuberaumen. Nicht durchsetzen konnte sich in diesem Zusammenhang *Crohne*[97] mit seiner Empfehlung, im Entwurf noch deutlicher als bisher[98] zum Ausdruck zu bringen, dass der Amtsrichter bei „allen Bedenken, gleich welcher Art, auch wenn sie die Prozessvoraussetzungen betreffen", die Hauptverhandlung anzuberaumen habe.

In beiden Lesungen war die Frage der *Wiederaufnahmemöglichkeit* bzw. der *Rechtskraft* des Strafbefehls umstritten[99]. Ausgangspunkt war die Regelung des E 1936, nach der der Strafbefehl den Verbrauch der Strafklage nach sich zog und rechtliche Gesichtspunkte für sich allein genommen nicht die Wiederaufnahme begründen konnten[100]. Gegen diese Einschränkung der Wiederaufnahme wandten sich *Dahm*[101] und *Niethammer*[102]. Letzterer argumentierte, dass der Amtsrichter im Strafbefehlsverfahren oft nicht die „politische Dimension" und damit die erstinstanzliche Zuständigkeit des Reichsgerichts erkenne und infolgedessen „politische Täter" gleichsam der Zuführung ihrer gerechten Strafe entgingen. Insbesondere *Freisler* war gegen eine Wiederaufnahmemöglichkeit aus rechtlichen Gründen, weil die durch *Niethammer* geschilderte Gefahr beim Amtsrichter immer bestehe. Er schlug erfolgreich einen an die Rechtsprechung des Reichsgerichts angelehnten Kompromiss vor, nach dem eine Wiederaufnahme aus rechtlichen Gründen immer dann zulässig sein sollte, wenn gleichzeitig die Zuständigkeit eines höheren Gerichts begründet

96 Vgl. § 33 E 1938 und § 37 E 1939 und Begründung zu § 393 E 1939, *Schubert / Regge / Rieß / Schmid*, Quellen, Abt. III, Bd. 1, S. 560.

97 BA R 3001, Nr. 1128, Bl. 42. *Crohne* war der Ansicht, dass das Einspruchsrecht der Staatsanwaltschaft das Verfahren verlangsame.

98 Gemeint ist der Entwurf zweiter Lesung der Kleinen Kommission.

99 *Schubert / Regge / Rieß / Schmid*, Quellen, Abt. III, Bd. 2, 2. Teil, S. 142.

100 Vgl. *Crohne*, Schubert / Regge / Rieß / Schmid, *Schmid*, Quellen, Abt. III, Bd. 2, 2. Teil, S. 142.

101 *Schubert / Regge / Rieß / Schmid, Schmid*, Quellen, Abt. III, Bd. 2, 2. Teil, S. 142.

102 *Schubert / Regge / Rieß / Schmid*, Quellen, Abt. III, Bd. 2, 2. Teil, S. 143.

wurde[103]. Zwar wurde auch diese Regelung während der zweiten Lesung von *Thierack* als zu eng kritisiert, jedoch beugte er sich *Gürtner*, der in diesem Zusammenhang darauf verwies, dass in den praktisch relevanten Fällen in der Regel neue Beweise vorlägen und somit die Wiederaufnahme auch über den politischen Bereich hinaus ohnehin aus den allgemeinen Vorschriften zulässig sei[104].

Im Februar 1939 wurde der Entwurf zweiter Lesung fertiggestellt. Er wurde einer Revision unterzogen, von der das Strafbefehlsverfahren nicht betroffen war. Am 1. Mai 1939 war schließlich der endgültige Entwurf einer Strafverfahrensordnung und einer Friedensrichter- und Schiedsmannsordnung nebst Begründung aufgestellt (E 1939)[105]. Er regelte den Strafbefehl in den §§ 391–400. Aufgrund von Streitigkeiten zwischen *Heß* und *Gürtner* über das Straf- und Strafverfahrensrecht in einzelnen Bestandteilen sowie in ihrer Verknüpfung miteinander und aufgrund einer ausbleibenden Entscheidung *Hitlers* blieb die Reform an dieser Stelle stehen[106]. Jedoch sollte der E 1939 – neben der Einführung typischer Kriegsmaßnahmen – in einzelnen Teilen während des Krieges umgesetzt werden[107].

II. Die Zeit des Zweiten Weltkrieges

Der Zweite Weltkrieg brachte wie der Erste Weltkrieg diverse Vereinfachungen der Rechtspflege mit sich, in deren Rahmen das Strafbefehlsverfahren, im Gegensatz zu den Vorschlägen der Kleinen und Großen Kommissionen, ausgeweitet wurde. Entsprechend des Vorschlages wurde daneben die Wiederaufnahme des durch rechtskräftigen Strafbefehl beendeten Verfahrens zugelassen.

Eine erste Vereinfachungsmaßnahme wurde bereits mit Ausbruch des Zweiten Weltkrieges ergriffen. Am 1. September 1939 erließ der Ministerrat der Reichsverteidigung[108] die „erste Vereinfachungsverordnung“[109], mit der das Höchstmaß der im Strafbefehl zulässigerweise zu verhängenden Freiheitsstrafe auf sechs Monate heraufgesetzt wurde. Innerhalb des RJM gab es gegen diese Regelung allerdings teilweise starke Bedenken. Denn wie seinerzeit schon in der Großen Strafrechtskommission vorgetragen, bestünden gegen die Erhö-

103 *Schubert / Regge / Rieß / Schmid*, Quellen, Abt. III, Bd. 2, 2. Teil, S. 143.

104 *Schubert / Regge / Rieß / Schmid*, Quellen, Abt. III, Bd. 2, 2. Teil, S. 413.

105 *Schubert / Regge / Rieß / Schmid*, Quellen, Abt. III, Bd. 1, S. IX.

106 Näher *Gruchmann*, Justiz, S. 1046 ff.

107 *Gruchmann*, Justiz, S. 1068 ff.

108 RGBl. I, 1939, S. 1539; mittels „Erlaß des Führers über die Bildung eines Ministerrats für die Reichsverteidigung“ vom 30. August 1939 wurde er zum Erlass von Verordnungen mit Gesetzeskraft ermächtigt.

109 RGBl. I, S. 1658.

hung der Strafobergrenze aus nationalsozialistischer Sicht weiterhin Bedenken, da das Strafbefehlsverfahren „nichts vom eigentlich hoheitsmäßigen übrig [lässt], dessen die Strafrechtspflege bedarf, wenn sie ihren Zweck eines Eindrucks auf das Volk erreichen soll“[110]. *Freisler* mahnte daher auch an, dass der Strafbefehl nicht als „Versuchsballon“ missbraucht werden dürfe, „ob der Beschuldigte sich schuldig bekennt“[111] und wandte sich damit gegen den Erlass von Strafbefehlen, die auf einer unsicheren Tatsachengrundlage fußten. Wegen dieser Bedenken kann man die Verordnung – im Gegensatz zu den Erweiterungen im Ersten Weltkrieg – als reine Kriegsmaßnahme charakterisieren[112], die nicht primär der verfahrensmäßigen Vereinfachung diente, sondern diese Vereinfachung gleich einem notwendigen Übel zur Freimachung von Kräften hinnahm.

Bevor das Strafbefehlsverfahren abermals ausgeweitet wurde, gab es zwei kleinere Einschnitte durch die Verordnung über die Zuständigkeit der Strafgerichte, Sondergerichte und sonstige strafverfahrensrechtliche Vorschriften vom 21. Februar 1940[113]. Zum einen wurde die Nichtigkeitsbeschwerde[114] gegen Urteile und Strafbefehle eingeführt. Nun hatte der Oberreichsanwalt die Möglichkeit, eine *gerechte* Entscheidung im Einzelfall zu erreichen, wenn auf richtig festgestellte Tatsachen das Recht fehlerhaft angewandt worden war[115], kurz gesagt: erschien der nationalsozialistischen Führung eine *Strafe* zu gering, konnte sie mittels dieses Rechtsbehelfs *erhöht* werden[116]. Damit unterschied sich die Nichtigkeitsbeschwerde einerseits vom außerordentlichen Einspruch, durch welchen eine neue Tatsachenfeststellung möglich war, und andererseits von der Rechtsprechung des Reichsgerichts zum eingeschränkten Strafkla-

---

110 *Freisler*, Vereinfachungsverordnung, DJ 1939, S. 1538. Weitere Quellen konnten nicht gefunden werden. Der Aktenbestand „Maßnahmen auf strafrechtlichem Gebiet aus Anlaß des Krieges 1939“ des RJM im Bundesarchiv Berlin ist nur unvollständig erhalten. Die beiden wohl relevanten Bände 1 und 2 fehlen; vgl. *Findmittel*, BA R 3001, Hauptgebiet 9, S. 209. Demgegenüber enthalten die Bände 3 und 5 die Vorarbeiten zu der zweiten, dritten und vierten Vereinfachungsverordnung, so dass davon auszugehen ist, dass in den Bänden 1 oder 2 die Vorarbeiten zur ersten Vereinfachungsverordnung dokumentiert sind. Eine Ausnahme bildet die Akte der Reichskanzlei BA R 43 II, Nr. 644a, Bl. 10 ff., in der die Übersendung der schon beschlossenen Verordnung an den Chef der Reichskanzlei dokumentiert ist. Weitere Akten der Reichskanzlei enthalten – soweit ersichtlich – auch kein relevantes Material.

111 *Freisler*, DJ 1939, S. 1538.

112 So auch *Gruchmann*, Justiz, S. 1070.

113 RGBl. I, S. 405; BA R 3001, Nr. 1039, Bl. 415 ff.

114 §§ 370 ff. E 1939; näher zur Nichtigkeitsbeschwerde: *Fränkel*, Nichtigkeitsbeschwerde, DR 1941, S. 2305, insb. S. 2311 zum Strafbefehl.

115 Begründung, BA R 3001, Nr. 1039, Bl. 425.

116 Vgl. RGSt. 76, S. 250; allerdings zeichnen die Akten teilweise auch ein anderes Bild. So wehrten sich Richter in Einzelfällen vehement gegen Vorgaben aus dem RJM, die direkt von Hitler kamen.

geverbrauch des Strafbefehls, nach der eine andere rechtliche Bewertung des Tatbestandes vorliegen musste.

Die andere Änderung stand mit der geänderten sachlichen Zuständigkeit der Amtsgerichte in Zusammenhang. Deren Zuständigkeit richtete sich – entsprechend dem E 1939 – in der Regel nach der konkret verwirkten Strafe[117], wobei gleichzeitig die Strafgewalt und sachliche Zuständigkeit des Amtsrichters wegen des Wegfalls der Schöffengerichte enorm ausgedehnt wurde[118]. Darauf folgend[119] fiel § 407 Abs. 4 StPO[120] weg, weil er sich noch auf die alte Zuständigkeit bezog, ohne dass sich jedoch etwas an dem Anwendungsbereich des Strafbefehlsverfahrens änderte.

Aufgrund des fortschreitenden Krieges und des damit einhergehenden Mehrbedarfs an Menschen für den Kriegsdienst wurden Ende 1941 im RJM erste Überlegungen über umfassende Kräfteersparnisse in der Strafrechtspflege angestellt[121]. Angestoßen hatte sie unter anderem ein Schreiben des Generalstaatsanwalts beim Kammergericht *Jung* vom 4. September 1941, in dem dieser verschiedene Änderungen zur Vereinfachung und Entlastung der Strafrechtspflege wegen erheblichen Personalmangels empfohlen hatte[122]. Darunter hatte sich die aus der Literatur bekannte Forderung befunden[123], das Strafbefehlsverfahren auf *Verbrechen* auszudehnen, wenn nicht mehr als sechs Monate Freiheitsstrafe im konkreten Fall zu erwarten seien. Dem Einwand, „daß gerade bei der Aburteilung von Verbrechen die Würdigung des Täters und der Tat im Hinblick auf etwaige spätere Strafverfahren, die das Ziel der Sicherungsverwahrung oder der Entmannung zum Gegenstand haben, von besonderer Bedeutung ist und daß die hierfür maßgeblichen Erwägungen zwar in einem Urteil, nicht aber in einem Strafbefehl gebührend zum Ausdruck kom-

---

117 Vgl. §§ 1 ff. Verordnung über die Zuständigkeit der Strafgerichte, die Sondergerichte und sonstige strafverfahrensrechtliche Vorschriften vom 21. Februar 1940 (RGBl. I, 405); eine Ausnahme galt freilich für „Staatsschutzdelikte", für welche die Oberlandesgerichte, der Volksgerichtshof oder das Reichsgericht zuständig waren.

118 § 1 der VO; danach konnte der Amtsrichter unter anderem Zuchthaus bis zu zwei Jahren, Gefängnis oder Festungshaft bis zu fünf Jahren und unbegrenzt Haft festsetzen.

119 Vgl. Anhang zur Begründung zu E VO, BA R 3001, Nr. 1039, Bl. 426.

120 Danach konnte der Staatsanwalt für den Fall, dass der Amtsrichter die Hauptverhandlung anberaumen wollte, beantragen, dass diese vor dem Amtsrichter als Einzelrichter anstatt vor dem Schöffengericht stattfindet.

121 BA R 3001, Nr. 2743, Bl. 394 (Schreiben des RJM an OLG Präsidenten und Generalstaatsanwälte vom 10. November 1941); a.a.O., Bl. 414 (Schreiben des Generalstaatsanwaltes beim Kammergericht *Jung* an RJM).

122 BA R 3001, Nr. 2743, Bl. 414.

123 Diese Forderung erhob zuletzt *Quentel*, Doppelbearbeitung, DR 41 (Ausgabe A), S. 919, da keine ungünstigen Erfahrungen bezüglich der Ausweitung durch die Vereinfachungsverordnung bekannt geworden seien. Vgl. auch die Vorschläge Preußens im Jahre 1930, S. 146.

men", hatte er vorausschauend entgegengehalten, dass aufgrund der „außerordentlichen Personalknappheit[124] und der Einsparungsnotwendigkeit" die Vorteile der Ausweitung gegenüber den mit ihr verbundenen Nachteilen für die Dauer des Krieges überwögen.

Daneben regte *Jung* an, in Arbeitsverweigerungssachen den Strafbefehl zuzulassen, da die Staatsanwaltschaft sonst wegen eines Runderlasses vom 21. Februar 1940 bisher gehalten gewesen sei, in diesen Sachen grundsätzlich Anklage zu erheben[125]. Das RJM war jedoch laut einem internen Bericht vom 23. Oktober 1941 der Ansicht, an dieser Praxis nichts ändern zu wollen, da „aus allgemein-politischen Gründen Presseveröffentlichungen über diese Verfahren [Arbeitsverweigerungssachen] nur in sehr beschränktem Umfange tragbar" seien, so dass allein die Hauptverhandlung das probate Mittel sei, welches die „abschreckende Wirkung der Strafen" sicherstelle[126].

Anfang 1942 traf das RJM dann die „erforderlichen Maßnahmen, [...] um durch Änderungen der Strafprozeßordnung eine weitere Vereinfachung des Geschäftsgangs zu erreichen"[127]. Mit deren Umsetzung wurde Staatssekretär *Schlegelberger* beauftrag[128]. Kurze Zeit nach In-Kraft-Treten des Führererlasses über die Vereinfachung der Rechtspflege vom 21. März 1942[129], nämlich am 7. April 1942, legte er dem RJM den Entwurf einer Verordnung zur weiteren Entlastung der Strafrechtspflege vor[130]. In dessen Art. XIII wurde das Strafbefehlsverfahren, wie von *Jung* angeregt worden war, auf Verbrechen ausgedehnt. Dabei dachte man insbesondere, wie bereits 1905[131], an „leichter liegende Fälle des schweren Diebstahls, des einfachen Rückfalldiebstahls und des Rückfallbetrugs [...], wenn der Beschuldigte geständig oder sonst einwandfrei überführt ist und der angerichtete Schaden nur gering ist"[132]. Ausdrücklich wollte *Schlegelberger* diese Erweiterung auf den Krieg beschränkt wissen. Bei einer am 20. April 1942 stattfindenden Besprechung im RJM wurde die

---

124 Vgl. BA R 3001, Nr. 2820, Bl. 155; danach sei die Zahl der in der Justiz Beschäftigten von 142.583 Personen in der Friedenszeit auf 71.834 Personen im Jahre 1944 geschwunden. RJM Thierack beabsichtigte, weitere 28.000 Personen für den Kriegsdienst freizumachen.

125 BA R 3001, Nr. 2743, Bl. 416.

126 BA R 3001, Nr. 2743, Bl. 435.

127 BA R 3001, Nr. 2743, Bl. 436 (Schreiben RJM an Jung).

128 BA R 3001, 2745.

129 Auch dieser geht auf einen Entwurf *Schlegelbergers* zurück; vgl. BA R 3001, Nr. 2745, Bl. 77 ff.

130 BA R 3001, Nr. 2745, Bl. 79 ff.

131 Vgl. oben S. 69.

132 *Grau* (Sachbearbeiter im RJM, vgl. BA R 3001, Nr. 2745, Bl. 217), Verordnung, DJ 1942, S. 598.; so auch *Jung* BA R 3001, Nr. 2743, Bl. 417.

Ausdehnung allseits gebilligt[133]. Obwohl seit dem Schreiben *Jungs* fast ein dreiviertel Jahr vergangen war, konnte die „Verordnung zur weiteren Vereinfachung der Strafrechtspflege“[134] wegen Einwendungen *Himmlers*[135] erst am 13. August 1942 erlassen werden[136].

Wie bereits bei der ersten Vereinfachungsverordnung zeigt auch hier die Entstehungsgeschichte, dass es sich um eine reine Kriegsmaßnahme handelte[137].

Die Ausdehnung des Strafbefehlsverfahrens, wie die Verordnung insgesamt, wurde von der Praxis allerdings unterschiedlich aufgenommen. In einigen OLG-Bezirken führte sie zu einer vereinfachten und beschleunigten Erledigung, in anderen wiederum konnte man diesen Effekt wegen einer erhöhten Anzahl von Einsprüchen nicht erkennen; zudem verließen sich die Richter bei erheblichen Freiheitsstrafen nicht auf „die oft unzureichenden polizeilichen Ermittlungen“[138]. Interessanterweise warf der OLG-Präsident in Dresden *Beyer* jedoch die Frage auf, ob die Ausdehnung nicht auch über den Krieg hinaus bestehen bleiben könnte[139].

Darüber hinaus war strittig, ob aufgrund der Verordnung das Strafbefehlsverfahren auch bei Jugendlichen anwendbar sei[140] und ob neben Freiheitsstrafe auch kumulativ auf Geldstrafe erkannt werden dürfe[141], was das RJM als vorzugswürdige Auslegung ansah[142].

---

133 Vgl. den Bericht in BA R 2745, Bl. 100; eingeladen waren der Reichsminister und Chef der Reichskanzlei, der Reichsprotektor in Böhmen und Mähren und Leiter der Partei-Kanzlei.

134 S. auch „Richtlinien zur Verordnung zur weiteren Vereinfachung der Strafrechtspflege“ vom 13. August 1942, DJ 1942, S. 574.

135 BA R 3001, Nr. 2745, Bl. 199; Abschlussbericht der Polizei sollte als wesentliches Ergebnis der Ermittlungen der Anklageschrift angefügt werden; richterliche, staatsanwaltliche und polizeiliche Vernehmungen sollten gleichermaßen durch Verlesung der Niederschrift ersetzt werden können.

136 RGBl. I 1942, S. 508.

137 *Gruchmann*, Justiz, S. 1090.

138 Vgl. den zusammenfassenden Erfahrungsbericht der Oberstaatsanwälte: BA R 3001, Nr. 2745, Bl. 395 (410 f.) und die einzelnen Berichte in: BA R 3001, Nr. 2795, Bl. 66 ff.

139 BA R 3001, Nr. 2795, Bl. 91.

140 *Kümmerlein*, Vereinfachungsverordnung, DJ 1942, S. 603.

141 Vgl. nur den Kammergerichtspräsidenten und den Generalstaatsanwalt beim Kammergericht in BA R 3001, Nr. 2795, Bl. 67: „Nach richtiger Auslegung des § 407 StPO sind neben einer Freiheitsstrafe Geldstrafen nicht zugelassen. Aus Zweckmäßigkeitserwägungen haben die Gerichte den § 407 StPO jedoch erweiternd ausgelegt [...]“.

142 BA R 3001, Nr. 2745, Bl. 423.

Noch im selben Jahr lag dem RJM der Entwurf einer dritten Verordnung zur Vereinfachung der Strafrechtspflege vor[143]. Dort wurde geregelt, dass „für die Wiederaufnahme eines durch rechtskräftigen Strafbefehl geschlossenen Verfahrens" die allgemeinen Vorschriften entsprechend gelten sollten. Dadurch sollte, wie bereits im E 1936 und E 1939 vorgesehen, der Strafbefehl in dieser Beziehung dem Urteil gleichgestellt werden[144]. Das Wiederaufnahmeverfahren war in seinen Grundzügen wie im E 1936 geregelt, d.h., es war zulässig, soweit neue *Tatsachen* oder *Beweismittel* die Freisprechung oder wesentlich strengere Ahndung begründeten[145]. Durch die Neugestaltung sollte eine Erleichterung der Strafrechtspflege erreicht werden, da das erkennende Gericht selbst Abhilfe schaffen konnte[146] und nicht den komplizierten Weg der Nichtigkeitsbeschwerde über den Oberreichsanwalt bzw., falls kein Strafklageverbrauch eingetreten war, einer neuen Klage gehen musste[147]. Die letztlich erlassene „Verordnung zur weiteren Kraftersparnis in der Strafrechtspflege" vom 29. Mai 1943 übernahm das Wiederaufnahmerecht dann aber nur teilweise. Die Wiederaufnahme zuungunsten des Verurteilten war nur zulässig, wenn eine neue Verhandlung zum Schutze des Volkes notwendig war[148]. Ob die Rechtsprechung daraus, wie vom E 1939 intendiert, den Schluss zog, dass der Strafbefehl wie ein Urteil am Verbrauch der Strafklage teilnahm, konnte allerdings nicht eruiert werden. Unter rein praktischen Gesichtspunkten kann man freilich auf die Beantwortung dieser Frage verzichten, da es ohnehin die Nichtigkeitsbeschwerde gab, durch welche in „geeigneten politischen Fällen" eine schwerere Bestrafung erreicht werden konnte[149].

Während der Vorarbeiten zu jener dritten Vereinfachungsverordnung gab es im RJM auch den Vorschlag, das Strafbefehlsverfahren in Sondergerichtssachen[150] zuzulassen[151]. Da dies aber bei den Sondergerichtsvorsitzenden auf

---

143 BA R 3001, Nr. 2745, Bl. 461 ff.; wesentliche Punkte: Ausschließung und Ablehnung von Gerichtspersonen, erleichterte Verlesung von Niederschriften in der Hauptverhandlung, Entschädigung des Verletzten und Wiederaufnahme des Verfahrens.

144 BA R 3001, Nr. 2745, Bl. 502.

145 Art. 5 des Entwurfs.

146 Vgl. §§ 367, 370 StPO; RGSt. 4, S. 426.

147 BA R 3001, Nr. 2745, Bl. 485.

148 RGBl. I 1943, S. 346 (Art. 6 Nr. 5).

149 Vgl. RGSt. 76, S. 250.

150 Vgl. Verordnung der Reichsregierung über die Bildung von Sondergerichten vom 21. März 1933, RGBl. I, S. 136; Verordnung über die Zuständigkeiten der Strafgerichte, die Sondergerichte und sonstige strafverfahrensrechtlichen Vorschriften vom 21. Februar 1940, RGBl. I, S. 405.

Ablehnung stieß[152], nahm man davon vorerst Abstand. Im Sommer 1944 wurde dann der Entwurf einer „Verordnung zur weiteren Anpassung der Strafrechtspflege an die Erfordernisse des totalen Krieges (vierten Vereinfachungsverordnung)“ vorbereitet, in welcher erneut das Strafbefehlsverfahren in Sondergerichtssachen zugelassen werden sollte[153]. Die Regelung wurde aufgenommen und anschließend wieder gestrichen, es konnten jedoch die Beweggründe hierfür nicht eruiert werden.

Genauso wenig wie letztlich der Ausdehnung auf Sondergerichtssachen war weiteren während des Krieges im RJM diskutierten Vorschlägen Erfolg beschert. Dies betraf die Ausschließung von Rechtsmitteln bei Strafbefehlen[154], die erweiterte Anwendung des Strafbefehlsverfahrens im Polenstrafrecht[155] und die Möglichkeit, den Strafbefehl ohne Verbrauch der Klage zurückzunehmen[156].

III. Zusammenfassung

Die Entwicklung zwischen 1933 und 1945 verlief gegensätzlich. Während der Friedenszeit sollte eine Aufwertung der Verfahrensstellung des Beschuldigten bei gleichbleibendem Anwendungsbereich erfolgen, wohingegen man während des Krieges den Anwendungsbereich unter Beibehaltung der Beschuldigtenstellung ausweitete.

Die Reformvorschläge sahen eine Beibehaltung des Anwendungsbereichs vor, obwohl es Vorschläge zur Einschränkung wie zur Ausweitung gab. Dabei wurde die Ausweitung damit begründet, dass man mittels des Strafbefehlsverfahrens Delikte linientreuer Täter still und heimlich, abseits der Öffentlichkeit, ahnden könne. Letztlich entschied man sich aber dagegen und hielt einen

151 So auch der Vorschlag des OLG-Präsidenten in Dresden, BA R 3001, Nr. 2795, Bl. 91; s. auch BA R 3001, Nr. 1027, Bl. 76.

152 BA R 3001, Nr. 2745, Bl. 509.

153 BA R 3001, Nr. 2820, Bl. 149 (151), § 13, allerdings durchgestrichen.

154 Vorschlag des OLG-Präsidenten in Naumburg/Saale in BA R 3001, Nr. 1127, Bl. 59.

155 BA R 3001, Nr. 1127, Bl. 61.

156 Denn „im autoritären Staat, vor allem einem Polen gegenüber, [sei] diese Beschränkung“ nicht tragbar. So auch die erste Strafkammer des LG Meinigen am 19. Oktober 1942, da wegen § 156 StPO die öffentliche Klage ohne Verbrauch bis zum Beginn der Hauptverhandlung zurückgenommen werden könne und ohne Einspruch – so ist die Entscheidung zu verstehen – nie eine Hauptverhandlung stattgefunden habe. Das RJM trat am 3. Dezember 1942 der Auffassung entgegen, da der Strafbefehl die Wirkung eines Urteils habe. Auch die Neufassung des § 156 könne etwas anderes nicht rechtfertigen, da der Strafbefehl ggü. der Anordnung der Hauptverhandlung ein Mehr sei.

engen Anwendungsbereich für angebracht, da das Strafbefehlsverfahren keinerlei generalpräventive Wirkung entfalte.

Das Verfahren sollte dergestalt geändert werden, dass der Richter gegenüber der Staatsanwaltschaft an Einfluss gewann und sich die Rechtsstellung des Beschuldigten verbesserte. Zwar orientierten sich die ersten Entwürfe noch an der Weimarer Republik und sahen eine Stärkung der Staatsanwaltschaft gegenüber dem Richter vor. Letztlich wurde die Macht der Staatsanwaltschaft aber zugunsten des Richters eingeschränkt und deren Tätigkeit zudem zugunsten des Beschuldigten diszipliniert. Dies zeigt sich daran, dass im Gegensatz zur Rechtslage während der Weimarer Republik der Staatsanwalt nicht mehr befugt sein sollte, den Richter zur Anberaumung einer Hauptverhandlung zu zwingen, obwohl kein hinreichender Tatverdacht vorlag. Darüber hinaus sollte eine erneute Anklage nur unter erschwerten Voraussetzungen möglich sein, so dass die Staatsanwaltschaft zu ordentlichen Ermittlungen gezwungen war. Insoweit wurde das Risiko des summarischen Verfahrens für den Beschuldigten eingeschränkt. Die darin zum Ausdruck kommende Aufwertung der Stellung des Beschuldigten zeigt sich auch an seinem Zustimmungserfordernis bei der Klagerücknahme. Weitere Indizien für seine gesteigerte Rechtsstellung sind bisher unberücksichtigt gebliebene Änderungen der Kleinen und Großen Kommission. So wurde der Ausschluss der öffentlichen Zustellung beschlossen, da im summarischen Verfahren nicht eine Maßnahme festgesetzt werden könne und dem Beschuldigten gleichzeitig wegen der Ersatzzustellung die Möglichkeit der Hauptverhandlung genommen werden sollte[157]. Zudem strichen die Entwürfe die Versagung der Wiedereinsetzung wegen Versäumung der Hauptverhandlung, wenn dem Angeklagten die Wiedereinsetzung bereits gegen die Versäumung der Einspruchsfrist gewährt worden war, nunmehr war sie in beiden Fällen möglich[158].

Diese Änderungen stehen in einem diametralen Gegensatz zu den Zielen der nationalsozialistischen Strafprozessreform, nämlich der Stärkung des Einflusses der Staatsanwaltschaft und der Ausmerzung jedweden Parteiverständnisses aus dem Strafverfahren. Die Änderungen sind insoweit nur verständlich, wenn man berücksichtigt, dass der Doktrin der autoritären Hauptverhandlung weit mehr Beachtung geschenkt wurde als dem praktischen Bedürfnis nach Entla-

---

157 Der Grund dafür läge, so die in der Begründung durchgestrichenen Passage, auf der „Unsicherheit der öffentlichen Zustellung"; vgl. BA R 3001, Nr. 1057, Bl. 624, was wiederum zu einer unerwünschten Zunahme von Gnadenverfahren führte; vgl. DJ 1935, S. 918 und AV vom 19.6.1935, III a 15910, des RJM Bl. 4.

158 Vgl. §§ 351 Abs. 1, 245 und 392 E 1939; im E 1936 ist diese Lage wegen der Verweisung in § 331 Abs. 1 nicht ganz eindeutig, in der Tendenz aber ebenso.

stung der Strafgerichtsbarkeit. Auch wenn die Regelungen auf der Ebene des Strafbefehlsverfahrens zu begrüßen sind, so zeigt sich unter Berücksichtigung des ordentlichen Verfahrens, dass die Aufwertung nur ein Pyrrhussieg war. Die gesteigerte Rechtsstellung, die mit der einen Hand gewährt worden war, wurde mit der anderen Hand wieder genommen. Denn die auf den ersten Blick für den Beschuldigten positive Entwicklung wurde um den Preis einer allgemein fragwürdigen Strafverfahrensphilosophie erkauft, so dass die Hauptverhandlung im ordentlichen Verfahren nicht die bessere Alternative zum summarischen Verfahren darstellte.

Aufgrund des Ausbruchs des Zweiten Weltkrieges konnten die Vorschläge nicht umgesetzt werden. Wie bereits der Erste Weltkrieg führte auch der Zweite Weltkrieg zu einer massiven Ausweitung des Anwendungsbereichs. Unmittelbar mit Kriegsbeginn wurde die Rechtsfolgenkompetenz auf die Möglichkeit ausgeweitet, bis zu sechs Monaten Gefängnisstrafe zu verhängen. Zum Ende des Krieges hin wurden dann auch Verbrechen vom Anwendungsbereich mitumfasst. Der Grund für die Ausweitungen war der Krieg. Zum einen herrschte Personalmangel, so dass man die Justiz entlasten wollte, zum anderen wollte man aber auch Kräfte für die Front freimachen. Im Gegensatz zum Ersten Weltkrieg war die Ausweitung des Anwendungsbereichs und damit die Vereinfachung des Strafverfahrens eine Maßnahme, die auf den Krieg beschränkt bleiben sollte, unter anderem weil eine Ausweitung des Strafbefehlsverfahrens eine Einschränkung des ordentlichen Verfahrens und damit der generalpräventiven Wirkung der Strafe nach sich zog.

Fünftes Kapitel: Das Strafbefehlsverfahren in der BRD

Die Entwicklung des Strafbefehlsverfahrens seit Ende des Zweiten Weltkrieges beginnt mit einer ersten, unmittelbaren Nachkriegsphase der *Restaurationsbemühungen* (I), deren Ziel der Aufbau einer funktionierenden, die Unrechtsnormen des Dritten Reichs hinter sich lassenden Strafrechtspflege war. Ab Anfang der sechziger Jahre schließt sich – gleichsam an die bisherige Entwicklung anknüpfend – eine Phase der stetigen Ausweitung des Strafbefehlsverfahrens an (II).

I. Die Nachkriegsphase

Der Ursprung der Restaurationsbemühungen in der Nachkriegszeit ist auf das Ziel der Besatzungsmächte zurückzuführen, die mit Ende des Zweiten Weltkrieges zusammengebrochene Rechtspflege wieder aufzubauen, sowie alle Normen nationalsozialistischen oder kriegsbedingten Ursprungs auszumerzen[1]. Dafür sollte die Rechtslage zum Ende der Weimarer Republik Ausgangspunkt sein, zunächst ohne die vorangegangenen Reformbemühungen zu berücksichtigen.

Nebenher arbeiteten die Alliierten an einer StPO auf Grundlage der Fassung vom 22. März 1924 und der Strafrechtspflegeordnung der amerikanischen Zone zwischen 1946 und 1948[2], die hier aber unberücksichtigt bleiben kann. Denn die Arbeiten hatten keinen Einfluss auf die weitere Entwicklung des Strafbefehlsverfahrens in der BRD.

Die Gesetzgebung unter der Besatzungshoheit war zweigeteilt. Zum einen gab es den Alliierten Kontrollrat, der für die Deutschland insgesamt betreffenden Fragen zuständig war und dessen Beschlüsse Einstimmigkeit erforderten. Zum anderen gab es die Militärregierungen der einzelnen Sektoren, die wegen vermehrter Streitigkeiten innerhalb des Kontrollrates faktisch die maßgebliche Hoheitsgewalt in Deutschland inne hatten[3] und auch die hier interessierenden Normen erließen.

Der Aufbau der Strafrechtspflege[4] gelang relativ zügig. Bezüglich der Beseitigung kriegsbedingten Rechts stutzte man beim Strafbefehlsverfahren lediglich

1 So für das Rechtsvereinheitlichungsgesetz Berichterstatter *Katz*, Sten. Berichte BR, 27. Januar 1950, S. 172.

2 Vgl. *Etzel*, Aufhebung, S. 137 mit Quellennachweisen.

3 Vgl. dazu *Stern*, Staatsrecht, Bd. V, S. 942 ff., 953 ff.

4 Daneben wurde eine Besatzungsgerichtsbarkeit aufgebaut, der unter Umständen auch deutsche Staatsangehörige unterfielen; vgl. *von Schmoller / Maier / Tobler*, Handbuch,

den *Anwendungsbereich*, so dass er keine Verbrechen mehr einschloss, und begrenzte das Maß der verhängbaren Freiheitsstrafe auf drei Monate. Eine solche Regelung wurde in der britischen Zone zunächst durch die von der Militärregierung erlassenen „Allgemeine Anweisung an Richter Nr. 2" aus dem Sommer 1945[5] eingeführt und kurz darauf durch Art. I 1 der MRVO Nr. 15[6] bestätigt. In der amerikanischen Zone trat eine solche Regelung im Frühjahr 1946[7], in der französischen zwischen Sommer 1946 und Frühjahr 1947 in Kraft[8].

Indes wurde in der britischen Zone durch die „zweiten Verordnung zur Beschleunigung des Strafverfahrens" aus dem Sommer 1946[9] die Strafbefugnis wieder auf Freiheitsstrafe bis zu sechs Monaten ausgeweitet. Grund dafür war eine Überlastung der Amtsgerichte[10], denn in der britischen Zone hatte man die durch Gesetz bisher der Polizei eingeräumte Befugnis zum Erlass von Strafverfügungen auf den Amtsrichter übertragen[11]. Dies war zwar auch in der amerikanischen Zone der Fall[12], allerdings hatte man beispielsweise in *Bayern* das im EGStGB fakultativ vorgesehene Verfahren[13] der polizeilichen Strafverfügung ohnehin nie eingeführt[14], hatte dafür aber innerhalb des Anwendungsbereiches des Strafbefehlsverfahrens die Strafe grundsätzlich durch Strafbefehl festgesetzt[15]. Diese Praxis übernahm man in der gesamten amerikanischen Zone, so dass keine Überlastung eintrat. Hingegen behielt man in der französi-

---

Bd. 1, § 26, S. 11 ff.; dies war in der Regel nur der Fall, wenn Interessen der Besatzungsmacht tangiert wurden.

5 Strafprozessordnung in den Fassungen der Besatzungszone, S. 165 f.

6 Strafprozessordnung in den Fassungen der Besatzungszone, S. 167 f.

7 Strafprozessordnung in den Fassungen der Besatzungszone, S. 160 ff., S. 282 f.

8 Strafprozessordnung in den Fassungen der Besatzungszone, S. 352 ff.; § 24 der jeweiligen Landesver- bzw. Rechtsanordnungen der Länder der französischen Zone.

9 Justizblatt Hamm 1946, S. 115; dort unter Hinweis darauf, dass eine gleichlautende Verordnung von allen OLG Präsidenten der britischen Zone erlassen wird.

10 So auch *Müller*, Strafbefehl, S. 250.

11 Vgl. Strafprozessordnung in den Fassungen der Besatzungszone, S. 121, Fn. 1 a.E.

12 Strafprozessordnung in den Fassungen der Besatzungszone, S. 121, Fn. 1.

13 § 6 Abs. 2 EGStPO: Unberührt bleiben die landesgesetzlichen Bestimmungen: [...] 3. über das Verfahren im Verwaltungswege bei Übertretungen, wegen deren die Polizeibehörden zum Erlaß einer Strafverfügung befugt sind, [...].

14 Vgl. nur Statistisches Jahrbuch für das Deutsche Reich (Hrsg. Statistische Reichsamt) 1933, S. 531, Fn. 2 und *Kern*, Strafverfahrensrecht, S. 275.

15 Rep. 84a, Nr. 8324, Bl. 11, 12.

schen Zone das polizeiliche Strafverfügungsverfahren bei[16], so dass es von daher zu keiner Mehrbelastung kam.

Nach der Gründung der BRD erhielt die Regelung zum Strafbefehlsverfahren durch das Rechtsvereinheitlichungsgesetz vom 12. September 1950[17] im gesamten Bundesgebiet die Fassung, die es zuletzt in der amerikanischen und französischen Zone gehabt hatte[18]. Allerdings gab es zwei Modifizierungen, die nicht im eigentlichen Sinne zu den Restaurationsbemühungen zu zählen sind. Zum einen wurde die Strafgewalt bei den Nebenstrafen unwesentlich erweitert[19], zum anderen wurde, wie in mehreren Entwürfen[20] bereits vorgesehen und durch die VO 43 teilweise übernommen worden war, in § 373a StPO die *Wiederaufnahme des* durch Strafbefehl beendeten *Verfahrens* für zulässig erklärt.

Obwohl sich aus der Entstehungsgeschichte dieser Vorschrift ergibt, dass infolge ihrer Aufnahme der rechtskräftige Strafbefehl die Strafklage verbrauchen sollte[21], wurde diese Konsequenz in der höchstrichterlichen Rechtsprechung[22] nicht gezogen. Damit wurde das Risiko unzulänglicher Ermittlungen

16 Vgl. Strafprozessordnung in den Fassungen der Besatzungszone, S. 352 ff.

17 BGBl. I, S. 435.

18 Der Regierungsentwurf weitete den Anwendungsbereich auch nicht aus, obwohl er im Gegensatz zur endgültigen Gesetzesfassung kein polizeiliches Strafverfügungsverfahren in der ursprünglichen Form kannte. Jenes Verfahren sollte durch ein vereinfachtes Strafbefehlsverfahren ersetzt werden, in dem der Staatsanwalt direkt den Antrag beim Amtsrichter stellen konnte.

19 Während des Gesetzgebungsverfahrens wurde auf Antrag Bayerns (PA, I 65, A 1, lfd. Nr. 2) die Rechtsfolgenkompetenz auf die „Festsetzung zur Befugnis eines gesetzeswidrigen Zustandes" mit aufgenommen, da deren polizeiliche Landesgesetze wie z.B. die bayerische Bauordnung (vgl. *Schwarz*, StPO, 17. A, § 407, Anm. D), eine solche Rechtsfolge vorsahen.

20 Vgl. oben S. 140.

21 Vgl. oben S. 140.

22 Neben weiter unten zu behandelnden Problemen beschäftigte sich die Rechtsprechung mit der Frage der *Ersatzzustellung durch Niederlegung*. Umstritten war, ob § 37 S. 1 StPO, der eine solche Niederlegung gestattete oder § 232 Abs. 4 StPO analog anzuwenden sei, wonach das Urteil gegen einen Abwesenden durch Übergabe zuzustellen sei (dies hätte zur Folge gehabt, dass zwar die Ersatzzustellung gemäß § 181 ZPO zulässig, die Ersatzzustellung durch Niederlegung bei der Post gemäß § 182 ZPO hingegen ausgeschlossen wäre; OLG Köln, NJW 58, S. 1505.). Von dieser Analogie gingen einige LG (LG Kaiserslautern. NJW 58, S. 153; LG Wuppertal, NJW 57, S. 275; vgl. auch Eb. *Schmidt*, Lehrkommentar, § 409 Anm. 11.) und OLG (OLG Köln, NJW 58, S. 1505; KG, NJW 58, S. 1985; OLG Stuttgart, NJW 58, S. 2028.) mit der Begründung aus, dass § 232 Abs. 4 StPO erst Recht beim Strafbefehl anzuwenden sei, weil im Falle des § 232 StPO der Angeklagte zumindest vom Verfahren oder vom Termin Kenntnis habe, dies beim Strafbefehl aber nicht gewährleistet sei.

weiterhin dem Bürger aufgelastet. Einzig einige Untergerichte[23] und Teile der Literatur[24] gingen von einem vollständigen Verbrauch der Strafklage aus, wobei sie dies einerseits mit § 373a StPO selbst, andererseits mit Art. 103 Abs. 3 GG[25] begründeten.

Die Obergerichte[26] begründeten ihre ablehnende Haltung teils teleologisch, teils historisch. Einerseits wurde auf die Rechtsprechung des RG abgestellt, wonach der Strafbefehl nur eine beschränkte Rechtskraft habe. Diese Rechtsprechung – so das BVerfG – hätte der parlamentarische Rat bei Art. 103 Abs. 3 GG übernehmen wollen. Das BVerfG berücksichtigte in seiner Argumentation allerdings nicht die durch die VO 43 zuvor eingetretene Rechtsänderung. Die vom BVerfG zitierten Entscheidungen des RG ergingen allesamt vor dem Erlass der VO 43, also zu einer Zeit, in der die StPO die Wiederaufnahme des Verfahrens beim Strafbefehl gar nicht kannte. Da sich die Rechtsprechung des RG somit auf eine andere Rechtslage bezogen hatte, ist der Verweis des BVerfG auf sie hinfällig. Substanzieller ist da der Hinweis des BGH darauf, dass der durch Art. 103 Abs. 3 GG eingeräumte Vorrang des Grundsatzes der Rechtssicherheit vor dem Grundsatz, dass jede Tat entsprechend ihrem wahren Unrechts- und Schuldgehalt abgeurteilt wird, nur gelte, soweit der Richter die Tat nach allen Richtungen zu würdigen in der Lage ist. Da dies nur in der Hauptverhandlung der Fall sei, nicht aber im Strafbefehlsverfahren, sei Art. 103 Abs. 3 GG hier nicht einschlägig.

Trotz der Entscheidungen des BGH und des BVerfG führten einige OLG's den Streit um den Strafklageverbrauch an anderer Stelle weiter. So ging das

---

Die entgegengesetzte Ansicht einiger LG (LG Frankfurt, NJW 58, S. 1055; LG Krefeld NJW 66, S. 2078; vgl. auch *Kleinknecht*, StPO, § 409 Anm. 2.), des BGH (BGH, NJW 59, S. 1741 (=BGHSt 12, S. 182); und des BVerfG (BVerfG, NJW 69, S. 1103, vgl. auch BayVerfG, GA 64, S. 50 (52)) lehnten die Analogie aus zwei Gründen ab. Zum einen bestehe keine planwidrige Regelungslücke, da der von den Analogiebefürworten ins Feld geführte Einwand durch die Gewährung der Wiedereinsetzung in den vorigen Stand hinreichend berücksichtigt werde. Selbst wenn aber eine solche Lücke bestehe, dann seien die beiden Sachverhalte nicht vergleichbar. Denn bei § 232 StPO handele es sich um einen „widerwilligen Beschuldigten", der sich der Strafverfolgung entziehen wolle und daher erhöhte Anforderungen an die Zustellung zu stellen seien.

23 So z.B. die dem Urteil des BGH, NJW 52, S. 900 zugrundeliegende Entscheidung des LG Waldshut.

24 *Jescheck*, Anmerkung, JZ 57, S. 29 (30) m.w.N.

25 Art. 103 Abs. 3 GG. Niemand darf wegen derselben Tat auf Grund der allgemeinen Strafgesetzte mehrmals bestraft werden.

26 OLG Hessen, NJW 50, S. 717; OLG Frankfurt, NJW 52, S. 108; OLG Koblenz, JZ 60, S. 607; OLG Stuttgart, JZ 60, S. 608; BGH, NJW 52, S. 900; BVerfG, NJW 54, 69.

OLG Koblenz[27] für den Sonderfall, dass die die Strafbarkeit erhöhenden Umstände erst nach Rechtskraft des Strafbefehls eintreten, von einem unbeschränkten Strafklageverbrauch aus. Für diese Konstellation steht beispielhaft folgender Sachverhalt: A begeht eine Körperverletzung zum Nachteil des B. A erhält kurz darauf einen Strafbefehl wegen Körperverletzung. Nach einem halben Jahr stirbt B an den Folgen der Körperverletzung. Das OLG Koblenz ging im *Grundsatz* von der Prämisse des BGH aus, nach der die Durchbrechung der Rechtskraft durch die *fehlende Sachaufklärung* im Strafbefehlsverfahren gerechtfertigt werde. Im konkreten Fall habe der Amtsrichter aber alle zur Verfügung stehenden Tatsachen berücksichtigt, insbesondere wäre der dem Strafbefehl zugrunde gelegte Sachverhalt auch Grundlage eines Urteils gewesen. Dass der Täter im Beispielsfall nicht wegen fahrlässiger Tötung verurteilt worden ist, sei somit kein Mangel des summarischen, sondern ein allgemeiner Mangel des Strafverfahrens. Daher ist nach OLG Koblenz die Strafklage hier verbraucht. Das OLG Stuttgart[28] ging in einem entsprechenden Sachverhalt nicht von einem Strafklageverbrauch aus und stellte dabei explizit auf die Rechtsprechung des BGH und BVerfG ab.

Obwohl die Literatur der Ansicht des BVerfG und des BGH[29] vehement entgegen getreten war[30], wurde diese Rechtsprechung erst im Jahre 1984 aufgegeben. Zur Begründung wurde allerdings auf Art. 3 GG und § 153a StPO abgestellt, nach dem bei Vergehen die Einstellung nach Erfüllung von Auflagen einen Strafklageverbrauch zur Folge hat. Ungeklärt blieb dabei jedoch weiter die Frage, wie zu entscheiden sei, wenn Umstände, wegen derer die Tat als Verbrechen zu qualifizieren sei, schon bei Erlass des Strafbefehls vorlägen, jedoch erst später erkannt würden[31]; es bleibt zu vermuten, dass die Rechtsprechung in diesen Fällen nicht von einem Strafklageverbrauch ausgegangen wäre, da die Begründung des BVerfG diese Konstellation nicht mit umfasste und sich die Gerichte tendenziell gegen einen Strafklageverbrauch entschieden. Dieser Streit wurde erst durch das StVÄG 1986 endgültig geklärt[32].

Weniger bedeutsam, aber der Vollständigkeit halber erwähnt, war das *dritte Strafrechtsänderungsgesetz vom 4. August 1953*[33], das die Möglichkeit einführte, Freiheitsstrafen zur Bewährung auszusetzen. Da die Entscheidung über die Strafaussetzung zur Bewäh-

---

27 OLG Koblenz, JZ 60, S. 607.

28 OLG Stuttgart, JZ 60, S. 608.

29 BVerfG, NJW 84, S. 604; vgl. auch *Neumann*, Rechtskraft, NJW 84, S. 779.

30 Vgl. nur *Groth*, Rechtskraft, NJW 78, S. 197 m.w.N.

31 *Neumann*, Rechtskraft, NJW 84, S. 779.

32 Vgl. unten S. 185.

33 BGBl. I, S. 735; Materialien in PA, I 476.

rung zugleich mit der Entscheidung über die Freiheitsstrafe zu treffen war, konnte auch im Strafbefehlsverfahren ohne besondere Anordnung darüber entschieden werden. Wie bei der eigentlichen Straffestsetzung mussten Richter und Staatsanwalt wegen des Grundsatzes der Übereinstimmung[34] auch bei der Entscheidung über die Strafaussetzung zur Bewährung einig sein, andernfalls musste ein Termin zur Hauptverhandlung anberaumt werden. Dadurch, so die Gesetzesbegründung, sollte einer „allzu großzügigen Anwendung der Strafaussetzung im Strafbefehlsverfahren begegnet werden", da sich der Richter gerade hier keinen persönlichen Eindruck vom Täter machen könne[35]. Abweichend vom Einigkeitserfordernis durfte der Richter jedoch die Dauer der Bewährungszeit und die Auflagen *autonom* bestimmen[36].

II. Exkurs: DDR

Nach Ende des Zweiten Weltkrieges übernahm die sowjetische Besatzungsmacht zunächst den auf Verbrechen erweiterten Anwendungsbereich und die Möglichkeit, eine sechsmonatige Freiheitsstrafe zu verhängen[37].

In der DDR wurde das Strafbefehlsverfahren[38] wieder auf Vergehen eingeschränkt, wobei die Abgrenzung zu den Verbrechen materiell bestimmt wurde. Vergehen waren Delikte, die – bloß – gesellschaftswidrig waren[39]. Unter diesen unbestimmten Rechtsbegriff fielen daher sowohl Handlungen, die an der unteren Grenze des strafrechtlichen Verhaltens lagen, als auch schwerwiegende Straftaten[40]. Die Sanktionsgewalt war bei den Hauptstrafen auf Geldstrafe und Haftstrafe beschränkt. Haftstrafe war gemäß § 41 StGB DDR Freiheitsentzug zwischen einer Woche und sechs Monaten. Zuständig war – wie in der Regel bei Vergehen – das Kreisgericht als unterste Eingangsinstanz[41]. Das Verfahren war im Kern wie das bundesrepublikanische Strafbefehlsverfahren ausgestaltet[42]. Als Besonderheit ist die bereits aus einigen Partikulargesetzgebungen bekannte[43] Möglichkeit hervorzuheben, dass im Strafbefehl auch über einen etwaigen in der Tat wurzelnden Schadensersatzan-

---

34 BR-Drucks. 287/52, Begründung, S. 78.

35 BR-Drucks. 287/52, Begründung, S. 78.

36 *Pentz*, Strafaussetzung, NJW 54, S. 141.

37 *Kern*, Strafverfahrensrecht, S. 301; Müller, Strafbefehl, S. 251.

38 §§ 270–277 StPO DDR.

39 Ministerium der Justiz, Strafrecht der DDR, S. 39, Nr. 7.

40 Ministerium der Justiz, Strafrecht der DDR, S. 40, Nr. 10.

41 Vgl. § 23 GVG DDR.

42 Vgl. Autorenkollektiv, Strafverfahrensrecht, S. 276 ff.

43 Vgl. oben S. 30.

spruch entschieden werden konnte[44]. Dazu hatte der geschädigte Bürger den Schadensersatzantrag bei der Staatsanwaltschaft zu stellen, die ihn nach einer Prüfung im Strafbefehlsantrag berücksichtigen konnte. Der Richter hatte in diesem Fall drei Möglichkeiten: Stattgabe dem Grunde und der Höhe nach, nur dem Grunde nach oder Verweisung an das Zivil- bzw. Arbeitsgericht.

III. Die Ausweitung des Strafbefehlsverfahrens

Nach der von Restaurationsbemühungen geprägten Nachkriegszeit begann der Gesetzgeber ab Anfang der sechziger Jahre, den Anwendungsbereich des Strafbefehlsverfahrens stetig auszuweiten. Drei Ausprägungen gab und gibt es dabei: In einer ersten Phase standen besondere, nämlich die Verkehrsdelikte (1), nach einer Übergangsphase (2) dann die allgemeine mittlere Kriminalität (3) im Fokus des Gesetzgebers. In neuester Zeit (4) überschneidet sich beides, wobei anstatt der Verkehrs- die Wirtschaftsdelikte die Aufmerksamkeit des Gesetzgebers auf sich ziehen. Insgesamt wurde und wird das Strafbefehlsverfahren kriminalpolitisch instrumentalisiert und gleichsam als prozessuales Mittel zur Korrektur der Folgen der materiellen Kriminalisierung genutzt.

1. Die Konzentration auf Straßenverkehrsdelikte

Die erste Phase wurde durch das „zweite Gesetz zur Sicherung des Straßenverkehrs“ vom 26. November 1964[45] eingeleitet und endete in etwa mit dem Einführungsgesetz zum Strafgesetzbuch vom 2. März 1974. In dieser Phase nutzte der Gesetzgeber das Strafbefehlsverfahren insbesondere zur Bewältigung der Straßenverkehrsdelikte, die einen immer größeren Teil der Arbeit der Amtsgerichte einnahmen[46].

a) Das Zweite Gesetz zur Sicherung des Straßenverkehrs

Das „Zweite Gesetz zur Sicherung des Straßenverkehrs“ vom 26. November 1964[47] wurde erstmals in der dritten Legislaturperiode von der Bundesregierung vorgelegt (E 1960)[48], wegen deren Ende aber nicht durchberaten. Der daraufhin in der 4. Wahlperiode am 18. Juni 1962 vorgelegte, aufgrund der

44 § 270 Abs. 1 S. 4 StGB DDR.

45 BGBl. I, S. 921.

46 Vgl. die Aussage in BR-Drucks. 201/62, S. 29.

47 BGBl. I, S. 921.

48 BR-Drucks. 379/60; BT-Drucks. 3/2368.

Kritik des DAV[49] teilweise geänderte Entwurf (E 1962)[50], durchlief das Gesetzgebungsverfahren[51] und konnte nach einigen hier nicht interessierenden Änderungen schließlich am 26. November 1964 verkündet werden.

Das Gesetz sah auf materieller Ebene die Kriminalisierung sozialschädlichen Verkehrsverhaltens, insbesondere in den §§ 315c Abs. 1 Nr. 2, 316 StGB, sowie eine nicht unerhebliche Erhöhung einiger Strafrahmen vor[52]. Hintergrund war, dass man diese Verhaltensweisen inzwischen als besonders gefahrträchtig erkannt hatte[53] und somit politischen Handlungsbedarf sah. Das BMJ sah jedoch eine damit einhergehenden Mehrbelastung der Gerichte voraus[54], die ihrerseits eine unerwünschte[55] Verlangsamung der Justiz nach sich gezogen hätte. Da man insbesondere bei den Verkehrsdelikten eine schnelle Justiz für angebracht hielt[56] und weil sich das Strafbefehlsverfahren in der Praxis schon vorher als prozessökonomische Erledigungsart[57] bei Verkehrsdelikten – wenn auch nicht ohne Kritik[58] – etabliert hatte[59], sah die Bundesregierung im E 1960 die Möglichkeit vor, die neu eingeführte, auf die Verkehrsdelikte zugeschnittene Nebenstrafe des *Fahrverbots*[60] auch im Wege des Strafbefehlsverfahrens zu verhängen. Sie konnte sich trotz der ebenso zu erwartenden Beschleunigung und Entlastung seinerzeit aber noch nicht dazu entschließen, die Maßregel der *Entziehung der Fahrerlaubnis*[61] mit in den Katalog der Rechtsfolgen aufzunehmen. Denn die dieser Maßregel vorausgehende Würdigung der Gesamtper-

---

49 PA, IV 246, A 1, Nr. 15.

50 BR-Drucks. 201/62.

51 BR-Drucks. 201/62, BT-Drucks. 4/651, BT-Drucks. 4/2161, BR-Drucks. 281/64.

52 Zum ganzen *Hartung*, Straßenverkehr, NJW 65, S. 86 ff.

53 *Hartung*, Straßenverkehr, NJW 65, S. 87.

54 So ausdrücklich die Begründung zur Aufnahme des Fahrverbots in den Rechtsfolgenkatalog der polizeilichen Strafverfügung; BR-Drucks. 201/62, S. 29.

55 *Dünnebier*, Das beschleunigte Verfahren, GA 59, S. 272.

56 *Schütt*, Beschleunigung, 5. Deutscher Verkehrsgerichtstag, S. 235: „Schnelle Justiz ist gute Justiz"; *Spätner*, Beschleunigung, JVBl. 67, S. 49.

57 *Kohlhass*, Strafrechtsarbeit, Jus 66, S. 403, 407.

58 *Siegmann*, Strafbefehlsverfahren, Blutalkohol 1967, S. 200, 201 unter Hinweis auf die fehlende erzieherische Wirkung, die nur die öffentliche Hauptverhandlung habe.

59 Vgl. *Cordier*, Verkehrsstraftaten, NJW 61, S. 393: soweit der Fahrer im Umkreis von 50 km von Frankfurt a.M. wohnt, die polizeiliche Unfallskizze als richtig anerkennt und seine Schuld zugibt, wird ein Strafbefehl erlassen.

60 § 37 StGB.

61 §§ 42m f. StGB.

sönlichkeit[62] setze, so das BMJ, *Erkenntnisse* voraus, deren Gewinnung das summarische Strafbefehlsverfahren nicht gewährleisten könne[63].

Der DAV meinte, dass ein wesentlicher Unterschied zwischen der Nebenstrafe des Fahrverbots und der Maßregel der Entziehung der Fahrerlaubnis nicht bestehe. Daher sprach er sich gegenüber dem BMJ gegen die Einführung des Fahrverbots in das materielle Recht und für die Einführung der Maßregel auch im Strafbefehlsverfahren aus, dort aber nur mit einer Sperrfrist von bis zu sechs Monaten[64]. Die Bundesregierung nahm in dem in der vierten Wahlperioden erneut vorgelegten E 1962 unter Hinweis auf die Beschleunigung und Entlastung die Maßregel mit in den Rechtsfolgenkatalog des Strafbefehlsverfahrens auf[65]. Allerdings wurde eine Sperrfrist von bis zu einem Jahr zugelassen und dazu erklärt, die Beschränkung auf ein Jahr – im Gegensatz zum materiellen Recht, das eine Sperre von bis zu fünf Jahren vorsah[66] – sei der mangelhaften Erkenntnisgewinnung des summarischen Verfahrens geschuldet gewesen[67]. Dieser Mangel sei jedoch insgesamt überwindbar, da es oft „glatte Fälle“ gebe, in denen „unter allen Verfahrensbeteiligten kein Zweifel darüber besteht“, dass die Entziehung zu Recht angeordnet werde, in denen daher mit einem Einspruch nicht zu rechnen und der Sachverhalt somit nicht in öffentlicher Hauptverhandlung zu erörtern sei. Des weiteren vermeide der Strafbefehl „eine unnötige Bloßstellung des Beschuldigten“ in der Hauptverhandlung. Damit zielte die Neuerung auf eine informelle, weil außerhalb des förmlichen Verfahrens zustande gekommene, kooperative, konsensuelle Beendigung von Verfahren bei Verkehrsdelikten. Diese rechtspolitische Entscheidung provoziert geradezu Unverständnis angesichts des Umstandes, dass solches Verhalten parallel dazu kriminalisiert wurde.

Die Aufnahme der Maßregel stieß im weiteren Gesetzgebungsverfahren sowohl in den Ausschüssen des Bundesrates als auch des Bundestages auf Kritik, die jedoch im Ergebnis erfolglos war.

---

62 Nämlich wenn sich aus der Tat ergibt, dass der Täter zum Führen von KFZ ungeeignet ist.

63 So *Lackner* in den Beratungen des Rechtsausschusses am 14. Februar 1964, PA, IV 246, A 1, lfd. Nr. 15.

64 PA, III 1019, A, lfd. Nr. 12, Bl. 19; PA, IV 246, A 2, lfd. Nr. 4.5, Bl. 19.

65 Art. 2 Nr. 5 lit. a des zweiten Gesetzes zur Sicherung des Straßenverkehrs; den genannten Kausalzusammenhang erwähnt Lackner in den Beratungen des Rechtsausschusses am 14. Februar 1964, PA, IV 246, A 1, lfd. Nr. 15.

66 § 42n StGB.

67 PA, IV 246, A 2, lfd. Nr. 4.5, Bl. 19.

Der Ausschuss für Verkehr und Post des Bundesrates wandte sich aus rechtsstaatlichen Gründen gegen diese Erweiterung der Strafgewalt, da ein solcher Eingriff in die Freiheitssphäre des Bürgers, unabhängig von den dafür benötigten tatsächlichen Feststellungen, allein wegen der Schwere der Rechtsfolge der öffentlichen Hauptverhandlung vorbehalten bleiben müsse[68]. Da die Neuerung dem Bundesrat allerdings zu wichtig erschien[69], als dass man sie wegen dieser Bedenken fallen lassen könnte, folgte er der zustimmenden Stellungnahme seines Rechtsausschusses, nach der das Verfahren wegen der Einspruchsmöglichkeit den rechtsstaatlichen Anforderungen genüge[70] und sich die Erweiterung empfehle.

Demgegenüber gingen im Rechtsausschuss des Bundestages die Abgeordneten *Bauer* (SPD) und *Benda* (CDU) davon aus, dass das Strafbefehlsverfahren nicht dazu geeignet sei, die für die Verhängung der Maßregel benötigten *Tatsachen* hinreichend festzustellen[71]. Beide stellten ihre Bedenken aber zurück, nachdem *Lackner* als Vertreter des BMJ nochmals betont hatte, dass sie nur in den Fällen angeordnet werden solle, in denen *Übereinstimmung* unter allen Verfahrensbeteiligten herrsche[72].

Weitere Einwendungen gab es im Gesetzgebungsverfahren nicht, so dass das Gesetz am 26. November 1964 verkündet werden konnte.

b) Gesetz zur Änderung der Strafprozessordnung und des Gerichtsverfassungsgesetzes (StPÄG)

Dass diese Art der informellen Verfahrensgestaltung auf Grundlage eines Konsenses zwischen den Verfahrensbeteiligen primär für die Verkehrsdelikte gelten sollte, zeigt auch das „Gesetz zur Änderung der Strafprozessordnung und des Gerichtsverfassungsgesetzes (StPÄG)“[73] vom 19. Dezember 1964.

Es wurde erstmals im Juni 1960 von der Bundesregierung[74], dann erneut am 6. Dezember 1961 von den Fraktionen CDU/CSU, FDP und SPD in das

---

68 PA, IV 246, A 1, lfd. Nr. 2, Bl. 4, 10.

69 Sten. Berichte BR vom 7. Dezember 1962, S. 160.

70 Sten. Berichte BR vom 7. Dezember 1962, S. 161; ein Argument, welches heute vor dem Hintergrund des § 420 StPO wohl unhaltbar ist; vgl. auch unten S. 45.

71 PA, IV 246, A 1, lfd. Nr. 15.

72 PA, IV 246, A 1, lfd. Nr. 15; die Befürworter wie Weber (CDU/CSU [Koblenz]) verwiesen systematisch auch auf § 232 StPO, nach dem ohnehin in Abwesenheit des Angeklagten die Maßregel verhängt werden dürfe.

73 BGBl. I, S. 1067.

74 Vgl. BT-Drucks. 3/2037.

Gesetzgebungsverfahren eingebracht[75]. Es sah, vor Inangriffnahme einer umfassenden Reform, die Umsetzung dringendster Eckpunkte vor[76]. Zu diesen zählte unter anderem eine Verbesserung der Rechtsstellung des Beschuldigten. Dazu führte man mit § 33 Abs. 2 StPO eine an die Rechtsprechung des BVerfG zu Art. 103 Abs. 1 GG angelehnte Generalklausel ein[77], wonach ein Beteiligter im Falle einer für ihn nachteiligen Entscheidung vorher zu hören sei.

Für das Strafbefehlsverfahren galt diese das *rechtliche Gehör* vorschreibende Norm ausdrücklich nicht[78], obwohl nach der Entstehungsgeschichte zum zweiten Gesetz zur Sicherung des Straßenverkehrs eine solche Einführung nicht ganz fern gelegen hätte. Denn jenes Gesetz intendierte die Konsensbildung zwischen den Verfahrensbeteiligten, und gerade die formelle Einbindung des Richters und des Beschuldigten in das Verfahren *vor* Erlass eines Strafbefehls wäre eine Möglichkeit gewesen, diese Konsensbildung zu *formalisieren* und zu *verallgemeinern*. Die fehlende Einführung ist daher ein Indiz dafür, dass man die Verfahrensbeendigung per Konsens – vorerst – auf die Verkehrsdelikte beschränken wollte.

Begründet wurde der Ausschluss des rechtlichen Gehörs[79] zum einen mit der zu Art. 103 Abs. 1 GG ergangenen Rechtsprechung des BVerfG[80], wonach der Anspruch auf rechtliches Gehör durch die Möglichkeit des Angeklagten verbürgt sei, Einspruch einzulegen. Zum anderen entspreche ein solcher Ausschluss dem Wesen des summarischen Verfahrens[81]. Da das *Wesen* des Strafbefehlsverfahrens dogmatisch ungeklärt ist[82], spielt das BVerfG hier wohl auf den Aspekt des *summarischen* Verfahrens an. Dies hieße nichts anderes, als dass der Gesetzgeber das Verfahren *vereinfacht*[83] ausgestalten darf, weil er sich für ein *vereinfachtes* Verfahren entschieden hat; über die rechtspolitische oder gar verfassungsrechtliche Legitimität ist damit allerdings nichts gesagt.

---

75 BT-Drucks. 4/178.

76 BT-Drucks. 4/178, S. 15.

77 BT-Drucks. 4/178, S. 19, 41.

78 § 407 Abs. 4 n.F. Der Beschuldigte war lediglich gemäß § 163a StPO durch die Polizei zu hören.

79 BT-Drucks. 4/178, S. 30.

80 BVerfG, NJW 69, S. 1103 (1104); vgl. auch BayVerfG, GA 64, S. 50 wonach eine Verletzung des rechtlichen Gehörs nicht vorliege, weil der Angeklagte die Möglichkeit habe, gegenüber Polizei und Staatsanwaltschaft seinen Standpunkt darzulegen.

81 BT-Drucks. 4/178, S. 30.

82 Vgl. L/R-*Gössel*, vor § 407, Rn. 26 ff.

83 Vgl. Meyers Enzyklopisches Lexikon, Bd. 23, Stichwort „summarisch“.

Im beratenden Rechtsausschuss[84] des Bundestages wurde zwar nicht der Ausschluss der Gewährung rechtlichen Gehörs, wohl aber der Ausschluss des *Schlussgehörs* und der *Mitteilungspflicht* im Strafbefehlsverfahren kritisiert[85].

Unter Schlussgehör verstand der Entwurf das Recht des Beschuldigten, innerhalb einer in der nach § 169a Abs. 2 StPO erfolgten Mitteilung bestimmten Frist zu dem Ergebnis der Ermittlungen mündlich gehört zu werden. Die Mitteilungspflicht hatte demnach den Zweck, das Recht auf das Schlussgehör durchzusetzen.

Gegen den Ausschluss sprachen sich *Kuchtner* (CDU/CSU), *Diemer-Nicolaus* (FDP), *Hirsch*[86] (SPD) und zunächst auch *Kanka* (CDU/CSU) aus. Ausgangspunkt ihrer Argumentation war die *mangelnde Sachverhaltsaufklärung* im Strafbefehlsverfahren, deren Erkenntnisse einseitig vom Staat bestimmt wären. Denn, so meinten sie, die polizeilichen Protokolle, auf denen der Strafbefehl letztlich aufbaue, gäben die Angaben des Beschuldigten nicht immer so wieder, wie er sie tatsächlich gemacht habe[87]. Dadurch zu Unrecht ergehende Strafbefehle könnten aber gerade durch die Mitteilungspflicht und das Schlussgehör in vielen Fällen vermieden werden, da dem Beschuldigten so ein qualifizierter Einfluss auf die Sachverhaltsdarstellung gegeben werde.

Dieser Argumentation traten *Güde* (CDU/CSU), *Dallinger* (BMJ) und *Müller-Emmert* (SPD) sehr pragmatisch entgegen[88]. Sie waren der Ansicht, selbst wenn der Sinn und Zweck der Regelung, unbegründete Verfahren zu vermeiden, durch die Mitteilungspflicht und das Schlussgehör beim Strafbefehlsverfahren erreicht werden könnte, sei die *Arbeitsbelastung zu hoch.*

Diese Begründung scheint problematisch. Denn geht man mit *Kuchtner*, *Diemer-Nicolaus*, *Hirsch* und *Kanka* davon aus, dass der einem Strafbefehl zugrunde liegende Sachverhalt tatsächlich zum Nachteil des Beschuldigten

---

84 CDU/CSU: Benda, Güde, Hauser, Kanka, Kuchtner, Luda, Seidl (München), Wahl, Weber (Essen), Weber (Koblenz); SPD: Arndt (Berlin), Bauer (Würzburg), Brünen, Hirsch, Kaffka, Müller-Emmert, Rehs, Reischl, Jahn, Wittrock; FDP: Bucher, Diemer-Nicolaus; Vertreter des BMJ: Dallinger, Kleinknecht.

85 PA, IV 249, A 1, lfd. Nr. 23; Kanka und Hirsch sprachen sich zudem für eine Ausweitung der Klage- und Einspruchrücknahme sowie für eine Beschränkbarkeit des Einspruchs aus. Zwar wurde ihr Vorschlag nicht weiter thematisiert, vom BMJ aber in deren weitere Überlegungen mit aufgenommen; vgl. auch unten S. 19, 22.

86 Hirsch (SPD) kritisierte die Regelung, weil sie seines Erachtens gerade den Normalbürger und nicht den Schwerverbrecher schützen sollte.

87 PA, IV 249, A 1, lfd. Nr. 23.

88 PA, IV 249, A 1, lfd. Nr. 23.

vom Staat festgestellt wird – wofür einiges spricht[89] –, dann verzichtet der Gesetzgeber bewusst auf die materielle Wahrheit als Grundlage eines Strafausspruches zugunsten einer – vermeintlichen – Arbeitsentlastung. Im Gegensatz zu dem zweiten Gesetz zur Sicherung des Straßenverkehrs tritt an die Stelle der materiellen Wahrheit auch nicht eine quasi formelle Wahrheit in Form eines Konsenses zwischen den Verfahrensbeteiligten, sondern es bleibt bei der einseitigen und somit autoritären Festlegung des Sachverhalts durch das Strafverfolgungsorgan.

Die Kontroverse führte schließlich zu einer Abstimmung im Rechtsausschuss, in der der Ausschluss des Schlussgehörs beim Strafbefehl[90] mit 13 gegen 2 beschlossen wurde. Zudem kam man, mit lediglich 8 zu 6 Stimmen bei einer Enthaltung, auf Vorschlag *Müller-Emmerts* überein, die Mitteilung vom Abschluss der Ermittlungen beim Strafbefehlsverfahren ebenfalls auszuschließen. Neben dem dadurch verfestigten Einflussminus des Beschuldigten hatte dies auch ein dogmatisches Problem zur Folge. Denn nun konnte die Situation entstehen, dass im Falle des Einspruchs die Sache ohne vorherige Gewährung des Schlussgehörs gemäß § 25 Abs. 1 Nr. 2c GVG, § 407 Abs. 3 StPO vor das Schöffengericht kam, obwohl es nach §§ 169a Abs. 2, 169b Abs. 1 StPO bei einer Anklage vor dem Schöffengericht grundsätzlich zu gewähren wäre.

Durch das Gesetz wurde letztlich lediglich das Akteneinsichtsrecht vorverlegt[91]. Der Strafrechtsausschuss der BRAK begrüßte diese Neuerung[92], man erhoffte sich wahrscheinlich eine verbesserte, auf der Kenntnis des Akteninhalts beruhende Einflussmöglichkeit auf die Sachverhaltsdarstellung. Bisher war es von der Stellung des Strafbefehlsantrages abhängig gewesen[93], nunmehr konnte das Akteneinsichtsrecht bereits dann ausgeübt werden, wenn sich der Staatsanwalt zur Antragstellung entschloss, die Ermittlungen also abgeschlossen waren[94]. Nach der endgültigen Gesetzesfassung unterblieb jedoch eine Mitteilung über den Abschluss der Ermittlungen nach § 169a Abs. 2 StPO, da sie untrennbar mit dem beim Strafbefehlsverfahren ausgeschlossenen

89 Vgl. Eisenberg, Kriminologie, § 27, Rn. 23; wonach mehr als die Hälfte der Einsprüche „Erfolg“ habe.

90 Dergleichen auch beim beschleunigten Verfahren und beim Verfahren vor dem Einzelrichter im Allgemeinen.

91 Art. 2 Nr. 4 des StPÄG, dort der Verweis auf § 147 Abs. 5 StPO.

92 PA, IV 249, A 6, Nr. 2, S. 26.

93 §§ 407 Abs. 1 a.E., 147 Abs. 1 StPO.

94 §§ 407 Abs. 4, 169a Abs. 1, 147 Abs. 2 StPO.

Schlussgehör[95] verbunden war. Damit konnte das Akteneinsichtsrecht vor Erlass eines Strafbefehls faktisch nicht ausgeübt werden und entpuppte sich als ein aus der Sicht der Verteidigung stumpfes Schwert, da sie weiterhin nicht qualifiziert, also auf Grundlage des Akteninhalts, auf die Sachverhaltsdarstellung Einfluss nehmen konnte.

c) Das Einführungsgesetz zum OWiG

Ehe das Strafbefehlsverfahren wieder substantiell berührt wurde, wurde durch das *EGOWiG* vom 24. Mai 1968[96] die Nebenfolge der Beseitigung eines gesetzeswidrigen Zustandes gestrichen, da das bayerische Landesrecht, wegen dessen sie ursprünglich eingeführt worden war[97], diese Nebenfolge inzwischen nicht mehr kannte und sie im Bundesrecht praktisch keine Rolle spielte[98]. Daneben wurde, wie im OWiG-Verfahren auch, die Festsetzung einer Geldbuße gegen eine juristische Person durch Strafbefehl für zulässig erklärt, da eine solche Buße auch durch Bußgeldbescheid festgesetzt werden konnte und das Strafbefehlsverfahren dem OWiG-Verfahren *vergleichbar* sei[99]. Im Rechtsausschuss wurde zudem entsprechend eines Formulierungsvorschlags des BMJ ein Verweis auf die §§ 268a Abs. 2[100] und 268c S. 1 StPO aufgenommen. Dadurch wurde sichergestellt, dass der Angeklagte auch im Strafbefehlsverfahren über die Bewährung belehrt werden musste, wie es in der Hauptverhandlung schon seit 1953 der Fall gewesen war. Weiterhin wurde geregelt, dass nun im Strafbefehl bei Anordnung eines Fahrverbots nach § 37 StGB über den Beginn der Verbotsfrist belehrt werden musste.

2. Der Übergang von der Bewältigung der Verkehrsdelikte zu den Delikten der allgemeinen Kriminalität

Anfang der 70er Jahre begann der Gesetzgeber wegen knapper Kassen und eines hohen Geschäftsanfalls bei den Gerichten unter dem Gesichtspunkt der Entlastung und Beschleunigung massiv auf das Strafverfahren einzuwirken[101].

---

95 1975 abgeschafft, da es zu Verfahrensverzögerungen führte, vgl. *Rieß*, NJW 75, S. 81 (85).

96 BGBl. I, S. 503; Materialien in PA, V 203.

97 Vgl. oben S. 153, Fn. 19.

98 Vgl. *Schwarz-Kleinknecht*, Strafprozeßordnung, § 407, Anm. 4 D.

99 BT-Drucks. 5/1269, S. 32.

100 § 268a Abs. 2 StPO: Der Vorsitzende belehrt den Angeklagten über die Bewährung der Strafaussetzung zur Bewährung, die Bewährungszeit, Auflagen und Weisungen sowie über die Möglichkeit des Widerrufs der Aussetzung (§ 25 des Strafgesetzbuches). Zugleich ist ihm aufzugeben, jeden Wechsel seines Aufenthalts während der Bewährungszeit anzuzeigen. Die Belehrung ist in der Regel nach der Verkündung des Beschlusses nach Absatz 1 zu erteilen.

101 Zur knappen Ressource Recht vgl. *Benda*, Rechtsstaat, DRIZ 79, 362, und *Pfeifer*, Recht, ZRP 81, 121.

Auch das Strafbefehlsverfahren war davon betroffen, dabei standen die Verkehrsdelikte weiterhin im besonderen Augenmerk des Gesetzgebers. Auf einer Sonderkonferenz der Justizminister und -senatoren in Bad Pyrmont am 4. und 5. Mai 1970 wurde zur Vorbereitung einer Justizreform beschlossen, eine gemeinsame Arbeitsgruppe des Bundes und der Länder für die Zivil- und Strafgerichtsbarkeit zu bilden[102]. Dies resultierte im Jahre 1971[103] in der Fertigstellung eines der Beschleunigung dienenden Referentenentwurfs einer Strafprozessordnung[104]. Die dort enthaltenen Änderungen fanden in zwei unterschiedliche Gesetze Eingang, dem EGStGB vom 2. Mai 1974 und dem ersten StVRG vom 9. Dezember 1974; Ausgangspunkt der folgenden Darstellungen ist jeweils die Gesetzesfassung.

a) Das EGStGB 1974

Anfang 1972 legte die Bundesregierung erstmals den Entwurf eines Einführungsgesetzes zum Strafgesetzbuch vor[105]. Da er wegen Ablauf der sechsten Wahlperiode nicht mehr verabschiedet werden konnte, wurde er – mit einigen Änderungen – von der Bundesregierung am 9. Januar 1973 erneut in das Gesetzgebungsverfahren eingebracht[106] und am 2. März 1974 verkündet[107].

Die Sanktionsgewalt im Strafbefehlsverfahren wurde im Ergebnis erweitert. Auf der einen Seite schloss man zwar die Möglichkeit aus, *Freiheitsstrafen* mittels Strafbefehls zu verhängen[108]. Dies beruhte jedoch nicht auf der rechtspolitischen Vorstellung, dass eine solch empfindliche Strafe generell nicht in einem summarischen Verfahren verhängt werden dürfe[109]. Hintergrund war vielmehr, dass man im BMJ der Ansicht war, dass die neu eingeführten, gesteigerten *Tatbestandsvoraussetzungen* für die Verhängung einer kurzfristi-

---

102 BR-Drucks. 117/73, S. 34.

103 Die Arbeitsgruppe tagte in sieben Arbeitssitzungen vom Juli 1970 bis zum April 1971.

104 1. Teil vom Stand 25. Juni 1971, PA, VI 1023, A, lfd. Nr. 18; 2. Teil vom Stand 25. November 1971, PA, VI 1023, A, lfd. Nr. 19.

105 BR-Drucks. 1/72.

106 BR-Drucks. 111/73.

107 BGBl. I, S. 469, 4. Abschnitt, Artikel 21, Nr. 104 ff.

108 PA, VI 1023, Bd. A, lfd. Nr. 19, Bl. 112.

109 So aber Arbeitskreis, Stellungnahme, ZRP 95, S. 268 (271).

gen, unter sechs Monaten andauernden Freiheitsstrafe[110] nicht in einem summarischen Verfahren festgestellt werden könnten[111].

Auf der anderen Seite wurde die Möglichkeit, *Geldstrafen* zu verhängen, überproportional auf das zulässige gesetzliche Höchstmaß von nun 3,6 Millionen DM[112] erweitert[113]. Möglich wurde dies durch die Einführung des Tagessatzsystems, wodurch nun allein für einen Tag eine Geldstrafe von bis zu 1000,- DM verhängt werden konnte, was das Doppelte der zuvor höchstens verhängbaren Strafe bei Übertretungen darstellte. Denn nach der bisherigen Rechtslage durften selbst im ordentlichen Verfahren bei Vergehen höchstens 10.000,- DM und bei Übertretungen sogar nur 500,- DM verhängt werden[114].

Nach offenbar unbestrittener Ansicht war auf prozessualer Ebene die Geldstrafe zudem durch die im Strafbefehl höchstens verhängbare dreimonatige Freiheitsstrafe begrenzt gewesen. Denn der Begriff Freiheitsstrafe hatte auch die Ersatzfreiheitsstrafe umfassen sollen, wovon man beim E EGADStGB bei gleicher Gesetzeslage noch nicht ausgegangen war[115]. Diese Begrenzung war allerdings nur mittelbar[116]. Denn vor Einführung des Tagessatzsystems war die Ersatzfreiheitsstrafe nach freiem Ermessen zu verhängen [117], so dass im Strafbefehl jede Geldstrafe verhängt werden konnte, soweit der Amtsrichter davon ausgegangen war, dass die drei Monate Ersatzfreiheitsstrafe ein angemessenes Äquivalent darstellten[118].

Die rigorose Ausdehnung der Geldstrafe war während des Gesetzgebungsverfahrens nicht unumstritten. Der Referentenentwurf sowie die erste Bundesratsvorlage hatten übereinstimmend noch die Begrenzung der Geldstrafe auf sechsmonatige Ersatzfreiheitsstrafe vorgesehen, wodurch das Höchstmaß 1,8 Millionen DM betragen hätte. Die Begrenzung der Geldstrafe wurde erst im Bundesrat auf Antrag *Rheinland-Pfalz'* gegen die Stimmen *Berlins*, *Bre-*

---

110 Besondere Umstände, die in der Tat oder der Persönlichkeit des Täters liegen, mussten die Verhängung einer solchen Strafe zur Einwirkung auf den Täter oder zur Verteidigung der Rechtsordnung unerlässlich machen.

111 PA, VI 1023, Bd. A, lfd. Nr. 19, Bl. 113.

112 Das sind 3,6 Millionen DM, bei Gesamtstrafe sogar 7,2 Millionen DM; vgl. *Grauhaus*, Rechtsschutz, DRiZ 75, S. 102.

113 Vgl. PA, VI 1023, Bd. A, lfd. Nr. 19, Bl. 112.

114 § 29 StGB.

115 RT-Drucks. 2070/IV (1928), S. 109, zu Ziffer 221; vgl. auch RT-Drucks. 1214/1914/15, S. 241.

116 *Schwarz-Kleinknecht*, Strafprozeßordnung, § 407, Anm. 3 B.

117 § 29 Abs. 3 StGB.

118 Eb. *Schmidt*, Lehrkommentar, § 407, Rn. 9.

mens und *Nordrhein-Westfalens* zu Gunsten der Gesetzesfassung gestrichen[119], da keine Bedenken dagegen beständen, „das Strafbefehlsverfahren bei Geldstrafe schlechthin zuzulassen“[120]. *Nordrhein-Westfalen* wandte sich dagegen, weil der Anwendungsbereich des Verfahrens nach § 232 StPO auf sechsmonatige Ersatzfreiheitsstrafe beschränkt geblieben war. Da nach der Regierungsvorlage – und der Motive der RStPO[121] – beide Verfahren sowohl rücksichtlich der Prozessbeschleunigung als auch der Abwesenheit des Angeklagten vergleichbar seien, müsse, so *Nordrhein-Westfalen*, diese Beschränkung beim Strafbefehlsverfahren erst recht gelten, da dieses noch weniger Verfahrensgarantien biete.

Die „Erweiterung des Strafbefehlsverfahrens“[122] verfolgte zwei Ziele: Zum einen sollte sichergestellt werden, dass „in weiten Bereichen der unteren und mittleren [!] Kriminalität einfach gelagerte Fälle mittels Strafbefehl“ schnell und diskret erledigt werden könnten[123]. Zum anderen zielte sie auf die Verkehrsdelikte im Besonderen ab. Dies zeigt sich daran, dass das Höchstmaß der im Strafbefehl verhängbaren *Sperrfrist* für die Neuerteilung einer Fahrerlaubnis – entsprechend den Vorschlägen der Rechtsanwaltschaft[124] – von einem auf zwei Jahre heraufgesetzt wurde[125]. Nach der Begründung zum Referentenentwurf gebe es nämlich „nicht selten einfache Wiederholungsfälle erheblicher [!] Verkehrsdelikte [...], die noch mit einer Geldstrafe geahndet werden können, bei denen aber eine Sperre von einem Jahr als nicht ausreichend erscheint.“ Diesen hierin enthaltenen Widerspruch, dass Fälle möglich seien, die *noch* mit einer Geldstrafe geahndet werden könnten, bei denen eine einjährige Sperrfrist aber nicht ausreiche, hat der Gesetzgeber durch die Erweiterung der Strafbefugnis freilich selbst geschaffen. Hätte man – entsprechend der damaligen

---

119 Bundesrat, Protokolle, Rechtsausschuss, Unterausschuss, 1972, Nr. 10.1, Bl. 58; vgl. auch PA, VII 109, A 4, Nr. 77, Bl. 29, dort im Rechtsausschuss noch gegen die Stimmen Bremens, Hessens und Nordrhein-Westfalens.

120 Vgl. auch PA, VI 1023, Bd. A, Nr. 3, Antrag 95: „Für die Beschränkung [sei] kein einleuchtender Grund ersichtlich“.

121 *Hahn*, Strafprozessordnung, Abt. I, S. 286.

122 PA, VI 1023, Bd. A, lfd. Nr. 19, Bl. 114.

123 PA, VI 1023, Bd. A, lfd. Nr. 19, Bl. 114.

124 Stellungnahme, Bl. 4 der Anlage zu S. 110; der Strafrechtsauschuss der BRAK war sich einig, dass das Strafbefehlsverfahren ausgedehnt werden sollte. Die Mehrheit sprach sich insbesondere für den Wegfall der Freiheitsstrafe und für die Ausdehnung der Sperrfrist aus. Eine Minderheitwar der Ansicht, dass Freiheitsstrafen bis zu sechs Monaten legitim seien. Allgemein war die Ausweitung weitestgehend unumstritten, vgl. *Böttcher*, Strafbefehl, S. 302.

125 PA, VI 1023, Bd. A, lfd. Nr. 19, Bl. 112, 114.

Rechtslage – die Beschränkung auf dreimonatige Ersatzfreiheitsstrafe beibehalten, so hätte das Argument an Schärfe verloren, da die bisherige Sperrfrist von einem Jahr dann nämlich weiterhin bezüglich der Geldstrafe kongruent verliefe. Dieses Vorgehen lässt die Vermutung begründet erscheinen, dass ein entscheidendes Ziel der Ausweitung das Herausnehmen der Verkehrsdelikte aus dem ordentlichen Verfahren mit seiner stigmatisierenden Wirkung[126] war.

b) Das Erste Gesetz zur Reform des Strafverfahrensrechts

Die im Referentenentwurf vorgesehenen Änderungen des Verfahrensablaufs fanden im „ersten Gesetz zur Reform des Strafverfahrensrechts (erstes StVRG)“ vom 9. Dezember 1974[127] Eingang.

Wie bei den Beratungen des StPÄG – und im übrigen bei den Verhandlungen zur RStPO – bereits vorgeschlagen worden war[128], sah man nunmehr die Möglichkeit vor, *Klage und Einspruch* bis zur Verkündung des Urteils im ersten Rechtszug *zurückzunehmen*, nach Beginn der Hauptverhandlung allerdings nur mit Zustimmung des Gegners. Erklärtes Ziel dieser Neuerung war eine „erhebliche Beschleunigungswirkung“[129] durch mehr Rücknahmen von Einsprüchen und Fallenlassen von Anklagen. Dem Gericht werde dadurch die Mühe und der Zeitaufwand der Absetzung eines schriftlichen Urteils erspart. Ausdrücklich wurde der in den Motiven zur RStPO genannte Einwand, dass die Rücknahme des Einspruchs gegen die Ordnung des Verfahrens und die Autorität des Gerichts verstieße, unter Hinweis auf die erhebliche Verfahrenserleichterung zurückgewiesen[130].

In der Praxis war bereits vorher die Tendenz zu beobachten gewesen, dass eine solche Rücknahme zulässig sei, wenn die Hauptverhandlung vertagt und der Einspruch vor Beginn des darauffolgenden Verhandlungstages zurückgenommen wurde[131]. Man begründete dies damit, dass die Zahl der Hauptverhandlungen bei Sachen mit minderer Bedeutung nicht ohne Grund vermehrt werden sollte[132]. Zudem treffe die in den Motiven der RStPO geäußerte Befürchtung, ein solches Procedere verstoße gegen die Autorität des Gerichts, nicht zu[133]. Angesichts dieses Arguments und des Standpunktes des BMJ, dass man eine solche Rücknahme mit Zustimmung der Anklagebehörde in

126 Vgl AE, Begründung, S. 7: „öffentliches Tribunal“.

127 BGBl. I, S. 3393.

128 Vgl. oben S. 160.

129 PA, VI 1023, Bd. A, lfd. Nr. 19, Bl. 64.

130 PA, VI 1023, Bd. A, lfd. Nr. 19, Bl. 66; so auch LG Baden-Baden, NJW 64, S. 827.

131 LG Baden-Baden, NJW 64, S. 827; LG Mosbach, NJW 59, S. 2130.

132 LG Mosbach, NJW 59, S. 2130.

133 LG Baden-Baden, NJW 64, S. 827.

der Praxis zulassen solle[134], setzte man sich über den widersprechenden Wortlaut des § 411 Abs. 1 StPO hinweg[135].

Daneben sah das Gesetz die Streichung des § 412 Abs. 2 StPO vor, der den Ausschluss der *Wiedereinsetzung in den vorigen Stand* nach Versäumung der Hauptverhandlung bestimmte, wenn sie dem Angeklagten bereits nach Versäumung der Einspruchsfrist gewährt worden war. Dies wurde – wie schon 1909[136] – damit begründet, dass es sich um zwei grundverschiedene Sachverhalte handele, die Regelung daher zu erheblichen Härten führen könne und ihr somit die innere Berechtigung fehle.

3. Die Konzentration auf die allgemeine mittlere Kriminalität

Nachdem das EGStGB neben der Erledigung der Verkehrssachen einen Schwerpunkt auch auf die allgemeine mittlere Kriminalität gelegt hatte, beschäftigte man sich mit letzterer seit Mitte der 70er Jahre fast ausschließlich. Zum einen wurden punktuelle Änderungen des Strafbefehlsverfahrens vorgeschlagen. Zum anderen hielt man eine Reform des gesamten amtsgerichtlichen Verfahrens für notwendig, innerhalb dessen das Strafbefehlsverfahren neu eingeordnet werden sollte. Gemeinsam war beiden Wegen, dass das Strafbefehlsverfahren tendenziell in den Dienst einer erhofften Beschleunigung und Entlastung der Rechtspflege gestellt wurde.

a) Die Reformentwürfe

Eine Reform des amtsgerichtlichen Verfahrens war im „Diskussionsentwurf für ein Gesetz über die Rechtsmittel in Strafsachen“[137] aus dem Jahre 1975 und im „Alternativentwurf Novelle zur Strafprozessordnung“[138] aus dem Jahre 1980 vorgesehen. Der Diskussionsentwurf wurde von einer gemeinsamen Bund-Länder-Arbeitsgruppe „Strafverfahrensreform“ vorgelegt. Zunächst wurden, aufgrund eines Beschlusses der Justizminister und -senatoren, von Februar 1971 bis Dezember 1972 seine Grundzüge entworfen. Nachdem die Länder diese im Mai 1973 gebilligt hatten, erstellte die Arbeitsgruppe den Entwurf bis zum 15. April 1975. Demgegenüber stammt der Alternativentwurf von einem Arbeitskreis privater Rechtslehrer, die seit Mitte der 60er Jahre eine

---

134 Nach *Hiendl*, Rücknahme, NJW 57, S. 80.

135 *Kleinknecht*, Anm. zu LG Baden-Baden, NJW 64, S. 827.

136 *Schubert*, Entwürfe, S. 181.

137 BMJ, Diskussionsentwurf, S. 1 ff.

138 Arbeitskreis, AE, S. 6 ff.

Reihe von sogenannten Alternativ-Entwürfen zum materiellen Strafrecht und zum Strafvollzugsrecht veröffentlicht hatten.

Der Diskussionsentwurf zielte primär auf eine Entlastung der Justiz von den sie massenhaft beschäftigenden Delikten, der Alternativentwurf hatte sich zum Ziel gesetzt, das Strafverfahren der Resozialisierung dienstbar zu machen, was sich teilweise mit der Zielsetzung des Diskussionsentwurfs überschnitt.

aa) Der Diskussionsentwurf des BMJ von 1975

Der Diskussionsentwurf enthielt neben einer umfassenden Reform des Rechtsmittelrechts auch eigenständige Verfahrensvorschriften für die leichte Kriminalität[139], um eine „zügige und rationelle Erledigung dieser Massensachen zu ermöglichen". Wegen der Schaffung eines solchen vereinfachten erstinstanzlichen Verfahrens[140] gab es kein Bedürfnis, den Anwendungsbereich des – weiterhin als Sonderform ausgestalteten[141] – Strafbefehlsverfahrens auszuweiten, obwohl die Forderung nach Entlastung der Gerichte[142] in der Vergangenheit regelmäßig die Ausweitung des Strafbefehlsverfahrens nach sich gezogen hatte.

Man änderte die Verfahrensausgestaltung. So sah der Entwurf die *Gewährung rechtlichen Gehörs* vor[143], so dass der Beschuldigte verstärkt und in einem

---

139 Dieses Prinzip – unterschiedliche Ausgestaltung der erstinstanzlichen Verfahrensvorschriften nach der Schwere des Delikts – ist freilich nicht neu, vielmehr liegt es auch dem Strafbefehlsverfahren zugrunde und wird mit jeder Ausweitung des Anwendungsbereichs bestätigt und bestärkt. Schon während den Beratungen der Staatsratskommission wurden summarische Verfahrensstrukturen mit der Geringfügigkeit der Sache gerechtfertigt. Die RStPO von 1877 übernahm dieses Prinzip. So fand vor dem Amtsgericht die Beweisaufnahme nach freiem Ermessen des Gerichts statt. Das formelle Beweisantragsrecht vor dem Amtsgericht wurde zunächst 1935, dann endgültig 1950 in die StPO implementiert.

140 Jenes erstinstanzliche Verfahren sollte aus einem strafrichterlichen Vorschaltverfahren summarischen Charakters, das in „einer mehr entspannten, formloseren Atmosphäre" stattfand, und einem auf Einspruch hin tätigem schöffengerichtlichen Verfahren bestehen. Der Strafrichter war für die „typischerweise einfach gelagerten Fälle mit nicht hoher Straferwartung" zuständig. Das Vorschaltverfahren bestand in erster Linie (daneben gab es noch das beschleunigte Verfahren) aus dem mündlichen Strafbescheids- und dem schriftlichen Strafbefehlsverfahren; BMJ, Diskussionsentwurf, S. 38, linke Sp., S. 39, linke Sp.

141 So ausdrücklich BMJ, Diskussionsentwurf, S. 39, rechte Sp., denn es sollte in Abgrenzung zum mündlichen Verfahren nur zur Anwendung kommen, wenn weitere Ermittlungen zur Aufklärung des Sachverhalts nicht erforderlich erschienen und eine resozialisierende Einwirkung auf den Täter nicht zu erwarten sei.

142 Vgl. BMJ, Diskussionsentwurf, S. 39, linke Sp.

143 § 295k Abs. 3 i.V.m. § 289 Abs. 2 DE.

formellen Verfahren auf die Entscheidungsgrundlage Einfluss nehmen konnte. Der Staatsanwalt hatte mit Stellung des Strafbefehlsantrags diesen auch dem Beschuldigten mit dem Hinweis mitzuteilen, dass er sich innerhalb einer Woche *bei dem Strafrichter* hierzu erklären könne. Allerdings ist die darin liegende Aufwertung der Verfahrensrechte des Beschuldigten ambivalent zu beurteilen. Denn die umfangreichere Entscheidungsgrundlage spielte nach Ansicht des Entwurfs nur eine untergeordnete Rolle. Es sollte sich bei dem Strafbefehl um eine vollwertige richterliche Entscheidung und nicht um eine bloß vorläufige Straffestsetzung handeln[144].

Einer solchen vollwertigen richterlichen Entscheidung, in der der Richter nicht nur die Sachverhaltsdarstellung der Staatsanwaltschaft berücksichtigt[145], wohnt selbstredend eine höhere Autorität bzw. Legitimität inne. Dies wiederum führt dazu, dass der Beschuldigte eher auf die Einlegung eines Einspruchs verzichtet[146], was die vom Entwurf intendierte Entlastung der Rechtspflege zur Folge hat[147]. Daher ist davon auszugehen, dass die Gewährung rechtlichen Gehörs eigentlich dazu diente, die Rechtspflege zu entlasten und nicht die Verfahrensrechte durch mehr Einfluss auf die Entscheidungsgrundlage zu stärken, was eher durch die Einführung einer obligatorischen Anhörung hätte erreicht werden können.

Diese Entlastungswirkung stand auch bei der im Entwurf vorgesehenen *Beschränkbarkeit des Einspruchs*[148] im Vordergrund.

Die Frage, inwieweit der Einspruch beschränkbar sei, wurde in der Praxis unterschiedlich beantwortet. Dies bezog sich nur auf die vertikale Rechtskraft, da eine horizontale Rechtskraft des Strafbefehls nicht möglich erschien[149]. Das Bayerische Oberste Landesgericht[150] und das OLG Stuttgart[151] führten aus, dass eine solche vertikale Beschränkung zumindest dann nicht möglich sei, wenn es um Straftaten gehe, die in einem engen räumlichen, zeitlichen und inneren Zusammenhang stünden. Denn es könne nicht der eine Teil summarisch, der andere Teil aber voll überprüft werden. Im Alltagsgeschäft schien diese Praxis jedoch ungeachtet dieser Äußerungen wegen der damit einhergehenden Arbeitsentlastung weit verbreitet zu sein[152].

---

144 BMJ, Diskussionsentwurf, S. 68, rechte Sp. oben.

145 Vgl. *Meine*, Strafmaß, MSKrim 1982, S. 343.

146 Vgl. zu einer ähnlichen Neuerung Arbeitskreis, AE, Begründung, S. 53.

147 *Rieß*, Vereinfachte Verfahrensvorschriften, JR 75, S. 224 (227, Fn. 29).

148 § 295 o DE.

149 RGSt 63, S. 344; *Salger / Skibbe*, Einspruchsbeschränkung, NJW 53, S. 853.

150 GA 82, S. 325 (326).

151 OLG Stuttgart, NJW 53, S. 1156.

152 *Salger / Skibbe*, NJW 53, S. 852.

Durch die Beschränkbarkeit des Einspruchs konnte der Prozessstoff begrenzt und die Schöffengerichte von Arbeit befreit werden. Allerdings erreichte man die damit beabsichtigte Entlastung nicht vollständig, da die Beschränkung nur vertikal, nicht aber horizontal möglich war. Dogmatisch wurde dies damit begründet, dass andernfalls ein vollrechtskräftiges Urteil auf einem nur *beschränkt rechtskräftigen* Strafbefehl aufbaue[153].

Dem Strafbefehl kam im Diskussionsentwurf praktisch weiterhin, wenn auch nicht in dem Maß wie nach der Rechtsprechung, nur eine *beschränkte Rechtskraft* zu, obwohl der Grundsatz *ne bis in idem* auch hier nur durch das Wiederaufnahmerecht eingegrenzt werden sollte[154]. Denn die Voraussetzungen der Wiederaufnahme wurden aus Rücksicht auf die „Besonderheiten des schriftlichen Verfahrens", das „zwangsläufig mit mehr Fehlermöglichkeiten behaftet ist", im Entwurf zu Ungunsten des Angeklagten ausgeweitet[155]. Damit lastete das Risiko des summarischen Verfahrens weiterhin auf dem Bürger, obwohl sich der Staat dessen primär aus eigennützigen Gründen bediente.

bb) Der Alternativentwurf von 1980

Von weniger Interesse – nur der Vollständigkeit halber erwähnt – ist der Alternativentwurf[156], da dessen Schwerpunkt nicht auf dem Strafbefehlsverfahren, bei dem er sich „eng an das geltende Recht" hielt[157], sondern auf der Einführung eines neuen Verfahrens mit nichtöffentlicher Hauptverhandlung lag. Die vorgenommenen Änderungen dienten neben der vom Entwurf angestrebten resozialisierenden Wirkung des Strafverfahrens auch der Entlastung.

Der Sanktionsrahmen wurde einzig um die Auflage erweitert, einer Unterhaltspflicht nachzukommen. Von weiteren Erweiterungen im Strafbefehlsverfahren wurde abgesehen, weil von ihnen keine „speziell pädagogische Zielsetzung" zu erwarten gewesen sei[158]. Insofern passte das Strafbefehlsverfahren in die dem Entwurf innewohnende Tendenz, das Verfahren der Resozialisierung dienstbar zu machen. Gleichzeitig wurde dadurch auch die Staatsanwaltschaft ein wenig entlastet. Denn mit einer etwaigen Nichterfüllung der Unterhaltspflicht hatten sich die Gerichte zu beschäftigen, die

153 Denn dann wäre die Rechtsfolge durch ein Urteil festgelegt, wofür die Rechtskraft gilt.

154 BMJ, Diskussionsentwurf, S. 68.

155 So war die Wiederaufnahme zulässig, wenn „nach Erlass des Strafbefehls neue Tatsachen bekannt werden, aus denen sich ergibt, dass die abgeurteilte Straftat
1. ein Verbrechen oder
2. ein anderes Vergehen ist und die zu erwartende Strafe außer Verhältnis zu der erkannten steht".

156 Arbeitskreis, AE, S. 6 ff.

157 Arbeitskreis, AE, S. 51.

158 Arbeitskreis, AE, S. 51.

dadurch lediglich unbedeutend mehr belastet wurden[159]. Daneben sah der Alternativentwurf die Gewährung *rechtlichen Gehörs* vor. Es war ähnlich dem seinerzeit nicht in das Strafbefehlsverfahren implementierten Schlussgehör ausgestaltet[160]. Durch die Einführung sollten zum einen „bisher gelegentlich vorgetragene Bedenken, dass der Grundsatz des rechtlichen Gehörs [...] nicht gewahrt sei, beseitigt" und Verfassungsbeschwerden wegen zu kurzer Einspruchsfrist vorgebeugt werden[161]. Darüber hinaus diente sie aber ausdrücklich auch dazu, die Einspruchsquote und damit den Geschäftsanfall zu senken[162].

b) Äußerungen der Politik, Praxis und Wissenschaft

Neben den Reformentwürfen zum amtsgerichtlichen Verfahren insgesamt gab es auch Einzelvorschläge nur zum Strafbefehlsverfahren. Sie beruhten gleichermaßen auf dem – mittlerweile in die Kritik geratenen[163] – Gedanken der Beschleunigung und Entlastung. Die Ausgangsthese lautete, dass es zu viele Verfahren gebe[164] und die entlastende Wirkung des Strafbefehlsverfahrens rückläufig sei[165]. Vorgeschlagen wurden die Erweiterung des Anwendungsbereichs und Änderungen im Verfahrensablauf.

Die Ausweitung des *Anwendungsbereichs* auf die Möglichkeit, Freiheitsstrafen[166] mittels Strafbefehl zu verhängen, wurde zunächst nur zaghaft[167], dann immer vehementer gefordert. Einerseits schlug man vor, zu dem vor dem In-Kraft-Treten des EGStGB herrschenden Rechtszustand zurückzukehren[168]. Nach anderer Ansicht sollte die verhängbare Freiheitsstrafe wesentlich höher

---

159 *Meyer-Goßner*, Verbesserung, ZRP 82, S. 243.

160 Die Staatsanwaltschaft hatte vor Stellung des Antrags – der die vom Staatsanwalt zu beantragen beabsichtigende Rechtsfolge beinhaltete – den Beschuldigten darüber zu informieren, dass er einen solchen Antrag zu stellen beabsichtige. Der Beschuldigte konnte sich dazu äußern, in dem Fall wurde die Stellungnahme dem Antrag an das Gericht beigefügt.

161 Arbeitskreis, AE, S. 53.

162 Arbeitskreis, AE, S. 53.

163 Kritisch: *Hassemer,* StV 82, 275 und *Werle,* ZRP 83, 201.

164 *Zierl*, Möglichkeiten, DRiZ 83, S. 409.

165 *Rieß*, Vereinfachte Verfahrensvorschriften, JR 75, S. 224 (225), danach sei das Strafbefehlsverfahren in Anwendungsbereich und Wirkungsweise begrenzt.

166 Daneben gab es Vorschläge, die auf die Verwarnung mit Strafvorbehalt und auf das Absehen von Strafe mittels Strafbefehl abzielten; vgl. *Mannsperger*, Strafbefehlsverfahren, NStZ 84, S. 258.

167 So *Rieß*, Vereinfachte Verfahrensvorschriften, JR 75, S. 224 (225, Fn. 8).

168 In diese Richtung: *Böttcher*, Strafbefehl, S. 299 , 302.

angesetzt werden[169]. So sprach sich beispielsweise *Boltz* explizit für die Möglichkeit aus, Freiheitsstrafen von bis zu einem Jahr zu verhängen[170]. Dadurch solle der mittleren Kriminalität im Allgemeinen und der *Wirtschaftskriminalität* im Besonderen Einhalt geboten werden[171]. Insofern zielte *Boltz'* Vorschlag nicht nur auf Beschleunigung und Entlastung, sondern wie bei den Verkehrsdelikten auf ein gezieltes Herausnehmen *bestimmten* strafrechtlich sanktionierten Verhaltens aus dem ordentlichen Verfahren. Dieser Ausweitung wollte *Boltz* ein verfahrensrechtliches Äquivalent zur Seite stellen, durch welches gewisse Härten ausgeglichen werden sollten. So schlug er vor, dass ab einer zu erwartenden Freiheitsstrafe von über drei Monaten ein Fall der notwendigen Verteidigung vorliegen sollte.

Die Vorschläge hinsichtlich der *Verfahrensausgestaltung* waren mannigfaltig. So sprach man sich für die Einführung der Gewährung rechtlichen Gehörs[172], die Aufhebung der Bindung des Richters an den Antrag der Staatsanwaltschaft[173], die Beschränkbarkeit des Einspruchs[174] und die Einführung eines vereinfachten Verfahrens nach Einspruch gegen die Tagessatzhöhe[175] aus. Daneben wurde ein erweitertes Wiederaufnahmeverfahren zu Ungunsten des Verurteilten gefordert[176], wodurch das Risiko des fehlerbehafteten Strafbefehlsverfahrens weiterhin nicht der Staat, sondern der Bürger getragen hätte.

Anfang der 80er Jahre schaltete sich auch die Politik in die Diskussion ein, nachdem die Landesjustizverwaltungen immer stärker mit der Forderung von Richtern und Staatsanwälten nach Ausweitung des Strafbefehlsverfahrens konfrontiert worden waren[177]. Eingebettet in die damals allgegenwärtige Forderung nach einer umfassenden Entlastung der Rechtspflege, war die Politik der Ansicht, dass „die Bedeutung des einzelnen Rechtsfalles und der

---

169 *Uhlig*, DRiZ 83, Möglichkeiten, S. 407, 408; zustimmend: *Zierl*, Möglichkeiten, DRiZ 83, S. 409.

170 *Boltz*, Beschleunigungsnovelle, ZRP 74, S. 34.

171 *Boltz*, Beschleunigungsnovelle, ZRP 74, S. 34.

172 *Rieß*, Vereinfachte Verfahrensvorschriften, JR 75, S. 224, 227, Fn. 29.

173 *Rieß*, Vereinfachte Verfahrensarten, S. 113, 132.

174 *Zierl*, Möglichkeiten, DRiZ 83, S. 409, 411.

175 Zum einen wurde vorgeschlagen, dass in diesen Fällen auf die Beweisaufnahme zu verzichten sei, *Prümm*, Strafprozessrecht, DRiZ 79, S. 241, 243, zum anderen sollte in diesen Fällen der Einspruch im schriftlichen Verfahren erledigt werden können, *Zierl*, Möglichkeiten, DRiZ 83, S. 409, 411 und Deutscher Richterbund, Reformvorschläge, DRiZ 88, S. 229. Dagegen: BRAK, Stellungnahme, Bl. 5 der Anlage zu S. 110 der Stellungnahme.

176 *Achenbach*, Impulse, ZRP 77, S. 86.

177 *Böttcher*, Strafbefehl, S. 302.

mit seiner Behandlung verbundene Aufwand [...] in einem angemessenen Verhältnis zueinander stehen“ müssten[178]. Daher sollten, so die Landesjustizminister und -senatoren, „alle irgend vertretbaren Möglichkeiten ausgeschöpft werden“[179] und somit „soweit dies irgendwie vertretbar ist, [...] die Staatsanwaltschaften das Strafbefehlsverfahren wählen“[180].

c) Das Strafverfahrensänderungsgesetz 1979

Unter der Zielsetzung der Erledigung der allgemeinen und mittleren Kriminalität erfuhr das Strafbefehlsverfahren durch das Strafverfahrensänderungsgesetz 1979 (StVÄG 1979) vom 5. Oktober 1978[181] eine erste allgemeine Erweiterung. Danach konnte der Vorsitzende des Schöffengerichts bei Sachen, die in *die Zuständigkeit des Schöffengerichts* fielen, nunmehr einen Strafbefehl erlassen.

Dies war vorher umstritten gewesen, da gemäß dem Wortlaut des § 407 StPO der *Strafrichter* den Strafbefehl zu erlassen hatte. Fraglich war gewesen, ob der Strafbefehl auch in Sachen erlassen werden konnte, die in verfassungskonformer Auslegung[182] des § 25 Nr. 3 GVG[183] wegen fehlender minderer Bedeutung eigentlich zur Zuständigkeit des Schöffengerichts gehörten, und wer diesen zu erlassen hatte.

Die wohl h.M. war zunächst davon ausgegangen, dass in diesen Fällen ein Strafbefehl erlassen werden dürfe, wobei in der späteren Praxis teilweise auch die gegenteilige Ansicht vertreten worden war[184].

Innerhalb der h.M. war allerdings strittig gewesen, ob der Vorsitzende des Schöffengerichts oder der Amtsrichter als Einzelrichter zuständig sei.

Eine Minderheit innerhalb der h.M. war dahin gegangen, unter dem Begriff des Strafrichters in § 407 StPO auch den Vorsitzenden des Schöffengerichts zu verstehen, so dass im Falle des § 25 Nr. 3 GVG ein Strafbefehl vom Vorsitzenden des Schöffenge-

---

178 Justizminister und -senatoren, Vorschläge, StV 82, S. 325.

179 Justizminister und -senatoren, Vorschläge, StV 82, S. 325.

180 So der bayerische Justizminster *Hillermeier* in DRiZ 82, 471; vgl. auch a.a.O., S. 195, NRW Justizministerin Donepp empfiehlt ebenfalls verstärkte Anwendung.

181 BGBl. I, S. 1645.

182 BVerfGE 22, 254.

183 § 25 GVG. Der Richter beim Amtsgericht entscheidet als Strafrichter bei Vergehen [...] 3. wenn die Staatsanwaltschaft Anklage vor dem Strafrichter erhebt und keine höhere Strafe als Freiheitsstrafe von einem Jahr zu erwarten ist.

184 So *Rieß* in der Sitzung des Rechtsausschusses des Bundestages vom 15. März 1978, PA, VIII 122, Bd A 2, Nr. 55, Bl. 57.

richts erlassen werden konnte[185]. Begründet wurde diese Auslegung einerseits damit, dass § 407 Abs. 3 StPO dem Staatsanwalt ein Wahlrecht zwischen Einzelrichter und Schöffengericht für den Fall des Einspruchs einräume[186]. Zum anderen erscheine es nicht gerechtfertigt, in den Sachen, die das Schöffengericht im ordentlichen Verfahren aburteile, den Erlass des Strafbefehls dem Einzelrichter zuzugestehen[187].

Die überwiegende Ansicht innerhalb der h.M. war jedoch der Auffassung gewesen, unter „Amtsrichter" sei nur der Einzelrichter am Amtsgericht zu verstehen[188], da § 25 Nr. 3 GVG mit seiner Abgrenzung zwischen Einzelrichter und Schöffengericht nur im ordentlichen Verfahren und ansonsten der auf die StPO verweisende § 27 GVG gelte. Da nach der Terminologie der StPO unter Amtsrichter immer der Einzelrichter zu verstehen sei, könne er im Wege des Strafbefehls somit alle Sachen aburteilen, die in die Zuständigkeit der Amtsgerichte fielen[189]. Erst nach einem Einspruch werde § 25 GVG relevant und entscheide darüber, ob nunmehr das Schöffengericht oder der Einzelrichter entscheide.

Die Minderansicht wollte rücksichtlich der Auslegung des § 25 Nr. 3 GVG durch das BVerfG die Kompetenz des Einzelrichters zum Erlass des Strafbefehls auf Sachen minderer Bedeutung i.S.d. § 25 Nr. 3 GVG beschränkt wissen[190].

Die Neuerung war im Gesetzgebungsverfahren umstritten. In dem die Vorlage beratenden Rechtsausschuss des Bundesrates beantragte *Hamburg* die Streichung der Ausweitung auf Sachen, die in die Zuständigkeit des Schöffengerichts fielen[191]. Zur Begründung stellte *Hamburg* fest, dass im Strafbefehlsverfahren regelmäßig nur eine verhältnismäßig geringe Strafe zu erwarten sei. Daher könne Sinn der Neuerung nur sein, dem „Angeklagten eine peinliche und für das Gericht zeitaufwendige Hauptverhandlung zu ersparen". Wenn die Sache aber vor ein Schöffengericht gehörte, müssten beide Umstände „im Interesse einer wirkungsvollen präventiven[192] Strafrechtspflege zurücktreten", da die Erfahrung zeige, dass im Strafbefehl festgesetzte Strafen vom Bürger „wie ein durch Zahlung zu erledigender Gebühren- oder Steuerbescheid, nicht aber als Bestrafung aufgefasst werden". *Hamburg* konnte damit

185 LG Verden, NJW 51, S. 285; *Juncker*, Strafbefehlen, NJW 49, S. 709.

186 LG Verden, NJW 51, S. 285.

187 *Juncker*, Strafbefehlen, NJW 49, S. 709.

188 LG Lübeck, MDR 49, S. 187; LG Osnabrück, NJW 53, S. 1277; Eb. *Schmidt*, Lehrkommentar, § 407, Rn. 24; *Schwarze*, Anmerkung, NJW 54, S. 1899.

189 LG Lübeck, MDR 49, S. 187; LG Osnabrück, NJW 53, S. 1277; Eb. *Schmidt*, Lehrkommentar, § 407, Rn. 24; *Schwarze*, Anmerkung, NJW 54, S. 1899.

190 Nach den Beratungen des Rechtsausschusses vom 15. März 1978 soll so teilweise in der Praxis verfahren worden sein, PA, VIII 122, A 2, lfd. Nr. 55, Bl. 56.

191 PA, VIII 122, A 2, lfd. Nr. 8, Bl. 76 f.

192 Hier ist sowohl die Spezial- wie auch die Generalprävention gemeint.

allerdings nur *Bremen* überzeugen, so dass der Antrag gegen die Stimmen beider zurückgewiesen wurde[193].

Daneben wurde die Pflicht der Staatsanwaltschaft eingeführt, den Strafbefehlsantrag dem Beschuldigten mitzuteilen[194], ohne dass aber, wie noch im DE vorgesehen war, die beantragte Rechtsfolge enthalten sein musste.

d) Das StVÄG 1987 und die Vorüberlegungen des BMJ

Kurze Zeit später, am 30. April 1981, veröffentlichte das BMJ „Vorüberlegungen zu einer Neugestaltung des Strafbefehlsverfahrens"[195]. Trotz einer solchen Betitelung legte das BMJ zwei ausformulierte Gesetzestexte vor, eine große und eine kleine Lösung[196]. Die Urheberschaft der Vorüberlegungen dürfte entscheidend bei *Rieß* gelegen haben. Dafür spricht nicht nur, dass sie über seine Person veröffentlicht wurden[197], sondern auch, dass sie inhaltlich mit seinen literarischen Äußerungen übereinstimmten[198].

Nachdem sich daraufhin im Oktober 1981 die Justizminister und -senatoren in einer als „Horrorliste"[199] bekannt gewordenen Arbeitsunterlage auf erste Vorschläge zur umfassenden Entlastung der Rechtspflege geeinigt hatten, begann man in den zuständigen Ministerien, konkret an den Grundlagen der für notwendig erachteten gesetzgeberischen Maßnahmen zu arbeiten[200]. In dem hier interessierenden Teil knüpfte das BMJ dabei inhaltlich an die Vorüberle-

193 Das gleiche Schicksaal ereilte ein Antrag *Hessens*, der vorsah, in die Mitteilung des Strafbefehls nach § 408 Abs. 2 Satz 2 „die beantragte Rechtsfolge" auch mit aufzunehmen, da unter rein praktischen Gesichtspunkten des Geschäftsablaufs eine Durchschrift des von der Staatsanwaltschaft gestellten Antrags verwendet werden könne; andernfalls müsste eine neue Ablichtung gefertigt werden, was mit Zeit und Sachaufwand verbunden wäre; PA, VIII 122, A 2, lfd. Nr. 8, Bl. 78.

194 § 408 Abs. 2 S. 2 StPO.

195 Abgedruckt in StV 82, S. 495 ff.

196 Soweit auf die Vorüberlegungen rekurriert wird, ist damit die große Lösung gemeint. Die kleine Lösung übernahm von der großen Lösung nur die Pflicht der Staatsanwaltschaft, den Strafbefehl unter bestimmten Voraussetzungen zu beantragen, die Ausgestaltung des rechtlichen Gehörs, die Verlängerung der Einspruchsfrist und die Regelung über die Wiederaufnahme des Verfahrens.

197 Vgl. StV 82, S. 495.

198 Vgl. nur *Rieß*, Gesamtreform, S. 214.

199 Vgl. Stenographischer Bericht der Sitzung des Bundestages vom 4. Dezember 1986, S. 19754 und die Stellungnahme des DAV vom 7. Juni 1982, PA X 316, Bd. A 2, lfd. Nr. 37.

200 *Kempf*, Strafverfahrensänderungsgesetz 1987, StV 87, S. 215 f.; dort zu der Kuriosität, dass bereits auf der 53. Justizministerkonferenz, auf der man die Entlastungsmaßnahmen beschloss, ein von der Bunderregierung fertiggestellter Referentenentwurf vorlag.

gungen an. Am 30. September 1982 war ein erster Referentenentwurf (Strafverfahrensänderungsgesetz 1983) fertiggestellt, der am 1. Dezember 1983 in teilweise geänderter Fassung im Kabinett beschlossen (Strafverfahrensänderungsgesetz 1984) und am 23. Dezember desselben Jahres dem Bundesrat vorgelegt wurde[201]. Am 13. April 1984 wurde er dem Bundestag zugesandt[202], der ihn am 18. Juni 1984 in seiner ersten Beratung an den Rechtsausschuss überwies. In der Plenardebatte vom 4. Dezember 1986 wurde er unverändert in zweiter und dritter Beratung angenommen. Die beiden großen Fraktionen CDU/CSU und SPD stimmten dem Entwurf hinsichtlich der Regelungen über das Strafbefehlsverfahren zu, da sie übereinstimmend davon ausgingen, dass die aufgenommenen Änderungen zu einer Entlastung führen würden[203]. Der Bundesrat stimmte dem Gesetz am 19. Dezember 1986 zu[204], so dass es am 27. Januar 1987 als „Strafverfahrensänderungsgesetz 1987 (StVÄG 1987)" verkündet werden konnte[205].

Der Referentenentwurf, die Kabinettsvorlage und die Gesetzesvorlage entsprachen in dem hier interessierenden Teil, von sprachlichen Änderungen abgesehen, der endgültigen Gesetzesfassung[206]; von den Vorüberlegungen unterschieden sie sich teils wesentlich. Daher wird bei der Darstellung grundsätzlich von der Gesetzesfassung ausgegangen, anhand derer die Entwicklung aufgezeigt wird.

aa) Allgemeine Ziele des Gesetzes

Ziel des Gesetzes war die Fortsetzung der durch das StVÄG 1979 offiziell eingeleiteten Entlastung der Strafrechtspflege durch Vereinfachung des Verfahrens, da laut seiner Begründung in der Zukunft weder durch die vorhandenen gesetzlichen Instrumentarien, noch durch organisatorische Maßnahmen oder durch Personalvermehrung eine sachgerechte Bewältigung der Strafverfahren gewährleistet werden könne. Da sich das Strafbefehlsverfahren einer-

201 BR-Drucks. 546/83.

202 BT-Drucks. 10/1313.

203 So die beiden Abgeordneten Bachmaier (SPD) und Eylmann (CDU/CSU) in der Sitzung des Rechtsauschusses vom 12. November 1986; PA, X 316, Bd. A 2, lfd. Nr. 21, Bl. 44.

204 BR-Drucks. 592/86.

205 BGBl. I, S. 475.

206 Umgekehrt nahm der Referentenentwurf „eine Reihe von Vorschlägen nicht auf, die bei der Vorbereitung näher untersucht und teilweise befürwortet worden sind", da sie nicht hinreichend effizient wären, die Wahrheitsfindung gefährden und Verteidigerrechte zu sehr beeinträchtigen würden.

seits als Garant einer funktionierenden Strafrechtspflege bewährt, es andererseits seine entlastende Wirkung wegen einer Erhöhung der Einspruchsquote und der Einstellungen nach § 153a StPO verloren habe[207], sollte es effektiviert werden, ohne den Anwendungsbereich des umstrittenen § 153a StPO zurückzudrängen[208]. Dies sollte in einer Weise geschehen, so erklärte *Rieß* in der Sitzung des Rechtsausschusses vom 12. November 1986, die den Beschuldigten nicht belaste, auch sollte nicht in Bereiche vorgedrungen werden, in denen das Strafbefehlsverfahren auf Bedenken stoße[209]. Die dadurch eintretende Entlastung bezifferte der Referentenentwurf noch mit einem Richterminderbedarf von etwa 16 Stellen bei einer Zunahme der rechtskräftig werdenden Strafbefehle um einen Prozentpunkt[210].

bb) Die Diskussion über die Erweiterung des Anwendungsbereichs

Obwohl der Gesetzgeber zur Entlastung der Strafrechtspflege in der Vergangenheit immer wieder den Anwendungsbereich des Strafbefehlsverfahrens erweitert hatte, sah das Gesetz solches nicht vor.

Während der Beratungen im BMJ erwog man zwar zunächst die (Wieder-) Einführung der *Freiheitsstrafe* von bis zu sechs Monaten in den Sanktionsrahmen und die Ausdehnung auf *Sachen vor dem LG*[211]. Aber hiergegen führte die Mehrheit im BMJ zwei Gründe an. Zum einen sei grundsätzlich die Verhängung einer Freiheitsstrafe im Strafbefehlsverfahren *rechtsstaatlich nicht vertretbar*[212]. Zum anderen führe ihre Einführung zu *keiner Entlastung* – man fürchtete wohl die Zunahme von Einsprüchen. Die mangelnde Entlastungswirkung wurde auch gegen die Erweiterung auf Sachen vor den LG ins Feld geführt, da nur 1 % aller Verfahren vor dem LG anhängig würden und davon wiederum nur ein verschwindend geringer Teil für das Strafbefehlsverfahren geeignet wäre.

Für die Einführung von Freiheitsstrafen sprach sich im weiteren Gesetzgebungsverfahren – mit etwas mehr Zurückhaltung – auch der Bundesrat aus. Er beschloss, zurückgehend auf einen Antrag *Bayerns* im Unterausschuss des

---

207 PA, X 316, A 1, Nr. 1, Referentenentwurf, Begründung, S. 14.

208 *Rieß / Hilger*, Strafverfahrensrecht, NStZ 87, S. 204, Fn. 262.

209 PA, X 316, Bd. A 2, lfd. Nr. 21, Bl. 43.

210 PA, X 316, A 1, Nr. 1, Referentenentwurf, Begründung S. 31.

211 PA, X 316, A 1, Nr. 1, Referentenentwurf, Begründung, S. 16.

212 Ein Umstand, den man später beiseite schob, vgl. unten S. 186.

Rechtsausschusses[213], die Bundesregierung dazu zu ersuchen, im weiteren Gesetzgebungsverfahren erneut[214] zu prüfen, „ob die Verhängung von kurzen Freiheitsstrafen, deren Vollstreckung zur Bewährung ausgesetzt wird, durch Strafbefehl zugelassen werden kann“[215]. Man erhoffte sich dadurch, so *Hack* (NRW) in der Sitzung des Bundesrates vom 3. Februar 1984[216], eine noch weitergehende Entlastung der Rechtspflege. Denn es gebe eine Vielzahl von Strafverfahren, „die durch rechtskräftigen Strafbefehl abgeschlossen werden könnten, wenn diese Möglichkeit eröffnet wäre“[217]. Dabei dachte man erneut insbesondere an *Straßenverkehrsdelikte*[218], bei denen häufig nur eine Freiheitsstrafe in Betracht käme. Da die gerichtliche Strafzumessungspraxis nicht ohne Typisierung auskomme, habe das Argument, dass man die Voraussetzungen der kurzfristigen Freiheitsstrafe nur mittels Hauptverhandlung feststellen könne, nur theoretische Bedeutung. Die Länder folgten dieser Argumentation mehrheitlich, so dass der Antrag im Unterausschuss gegen die Stimmen der Vertreter *Berlins*, *Bremens*, *Hessens* und *Nordrhein-Westfalens* angenommen wurde.

Die Bundesregierung hatte diese Frage bereits geprüft und sah sich durch die Argumente nicht dazu veranlasst, in ihrer Stellungnahme[219] von ihrem Standpunkt abzuweichen. Auch der *DAV*, der die Änderungen ansonsten begrüßte, lehnte die vom Bundesrat zur Diskussion gestellte Erweiterung der durch Strafbefehl verhängbaren Sanktionen auf Freiheitsstrafen ab[220], da ein solch

---

213 Am 23. Januar 1984 folgt der Rechtsausschuss in seiner Beschlussempfehlung an den Bundesrat dem Prüfungsbegehren seines Unterausschusses. In der sich anschließenden Debatte im Bundesrat vom 3. Februar 1984 sprach man sich einmütig für die Beschlussempfehlung aus.

214 Da dies in der Gesetzesbegründung schon verneint wurde. In der Sitzung des Unterausschusses des Rechtausschusses vom 11. Januar 1984 (PA, X 316, Bd. A 1, lfd. Nr. 5), wie auch in der Sitzung des Rechtsausschusses vom 18. Januar 1984 (PA, X 316, Bd. A 1, lfd. Nr. 6) wurden die das Strafbefehlsverfahren betreffenden Regelungen beraten. Im Unterausschuss wurden diesbezüglich drei Anträge gestellt.

215 PA, X 316, Bd. A 1, lfd. Nr. 5, Bl. 52.

216 BR-Drucks. 546/83, Anlage 10.

217 Mit demselben Argument könnte man letztlich auch das Strafbefehlsverfahren für Verbrechen im Allgemeinen zulassen; vgl. insoweit die Überlegungen beim Gesetz zur Entlastung der Rechtspflege 11. Januar 1993, unten S. 187.

218 PA, X 316, Bd. A 1, lfd. Nr. 5, Bl. 51; Insofern hat sich also das Argument der BRAK, man könne die Sperrfrist zum Ausgleich für den Wegfall der Freiheitsstrafe erhöhen, nicht bewahrheitet.

219 BT-Drucks. 10/1313, Anlage 3.

220 Schreiben des DAV an den Vorsitzenden des Rechtsausschusses des deutschen Bundestages vom 23. September 1986, PA, X 316, Bd. A 2, lfd. Nr. 41, S. 9.

schwerwiegender Eingriff den *Erkenntnismöglichkeiten* einer Hauptverhandlung vorbehalten bleiben müsse[221].

cc) Die Pflicht der Staatsanwaltschaft, einen Strafbefehl zu beantragen

Eine Entlastung erhoffte man sich im BMJ in erster Linie davon, dem Staatsanwalt Regelungen an die Hand zu geben, die sicherstellten, dass dieser in möglichst großem Umfang einen Strafbefehl beantragen konnte[222] und das Verfahren so gleichsam zur Regel wurde. Dazu wurde der Staatsanwalt – wie bereits bei den VÜ – *verpflichtet, einen Strafbefehl zu beantragen*, „wenn nach dem Ergebnis der Ermittlungen eine Hauptverhandlung nicht erforderlich erscheint". Dies sollte immer dann der Fall sein, wenn von der Hauptverhandlung eine wesentliche Abweichung vom Ergebnis der Ermittlungen nicht zu erwarten sei, das Ermittlungsergebnis den Strafzumessungssachverhalt soweit aufkläre, dass eine angemessene Sanktionsbemessung möglich sei, und wenn der Akteninhalt die Gewinnung einer einwandfreien Überzeugung ermögliche.

Die Pflicht der Staatsanwaltschaft, einen Strafbefehl zu beantragen, stieß im weiteren Gesetzgebungsverfahren auf Kritik. So beantragte *Bayern*[223] im Unterausschuss des Rechtsausschusses die Streichung dieser Vorschrift, da die Staatsanwaltschaft ein ureigenes Interesse an dieser Verfahrensform habe und daher ohnehin in allen geeigneten Fällen einen solchen Antrag stellen würde[224]. Der Antrag wurde äußerst knapp, gegen die Stimmen der Vertreter *Baden-Württembergs*, *Bayerns*, *Berlins*, des *Saarlandes* und *Schleswig-Holsteins*, abgelehnt. Folgender Umstand dürfte ausschlaggebend gewesen sein: *Bayern* wandte sich gegen eine gesetzliche Verpflichtung der Staatsanwaltschaft und damit gegen eine vermeintliche Einschränkung ihrer – durch Ermessen eingeräumten – Machtbefugnis. Diese Einschränkung sah der Entwurf aber gar nicht vor. Denn wegen der weichen, einen unbestimmten Rechtsbegriff beinhaltenden, Formulierung des Tatbestandes sollte es der Staatsanwaltschaft nach den Worten der Begründung weiterhin möglich sein, das ordentliche Verfahren zu wählen, wenn „im Einzelfall trotz ausreichender

221 Ähnlich *Benz*, FS Blau S. 51, 53.; a.A. *Kirch* S. 72 ff.

222 So *Rieß* in der Sitzung des Rechtsausschusses des Bundestages am 12. November 1986, PA, X 316, Bd. A 2, lfd. Nr. 21, Bl. 43.

223 PA, X 316, Bd. A 1, lfd. Nr. 5, Bl. 51.

224 Eine Verpflichtung könnte darüber hinaus zu Zweifelsfragen und einer damit einhergehenden Verfahrenskomplikation führen, wenn das Gericht in einem ordentlichen Verfahren zur Auffassung gelangt, die Staatsanwaltschaft hätte einen solchen Antrag stellen müssen. Richtlinien reichten daher völlig aus.

Ermittlungsergebnisse spezial- und generalpräventive Gründe die Durchführung einer Hauptverhandlung wünschenswert erscheinen lassen“[225] konnten.

Obwohl die Neuerung auch mit dem Verhältnismäßigkeitsgrundsatz gerechtfertigt wurde, sollte der Beschuldigte keinen Anspruch auf Durchführung dieser schonenderen Verfahrensform haben[226]. Daraus wird deutlich, dass es erneut allein das Interesse des Staates war – hier an einer *effektiven* Verfolgung –, das die Einführung solcher Regelungen beeinflusste, auch wenn man die Rechte des Beschuldigten zur Rechtfertigung mit heranzog.

dd) Weitere Neuerungen

Diese Bevorzugung staatlicher Interessen zeigt sich auch daran, dass – im Gegensatz zu den Befürchtungen *Bayerns* – der staatsanwaltliche Handlungsspielraum ausgedehnt wurde. Denn wie schon in den Vorüberlegungen vorgesehen war, konnte die Staatsanwaltschaft einen Strafbefehl auch *nach Eröffnung des Hauptverfahrens* beantragen, wenn die Voraussetzungen für den Erlass nach § 407 StPO vorlagen und der „Durchführung der Hauptverhandlung das Ausbleiben des Angeklagten oder die Abwesenheit des Angeklagten oder ein anderer wichtiger Grund“ entgegenstand. Ein solcher Grund liege nach dem Referentenentwurf vor, wenn, „ohne daß die Voraussetzungen des § 251 Abs. 2 StPO vorliegen, [...] der unmittelbaren Beweisaufnahme in der Hauptverhandlung erhebliche Hinderungsgründe entgegen[stehen] [...] [und] nach dem Akteninhalt [...] der Sachverhalt genügend aufgeklärt“ erscheint[227]. Dies eröffnete der Staatsanwaltschaft die Möglichkeit, die Beweisaufnahme partiell zu umgehen.

Dem *DAV* ging diese Regelung nicht weit genug. Er forderte darüber hinaus, die Möglichkeit auch im Zwischenverfahren einzuführen, da insbesondere in Straßenverkehrsdelikten der Anwalt erst zu diesem Zeitpunkt aufgesucht werde und man dann – nachdem sich die Verfahrensbeteiligten geeinigt haben[228] – in das Strafbefehlsverfahren wechseln können sollte[229].

Nach den Vorüberlegungen sollte zudem bei den Verfahren, die voraussichtlich nicht mit einem rechtskräftigen Strafbefehl endeten, kein Antrag auf dessen Erlass gestellt werden. Dass das Verfahren nicht mit einem rechtskräf-

225 PA, X 316, A 1, Nr. 1, Referentenentwurf, Begründung S. 146.

226 PA, X 316, A 1, Nr. 1, Referentenentwurf, Begründung S. 145, 147.

227 PA, X 316, A 1, Nr. 1, Referentenentwurf, Begründung S. 152.

228 Vgl. *Rieß / Hilger*, Strafverfahrenrecht, NStZ 87, S. 205.

229 PA, X 316, Bd. A 2, lfd. Nr. 41 2. Teil, Bl. 34.

tigen Strafbefehl endete, konnte zwei Gründe haben: Entweder der Richter beraumte die Hauptverhandlung an oder der Beschuldigte legte Einspruch ein. Beides hatten die VÜ versucht einzudämmen.

Der Abweisung des Antrags durch den Richter hatte man dadurch versucht entgegenzutreten, dass der *Richter nicht mehr an den Antrag der Staatsanwaltschaft gebunden* sein sollte. Dadurch hätte der Richter auch in den Fällen einen Strafbefehl erlassen können, in denen er nach der damaligen Gesetzeslage die Hauptverhandlung anzuberaumen hatte. Zwar wäre der Staatsanwalt in diesen Fällen zu hören gewesen und hätte ihm ein Einspruchsrecht zugestanden. Trotzdem wäre durch diese Neuerung das Verhältnis der Judikative zur Exekutive neu bestimmt worden, da das Verfahren entscheidend auf den Richter und seine autonome Entscheidung übertragen worden wäre. Die Staatsanwaltschaft hingegen hätte ein taktisches Instrument verloren[230], da sie nicht mehr davon hätte ausgehen können, dass der Richter seine eigenen Vorstellungen zurückstellte[231], um die Anberaumung der Hauptverhandlung zu vermeiden.

Der Einspruchseinlegung hatte man in den Vorüberlegungen primär durch die *Gewährung rechtlichen Gehörs* und eines *Widerspruchsrechts* entgegenzutreten versucht. Durch die Gewährung rechtlichen Gehörs – welches wie beim Diskussionsentwurf ausgestaltet gewesen war –, verbunden mit der autonomen Entscheidung des Richters, hätte der Beschuldigte nunmehr davon ausgehen können, dass seine Sachverhaltsdarstellung im Strafausspruch Berücksichtigung fände. Damit hätte dem Strafbefehl eine höhere Legitimität innegewohnt – die Vorüberlegungen hatten von einem vollwertigen richterlichen Erkenntnisverfahren auf schriftlicher Grundlage gesprochen –, die ihrerseits zu einer Verringerung der Einspruchsquote führen sollte[232]. Kritisch zu bemerken ist allerdings, dass bei einer nachteiligen Einlassung des Beschuldigten der Richter vom Antrag nach oben hin abweichen konnte. Diese Gefahr ist im Allgemeinen höher, je ungewandter sich der Beschuldigte schriftlich ausdrückt, da ein Nachfragen – wie in der Hauptverhandlung – nicht möglich ist. Dies trifft besonders auf sozial schwächere Beschuldigte zu[233], so dass der Verfahrensausgang auch von der sozialen Zugehörigkeit bestimmt wird.

Anstatt sich zur Sache zu äußern, hätte der Beschuldigte auch der Wahl des Verfahren widersprechen können. In diesem Fall wäre der Strafbefehlsantrag an die Stelle der Anklageschrift getreten und es wäre über die Eröffnung des Hauptverfahrens entschieden worden.

Im BMJ war man sich mehrheitlich einig, dass die aus den VÜ bekannten und insbesondere von *Rieß* befürworteten Maßnahmen der Aufhebung der Bindung des Richters an den Antrag der Staatsanwaltschaft und des Widerspruchsrechts

230 Als Korrektiv sah der Entwurf in § 410a Abs. 1 S. 2 n.F. ein Einspruchsrecht der Staatsanwaltschaft vor.

231 Zu dieser Praxis *Meine*, Strafmaß, MSKrim 1982, S. 343.

232 Vgl. *Arbeitskreis*, AE, S. 53.

233 RAV, Stellungnahme, StV 82, 495, 498.

des Beschuldigten[234] nicht mit aufgenommen werden sollten. Beiden Regelungen, die einen Machtverlust der Staatsanwaltschaft bedeutet hätten, wurde kein Einfluss auf eine *Vereinfachung des Verfahrensganges* beigemessen. Dasselbe galt für die Gewährung rechtlichen Gehörs, von der man sich in der Vergangenheit die Verringerung der Einspruchsquote erhofft hatte, die man aber dennoch nicht einführte. Vielmehr vertrat die Begründung den Standpunkt, dass ein Strafbefehl entgegen den bis dahin geltenden RiStBV auch dann beantragt werden sollte, wenn ein Einspruch des Beschuldigten zu erwarten sei. Denn so erhalte die Justiz zumindest die „Chance, den Hauptverhandlungsaufwand zu ersparen".

Das Gesetz übernahm weiterhin einige schon aus dem Diskussionsentwurf und den Vorüberlegungen bekannte Regelungen. Zum einen wurde die *Einspruchsfrist*, wie vielfach gefordert worden war[235], auf zwei Wochen verlängert, womit „übereilte und zur Fristwahrung eingelegte Einsprüche vermieden werden" sollten[236]. Die Ausdehnung der Frist wurde von zwei Seiten letztlich erfolglos bekämpft. Zum einen hielt der DAV[237], der 1973 noch die Ausdehnung auf zwei Wochen für ausreichend erachtet hatte, die Frist für zu kurz. Sie müsse auf einen Monat verlängert werden[238], da nur innerhalb einer solchen Frist die Entscheidung für oder wider den Einspruch wirklich getroffen werden könne. Mit ähnlicher Begründung beantragte *Baden-Württemberg*, die Einspruchsfrist wieder auf eine Woche zu reduzieren. Denn die vom Entwurf erhoffte Entlastung trete bei einer Frist von zwei Wochen nicht ein, weil der Verteidiger auf jeden Fall vorsorglich Einspruch einlegen werde. Daher könne man es bei der einwöchigen Frist belassen. Der Antrag wurde gegen die Stimmen der Vertreter *Baden-Württembergs*, *Bremens*, *Hamburgs* und *Schleswig-Holsteins* bei Stimmenthaltung *Niedersachsens* abgelehnt.

Entsprechend Forderungen aus der Praxis[239] wurde sowohl die vertikale wie auch die umstrittene horizontale *Beschränkbarkeit des Einspruchs* zugelassen.

---

234 Der DAV war für eine Art Zustimmungserfordernis, da jede Erweiterung zwangsläufig mit Gefahren verbunden sei, die es gering zu halten gelte; PA, X 316, Bd. A 2, lfd. Nr. 40, Bl. 33.

235 AE, Begründung, S. 53; Vorüberlegungen, § 410a Abs. 2.

236 Zu diesem Problemkreis gab es bis Anfang der 80er Jahre 40 Entscheidungen des BVerfG; vgl. AE, S. 53.

237 Es gab auch Petitionen, die sich für eine Ausdehnung auf vier Wochen aussprachen.

238 PA, X 316, Bd. A 2, lfd. Nr. 40, Bl. 34.

239 Daneben forderte der DAV, dass über den Einspruch gegen die Höhe des Tagessatzes im schriftlichen Verfahren entschieden werden solle, PA, X 316, Bd. A 2, lfd. Nr. 41, 2. Teil, Bl. 34.

Die Regelung diente der Begrenzung des Prozessstoffes und somit einer Arbeitsentlastung der Gerichte.

Durch die Erweiterung des *Wiederaufnahmerechts* wurde nunmehr das von der Rechtsprechung aufgestellte Dogma der beschränkten Rechtskraftwirkung endgültig[240] aufgegeben. Allerdings war die Wiederaufnahme des durch Strafbefehl beendeten Verfahrens möglich, wenn nach Erlass des Strafbefehls neue Tatsachen oder Beweismittel bekannt wurden, aus denen sich ergab, dass die abgeurteilte Tat ein *Verbrechen* war[241].

Neu eingeführt wurde zudem in § 408 Abs. 2, dass der Richter den Antrag abzulehnen habe, wenn der Angeschuldigte dem Richter nicht hinreichend verdächtig erschien; im Referentenentwurf war noch positiv formuliert, dass der Angeschuldigte dem Richter als überführt zu erscheinen habe[242].

e) Das Gesetz zur Entlastung der Rechtspflege vom 11. Januar 1993

Auch nach In-Kraft-Treten des StVÄG 1987 verstummten die Rufe nach Ausweitung des Anwendungsbereichs nicht[243]. Bei seinem Erlass war man in der Ministerialverwaltung noch der Ansicht gewesen, dass einer Erweiterung des Sanktionsrahmens auf Freiheitsstrafen rechtsstaatliche Bedenken genauso entgegenständen wie mangelnde praktische Effizienz[244]. Die Folgen der Wiedervereinigung brachten jedoch einen Gesinnungswandel mit sich, der sich exemplarisch an den Worten des damaligen BJM *Kinkel* zeigte: „Besondere Zeiten erfordern besondere Maßnahmen“[245]. Er führte unter anderem zur (Wieder-) Einführung der Freiheitsstrafe im Strafbefehlsverfahren und verfolgte das Ziel, in den neuen Ländern eine rechtsstaatliche Justiz aufzubauen und Justizpersonal einzusparen, ohne den angemessenen Rechtsschutz zu gefährden.

aa) Die Gesetzesfassung

Die Möglichkeit, mittels Strafbefehl eine zur Bewährung auszusetzende *Freiheitsstrafe* von bis zu einem Jahr zu verhängen, führte das „Gesetz zur

---

240 BT-Drucks. 10/1313, S. 32.

241 §§ 373a i.V.m. § 410 Abs. 3 StPO.

242 PA, X 316, A 1, Nr. 1, Referentenentwurf, S. 18.

243 Deutscher Richterbund, Reformvorschläge, DRiZ 88, S. 229; *Günter*, Reform, DRiZ 87, S. 66, sah keine wesentliche Entlastung durch die Änderungen im Strafbefehlsverfahren, wenn nicht gleichzeitig auch der Strafrahmen erhöht wird.

244 PA, X 316, A 1, Nr. 1, Referentenentwurf, Begründung, S. 16.

245 Zitiert nach *Asbrock*, Entlastung, ZRP 92, S. 11.

Entlastung der Rechtspflege“ vom 11. Januar 1993[246] ein. Daneben enthielt es ein Verteidigererfordernis: Die Verhängung einer Freiheitsstrafe kam nur dann in Betracht, wenn der Beschuldigte einen Verteidiger hatte oder ihm einer bestellt worden war.

Das Gesetz ging auf die am 24. April 1991 in Berlin tagende Justizministerkonferenz zurück und wurde wegen der Umstände[247] seines Erlasses auch „Berliner Handstreich“ genannt, der eine „Blitzaktion der Justizminister und -senatoren“ sei, der „vollendete Tatsachen schaffe, bevor der Bürger diesen Angriff überhaupt wahrnimmt“[248]. Ein erster Referentenentwurf wurde am 25. April, ein weiterer am 3. Mai 1991[249] durch das BMJ an den Rechtsausschuss des Bundestages übersandt. Am 24. Mai 1991 wurde ein von 10 Ländern getragener Gesetzesentwurf beim Bundesrat eingebracht[250], der sich teilweise von der späteren Gesetzesfassung unterschied.

bb) Die Gesetzesentwürfe

Übereinstimmend war schon in den Entwürfen die Möglichkeit vorgesehen, mittels des Strafbefehls *Freiheitsstrafen* von bis zu einem Jahr zu verhängen, wenn sie zur Bewährung ausgesetzt würden. Erklärtes Ziel war, eine größtmögliche Entlastungswirkung herbeizuführen[251]. War die Begründung des StVÄG 1987 noch davon ausgegangen, dass auch die Einführung der Freiheitsstrafe nicht zu einer Entlastung führe, kam die jetzige Begründung zum gegenteiligen Ergebnis[252]. Zum einen seien 63 % der verhängten Freiheitsstrafen Bewährungsstrafen von unter einem Jahr, so dass hier ein erhebliches Entlastungspotential vorhanden sei. Zum anderen komme dem Argument, dass die für die Verhängung einer kurzen – bis zu sechs Monaten andauernden – Freiheitsstrafe notwendigen Erkenntnisse nicht im summarischen Verfahren festgestellt werden könnten, keine Bedeutung zu. Denn der Entwurf sehe ja, so die fast zynisch anmutende Argumentation[253], auch Freiheitsstrafen von bis zu einem Jahr vor. Für diese Zeitspanne bedürfe es aber keiner besonderen Erkenntnisse, da § 47 StGB nicht einschlägig sei. Zudem eigne sich dieser

246 BGBl. I, S. 50.

247 PA, XII 167, A 1.

248 PA, XII 167, A 1.

249 Beide Referentenentwürfe in PA, XII 167, A 1, Nr. 1.

250 BR-Drucks. 314/91; Antrag der Länder Baden-Württemberg, Bayern, Berlin, Brandenburg, Bremen, Mecklenburg-Vorpommern, Nordrhein-Westfalen, Sachsen, Sachsen-Anhalt und Thüringen.

251 BR-Drucks. 314/91, Bl. 121 ff.

252 BR-Drucks. 314/91, Bl. 122.

253 Vgl. auch *Fezer*, Strafbefehlsverfahren, S. 400: Argumentation sei „widersinnig“.

Bereich besonders für Typisierungen bei Straßenverkehrsdelikten – ein Argument, welches Bayern schon 1984 vorgetragen hatte.

Während der Vorarbeiten wurden auch Vorschläge gemacht, das Strafbefehlsverfahren auf Freiheitsstrafen von bis zu zwei Jahren sowie auf Verbrechen auszuweiten und die Sperrfrist für die Entziehung der Fahrerlaubnis zu verlängern[254]. Jedoch konnten sich hier die Befürworter nicht durchsetzen, da eine Entlastungswirkung *nicht* zu erwarten sei.

Das im Gesetz letztlich enthaltene Verteidigererfordernis war zunächst nicht vorgesehen. Etwaige durch die Einführung der Freiheitsstrafe bedingten Nachteile sollten vielmehr durch eine „wesentliche Verstärkung des *rechtlichen Gehörs* des Angeschuldigten" kompensiert werden. Dazu wurde ihm der Strafbefehlsantrag, der eine Freiheitsstrafe zum Ziel hatte, mitgeteilt und ihm die Gelegenheit gegeben, sich innerhalb einer bestimmten Frist vor dem Richter mündlich dazu zu erklären[255].

Ursprünglich wollte man Neuerungen *auf fünf Jahre begrenzen*[256], da sie zu den Regelungen gehörten, die in besonderer Weise den Rechtsschutz berührten und auf die seinerzeitige Notsituation der Justiz in den neuen Ländern abstellten[257]. Während der Beratungen des Rechtsausschusses des Bundestages verfestigte sich jedoch auf Seiten der Regierungsfraktionen (CDU/CSU, FDP) die Absicht, die Regelung als dauernden Bestandteil in die StPO einzuführen. Daher wurde die Begrenzung mit den Stimmen der Koalition gegen ausdrücklichen Antrag der SPD gestrichen[258].

cc) Die Bundesratsberatung

Im Bundesrat waren insbesondere die Verhängung der Freiheitsstrafe und die Gewährung rechtlichen Gehörs umstritten.

Niedersachsen und *Schleswig-Holstein* beantragten im Unterausschuss[259] des Rechtsauschusses am 10. Juni 1991 vergeblich[260], dass die Verhängung einer

254 Vgl. BR-Drucks. 314/91, Bl. 123, 124.

255 Ihm stand es frei, sich schriftlich zu äußern.

256 Art. 18 Abs. 3.

257 BR-Drucks. 314/91, S. 176.

258 BT-Drucks. 12/3832, Bl. 49.

259 Der Antrag wurde von Schleswig-Holstein erneut im Rechtsauschuss gestellt, PA, XII 167, A 1, Nr. 9, Bl. 37, mit 10 gegen die Stimmen Hessens, Mecklenburg-Vorpommerns; in der Bundesratssitzung vom 5. Juli 1991 beantragte Schleswig-Holstein wiederum erfolglos die Streichung des Art. 3 Nrn. 11–16; gegen die Stimmen Niedersachsens, Nordrhein-Westfalens, des Saarlandes und Schleswig-Holsteins.

Freiheitsstrafe einer Hauptverhandlung vorbehalten bleiben müsse, weil die Gewährung rechtlichen Gehörs keine Garantie dafür biete, dass ein ungewandter Angeschuldigter keine Rechtsnachteile erleide[261].

Die Anträge *Hamburgs* und *Bayerns* zielten demgegenüber auf eine Ausweitung des rechtlichen Gehörs unter Beibehaltung der erweiterten Sanktionsgewalt. *Hamburg* beantragte, dass die dem Erlass des Strafbefehls vorangehende mündliche Anhörung *obligatorisch* sein müsse; erscheine der Angeschuldigte nicht, so sei der Strafbefehlsantrag abzulehnen[262]. Begründet wurde dies damit, dass „insbesondere schreib- und redeungewandte Angeschuldigte" einen Nachteil erlitten, wenn der Richter sich nicht einen persönlichen Eindruck von ihnen machte. Dieser Antrag war ebenfalls erfolglos[263].

Mit einer Mehrheit von 11 Stimmen[264] wurde dafür der Antrag *Bayerns* angenommen[265], nach dem eine Freiheitsstrafe mittels Strafbefehl nur verhängt werden dürfe, wenn der Angeschuldigte einen Verteidiger hat. Denn nur dies, so begründete *Bayern* den Antrag, stelle sicher, dass die Interessen des Beschuldigten gewahrt blieben[266].

dd) Der Entwurf im Bundestag und die öffentliche Anhörung

Nachdem der Entwurf an den Bundestag überwiesen worden war, fand am 29. April 1992 eine öffentliche Anhörung statt. Zum Strafbefehlsverfahren gab es vier Fragen an die Sachverständigen:

1. Wie beurteilen Sie die vorgeschlagene Erweiterung des Sanktionsrahmens des Strafbefehlsverfahrens auf zur Bewährung ausgesetzte Freiheitsstrafen aus rechtsstaatlicher Sicht?

---

260 Jener Antrag mit 9 zu 7, bei einer Stimmenthaltung. Für den Antrag stimmten Hessen, Mecklenburg-Vorpommern, Niedersachsen, Nordrhein-Westfalen, Saarland und Schleswig-Holstein; es enthielt sich Brandenburg.

261 PA, XII 167, A 1, Nr. 8, Bl. 42 f.

262 PA, XII 167, A 1, Nr. 8, Bl. 44 ff.

263 Mit 7 zu 5, bei 4 Enthaltungen abgelehnt. Für den Antrag stimmten Berlin, Hamburg, Mecklenburg-Vorpommern, Niedersachsen und Nordrhein-Westfalen; es enthielten sich Brandenburg, Bremen, Saarland und Schleswig-Holstein.

264 Es enthielten sich Brandenburg, Hessen, Saarland und Schleswig-Holstein. Thüringen stimmte dagegen.

265 Entsprechend nahm auch der Rechtsausschuss den Antrag an, PA, XII 167, A 1, Nr. 9, Bl. 39 f.

266 PA, XII 167, A 1, Nr. 8, Bl. 48 f.

2. Gibt es eine nennenswerte Zahl von Fällen, in denen nach den Erfahrungen der Praxis ohne Hauptverhandlung bei einem verteidigten Angeklagten eine Bewährungsstrafe (bis zu einem Jahr) festgesetzt werden kann?

3. In welchen Kriminalitätsbereichen erscheint dies besonders möglich?

4. Sind in der Vergangenheit, als Freiheitsstrafen im Strafbefehlswege festgesetzt werden konnten, Unzuträglichkeiten bekannt geworden, und werden etwaige Bedenken durch die Bedingung aufgefangen, dass der Angeklagte einen Verteidiger hat?

Die Neuerung zog von Seiten der Sachverständigen Kritik wie Zustimmung auf sich, allerdings überwogen die Kritiker. Dabei wandte man sich zum Teil aus grundsätzlichen Erwägungen gegen die Möglichkeit, Freiheitsstrafe mittels Strafbefehl festzusetzen. So machten *Buchholz*[267] und der *DAV*[268] geltend, dass durch die Verhängung einer Freiheitsstrafe im Wege eines summarischen Verfahrens die Freiheit des einzelnen Bürgers abgewertet werde, bzw. dies zu einer Abwertung der Freiheitsstrafe und damit einhergehend des gesamten Strafverfahrens führe.

Andere wiederum standen der Erweiterung auf Freiheitsstrafe nur bedingt ablehnend gegenüber, teils aus dogmatischen[269], teils aus politischen Gründen. So sprach sich der *Deutsche Richterbund*[270] wegen der historischen Entwicklung in der DDR *zur Zeit* gegen eine Erweiterung aus, obwohl sich interessanterweise gerade die neuen Bundesländer im Bundesrat für die Erweiterung ausgesprochen hatten. *Nagel*[271] (AG Ulm) stimmte einer Erweiterung einzig für den unteren Bereich der *Wirtschaftskriminalität* bei sehr zeitaufwendigen Verhandlungen und in Fällen, in denen kein öffentliches Interesse an einer Hauptverhandlung bestehe, zu. Einige stimmten der Möglichkeit, Freiheitsstrafen zu verhängen, nur unter der Bedingung einer modifizierten Verfahrensausgestaltung zu. Die *Strafverteidigervereinigungen*[272] schlugen beispielsweise vor, die Bindung des Richters an den Antrag der Staatsanwaltschaft aufzuhe-

267 PA, XII 167, A 2, Nr. 46, Bl. 72 ff. (die Blattzahlen beziehen sich auf die Anlage zum Protokoll).

268 PA, XII 167, A 2, Nr. 46, Bl. 1 ff.

269 *Geiß* problematisierte die Schwierigkeiten, die sich bei der Feststellung der Tatbestandsvoraussetzungen des § 56 Abs. 2 S. 1 StGB ergäben; § 56 Abs. 2 S. 1 StGB: Das Gericht kann unter den Voraussetzungen des Absatzes 1 auch die Vollstreckung einer höheren Freiheitsstrafe, die zwei Jahre nicht übersteigt, zur Bewährung aussetzen, wenn nach der Gesamtwürdigung von Tat und Persönlichkeit des Verurteilten besondere Umstände vorliegen. Ähnlich auch der Einwand des ADAC, PA, XII 167, B 1, Nr.20.

270 PA, XII 167, A 2, Nr. 46, Bl. 270 ff.

271 PA, XII 167, A 2, Nr. 46, Bl. 168 ff.

272 PA, XII 167, A 2, Nr. 46, Bl. 42 ff.

ben, da nur dann eine nennenswerte Entlastung eintrete[273]. *Schünemann*[274] forderte pauschal, dass dem Angeschuldigten bzw. dessen Verteidiger mehr Einfluss auf das Verfahren vor Erlass des Strafbefehls zu geben sei. Nachhaltig beeinflusste der Vorschlag *Schlüchters*[275] das Gesetzgebungsverfahren, dem unverteidigten Beschuldigten solle ein Verteidiger bestellt werden, damit nicht nur solche Beschuldigte von der Erweiterung profitierten, die über die nötigen finanziellen Mittel verfügten[276].

Zustimmung fand die Erweiterung bei *Herbst*[277] (Präs. Bayer. ObLG), der *Staatsanwaltschaft Dresden*[278], der *BRAK*[279] und der Gewerkschaft *ÖTV*[280], wobei für die beiden letzten durch die Einführung der Verteidigerregelung lediglich die schlimmsten Bedenken ausgeräumt wurden. *Herbst* und die *Staatsanwaltschaft Dresden* stellten darauf ab, dass die Freiheitsstrafe bis in die 70er Jahre hinein mittels Strafbefehl verhängt werden konnte und eine starke Entlastung zu erwarten sei.

Die Anhörung beeinflusste die weitere Gesetzesentwicklung kaum. *Meyer* (SPD) griff die Kritik *Schlüchters* auf, nach der die Regelung zu einer Privilegierung verteidigter Angeschuldigter führen könne. Diesem Einwand wurde mit der letztlich auch Gesetz gewordenen Regelung Rechnung getragen, dass dem unverteidigten Angeschuldigten, wenn der Staatsanwalt eine Freiheitsstrafe in Betracht zog, ein Verteidiger bestellt wurde.

Ansonsten war man sich im Rechtsausschuss des Bundestages[281] parteiübergreifend einig, dass man das Strafbefehlsverfahren ausweiten müsse. Kritische Stimmen gab es lediglich aus Teilen der SPD. So wurde von *Bachmaier* vorgetragen, dass die Norm der „Einstieg in eine Zweiklassen-Strafrechtspflege" sei. So könnte der Staat „dem Betroffenen quasi nötigend die Pistole auf die Brust" setzen, damit dieser „klein beigebe und eine geringe Kriminalstrafe hinnehme". Andererseits könnten wirtschaftlich und politisch Mächtige in sich gegen sie oft endlos hinziehenden Verfahren den Staat mit

---

273 Vgl. oben S. 183.

274 PA, XII 167, A 2, Nr. 46, Bl. 202 ff.

275 PA, XII 167, A 2, Nr. 46, Bl. 320 ff.

276 Vgl. auch *Schlüchter*, Beschleunigung, GA 94, S. 397, 436; in diese Richtung auch *Asbrock*, Entlastung, ZRP 92, S. 13.

277 PA, XII 167, A 2, Nr. 46, Bl. 115 ff.

278 PA, XII 167, A 2, Nr. 46, Bl. 378 ff.

279 PA, XII 167, A 2, Nr. 46, Bl. 240 ff.

280 PA, XII 167, A 2, Nr. 46, Bl. 293 ff.

281 PA, XII 167, A 2, Nr. 49, Bl. 47 ff.

„Erdrückungsstrategien" dazu bewegen, einen Strafbefehl um der Verfahrensbeendigung willen zu erlassen. Dies habe ohnehin schon das „Unrechtsbewusstsein für Wirtschaftsstrafsachen" fast verschwinden lassen und werde bei Erlass der Regelung wohl noch zunehmen. Daher, und weil es sich um die Verhängung einer Freiheitsstrafe handele, sei, so Teile der SPD, eine obligatorische Anhörung vorzuschreiben[282], damit der Richter beurteilen könne, ob der Angeschuldigte das Unrecht einsehe und nicht bloß ein falsches Geständnis abgebe. Dieser Antrag wurde allerdings abgelehnt.

Das Gesetz zog auch in der Literatur *Kritik und Zustimmung* auf sich, einmal in seiner Gesamtheit, zum anderen bezüglich der konkreten Ausgestaltung des Strafbefehlsverfahrens.

Ihm wurde grundsätzlich fehlende innere Schlüssigkeit vorgeworfen, da es nicht zu einer Ent-, sondern einer Belastung der Strafrechtspflege führe[283]; außerdem baue es den Rechtsstaat ab[284]. Zudem sprachen sich beispielsweise 94 deutsche Strafrechtslehrerinnen und -lehrer[285] gegen das Gesetz aus, weil sie sich unabhängig von der finanziellen Haushaltslage gegen die „Erosion bislang abwägungsfester Rechtsprinzipien" stellten.

Bezüglich des Strafbefehlsverfahrens wurde der Erhöhung der Sanktionsgewalt im Kern aus zweierlei Gründen widersprochen[286]: So wurde sie einerseits als „rechtsstaatlich nicht vertretbar"[287] charakterisiert, da es sich verbiete, so weitreichende Sanktionen im Formularwege[288] zu verhängen[289]. Andererseits wurde eine Veränderung der Verfahrensausgestaltung gefordert. So könne aus Sicht der Anwaltschaft „über eine

---

282 Vgl. auch Antrag der SPD vom 24. November 1992, BT-Drucks. 12/3833.

283 *Asbrock*, Entlastung, ZRP 92, S. 11. *Voß*, So nicht!, DRiZ 91, S. 222; vgl. auch Resolution des Anwaltvereins für den Landgerichtsbezirk Ulm und des Vereins der Richter und Staatsanwälte in Baden-Württemberg (Bezirksgruppe Ulm) vom 4.9.1991, PA, XII 167, B 1, Nr. 21.

284 In diese Richtung auch die Resolution des *Bayerischen Anwaltverbandes* vom 8.6.1991, der sich zwar für einen Aufbau des Rechtsstaates in den neuen Bundesländern, aber gegen einen Abbau des Rechtsstaates in den alten Bundesländern aussprach; PA, XII 167, B 1, Nr. 23.

285 StV 91, S. 398; vgl. auch ZRP 91, S. 309, dort allerdings lediglich 91 Strafrechtslehrerinnen und Lehrer.

286 Innerhalb des Strafrechtsausschusses der BRAK war die Ausweitung allerdings auch umstritten, insbesondere traten zwei namentlich unbekannt gebliebene Mitglieder dafür ein, dass eine Freiheitsstrafe nicht gegen den Willen des Angeschuldigten verhängt werden dürfe, PA, XII 167, B 1, Nr. 26, S. 11; vgl. das Widerspruchsrecht oben S. 35.

287 *Asbrock*, Entlastung, ZRP 92, S. 11 (13); vgl. auch Resolution des Anwaltvereins für den Landgerichtsbezirk Ulm und des Vereins der Richter und Staatsanwälte in Baden-Württemberg (Bezirksgruppe Ulm) vom 4.9.1991, PA, XII 167, B 1, Nr. 21.

288 Vgl. auch Resolution des Bayerischen Anwaltsverbandes vom 8.6.1991, PA, XII 167, B 1, Nr. 23: „Büroweg".

289 Strafverteidigervereinigungen, StV 91, S. 280 (281).

Erweiterung der Sanktionsgewalt [...] allenfalls dann nachgedacht werden, wenn dies gleichzeitig mit der Einführung der notwendigen Verteidigung verbunden wird"[290]. Begründet wurde dies damit, dass die vorangehende Anhörung nur Alibicharakter besäße und zudem nicht obligatorisch sei, wodurch insbesondere Beschuldigte der Unterschicht Nachteile erlitten.

Zudem wurde die *Entlastungswirkung* bezweifelt[291] bzw. nur dann für möglich erachtet, wenn der Adressat „aus Unkenntnis, Nachlässigkeit oder unter dem Druck der andernfalls öffentlichen Verhandlung auf einen Einspruch verzichtet"[292], was man für fragwürdig und daher abzulehnen hielt.

Nicht problematisiert wurde im übrigen der nun noch eklatanter erscheinende Widerspruch zu § 232 StPO[293], nach dem beim Ausbleiben des Angeklagten nur eine Geldstrafe von bis zu 180 Tagessätzen verhängt werden dürfe.

f) Das Verbrechensbekämpfungsgesetz vom 28. Oktober 1994

Eine weitere entscheidende Neuerung wurde durch das dem Bundestag am 18. Februar 1994 durch die Fraktionen CDU/CSU, FDP vorgelegte und am 18. Oktober 1994 verkündete „Gesetz zur Änderung des Strafgesetzbuches, der Strafprozessordnung und anderer Gesetze (Verbrechensbekämpfungsgesetz)"[294] eingeführt.

Gemäß dem neuen § 420 Abs. 4 StPO, der nach § 411 Abs. 2 StPO auch im Strafbefehlsverfahren galt, bestimmte der Strafrichter unbeschadet des § 244 Abs. 2 StPO den *Umfang der Beweisaufnahme*. Dadurch wurde das förmliche Beweisantragsrecht in der durch den Einspruch erzwingbaren Hauptverhandlung praktisch aufgehoben[295], denn der Richter durfte fortan einen Beweisantrag unter anderem dann ablehnen, wenn er den Sachverhalt für genügend aufgeklärt hielt[296]. Zweck der Neuerung war es, die Hauptverhandlung nach

---

290 So ausdrücklich die Erklärung des 15. Strafverteidigertages, StV 91, S. 280, 281; vgl. auch RA Kammer Berlin, PA, XII 167, B 2, Nr. 40; Strafrechtsausschuss der BRAK, PA, XII 167, B 1, Nr. 26. So auch: *Asbrock*, Entlastung, ZRP 92, S. 13.

291 Stellungnahme des DAV vom 20. August 1991, PA, XII 167, B 2, Nr. 28, Bl. 4.

292 Deutscher Juristinnenbund, PA, XII 167, B 2, Nr. 30, Bl. 7. Vgl. auch *Haas*, Schuldinterlokuts, NJW 72, S. 1223, 1224 und *With* (SPD) in der Sitzung des Rechtsausschuss des Bundestages vom 4. November 1992, PA, XII 167, A 2, Nr. 49, Bl. 75.

293 Vgl. oben S. 167.

294 BGBl. I, S. 3186.

295 *Neumann*, Verbrechensbekämpfungsgesetz, StV 94, S. 273, 276: „Das Beweisantragsrecht wird zu einer Farce". Es soll nicht verschwiegen werden, dass dies formal „beide" Seiten im Strafverfahren trifft, materiell aber wegen der größeren Machtmittel im Ermittlungsverfahren letztlich nur den Beschuldigten trifft; vgl. Hamm, Vorschläge, StV 91, S. 530.

296 BT-Drucks. 12/6853.

Einspruch zu straffen und zu verkürzen[297]. Die Staatsanwaltschaft konnte nun praktisch mit der Entscheidung für den Antrag eines Strafbefehls über das Beweisantragsrecht verfügen[298], da der Richter diesem in aller Regel folgte[299]. Von besonderer Wichtigkeit ist in diesem Zusammenhang, dass ein entscheidendes Argument für die Ausweitung der Strafgewalt wie für die Zulässigkeit des Strafbefehlsverfahrens insgesamt durch die Neuerung relativiert, wenn nicht gar hinfällig wurde. Bisher hatte man sich immer auf die Existenz des Einspruchsrechts und der damit erzwingbaren Hauptverhandlung berufen[300], welche durch die Neuerung aber zu einer Hauptverhandlung zweiter Klasse degradiert wurde.

Ursprünglich hieß es, dass das Gericht im Allgemeinen, also auch das Schöffengericht, diese Befugnis habe. Im Vermittlungsausschuss wurde jedoch der Kompromiss erzielt, dass sie nur für den Strafrichter gelte. Freilich hatte dies für das Strafbefehlsverfahren fast keinerlei Auswirkungen, da seit dem Rechtspflegeentlastungsgesetz das Schöffengericht praktisch nicht mehr für den Erlass von Strafbefehlen zuständig war[301].

Nachdem der Entwurf vom Bundestag am 24. Februar 1994 dem Rechtsausschuss überwiesen worden war[302], führte dieser am 11. April 1994 eine öffentliche Anhörung durch. Die Beschränkung des förmlichen Beweisantragsrechts wurde dort kontrovers diskutiert. Einerseits hielt man sie für eine „nicht zu rechtfertigende Beschneidung der Rechte des Angeklagten“[303], andererseits seien „durchgreifende rechtsstaatliche Bedenken […] nicht zu erkennen“[304].

---

297 Vgl. die Ausführungen in Begründung BT-Drucks. 12/6853, S. 34; danach sollte die Regelung die Staatsanwälte und Richter zur verstärkten Anwendung des beschleunigten Verfahrens animieren.

298 Kritisch mit Verweis darauf, dass das Strafbefehlsverfahren nur unter bestimmten Voraussetzungen Anwendung findet: *König / Seitz*, Verbrechensbekämpfungsgesetz, NStZ 95, S. 1, 5. Dabei wird freilich übersehen, dass die Staatsanwaltschaft bei Vorliegen der tatbestandlichen Voraussetzungen des § 407 StPO nicht verpflichtet ist, den Strafbefehl zu beantragen. Zudem wird aus Sicht der Praxis ein Ermessen der Staatsanwaltschaft wohl unbestreitbar sein.

299 *Meine*, Strafmaß, MSKrim 1982, S. 343.

300 Sten. Berichte BR vom 7. Dezember 1962, S. 161.

301 *Meyer-Goßner*, Strafprozeßordnung, § 408, Rn. 5; der Strafrichter ist immer dann zuständig, wenn keine höhere Strafe als Freiheitsstrafe von zwei Jahren zu erwarten ist. Auf die Bedeutung der Sache im Einzelfall kommt es nicht mehr an.

302 Stenographischer Bericht der 210. Sitzung des Bundestages vom 24. Februar 1994.

303 Stellungnahme Fritjof *Hafts*, PA, XII 475, Bd. A 1, lfd. Nr. 36, S. 39.

304 Stellungnahme Volker *Kreys*, PA, XII 475, Bd. A 1, lfd. Nr. 36, S. 105.

Die Mehrheit der Sachverständigen neigte dazu, sich gegen die Bestimmung über den Umfang der Beweisaufnahme auszusprechen[305], da dieser „massive Eingriff in Verteidigerrechte“[306] zur „generellen Einschränkung des Beweisantragsrechts, des Fundaments der Beschuldigtenrechte“[307] führen werde. Daneben wurde prinzipiell der Weg in Frage gestellt, Entlastung durch prozessuale anstatt materielle Maßnahmen erreichen zu wollen.

Die Befürworter stellten floskelhaft darauf ab, dass es sich um eine sinnvolle Neuerung handele. Einzig die Äußerung *Kreys* konkretisiert dies insoweit, als dass die Regelung – ganz entsprechend der Gesetzesbegründung – zu einer Verfahrensbeschleunigung und damit Entlastung der Justiz führe[308].

4. Die neueste Entwicklung

Die neueste Entwicklung seit Mitte der 90er Jahre schloss sich zunächst nahtlos an die durch das Gesetz zur Entlastung der Rechtspflege eingeführte Ausweitung des Strafbefehlsverfahrens an. So seien „im Interesse der Effektivität der Strafjustiz [...] weitere Gesetzesänderungen in die Wege zu leiten, die zu einer Straffung des Prozessablaufs unter Wahrung rechtsstaatlicher Erfordernisse führen“ sollten[309]. Hierbei standen neben der allgemeinen mittleren Kriminalität wieder vermehrt besondere Delikte im Vordergrund.

Bereits die am 22. und 23. November 1994 tagende 65. Justizministerkonferenz legte einen unveröffentlicht gebliebenen „*Vorentwurf eines zweiten Rechtspflegentlastungsgesetzes*“ zur Diskussion vor[310], der die Verhängung einer – bei den Vorarbeiten zum 1. Rechtspflegeentlastungsgesetz noch abgelehnten – Höchststrafe von zwei Jahren *Freiheitsstrafe* auf Bewährung im schriftlichen Strafbefehlsverfahren für zulässig erklärte. Zur Begründung wurde ausgeführt, dass dies insbesondere in *Wirtschaftsstrafverfahren*, in denen hohe Bewährungsstrafen nicht unüblich seien, zu einer spürbaren Entlastung führen könne[311].

---

305 Gropp, Haft, Strafverteidigervereinigungen, DAV, Christian Pfeifer, a.A. Krey, Gerd Pfeifer, Weber (StA LG Traunstein); vgl. PA, XII 475, Bd. A 1, lfd. Nr. 36.

306 *Gropp*, PA, XII 475, Bd. A 1, Nr. 36, Bl. 36 der Anlage.

307 Strafverteidigervereinigungen; PA, XII 475, Bd. A 1, Nr. 36, Bl. 115 der Anlage.

308 PA, XII 475, Bd. A 1, lfd. Nr. 36, Bl. 105.

309 BR-Drucks. 633/95.

310 Vgl. *Betram*, Entlastung, ZRP, 1996, S. 46 ff.; Arbeitskreis, Stellungnahme, ZRP 95, S. 268 (271).

311 BT-Drucks. 15/999, S. 30.

Zudem sollte ein Strafbefehl nunmehr auch von den *Landgerichten* und in Sachen, die trotz geringen Schuldgehalts zwingend in die Zuständigkeit der *Oberlandesgerichte* fielen, in *geeigneten Fällen*[312] von diesen erlassen werden dürfen[313]. Gedacht wurde in erster Linie wiederum an Wirtschafts- und Korruptionssachen[314], so dass insbesondere in Großverfahren hinsichtlich einzelner Beschuldigter ein Strafbefehl erlassen werden könne.

Die Erweiterung der Sanktionsgewalt stieß überwiegend auf Ablehnung, die Ausweitungen auf Sachen vor dem Land- und Oberlandesgericht wurde nicht problematisiert. Der *Deutsche Richterbund* und der Großteil eines den Vorentwurf beratenden *Arbeitskreises von Strafrechtslehrerinnen und -lehrern* lehnten die Erweiterung der Sanktionsgewalt aus der grundsätzlichen Erwägung heraus ab, Freiheitsstrafen dürften nicht in einem summarischen Verfahren verhängt werden[315]. Die Tatsache, dass durch die Ausweitung des Sanktionsrahmens praktisch alle Verfahren vor dem Strafrichter durch Strafbefehl erledigt werden konnten[316], kritisierte die *Rechtsanwaltschaft*[317] – wie kurz zuvor beim Verbrechensbekämpfungsgesetz[318] – als faktischen Ausschluss des förmlichen Beweisantragsrechts vor dem Strafrichter.

Teilweise wurde die Ausweitung auch nur bedingt kritisiert, da das Strafbefehlsverfahren „gewisse Vorzüge" aufweise, durch welche gegen Personen, die eine Hauptverhandlung übermäßig belasten würde, schonend vorgegangen werden könne[319]. Allerdings wurde wie bereits beim ersten Rechtspflegeentlastungsgesetz vorgetragen, dass es dann vor Strafbefehlserlass einer richterlichen Vernehmung oder eines vorherigen glaubhaften Geständnisses bedürfe[320].

Der Vorentwurf wurde daraufhin von der 66. Justizministerkonferenz revidiert[321] und von *Baden-Württemberg* und *Bayern*[322] am 6. Oktober 1995 als

312 BR-Drucks. 633/95, S. 82 f.

313 Vgl. Arbeitskreis, Stellungnahme, ZRP 95, S. 268, 271.

314 Vgl. auch *Huber*, Wirtschaftsstrafverfahren, NStZ 96, S. 530, 532.

315 Arbeitskreis, Stellungnahme, ZRP 95, S. 268, 271.

316 Zur Dominanz des Strafbefehlsverfahrens innerhalb seines Anwendungsbereichs, *Böttcher*, Strafbefehl, S. 299.

317 DAV und Strafverteidigervereinigungen; nach *Böttcher*, Strafbefehl, S. 304 f.

318 Strafverteidigervereinigungen; PA, XII 475, Bd. A 1, Nr. 36, Bl. 115 der Anlage.

319 Arbeitskreis, Stellungnahme, ZRP 95, S. 268, 271.

320 Vgl. auch *Meyer-Goßner*, Rechtspflegeentlastungsgesetz, NJW 93, S. 498, 501.

321 Nach *Böttcher*, Strafbefehl, S. 307, sei Hintergrund, dass die Staatsanwaltschaften von der Möglichkeit, Freiheitsstrafe im Strafbefehl beantragen zu können, sehr zurückhaltend Gebrauch gemacht haben.

„Entwurf eines zweiten Gesetzes zur Entlastung der Rechtspflege (strafrechtlicher Bereich)“ im Bundesrat eingebracht. Die Erweiterung der Sanktionsgewalt war nicht mehr vorgesehen[323]. Dadurch berücksichtigte der Entwurf gleichzeitig die Kritik hinsichtlich der Aufhebung des förmlichen Beweisantragsrechts, denn § 420 Abs. 4 StPO galt nur vor dem Strafrichter.

Die Ausdehnung auf Sachen vor den Land- und Oberlandesgerichten, die nicht kritisiert worden war, behielt der Entwurf aber bei[324], was wiederum zu einer Relativierung des Beweisrechts führte. Denn die Durchführung der Beweisaufnahme nach Einspruch richtete sich dort nach den §§ 420 Abs. 1–3 StPO und folgte damit einem vereinfachten Procedere im Vergleich zum ordentlichen Verfahren, in dem das Beweisrecht durch denselben Entwurf ohnehin gelockert worden war[325]. Dies mag für die Entwurfsverfasser nicht von entscheidender Bedeutung gewesen sein, da sie im Hinblick auf die Wirtschafts- und Korruptionssachen ohnehin von einem Konsens unter den Verfahrensbeteiligten („Deal“) ausgingen[326], der keinen Einspruch nach sich gezogen hätte. Allerdings war das Strafbefehlsverfahren nicht auf diese Form der Kriminalität beschränkt und die Gefahr offensichtlich, dass die Staatsanwaltschaft in der Praxis durch diese erneute Erweiterung ihres taktischen Ermessens Missbrauch betreibt.

Daneben sah der Entwurf die Möglichkeit vor, den Strafbefehlsantrag nach § 408a StPO erstens mündlich und zweitens auch in der Berufungsverhandlung zu stellen. Zudem wurde darauf verzichtet, dass sein wesentlicher Inhalt in das Sitzungsprotokoll aufgenommen werden musste.

Der Entwurf wurde an den Rechtsausschuss überwiesen und blieb dort stecken.

Allerdings wurden sowohl die Vorschläge des Vorentwurfs als auch die des Entwurfs des zweiten Entlastungsgesetzes in *zwei* späteren *Gesetzesentwürfen* wieder aufgenommen. Dies waren zum einen der von der CDU/CSU-Fraktion eingebrachte Entwurf eines ersten Justizbeschleunigungsgesetzes vom 20. Mai 2003[327] und zum anderen der von den Ländern *Bayern*, *Hessen*, *Niedersachsen*, *Saarland*, *Sachsen* und *Thüringen* eingebrachte Entwurf eines Justizbe-

---

322 Nicht auch Thüringen, das als Antragsteller auf der Drucksache vermerkt ist, vgl. *Bertram*, Entlastung, ZRP 96, S. 46, Fn. 3.

323 BR-Drucks. 633/95.

324 Vgl. Art 2 Nr. 48 ff. des Gesetzesantrags.

325 Vgl. Art. 2 Nr. 22 ff., BT-Drucks. 15/999.

326 Vgl. auch Arbeitskreis, Stellungnahme, ZRP 95, S. 268, 271.

327 BT-Drucks. 15/999.

schleunigungsgesetzes vom 6. Juni 2003[328]. Beide waren, soweit sie das Strafbefehlsverfahren betrafen, identisch. Übernommen wurden die Ausweitung des Sanktionsrahmens auf eine zweijährige Freiheitsstrafe auf Bewährung und die Ausdehnung des Strafbefehlsverfahrens auf Sachen vor dem LG und OLG. Dadurch wurde nach der Logik der Verfasser eine Kumulation verfahrenseinsparender Maßnamen eingefügt, da jede Regelung für sich genommen zu einer Entlastung führe. Gleichzeitig führte dies aber auch zu einer Kumulation der oben beschriebenen Aufweichung des Beweisrechts.

Die *Diskussion* der Änderungen verlief sowohl im Bundesrat[329] als auch im Bundestag an den Parteigrenzen entlang. Von *Hartenbach* (SPD) wurde eingewandt, dass die erforderliche Bewährungsprognose[330] nicht aus den Akten ermittelt werden könne. *Kauder* (CDU/CSU) behauptete das Gegenteil[331].

Als Problem wurde von der SPD die in der Gesetzesbegründung enthaltene einseitige Bevorzugung Wirtschaftskrimineller gesehen, also so genannte „Weiße-Kragen-Täter [...] die sich teure und gute Anwälte leisten können, um dem Licht der Hauptverhandlung zu entgehen“[332]. Dabei betonte *Bachmeier* (SPD) die dadurch eintretende schichtspezifische Ungleichbehandlung gleichen Unrechts, die dazu führe, dass Wirtschaftskriminelle in den „Genuss von weitaus geringeren Strafen“ kämen. Dieser Argumentation lag die Prämisse zugrunde, dass die Staatsanwaltschaft um der Entlastung willen eher niedrige Strafen beantragte, damit diese einspruchslos hingenommen würden. Ob dies zutrifft, kann aber bezweifelt werden. Genauso nahe liegt nämlich, dass sich dieser Täterkreis mit einer *höheren* Strafe um der Vermeidung der Hauptverhandlung willen zufrieden gibt[333], wobei der Kern der Kritik, dass sich nur das *einfache Volk* vor dem Angesicht des Richters zu verantworten habe, natürlich bestehen bleibt.

Demgegenüber ging *Gerhards* (NRW) im Bundesrat davon aus, dass die von den Gesetzesverfassern angepeilten Fälle der Wirtschaftskriminalität so selten

---

328 BR-Drucks. 397/03.

329 Sten. Berichte Bundesrat der Sitzung vom 20. Juni 2003, S. 199 (C); vgl. auch Sten. Berichte Bundestag der Sitzung vom 27. Juni 2003, S. 4505 (C).

330 § 56 StGB.

331 Sten. Berichte Bundestag der Sitzung vom 25. September 2003, S. 5422 (C).

332 So Wolfgang *Gerhards* (NRW), Anlage 7 S. 215 zu sten. Berichte Bundesrat der Sitzung vom 20. Juni 2003.

333 Vgl. in diese Richtung *Haas*, Schuldinterlokuts, NJW 72, S. 1223, 1224.

seien, dass man dem Ziel der Entlastung der Rechtspflege nicht entgegenkomme; *Wagner* (Hessen) behauptete wiederum das Gegenteil[334].

Die Beratungen über beide Gesetze wurden auf Antrag des Bundesrates mit denen über das gleichfalls im Gesetzgebungsverfahren befindliche Justizmodernisierungsgesetz verbunden, da letzteres dem Bundesrat in strafrechtlicher Hinsicht nicht weit genug ging. In der anschließenden *öffentlichen Anhörung* wurden die Neuerungen, im Gegensatz zu denen des ersten Rechtspflegentlastungsgesetzes 1993, mehrheitlich positiv aufgenommen[335]. *Beyer*, *Brodersen*, die *BRAK* und der *Richterbund* begrüßten sie teils unkommentiert, teils unter Wiederholung der Gesetzesbegründung[336].

Die Kritik war zweigeteilt. *Krüger* stimmte zwar der Ausweitung auf die LG und OLG zu, wandte sich aber aus grundsätzlichen Erwägungen gegen die Verschärfung des Sanktionsrahmens, da ein Absehen vom mündlichen und öffentlichen Verfahren bei einer solchen Strafhöhe nicht geboten sei. *Blumensatt* hingegen argumentierte unter Zugrundelegung der Zielsetzung des Gesetzesentwurfes und bezweifelte eine reale Entlastungswirkung. Strafen von bis zu zwei Jahren würden auch bei Aussetzung zur Bewährung nur akzeptiert werden, wenn im Vorfeld ein „Deal" geschlossen worden sei. In diesen Fällen sei wegen der generalpräventiven Wirkung aber eine dann ebenso zügige und damit gleichermaßen die Rechtspflege entlastende Hauptverhandlung vorzuziehen.

Trotz überwiegend positiver Bilanz in der Diskussion setzte sich die ablehnende politische Mehrheit durch[337], so dass in der Beschlussempfehlung und im Justizmodernisierungsgesetz lediglich die in dessen mitberatenem Entwurf vorgesehene Änderung des § 411 Abs. 1 StPO Eingang fand. Danach konnte das Gericht unter bestimmten Voraussetzungen bei einem Einspruch, der sich gegen die Tagessatzhöhe richtete, ohne Hauptverhandlung durch Beschluss entscheiden.

Weder die Erweiterung des Sanktionsrahmens noch die Ausweitung auf Sachen, die in die Zuständigkeit der Land- und Oberlandesgerichte fielen, fanden in das Gesetz Eingang.

Am 22. September 2006 brachten die Länder *NRW*, *Bayern*, *Hessen*, *Niedersachsen* und *Thüringen* den „Entwurf eines Gesetzes zur Effektivierung des

334 Sten. Berichte Bundesrat der Sitzung vom 20. Juni 2003, S. 241 (A).

335 PA, XV 195, Nr. 22.

336 In diese Tendenz auch *Huber*, Wirtschaftsstrafverfahren, NStZ 96, S. 530, 532.

337 Die Ausschussprotokolle konnten (noch) nicht eingesehen werden.

Strafverfahrens“ im Bundesrat ein[338]. Wie die zuvor eingebrachten Entwürfe, sah auch dieser CDU/CSU-Entwurf vor, die Beschränkung auf das Amtsgericht aufzuheben und Freiheitsstrafen von bis zu zwei Jahren zuzulassen, wenn die Strafe zur Bewährung ausgesetzt wird. Nachdem die Bundesjustizministerin *Zypries* in einer Presseerklärung sofort ihre Ablehnung bekundet hatte[339], lehnte auch die Bundesregierung in ihrer Stellungnahme insbesondere die Ausweitung der Sanktionsgewalt ab[340]. Nunmehr liegt der Entwurf dem Bundestag vor[341].

IV. Zusammenfassung

Nach Ende des Zweiten Weltkrieges kehrte man zunächst zu der Rechtslage der Weimarer Republik zurück, wobei die Alliierten, namentlich die Amerikaner, das Strafbefehlsverfahren zur Entlastung der Strafjustiz allerdings kurzfristig ausweiteten. Auch in der Bundesrepublik wurde das Strafbefehlsverfahren insbesondere unter dem Gesichtspunkt der Entlastung der Strafjustiz ausgeweitet. Zunächst standen mit der Erweiterung der Rechtsfolgenkompetenz auf das Fahrverbot und die Entziehung der Fahrerlaubnis die Verkehrsdelikte im Vordergrund. Da dies mit der gleichzeitigen Inkriminierung von Verkehrsverhalten einherging, muss man allerdings die Frage stellen, ob es wirklich darum ging, die Strafjustiz von Verkehrsdelikten zu entlasten oder nicht vielmehr darum, die Verkehrsdelikte vom (ordentlichen) Strafverfahren fernzuhalten. Seit Mitte der 70er Jahre stand dann die Entlastung der Justiz von der allgemeinen leichten und mittleren Kriminalität im Vordergrund. Dazu wurde zunächst unter Wegfall der Gefängnisstrafe die Möglichkeit, Geldstrafe zu verhängen, exorbitant ausgeweitet. Während der Vorbereitung des StVÄG 1987 wurde die Wiedereinführung der Freiheitsstrafe diskutiert, aber verworfen. Das Rechtspflegeentlastungsgesetz aus dem Jahre 1993 führte dann aber die Möglichkeit ein, mittels Strafbefehl auf ein Jahr Freiheitsstrafe bei gleichzeitiger Aussetzung zur Bewährung zu erkennen. In neuester Zeit wird diskutiert, ob das Strafbefehlsverfahren auch vor den Land- und Oberlandes-

338 BR-Drucks. 660/06; vgl. auch *Schliemann*, ZRP 2007, S. 73, 75 sowie Pressemitteilung 06/67 des bayerischen Staatsministeriums für Justiz vom 30. August 2006 und Pressemitteilung Nr. 15–282 vom 12.09.2006 der SPD Fraktion im niedersächsischen Landtag.

339 Pressemitteilung des BMJ vom 22. September 2006.

340 BT-Drucks. 16/3659, S. 32 ff.; vgl auch die ablehnende Haltung *Schuberts*, Sten. Berichte BT, 13.10.2006, S. 310 (B), allerdings mit der falschen Annahme, das Strafbefehlsverfahren sei bei Verbrechen anwendbar; *Zypries*, a.a.O., S. 312 (A).

341 BT-Drucks. 16/3659.

gerichten zur Anwendung kommen könnte und ob man die Freiheitsstrafe auf bis zu zwei Jahre anheben könne. Dabei erhofft man sich eine Entlastung vor allem im Bereich der Wirtschafts- und Umweltdelikte.

Die Verfahrensstellung des Beschuldigten hat sich trotz der Ausweitung des Anwendungsbereichs insgesamt weder verbessert noch verschlechtert. Zwar wurde durch die Erweiterung des Wiederaufnahmerechts und durch die Einschränkung des von der Rechtsprechung aufgestellten Dogmas der beschränkten Rechtskraftwirkung das Risiko unzulänglicher Ermittlungen gemindert. Dem stehen aber die Zementierung des Ausschlusses des rechtlichen Gehörs sowie die Einschränkung des Beweisantragsrechts in der auf den Einspruch folgenden Hauptverhandlung gegenüber.

Sechstes Kapitel: Résumé

Das Strafbefehlsverfahren entstand aus einem Konflikt zwischen polizeilicher und justizieller Strafgewalt. Nachdem man den polizeilichen Einfluss auf das Strafbefehlsverfahren verbannt hatte, führte man es mit dem Argument fort, dass es eines einfachen Verfahrens in geringfügigen Strafsachen bedürfe. Das Strafbefehlsverfahren etablierte sich daraufhin im Strafverfahrensrecht und wurde unter Hinweis auf seine Zweckmäßigkeit immer mehr ausgeweitet. Heute ist es so fest im deutschen Strafverfahrensrecht verankert, dass seine Legitimität aus praktischer Sicht kaum bezweifelt wird[1].

I. Zusammenfassung

Vergleicht man den Norminhalt des in der RStPO geregelten Strafbefehlsverfahrens mit dem heutigen Norminhalt, so lässt sich die Entwicklung schlagwortartig als kontinuierliche Ausweitung des Anwendungsbereichs bei – von den heutigen §§ 408a, 408b StPO abgesehen – gleichbleibendem Verfahrensgang beschreiben. Dabei sind bei der Charakterisierung als „kontinuierlich" die jeweiligen Diskussionen und Debatten einzuschließen, da sich die Normentwicklung beim Anwendungsbereich ansonsten zum Teil inkonstant darstellt. Erwähnenswert ist in diesem Zusammenhang, dass die Ausweitung unabhängig vom vorherrschenden staatlichen bzw. politischen System stattfand.

Der *sachliche Anwendungsbereich* war zu Beginn des Untersuchungszeitraums in den meisten deutschen Staaten – und insbesondere in Preußen – auf den untersten Bereich der strafbaren Handlungen, die Polizeiübertretungen, beschränkt. Dabei kam es in Preußen im Zuge der materiellen Strafrechtsreform Anfang der 1850er Jahre zu der Diskussion, ob der Anwendungsbereich – also geringfügige Sachen – formal oder materiell zu bestimmen sei. Man entschied sich aus praktischen Zweckmäßigkeitserwägungen für letzteres, so dass nicht nur Übertretungen, sondern auch einige Vergehen umfasst waren. Während der Beratungen zur RStPO um das Jahr 1870 wurde die Frage wieder virulent und man entschied sich am Ende dafür, alle Vergehen mit einzubeziehen, deren Strafandrohung Gefängnis von höchstens drei Monaten oder Geldstrafe von

1 Vgl. nur L/R-*Gössel*, vor § 407, Rn. 62.

höchstens 600 RM nicht überschritt. Begründet wurde dies mit der Geringfügigkeit der Sachen und damit, dass der Sachverhalt regelmäßig aus den Akten feststellbar sei. Nach In-Kraft-Treten der RStPO wollte man in den letzten beiden Jahrzehnten des 19. Jahrhunderts den Anwendungsbereich unter Hinweis auf die Geringfügigkeit der Sachen um einige weitere Vergehen ausweiten. In den Beratungen der 1903 eingesetzten Kommission wurde dem Kriterium der Feststellbarkeit des Sachverhalts aus den Akten dann mehr Gewicht zugemessen und nochmals vorgeschlagen, den Anwendungsbereich über die bisherige Grenze der RStPO hinaus auszuweiten. Dies mündete im E 1909 in der Forderung, die gefährliche Körperverletzung mit aufzunehmen, ein Delikt, dem man kurz zuvor noch bescheinigt hatte, dass es sich um keine geringfügige Sache handele. Das Kriterium der Geringfügigkeit verschwand vollends im Laufe des Ersten Weltkrieges. Zunächst durch das G 1917 nur auf den Krieg beschränkt, dann durch das G 1920 auch für die Friedenszeit übernommen, wurde der Anwendungsbereich des Strafbefehlsverfahrens auf alle Vergehen ausgeweitet, weil sich das Verfahren in der Praxis bewährt habe, bei allen Vergehen Fälle vorkämen, in denen der Sachverhalt sowie die für die Strafzumessung wesentlichen Umstände ohne Hauptverhandlung genügend *aufgeklärt* werden könnten und nur eine *geringe Bestrafung* notwendig erscheine. Diese Regelung hat – mit kurzer Unterbrechung während des Zweiten Weltkrieges, während dem der Anwendungsbereich auf Verbrechen ausgedehnt wurde – bis heute Bestand und wurde auch nicht in Frage gestellt, als die Übertretungen 1974 mit dem EGStGB endgültig aus dem Strafgesetzbuch verschwanden. Die während des Zweiten Weltkrieges vorübergehend umgesetzte Forderung, das Strafbefehlsverfahren bei Verbrechen zuzulassen, kam erstmals um die Jahrhundertwende auf und wurde immer wieder erhoben. Sollte die Sanktionsgewalt, wie zum Teil in neueren Gesetzesentwürfen vorgesehen, auf zwei Jahre Freiheitsstrafe ausgeweitet werden, wird sie wohl wieder vermehrt zu vernehmen sein.

Parallel zum sachlichen Anwendungsbereich weitete man auch die *Sanktionsgewalt* aus. Sie war in den deutschen Einzelstaaten noch sehr unterschiedlich ausgestaltet gewesen – in Preußen war sie trotz vereinzelten Resistements[2] prozessual nicht beschränkt –, man rang sich jedoch während der Beratungen zur RStPO durch, sie auf das bei Übertretungen zulässigerweise verhängbare Höchstmaß von höchstens 150 Mark oder sechs Wochen Freiheitsstrafe zu beschränken. Diese Begrenzung war als eine Art Korrektiv für die Ausweitung des sachlichen Anwendungsbereichs gedacht, denn dadurch sollte gewährlei-

2 Vgl. oben S. 12, 16.

stet werden, dass den Täter immer nur eine geringfügige Strafe trifft. Dieses Korrektiv sollte auch während der Beratungen der 1903 eingesetzten Sachverständigenkommission beibehalten werden, obwohl es Bestrebungen zur Ausweitung der Sanktionsgewalt genauso gab wie die Kritik an der Möglichkeit, überhaupt eine Freiheitsstrafe im Strafbefehlsverfahren zu verhängen. Der E 1909, der den Anwendungsbereich noch umfangreicher ausweiten wollte als die vorangegangenen Kommissionsbeschlüsse, sah dann den Wegfall der Begrenzung der Sanktionsgewalt auf 150 Mark vor. Während des Ersten Weltkrieges weitete man die Sanktionsgewalt trotz des im E 1909 vorgezeichneten Weges zunächst nicht aus, weil das Verfahren auf objektiv und subjektiv leichte Fälle beschränkt sein sollte. Im Zuge der Ausweitung des sachlichen Anwendungsbereichs auf alle Vergehen durch das G 1917 fiel die Beschränkung der Geldstrafe aber – wie im E 1909 vorgesehen gewesen war – weg. Die Lex Emminger aus dem Jahre 1924 folgte diesem Weg und weitete die Rechtsfolgenkompetenz auf die Möglichkeit aus, auf Gefängnisstrafe bis zu drei Monate zu erkennen. Der fünf Jahre später dem Reichsrat vorgelegte E EGADStGB wollte diese Entwicklung umkehren und schlug eine Begrenzung der Gefängnisstrafe auf einen Monat vor, blieb damit also unter dem Höchstmaß der bei Übertretungen verhängbaren Freiheitsstrafe. Der Vorschlag konnte sich genauso wenig durchsetzen wie derjenige während der NS-Zeit, Freiheitsstrafe bis zu sechs Monaten zuzulassen. Erst der Zweite Weltkrieg brachte eine Ausweitung auf sechs Monate Gefängnisstrafe mit sich, ausdrücklich beschränkt auf die Zeit des Krieges. Nach dem Ende des Krieges übernahm die BRD Anfang der 50er Jahre die Sanktionsgewalt, wie ihn die Lex Emminger eingeführt hatte. Die Tendenz, die Sanktionsgewalt auszuweiten, ging aber auch unter der Geltung des Grundgesetzes weiter. So wurde zwar durch das EGStGB 1974 die Möglichkeit, Freiheitsstrafen im Strafbefehlsverfahren zu verhängen, zunächst aufgehoben, gleichzeitig wurde jedoch die verhängbare Geldstrafe um ein vielfaches erhöht, die Sanktionsgewalt also letzten Endes ausgeweitet[3]. Den vorläufigen Höhepunkt dieser Entwicklung bildete die Wiedereinführung der Freiheitsstrafe bis zu einem Höchstmaß von einem Jahr bei Aussetzung zur Bewährung im Jahre 1993. Kurz nach dieser (Wieder-) Einführung kam insbesondere von Seiten der CDU/CSU die Forderung auf, die Verhängung von Freiheitsstrafen bis zu zwei Jahren im Strafbefehl zuzulassen. Die bisherigen Gesetzesvorhaben scheiterten jedoch und auch dem zur Zeit im Gesetzgebungsverfahren befindlichen Entwurf eines „Geset-

3 Im Gegensatz zur vorangegangenen Rechtslage, bei der eine Höchststrafe von 10.000 DM möglich war, war nunmehr eine Strafe von 3,6 Millionen DM möglich.

zes zur Effektivierung des Strafverfahrens“[4] dürfte wegen der ablehnenden Haltung der Bundesregierung[5] in dieser Hinsicht – noch – kein Erfolg gegönnt sein.

Auch die Verhängbarkeit von Nebenfolgen und -strafen wurde beständig ausgeweitet. Von praktischer Relevanz dürften dabei insbesondere die Möglichkeiten sein, ein Fahrverbot zu verhängen und die Entziehung der Fahrerlaubnis anzuordnen. In Anbetracht dessen, dass das Strafbefehlsverfahren in der Zukunft verstärkt bei Umwelt- und Wirtschaftsdelikten zur Anwendung kommen soll, liegt auch eine vermehrte Anwendung der Verfalls- und Einziehungsvorschriften nahe.

Im Gegensatz zu den Veränderungen des Anwendungsbereichs ist der *Verfahrensgang* seit der RStPO im wesentlichen unangetastet geblieben. Von den umstrittenen Punkten ist allen voran das *Verhältnis zwischen Exekutive und Judikative* zu nennen, was anhand der Frage virulent wurde, ob der Richter – wenn er von der Strafbarkeit des Beschuldigten ausging – an den Antrag der Staatsanwaltschaft gebunden sei oder die Strafe autonom festsetzen dürfe. Die Bindung war vor Reichsgründung in den einzelnen deutschen Partikularstaaten unterschiedlich geregelt und reichte von völliger Autonomie bis hin zu völliger Bindung. Während der Beratungen zur RStPO setzte sich dann der Grundsatz der Übereinstimmung zwischen Staatsanwaltschaft und Richter durch, der 1905 damit gerechtfertigt wurde, dass sich der Beschuldigte in vielen Fällen dem Strafbefehl in der Erwägung unterwerfe, „daß die Strafe, welche der Staatsanwalt und der Richter übereinstimmend für angemessen hielten, gerecht sein werde“[6], und dass bei Lockerung der Bindung Einsprüche und damit Kosten steigen würden. Auch wurde vorgetragen, dass eine Aufhebung der Bindung der angestrebten Beschleunigung zuwiderlaufen würde, ein Argument, welches kurioserweise auch die Gegner der Bindung für ihre Position dienstbar machten. Bis auf die Vorüberlegungen aus dem Jahre 1981 gab es keine Entwürfe, die die Aufhebung der Bindung vorsahen. Vorschläge in diese Richtung gab und gibt es aus Praxis und Theorie – insbesondere von Seiten der Rechtsanwaltschaft – immer wieder, wobei unter anderem vorgetragen wird, dass sich eine solche Bindung nicht mit der Stellung des Richters vertrage[7].

---

4 BR-Drucks. 660/06; vgl. auch *Müller-Piepenkötter*, Sten. Berichte BR, 22. September 2006, S. 279 (A); gegen die Ausweitung: *Schubert*, Sten. Berichte BR, 13. Oktober 2006, S. 310 (B).

5 BT-Drucks. 16/3659, S. 32 f.

6 *Schubert*, Protokolle der Kommission, Bd. 1, S. 330.

7 BA R 3001, Nr. 5338, Bl. 15 ff., 143 ff.

Daneben wurde immer wieder die verwandte Frage diskutiert, ob der Richter den Strafbefehl zurückweisen dürfe oder die Hauptverhandlung anzuberaumen habe, wenn er von einem Fehlen der Strafbarkeit ausging. Da die richterliche Praxis früh dahin tendierte, in diesen Fällen den Antrag durch anfechtbaren Beschluss zurückzuweisen, ging es in den Diskussionen nur darum, ob man diese Praxis ausdrücklich zulassen solle oder nicht. Die Kommissionsbeschlüsse 1905, die E 1909, E 1919 und E EGADStGB sowie letztlich das G 1986 übernahmen die Praxis ausdrücklich. Die kleine Strafprozesskommission der Nationalsozialisten 1933 – 1936 ging wiederum dahin, den Richter zu verpflichten, die Hauptverhandlung anzuberaumen, was aber von der Großen Kommission 1936 – 1938 abgelehnt wurde. Alle Entwürfe spiegeln dabei letztlich nur das Procedere bei einer Anklage im ordentlichen Verfahren wieder, bei der der Richter den Klageantrag – von den Vorschlägen der Kleinen Strafprozesskommission 1936 abgesehen – ebenso ablehnen konnte.

In diesem Zusammenhang war auch strittig, ob man dem Richter das Recht einräumen solle, seine Entscheidungsgrundlage durch *eigene Ermittlungen* bzw. Beweiserhebungen zu erweitern. Sowohl die Kommissionsbeschlüsse 1905 als auch der E 1909 sahen die Möglichkeit eigener Ermittlungen des Richters vor, so dass dieser besser als bisher in die Lage versetzt worden wäre, auf einer größeren Tatsachengrundlage zwischen dem Erlass eines Strafbefehls, dessen Ablehnung oder der Anberaumung der Hauptverhandlung entscheiden zu können.

Was die *Stellung des Bürgers im Verfahrensgang* betrifft, so wurde nach annähernd einhundertjähriger Diskussion 1950 durch das Rechtsvereinheitlichungsgesetz nicht nur das Wiederaufnahmeverfahren zugunsten des Beschuldigten zugelassen, sondern nämliches 1986 als einzige Ausnahme vom Grundsatz ne bis in idem zugelassen. Damit fiel das Dogma der Rechtsprechung von der beschränkten Rechtskraftwirkung des Strafbefehls.

Das Problem bestand darin, dass sich während der Beratungen zur RStPO die Ansicht festgesetzt hatte, dass der durch einen Strafbefehl verurteilte Bürger nicht die Möglichkeit des Wiederaufnahmeverfahrens haben sollte – der Strafbefehl erwuchs in Rechtskraft. Andererseits entschied das Reichsgericht, die Staatsanwaltschaft könne trotz Strafbefehls erneut Anklage erheben, sie war also nicht an die engen Voraussetzungen des Wiederaufnahmeverfahrens gebunden – der Strafbefehl erwuchs in dieser Hinsicht nicht in Rechtskraft. Dieses Missverhältnis bedeutete die Verlagerung des Risikos unzulänglicher Ermittlungen einseitig auf den Beschuldigten. Das Problem wurde bereits Ende des 19. Jahrhunderts in der Literatur aufgegriffen und in der 1903 eingesetzten Kommission intensiv diskutiert. Obwohl die Ausnahme vom Grundsatz ne bis in idem mit dem Gerechtigkeitsprinzip begründet wurde, konnte man sich nicht dazu entschließen, eine Ausnahme zu Gunsten des Beschuldigten aufzunehmen, indem man beispielsweise das Wiederaufnahmeverfahren zuließ, oder dem Gerechtigkeitsprinzip auf beiden Seiten prinzipielle Geltung verschaffe. Erstmals im E 1919, später auch im EGADStGB, wurde die Wiederaufnahme eines abgeschlossenen Strafbefehlsverfahrens zu Gunsten des Beschuldigten zugelassen. Während der nationalsozialistischen Strafprozessreform wollte man ebenfalls die Wiederaufnahme des Verfahrens gegen einen rechtskräftigen Strafbefehl als einzige Ausnahme vom Grundsatz ne bis in idem zulassen, so dass damit eine erneute Anklage grundsätzlich ausgeschlossen war. Allerdings wurde die Wiederaufnahme zu Ungunsten des Verurteilten bei einem Strafbefehl nicht an so scharfe Voraussetzungen gebunden wie bei einem Urteil; trotzdem hätte die Regelung eine Einschränkung der reichsgerichtlichen Rechtsprechung zugunsten des Bürgers bedeutet. Nachdem während des Zweiten Weltkrieges die Wiederaufnahme gegen einen rechtskräftigen Strafbefehl gesetzlich verankert wurde, übernahm man 1950 auch in der BRD diese Möglichkeit. Obwohl sich aus der Entstehungsgeschichte ergibt, dass die Möglichkeit der Wiederaufnahme des Verfahrens die einzige Ausnahme vom Grundsatz ne bis in idem darstellen sollte, ließen die Obergerichte weiterhin eine erneute Anklage zu, was möglicherweise damit zusammenhing, dass man im Gegensatz zu den Vorschlägen der nationalsozialistischen Strafprozesskommission aus dem Jahr 1938 keine erleichterten Voraussetzungen beim Wiederaufnahmerecht geschaffen hatte. Diese wurden erst 1986 eingeführt, seitdem ist gemäß § 373a StPO die Wiederaufnahme eines durch rechtskräftigen Strafbefehl abgeschlossenen Verfahrens zu Ungunsten des Verurteilten auch zulässig, wenn neue Tatsachen oder Beweismittel beigebracht sind, die allein oder in Verbindung mit den früheren Beweisen geeignet sind, die Verurteilung wegen eines Verbrechens zu begründen. Das bisher auf den Bürger abgewälzte Risiko unzulänglicher Ermittlungen wurde so abgemildert. Auf der anderen Seite wurde aber durch die Aufweichung des Beweisantragsrechts in der auf den Einspruch folgenden Hauptverhandlung die Stellung des Beschuldigten wieder geschwächt und das Argument, der Beschuldigte könne durch den Einspruch eine vollwertige Hauptverhandlung erzwingen, ad absurdum geführt. Als *wesentliche Änderungen* der Beschuldigtenrechte sind weiterhin zu nennen: es ist seit 1974 möglich, die Wiedereinsetzung in den vorigen Stand gegen die Versäumung der Hauptverhandlung zu beantragen, obwohl einem bereits die Wiedereinsetzung in den vorigen Stand gegen die Versäumung der Einspruchsfrist gewährt worden war; es gibt seit 1986 die Möglichkeit, einen Strafbefehl nach Beginn der Hauptverhandlung zu beantragen, und seit 2004 kann der Richter bei einem auf die Höhe des Tagessatzes beschränkten Einspruch über diesen schriftlich entscheiden.

Darüber hinaus wurde die Verfahrensausgestaltung an folgenden Punkten diskutiert: Angabe der Beweismittel im Strafbefehl, Möglichkeit der Staatsanwaltschaft, den

Strafbefehl nach Einspruch zurückzunehmen, Zustellung des Strafbefehls an den Beschuldigten persönlich, Möglichkeit der reformatio in peius, Rücknahme des Einspruchs nach Eröffnung der Hauptverhandlung ohne Zustimmung der Verfahrensbeteiligten, Belehrung darüber, dass Einspruch eingelegt werden könne, Beschränkbarkeit des Einspruchs, Gewährung rechtlichen Gehörs. Im Rahmen der Diskussionen wurde hauptsächlich die Frage problematisiert, ob die geänderte Verfahrensgestaltung das Verfahren komplizierter, langsamer und teurer oder einfacher, schneller und billiger machen würde; war Letzteres der Fall, setzte sich die Regelung durch.

II. Gründe und Argumente für die Entwicklung und deren Stichhaltigkeit

So kontinuierlich sich die Entwicklung des Strafbefehlsverfahrens in der Rückschau auch darstellt, darf sie nicht darüber hinwegtäuschen, dass die *Gründe und vorgetragenen Argumente*, die zur Ausweitung des Strafbefehlsverfahrens führten, differierten. Nachdem sich das Strafbefehlsverfahren in Preußen etabliert hatte, herrschte während der Beratungen zur RStPO die Prämisse vor, dass *Bagatelle* eigenständige, vereinfachte Verfahrensvorschriften bräuchten bzw. vertrügen. Hintergrund der These war eine schlichte Kosten-Nutzen-Rechnung unabhängig von der aktuellen Haushaltslage, was an der Aussage, das Strafbefehlsverfahren führe zu einer „Entlastung der Gerichte von [...] Bagatellsachen", die dem Staat Kosten und Arbeit auferlegten, „die mit der geringen Bedeutung der Sache *in keinem Verhältnis* stehen"[8] würden, deutlich wird. Mit Beginn des Ersten Weltkrieges wurde dieses Argument nicht mehr vertreten. Stattdessen weitete man das Verfahren einerseits aus, weil es sich eigne, das Strafverfahren zu vereinfachen, andererseits, weil der Sachverhalt bei bestimmten Delikten aus den Akten feststellbar sei und man daher die Hauptverhandlung suspendieren könne. Letzteres Argument wurde auch bereits bei den Beratungen zur RStPO benutzt, war allerdings wie der ebenfalls um die Jahrhundertwende verstärkt zum Einsatz kommende Beschleunigungsgedanke nur Nebenargument. Krisen wie die beiden Weltkriege, aber auch die erdrückende Haushaltslage nach Ende des Ersten Weltkrieges führten ebenfalls zu Ausweitungen, wobei die Krisen – vom Zweiten Weltkrieg abgesehen – nur Auslöser für ohnehin geplante Vereinfachungen der Strafrechtspflege waren. In jüngster Zeit weitete man das Strafbefehlsverfahren unter dem Schlagwort „Beschleunigung und Entlastung der Strafjustiz" immer weiter aus. Dabei geht es zum einen um die Entlastung von bestimmten

8 Insofern handelt es sich um eine ökonomisch motivierte Entscheidung, die weder mit der aktuellen Haushaltslage, noch mit der Menge der geringfügigen Strafsachen in einem konkreten Zusammenhang steht. Vielmehr steht dahinter die Prämisse, dass es sich für bestimmte Strafsachen „nicht lohne", einen bestimmten Betrag an Geld auszugeben.

Delikten wie den Straßenverkehrs-, Umwelt- und Wirtschaftsdelikten, zum anderen soll die Justiz von der allgemeinen leichten und mittleren Kriminalität entlastet werden.

Kritisch betrachtet sind die Argumente nur bedingt geeignet, die Ausweitungen zu rechtfertigen. Schlüssig ließ sich das Strafbefehlsverfahren durchaus vor dem Hintergrund der These, dass *Bagatelle* eigenständige, vereinfachte Verfahrensvorschriften bräuchten bzw. erlaubten, ausweiten. Zwar ist die These selbst angreifbar, denn wenn man Recht als Lösung von Gerechtigkeitsfragen ansieht[9], kann man in der Gleichung, dass geringfügige Sachen ein geringfügiges Verfahren erlauben, keine Gerechtigkeit erkennen. Stimmt man aber der Prämisse zu, dann handelt es sich zumindest um eine eindeutige politische Aussage, vor deren Hintergrund sich das Strafbefehlsverfahren bis zum Ersten Weltkrieg folgerichtig in das Strafverfahrensrecht einfügte, so dass man lediglich zu bestimmen hatte, was eine geringfügige Sache sei[10].

Ähnlich schlüssig ist die um die Jahrhundertwende anzutreffende Ansicht, das Strafbefehlsverfahren stelle ein Mittel zur *Vereinfachung* der Justiz dar. Allerdings stellt sich die Vereinfachung der Justiz vor dem Hintergrund des Grundgesetzes als ein problematisches Unterfangen dar, so dass sie nicht mehr explizit als Ziel genannt wird. Heute soll die Vereinfachung nur als Mittel der Entlastung und Beschleunigung dienen, wohingegen damals die Vereinfachung – zum Teil – Selbstzweck war.

Auch die Rechtfertigungswirkung des Arguments, bei *einfachen Sachverhalten* könne die Hauptverhandlung suspendiert werden, ist in Zweifel zu ziehen. Dies gilt sowohl für den Fall, dass der Sachverhalt einfach aus den Akten feststellbar ist, als auch dann, wenn sich die Einfachheit aus dem Konsens der Verfahrensbeteiligten ergibt. Auch wenn man ersterer Aussage eine gewisse Plausibilität nicht absprechen kann – denn wozu die Umstände einer Hauptverhandlung, wenn diese zu keinem anderen Ergebnis führt als das Strafbefehlsverfahren –, so muss man sagen, dass es nach heutigem Erkenntnisstand unmöglich ist, vor Abschluss des ordentlichen Verfahrens zu wissen, ob der darin *noch aufzuklärende* Sachverhalt dem Sachverhalt nach Aktenlage ent-

---

9 *Zippelius*, Methodenlehre, S. 8 ff.

10 Selbst wenn man heute das Strafbefehlsverfahren auf Sachen geringfügiger Natur beschränken wollte, dann würde der Anwendungsbereich weit über den vor 100 Jahren hinausgehen. Denn bereits der Vergleich zwischen der RStPO und den Kommissionsbeschlüssen von 1905 zeigten die Wandelbarkeit der Anschauungen darüber, was geringfügig ist und was nicht. Ein Delikt, das heute noch als schwerwiegend eingeschätzt wird, kann morgen schon eine Bagatelle sein. Insoweit kann das Strafbefehlsverfahren Spiegel der strafrechtlichen Anschauungen sein.

spricht. Denn es gibt weder per se einfache Sachverhalte[11] noch eine entsprechende Prognosemöglichkeit.

Ersteres wurde bereits von der 1903 eingesetzten Kommission erkannt, die sich einer zu umfangreichen Ausweitung unter anderem deshalb widersetzte, weil dem Verfahren die Gefahr innewohnte, dass der Täter der verdienten strengen Bestrafung entgehen oder ihn eine völlig ungerechtfertigte oder doch über Gebühr hohe Strafe treffen könne – das Höchstmaß waren damals sechs Wochen Gefängnis oder 150 Mark Geldstrafe. Diese Gefahr besteht aber nur, wenn dem Strafbefehl ein „falscher" Sachverhalt zugrunde liegt, womit die Existenz per se einfacher Sachverhalte widerlegt ist[12]. Zudem ist zu befürchten, dass Sachverhalte durch selektive Darstellung zu einfach konstruiert werden[13], diese Gefahr erkannte selbst der Gesetzgeber[14].

Für eine etwaige Prognosemöglichkeit gibt es keine verlässlichen Anknüpfungspunkte, aufgrund derer man davon ausgehen kann, dass die Hauptverhandlung kein von der Aktenlage abweichendes Ergebnis erbringt. Selbst wenn man aber von der Möglichkeit einer Prognose ausgeht, zeigt die Praxis, dass das Strafbefehlsverfahren nicht nur bei „einfachen" Sachverhalten angewandt wird[15].

Der These, der Sachverhalt sei dem Konsens der Verfahrensbeteiligten zu entnehmen, fehlt schon deswegen die Plausibilität, da ein Konsens eher auf der formellen denn der materiellen Wahrheit aufbaut. Dies legen die Materialien der neusten Gesetzesentwürfe im Hinblick auf Umwelt- und Wirtschaftsdelikte auch nahe, da man dort an Fälle gedacht hat, die aufgrund ihrer Komplexität nicht in einer überschaubaren Hauptverhandlung aufgeklärt werden können. Insofern ist die These nur schlüssig, wenn man vom Grundsatz der materiellen Wahrheit Abstriche zulässt.

---

11 Vgl. *Herzog*, Prozeß, ZRP, S. 125, 129.

12 Darüber hinaus vermag die gegenteilige Auffassung auch nicht zu erklären, inwiefern beispielsweise einem Fall einer gefährliche Körperverletzung mit mehreren Beteiligten, strittigem Waffeneinsatz und sich widersprechenden Zeugenaussagen per se ein einfacherer Sachverhalt zugrunde liegt als einem Raub.

13 *Herzog*, Prozeß, ZRP 91, S. 125, 129.

14 Vgl. oben S. 172.

15 Zum einen in komplizierten Sachverhalten mit widersprüchlichen Zeugenaussagen und zum anderen – so wurde dem Verfasser von einem Berliner Staatsanwalt berichtet, wenn man sich nicht sicher ist – ob es zu einer Verurteilung in der Hauptverhandlung kommt (!) und sich aus den Akten ergibt, dass der Beschuldigte die Einspruchsfrist „verschläft" (!).

Heutzutage soll das Strafbefehlsverfahren primär Mittel zur *Beschleunigung* und *Entlastung* der Strafjustiz sein, wobei beide Ziele nicht gleichgesetzt werden dürfen[16]. Die Beschleunigung der Strafjustiz muss ihrerseits aufgespalten werden: Ziel kann sowohl die Beschleunigung des gesamten Strafverfahrens[17] als auch nur der Hauptverhandlung sein[18]. Zu letzterem ist das Strafbefehlsverfahren nur eingeschränkt geeignet. Denn wenn man einen Strafbefehl erlässt, entfällt die Hauptverhandlung gänzlich bzw. wird suspendiert, so dass sie als solche nicht beschleunigt wird. Allenfalls dann, wenn man – wie zur Begründung der vorgesehenen Erweiterung auf Sachen vor den Land- und Oberlandesgerichten angeführt – bei einem Teil der Beschuldigten ins Strafbefehlsverfahren wechselt, könnte sich die Hauptverhandlung durch deren Ausschluss verkürzen. Da es sich in der Regel aber nur um wenige Randakteure handeln dürfte, ist nur eine minimale Beschleunigung zu erwarten.

Zur Beschleunigung des Strafverfahrens ist das Strafbefehlsverfahren zum Teil geeignet, da der Erlass eines Strafbefehls einer etwaigen Verurteilung in der Hauptverhandlung zeitlich vorgeht[19]. Wird allerdings Einspruch eingelegt, so tritt eine beschleunigende Wirkung nicht ein, eher wird das gesamte Verfahren in die Länge gezogen. Wird das Strafverfahren also in den Fällen beschleunigt, in denen ein Einspruch nicht eingelegt wird, stellt sich die Frage, ob das hinter der Beschleunigung stehende Ziel erreicht wird. Dies hängt davon ab, wie man die Beschleunigung versteht. Versteht man sie im Sinne von Art. 6 Abs. 1 S. 1 EMRK als beschuldigtenfreundlich[20], so wird das Ziel erreicht. Es scheint aber, als vernachlässige der Gesetzgeber diese Facette des Beschleunigungsgedankens und beschränke sich einseitig auf den Grundsatz, dass die Strafe der Tat auf dem Fuße zu folgen habe[21], weil ansonsten ihre Wirkung verloren gehe. Dieses Ziel wiederum kann das Strafbefehlsverfahren nur teilweise erfüllen. Die Präventionswirkung der Strafe mindert sich nämlich durch die

---

16 So auch *Rieß*, Reflexionen, NStZ 94, S. 409, 416.

17 Vgl. die Fragestellung der strafrechtlichen Abteilung des 60. Deutschen Juristentages: „[...] den Strafprozeß, insbesondere die Hauptverhandlung, zu beschleunigen?".

18 So wird die Beschleunigung in der Regel verstanden, vgl. *Rieß*, Reflexion, NStZ 94, S. 409. Darauf beruft sich in der Regel der Gesetzgeber wenn er auf die Beschleunigung abstellt.

19 Nur am Rande sei erwähnt, dass selbst der Erlass eines Strafbefehls – wenn auch schneller als die Hauptverhandlung – wegen des allgemein steigenden Geschäftsanfalls an den Amtsgerichten mitunter erst spät erfolgt.

20 So auch *Scheffler*, Strafprozessrecht, GA 95, S. 449, 465.

21 Vgl. *Krumsiek*, Kosten, ZRP 95, S. 173, 175.

Verwendung des Strafbefehlsverfahrens gerade, da sie sich nicht voll entfalten kann[22].

Auch das Ziel der *Entlastung* ist unter den gegebenen gesetzgeberischen Umständen nur bedingt erreichbar. Zwar trifft es zu, dass man durch die Ausweitung des Strafbefehlsverfahrens zu einer ökonomischeren Bewältigung des Geschäftsanfalls kommen kann. Da nämlich der Großteil der Strafbefehle in Rechtskraft erwachsen und somit die Hauptverhandlung entfällt, findet eine Verringerung von Arbeit und in diesem Sinne eine Entlastung statt. Eine echte Entlastung setzt aber voraus, dass die geschaffenen Spielräume nicht mit „anderer, neuer" Arbeit wieder ausgefüllt werden. Ansonsten – und so sieht die Realität angesichts immer weiter ausufernder Kriminalisierung aus – führt die Ökonomisierung und Rationalisierung zu keiner Verringerung von Arbeit. Daher sollte man lieber von *Umverteilung, Ökonomisierung oder Rationalisierung des Arbeitsablaufs* sprechen.

Insgesamt lässt sich festhalten, dass die Gründe, die zur Ausweitung des Strafbefehlsverfahrens führten und führen, unterschiedliche sind. Das heute primär vertretene Argument, das Strafbefehlsverfahren diene der Beschleunigung und Entlastung der Strafjustiz, kann – unabhängig von seiner Legitimität und Nachvollziehbarkeit – die Ausweitung nur schwer rechtfertigen. Schlüssig wäre, das Strafbefehlsverfahren als Mittel zur Vereinfachung des Strafverfahrens zu bezeichnen. Wegen der Bewahrung der Errungenschaften des liberalen Strafrechts, die hier allerdings eher einem Lippenbekenntnis gleichen, wird dies so nicht explizit vertreten. Ob die Vereinfachung daher – wie schon während des Ersten Weltkrieges – auch heute das wahre Ziel gesetzgeberischer Arbeit ist, kann trotz weitgehender Unschlüssigkeit der heute vertretenen Argumente nicht nachgewiesen werden. Fasst man aber die Entlastung der Strafjustiz als Chiffre für die Vereinfachung der Strafjustiz auf, würde die äußerst widersprüchliche Argumentation der letzten dreißig Jahre verständlich, die man bei der Ausweitung des Anwendungsbereichs anführte. Die entlastende Wirkung der Verhängung der Freiheitsstrafe wurde zunächst in Abrede gestellt, nur zehn Jahre später doch für eine Gesetzesbegründung verwandt. Sie war aus Gründen der Entlastung auf nur ein Jahr beschränkt, nunmehr mehren sich die Stimmen, die mit demselben Argument der Entlastung eine Ausweitung auf zwei Jahre anstreben. Dasselbe Argumentationsmuster findet sich hinsichtlich der Eingangsinstanz. Hieß es 1987 noch, dass eine Ausweitung auf Landgerichte zu keiner Entlastung führe, wird nunmehr unter Hinweis auf die Entlastung sogar eine Ausweitung auf die Oberlandesgerichte gefordert.

22 AKom- *Loos*, vor § 407, Rn. 5 a.E.

III. Folgen

Unabhängig davon, welches Ziel die einzelnen Beteiligten des Gesetzgebungsverfahrens mit der Ausweitung des Strafbefehlsverfahrens verfolgten[23], lässt dessen Entwicklung in Bezug auf die Rechtswirklichkeit des ordentlichen Verfahrens die Aussage zu, dass die Verfahren vor den Amtsgerichten zum Großteil in einem vereinfachten Verfahren betrieben werden, das vor allem durch bürokratisch-inquisitorische Merkmale gekennzeichnet ist, nämlich einem Verfahren, das primär in der Hand der Staatsanwaltschaft ist. Folge dieser Entwicklung ist also – gewollt oder nicht – eine *Vereinfachung des amtsgerichtlichen Verfahrens* durch Zurückdrängen der Hauptverhandlung zugunsten vereinfachter Verfahrensformen[24], derzeit werden ¾ aller Sachen vor dem Strafrichter per Strafbefehl geahndet[25]. Im einzelnen bedeutet dies, dass zum einen die Hauptverhandlung als Inszenierung und zum anderen ihre Formalien wegfallen und stattdessen informelle Freiräume geschaffen werden.

Der Strafprozess ist jedoch auch eine *symbolische Veranstaltung*, in der die Verfahrensbeteiligten gleichsam der Schauspieler eines Theaterstückes – man denke nur an die Roben – die Verhältnisse von Macht und Recht, Schuldzuweisung und Versöhnung inszenieren[26]. Auch wenn man die Inszenierung nicht um ihrer selbst willen begrüßt, so stellt sich deren Wegfall aus einem anderen Grund als problematisch dar. Zum einen wird die Legitimität materieller Strafrechtsnormen auch und insbesondere im Verfahren ihrer Durchsetzung vermittelt und neu begründet[27], zum anderen kann nur von der Konfrontation des Täters mit der Tat in der Hauptverhandlung eine erzieherische Wirkung ausgehen[28]. Insofern fallen sowohl der Zweck der positiven General- als auch der Spezialprävention weg[29]. Zudem wird durch die Hauptverhandlung der Vorgang aus dem Alltäglichen erhöht[30], so dass deren Wegfall zu einer *Bagatellisierung*[31], also Verharmlosung strafrechtlich

23 Den einen Gesetzgeber gibt es nicht.

24 Auch unter Berücksichtigung des beschleunigten Verfahrens und der §§ 153 ff. StPO.

25 KarlruherKom-*Fischer*, vor § 407, Rn. 1.

26 *Fischer*, Überforderung, NStZ 97, S. 212, 214; *Schroeder*, Rationalisierung, NJW 83, S. 137, 140.

27 *Fischer*, Überforderung, NStZ 97, S. 212, 214.

28 *Siegmann*, Strafbefehlsverfahren, Blutalkohol 1967, S. 200, 201 unter Hinweis auf die fehlende erzieherische Wirkung, die nur die öffentliche Hauptverhandlung habe.

29 Wohl auch der Zweck der Vergeltung, der auf die Öffentlichkeit angewiesen ist.

30 *Bendix*, Neuordnung, S. 325; Schroeder, Rationalisierung, NJW 83, S. 137, 140.

31 *Bendix*, Neuordnung, S. 325: Das Strafbefehlsverfahren hat die Wirkung, dass sie „die gerichtliche Erledigung der Straftat aus den Höhen überirdischer Feierlichkeit und Be-

sanktionierter Verhaltensweisen führt, da deren materielle Wertung prozessual konterkariert wird[32].

Bei inkriminierten Verhaltensweisen, deren krimineller Unrechtsgehalt wie bei einigen Straßenverkehrsdelikten eher gering ist, ist rechtspolitisches Ziel der Wegfall der Hauptverhandlung oder genauer der Bloßstellung des Beschuldigten in dieser. Insofern zeigt sich hier der bloß symbolische Charakter[33] einiger materieller Strafrechtsnormen. Denn wenn man davon ausgeht, dass bei vielen Delikten der kriminelle Unrechtsgehalt „äußerst zweifelhaft erscheint"[34], dann erscheint er noch zweifelhafter, wenn der Gesetzgeber versucht, diese materielle Entwicklung der Kriminalisierung prozessual dadurch zu korrigieren, indem er die gerade kriminalisierten Verhaltensweisen auf prozessualer Ebene wieder bagatellisiert[35].

Wird strafrechtlich sanktioniertes Verhalten aber nicht in der Hauptverhandlung aufgearbeitet, sondern quasi mittels „Verwaltungsbescheid"[36] geahndet, dann führt diese Behandlung, wenn sie massenhaft vorkommt, zwangsläufig zu einem Autoritätsverlust des Staates und in der Folge zu einer „Abstumpfung und Veralltäglichung" gegenüber der Kriminalität[37], die wiederum zu Forderungen nach *Ausweitung des Strafrechts (Kriminalisierung)* zur Regelung gesellschaftlicher Probleme aller Art führt. Die Existenz vereinfachter Verfahrensformen dient dem Gesetzgeber dabei quasi als Rechtfertigung für die fortschreitende Kriminalisierung. Dies ist insoweit bemerkenswert, als dass der durch die Kriminalisierung gesteigerte Geschäftsanfall an den Strafgerichten seinerseits als Rechtfertigung für die Ausweitung der vereinfachten Verfahrensformen dient, die – wie eben gesehen – zur weiteren Kriminalisierung beiträgt[38]. Insoweit hat der Gesetzgeber einen Teufelskreis geschaffen[39], denn die Kriminalisierung führt zur Ausweitung vereinfachter Verfahrensvorschriften[40] und umgekehrt.

---

deutsamkeit, als welche sich die Hauptverhandlung ihrer Idee nach darstellt, in den Strom des täglichen Lebens herabzieht und zu einer geschäftlichen, mehr oder weniger gleichgültigen Angelegenheit macht, wie den Zivilprozeß".

32 Vgl. *Bendix*, Neuordnung, S. 325, der Vorgang wird als alltäglich behandelt.

33 Vgl. *Hund*, Entkriminalisierung, ZRP 94, S. 4, 6.

34 *Herzog*, Prozeß, ZRP 91, S. 125, 128.

35 Vgl. *Prinz*, Diebstahl, S. 234, 235: Mehrbelastung der Justiz, die durch strafprozessuale Maßnahmen wieder aufgefangen werden soll.

36 So die Ansicht Hamburgs in PA, VIII 122, A 2, lfd. Nr. 8, Bl. 76 f.

37 Vgl. *Prinz*, Diebstahl, S. 235.

38 Wohl in dieselbe Richtung zielend, *Hamm*, Vorschläge, StV 91, S. 530, 531 rechte Spalte oben.

39 Wohl in die selbe Richtung zielend, *Hamm*, Vorschläge, StV 91, S. 530, 532 linke Spalte oben.

40 Vgl. *Hassemer*, Kennzeichen, ZRP 92, S. 378, S. 383.

In diesem Zusammenhang spielt die *Schaffung informeller Freiräume* ebenso eine Rolle. Der Gesetzgeber teilt – wie beispielsweise bei den Straßenverkehrsdelikten – die Vergehen offensichtlich in zwei Kategorien ein. Es gibt einerseits geringfügige Vergehen, für die grundsätzlich das Strafbefehlsverfahren und nur ausnahmsweise die Hauptverhandlung in Betracht kommt, und andererseits solche Vergehen, für die grundsätzlich die Hauptverhandlung und nur ausnahmsweise das Strafbefehlsverfahren in Betracht kommt[41]. Diese Bevorzugung mancher Täter durch die Vermeidung ihrer Bloßstellung in der Hauptverhandlung ist vor dem Hintergrund des Art. 3 GG nicht unproblematisch. Denn der Gesetzgeber hat mit der Aufnahme bestimmter Delikte in das Strafrecht – nicht also in das Ordnungswidrigkeitenrecht – eine bestimmte Typisierung vorgenommen, aus der grundsätzlich die prozessuale Aufarbeitung in einer öffentlichen, mündlichen Hauptverhandlung folgt. Nimmt man aber die Charakterisierung des Strafbefehlsverfahrens als besondere Verfahrensart ernst, so dürfte das Verfahren grundsätzlich nur im Ausnahmefall und nicht – wie vom Gesetzgeber teilweise gedacht – als Regelverfahren für bestimmte Delikte zur Anwendung kommen.

Ein ähnliches Problem ergibt sich im Zusammenhang mit der *Rekonstruktion des* in der Vergangenheit liegenden *Sachverhalts*. Dieser wird noch weniger als in der Hauptverhandlung in einem dialektischen Für und Wider, sondern einseitig durch die Exekutive festgelegt. Diese Einseitigkeit im Vorgang führt oft zu einem einseitigen Ergebnis, was nicht zuletzt damit zusammenhängt, dass die polizeilichen Protokolle die Angaben des Beschuldigten häufig nicht so wiedergeben, wie er sie tatsächlich gemacht hat. Von Vorteil kann hierbei jedoch sein, dass sich der Beschuldigte und die Staatsanwaltschaft auf einen *gemeinsamen Sachverhalt einigen* können und der Beschuldigte den Belastungen der Hauptverhandlung so entgehen kann[42]. Hier zeigt sich deutlich, dass die eingangs getätigte Feststellung, das Strafbefehlsverfahren sei eher dem bürokratisch-inquisitorischen Prozessmodell zuzuschreiben, keine weitergehenden Aussagen zulässt[43]. Denn Staatsanwaltschaft und Beschuldigter werden je nach Blickwinkel zu Parteien des Verfahrens aufgewertet, die über den Sachverhalt verfügen können oder zu Verhandlungspartnern degradiert, die

---

41 Bezeichnenderweise spricht man ja auch bei Vergehen von leichter und mittlerer Kriminalität.

42 Allgemein dazu: *Rückel*, Verteidigertaktik, NStZ 87, S. 297, 300; zu den einzelnen Konstellationen KMR-*Fezer*, vor § 407, Rn. 16 ff.

43 Vgl. *Tiedemann*, Thesen, ZRP 92, S. 107, 108, nach dem konsensuale Elemente auch in einen (reformierten) Inquisitionsprozess eingefügt werden können.

sich nur um einen kurzfristigen Vorteil bemühen[44]. In diesem Befund zeigt sich die *Ambivalenz des Verfahrens* insgesamt. Zum einen können Staatsanwaltschaft und Beschuldigter auf gleicher Augenhöhe einen Konsens erzielen, der sowohl die Verfahrensbeteiligten als auch die Rechtsgemeinschaft zufrieden stellt. Andererseits kann es zu einem Ungleichgewicht kommen, in dem nur der Stärkere gewinnt, weil sich die schwächere Seite seinem Druck beugt[45]. Daraus ergibt sich in zweifacher Hinsicht eine Missbrauchsgefahr. Da dem hinreichenden Tatverdacht nicht zwingend die Hauptverhandlung folgen muss, sondern der Staatsanwaltschaft mit der Einstellung des Verfahrens, dem Strafbefehlsantrag oder der Anklage verschiedene Möglichkeiten zur Verfügung stehen, auf strafrechtlich sanktioniertes Verhalten zu reagieren, kann sie den Beschuldigten unter Druck setzen. So kann die Staatsanwaltschaft einerseits, wenn sie nicht sicher ist, ob die Hauptverhandlung zu einer Verurteilung führt, den Beschuldigten unter der Androhung der Belastungen der Hauptverhandlung letztlich zum Akzeptieren des Strafbefehls bringen[46].

Auf der anderen Seite kann der Beschuldigte in umfangreichen und komplizierten Sachverhalten der Staatsanwaltschaft eine vereinfachte Sachverhaltsdarstellung als Gegenleistung für den Wegfall der Hauptverhandlung anbieten; dies ist auch eines der gesetzgeberischen Ziele. Da sich das „dealen“ in einem informellen Rahmen abspielt, kann es jedoch – ähnlich wie bei den Straßenverkehrsdelikten – zu einer *Ungleichbehandlung* sowohl in delikts- als auch in schichtspezifischer Hinsicht führen[47]. Dies gilt insbesondere für Wirtschaftsdelikte, die eher von gut situierten Bürgern begangen werden, so dass der Vorwurf eines Zwei-Klassen-Strafrechts nicht unberechtigt erhoben wird.

Der Missbrauchsvorwurf wird in diesem Zusammenhang auch unter dem Stichwort der „Kommerzialisierung der Strafrechtspflege“ erhoben, nach dem man sich durch Kooperation von den Belastungen der Hauptverhandlung freikaufen könne. Denn es ist trotz der Fassung des § 407 Abs. 1 StPO in der Praxis der Staatsanwaltschaft überlassen, die Parameter festzulegen, die die

---

44 Bei Absprachen über die Rechtsfolgen eines Strafbefehls wird vom Beschuldigten oder seinem Verteidiger häufig ein Einspruchsverzicht in Aussicht gestellt, wobei es vorkommen soll, daß als Gegenleistung hierfür die Strafe zu niedrig bemessen wird; *Schmidt-Hieber*, Vereinbarungen, NJW 82, S. 1017; *Meyer-Gossner* ZRP 04, 190.

45 Kritisch zu einem solchen Konsens, *Tiedemann*, Thesen, ZRP 92, S. 107, 109.

46 *Sessar*, ZStW 87, S. 1034 berichtet von Fällen, in denen als Gegenleistung für ein Geständnis von der StA ein Strafbefehl (statt einer Anklage) angeboten wird. AKom-*Loos*, vor § 407, Rn. 5. Auch soll es Staatsanwälte geben, die, in Erwartung, dass der Beschuldigte die Einspruchsfrist versäumt, bei unklarem Sachverhalt Strafbefehl beantragen, um die Statistik zu verschönern.

47 Zu den Gefahren in der Praxis auch KMR-*Fezer*, vor § 407, Rn. 25.

Entscheidung zwischen Hauptverhandlung und Strafbefehl im Falle der konsensualen Beendigung bestimmen. Insofern liegt in der Ausweitung des Strafbefehlsverfahrens auch die Schaffung eines größeren Entscheidungs- und Handlungsspielraums und somit *Machtzuwachs für die Staatsanwaltschaft*[48].

Thesenartig lassen sich die Folgen so beschreiben:

1. Die fortwährende Ausweitung des Strafbefehlsverfahrens ist in der gegenwärtigen Lage Mitursache für den steigenden Geschäftsanfall und damit für die Belastung der Gerichte, die eigentlich reduziert werden soll.

2. Die fortwährende Ausweitung hat zur schleichenden Außerkraftsetzung des traditionellen Prozessmodells vor dem Strafrichter beigetragen, was im einzelnen heißt, dass

– die Hauptverhandlung als symbolische Veranstaltung wegfällt und

– die Formalien der Hauptverhandlung wegfallen, was zu einem verstärkten Machtzuwachs der Staatsanwaltschaft[49] und einer erhöhten Missbrauchsgefahr[50] führt.

IV. Fazit

Die nach diesem Befund aufkommende Frage, ob es diese Entwicklung aufzuhalten gilt, ist eindeutig zu bejahen.

Dabei setzt die Kritik aber nicht generell an der Existenz des Strafbefehlsverfahrens oder vereinfachter Verfahrensformen an. Insbesondere gegen das Verfahren als solches werden ganz überwiegend keine Bedenken erhoben[51], auch wenn die Verfahrensausgestaltung gerügt wird[52]. Kritisiert wird auch nicht die schleichende Außerkraftsetzung des traditionellen Prozessmodells, obwohl man sich in der Regel trotz der Tatsache, dass ¾ aller Sachen vor dem Strafrichter per Strafbefehl geahndet werden[53], zu dem traditionellen Prozessmodell und seinen Maximen bekennt .

---

48 Vgl. dazu auch *Hamann*, Strafverfolgung, NJW 96, S. 236, 237.

49 Vgl. dazu auch *Hamann*, Strafverfolgung, NJW 96, S. 236, 237.

50 Zu den Gefahren in der Praxis auch KMR-*Fezer*, vor § 407, Rn. 25.

51 AKom-*Loos*, vor § 407, Rn. 3; HeidelbKom-*Kurth*, vor § 407, Rn. 1; L/R-Gössel, vor § 407, Rn. 9; KarlruherKom-*Fischer*, vor § 407, Rn. 1, 3; *Meyer-Goßner*, vor § 407, Rn. 1.

52 Statt aller: AKom-*Loos*, vor § 407, Rn. 5.

53 KarlsruherKom-*Fischer*, vor § 407, Rn. 1.

Die Kritik setzt vielmehr an der Instrumentalisierung des Strafbefehlsverfahrens zum Zwecke der Entlastung der Rechtspflege an. Zum einen wird hier unzulässigerweise die sachliche Strafverfolgungsarbeit mit einem sachfremden Kriterium verknüpft[54]. Entscheidender dürfte jedoch sein, dass eine Unterscheidung zwischen Mittel und Zweck nicht stattfindet. Selbst wenn man der These nicht abgewinnt, dass die Ausweitung des Strafbefehlsverfahrens im Gesamtzusammenhang mit der strafrechtlichen Gesetzgebung zur größeren Belastung der Strafjustiz beiträgt, so zeigt die Entwicklung doch klar, dass zumindest eine endgültige Entlastung nicht eintritt, vielmehr wird der „Zeitpunkt des totalen Kollapses der Strafjustiz"[55] durch kurzfristige Rationalisierungseffekte hinausgezögert. Dass der Überlastung der Gerichte entgegengetreten werden muss, ist allerdings einhellige Meinung, so dass sich die Frage darauf zuspitzt, wie die Justiz tatsächlich entlastet werden kann – das Strafbefehlsverfahren ist dauerhaft dazu jedenfalls nicht geeignet.

Die Arbeit erhebt nicht den Anspruch, positiv begründen zu können, wie man die Justiz optimal entlasten kann, dafür wird die Untersuchung des Strafbefehlsverfahrens allein der Komplexität des Gegenstandes bei weitem nicht gerecht. Trotzdem sollen die Lösungsansätze – zu denen die Ausweitung des Strafbefehlsverfahrens zählt – kurz dargestellt werden.

Auf der einen Seite werden organisatorische Ansätze verfolgt, die sich unter Beibehaltung der rechtlichen Rahmenbedingungen für eine Optimierung des Arbeitsablaufs oder schlicht mehr Personal einsetzen[56]. Auf der anderen Seite wird auf eine Veränderung der rechtlichen Rahmenbedingungen abgezielt. Dabei wird zum einen auf Grundlage des herkömmlichen Prozessmodells vorgeschlagen, die vereinfachte Verfahrensbeendigung noch zu erweitern. In die Gegenrichtung gehen die Vorschläge, die den prozessualen Ansatz verwerfen und die Lösung des Problems eher im materiellen Recht sehen. Man will der Überlastung der Strafjustiz durch Entkriminalisierung entgegentreten[57]. Eine andere Ansicht setzt eher an der Rechtsfolge an und setzt auf Kriminalisierung dergestalt, dass „der Gesetzgeber die angedrohten Geldstrafen und Geldbußen anhebt und diese Anhebung sich schließlich auch in der Höhe der festgesetzten Geldstrafe oder Geldbuße niederschlägt"[58] – das dadurch eingenommene Geld könnte die Justiz mitfinanzieren. Wiederum andere schlagen

54 *Raiser*, Strafverfolgung, NJW 96, S. 236, 237.

55 *Raiser*, Strafverfolgung, NJW 96, S. 236, 237.

56 So z.B. *Scheffler*, Strafprozessrecht, GA 95, S. 449, 466 und NJW 94, S. 2195; dagegen: *Bertram*, Entwurf, ZRP 96, S. 46, 48.

57 *Hamm*, Vorschläge, StV 91, S. 530, 532; *Thomas*, Strafverteidiger-Forum 91, S. 143 ff.

58 *Krumsiek*, Kosten, ZRP 95, S. 173, 175.

Änderungen des Verjährungsrechts oder die Einführung eines allgemeinen Verfahrenshindernisses vor[59]. Eine Mischung aus prozessualem und materiellem Ansatz verfolgen in der Regel diejenigen, die durch eine Art Paradigmenwechsel bzw. Gesamtreform zu einem grundsätzlich neuen Verfahren für Bagatellkriminalität kommen wollen[60], wobei das Strafbefehlsverfahren zum Teil als Ansatz dient[61]. Dabei wird letztlich das vom Strafbefehlsverfahren her bekannte Argument bemüht, nach dem es eines einfachen Verfahrens in geringfügigen Strafsachen bedürfe bzw. geringfügige Sachen ein vereinfachtes Verfahren erlauben. Dieses im Einzelnen noch zu entwerfende Verfahren kann nach Ansicht einiger durch materielle Änderungen flankiert werden. So könnte man an die Einführung einer allgemeinen Bagatellevorschrift denken[62], die die Lücke zwischen Straf- und Ordnungswidrigkeitenrecht schließt[63], oder daran, Verurteilungen im vereinfachten Verfahren grundsätzlich nicht in das Führungszeugnis aufzunehmen[64].

Bei der Frage, welcher der Ansätze aufzunehmen ist, muss man zwischen den rechtlich optimalsten und rechtlich durchsetzbaren Lösungen unterscheiden. Optimal wäre eine rigorose Entkriminalisierung, da Ursache der Überforderung der Strafjustiz die Überfrachtung des materiellen Recht ist[65]. Angesichts der politischen und gesetzgeberischen Wirklichkeit scheint dies jedoch eine Illusion zu sein[66]. Die Vergangenheit hat gezeigt, dass eine Gesamtreform politisch offensichtlich nicht durchsetzbar ist. Anzeichen dafür sind der gerade im Justizministerium in Vorbereitung befindliche Entwurf eines „Gesetzes betreffend die Absprachen im Strafprozess" und die zu erwartende Gesetzesi-

---

59 *Hamm*, Vorschläge, StV 91, S. 530, 532 f.

60 Kritisch dazu *Scheffler*, Strafprozessrecht, GA 95, S. 449, 466.

61 Allgemeiner *Meyer-Gossner*, ZRP 04, S. 190: Für den Fall, dass der Angeklagte den in der zugelassenen Anklage erhobenen Vorwurf einräumt – das ist dasselbe, was heute als „schlankes Geständnis" bezeichnet wird (und entspricht im Ergebnis der Situation, die besteht, wenn ein Angeklagter einen Strafbefehl akzeptiert) –, wird ihm eine Änderung des anzuwendenden Strafrahmens zugesagt; eine Beweisaufnahme entfällt.

62 Vgl. in diese Richtung auch *Hassemer*, Kennzeichen, ZRP 92, S. 378, S. 383.

63 Vgl. zur Lücke zwischen Straf- und Ordnungswidrigkeitenrecht, L/R- *Gössel*, Vor § 407, Rn. 60 a.E.

64 Änderung von § 33 Abs. 2 , insb. Nr. 5 BZRG.

65 *Fischer*, Überforderung, NStZ 97, S. 212, 214.

66 Vgl. *Röttgen*, Justiz, ZRP 03, S. 345, 348: Das allgemein akzeptierte Bemühen um die Effektivität staatlichen Handelns konkretisiert sich auf dem Gebiet der Justiz in der Beschleunigung gerichtlicher Verfahren unter Wahrung ihrer rechtsstaatlichen Qualität. Diesem Ziel kann und darf sich keiner entziehen. Reflexhafte Abwehr zur Sicherung des „verfahrensmäßigen Besitzstands" ist auch an dieser Stelle unangebracht und ohne Perspektive.

nitiative einiger Länder im Bereich des Rechtsmittelrechts[67], die nur Einzelprobleme behandeln.

Zwar ist es ebenso illusorisch, auf dem bisher eingeschlagenen Weg dem Ziel einer Entlastung der Rechtspflege näher zu kommen, jedoch ist damit zu rechnen, dass der stete Tropfen der seit über zehn Jahren währenden Forderung nach Ausweitung des Strafbefehlsverfahrens letztlich den Stein höhlen wird und die Sanktionsgewalt zunächst auf zwei Jahre, dann der sachliche Anwendungsbereich auf Verbrechen[68] ausgeweitet werden wird.

---

67 Vgl. BT-Drucks. 16/3659, S. 27.

68 Vgl. dazu die satirische Frage *Meyer-Goßners*, Justiz, ZRP 04, S. 128: „Und warum nicht zunächst alle Verfahren als Strafbefehlsverfahren beginnen lassen?“ als Antwort auf *Röttgen*, Justiz, ZRP 03, S 345.

ANHANG

Anhang I: Gesetze und Entwürfe in Preußen

1. Gesetz, betreffend das Verfahren in den bei dem Kammergericht und dem Kriminalgericht zu Berlin zu führenden Untersuchungen, vom 17. Juli 1846

§ 122. Beruht die Anklage wegen eines Polizeivergehens auf der Anzeige eines beamten, welcher die That aus eigener amtlicher Wahrnehmung bekundet, und wird nicht etwa der Angeschuldigte dem Polizeirichter zugleich vorgeführt, in welchem Falle stets das ordentliche Verfahren nach §§ 155. u. f. eintreten muß: so setzt der Polizeirichter auf Grund der Anklage die Strafe fest und macht sie dem Angeschuldigten durch eine schriftliche Verfügung mit dem Bedeuten bekannt,
dass wenn er durch diese Straffestsetzung sich beschwert finden sollte, er zur Ausführung seiner Vertheidigung sich in einem, sogleich in der Verfügung, und zwar auf mindestens 10 Tage hinaus, zu bestimmenden Termine vor dem Polizeirichter zu stellen, im Falle seines Nichterscheinens in diesem Termin aber die Vollstreckung der Strafe zu gewärtigen habe.

§ 123. In dieser Verfügung (§ 122) muß angegeben sein:
1) die Beschaffenheit des Vergehens, so wie die Zeit und der Ort seiner Verübung;
2) der Name des Beamten, welcher das Vergehen angezeigt hat, und
3) die Straffestsetzung unter Anführung der Strafvorschrift, auf welche dieselbe sich gründet.
Die Verfügung muß zugleich für den Fall, wenn der Angeschuldigte bei der Straffestsetzung sich nicht beruhigen zu können glaubt, die Aufforderung an denselben enthalten,
die zu seiner Vertheidigung dienenden Beweismittel in dem anberaumten Termine mitzubringen oder solche dem Richter so zeitig vor dem Termine anzuzeigen, daß sie noch zu demselben herbeigeschafft werden können.

§ 124. Erscheint der Angeschuldigte in dem Termine persönlich oder durch einen zulässigen Bevollmächtigten, so ist nach Vorschrift der §§ 115. bis 121. zu verfahren; erscheint er nicht, so hat der Richter einen Vermerk hierüber aufzunehmen.

§ 125. Der Angeschuldigte kann auf Restitution antragen, wenn er durch unabwendbare Umstände verhindert worden ist, persönlich in dem Termine zu erscheinen. Das Restitutionsgesuch muß binnen zehn Tage nach dem Termine bei dem Polizeirichter angebracht werden, und die Angabe der Hinderungsgründe mit der erforderlichen Bescheinigung enthalten. Auf unbescheinigte Hinderungsgründe darf der Richter keine Rücksicht nehmen. Erst nach Ablauf dieser Frist ist die Strafe zu vollstrecken.

§ 126. Findet der Polizeirichter das Restitutionsgesuch begründet, so ist ein naher Termin zur Verhandlung der Sache anzuberaumen und nach den Vorschriften der §§ 115. bis 121. zu verfahren. Bleibt der Angeschuldigte in diesem Termin abermals aus, so ist die Strafe, ohne weitere Zulassung eines Rechtsmittels, zur Vollstreckung zu bringen.

§ 127. Findet der Richter das Restitutionsgesuch nicht begründet, so weiset er dasselbe durch eine Resolution zurück, gegen welche dem Angeschuldigten die Beschwerde an die im § 119. bezeichnete Deputation offen steht; diese Beschwerde muß aber binnen 24 Stunden nach Zustellung der Resolution bei dem Polizeirichter angebracht werden. Wird von der Deputation für die Zulassung der Restitution entschieden, so geht die Sache zur Verhandlung in erster Instanz an den Polizeirichter zurück.

§ 128. Zur Entscheidung über das Restitutionsgesuch und über die Beschwerde gegen die dasselbe zurückweisende Resolution bedarf es der vorgängigen Anhörung des Polizeianwaltes nicht.

2. Verordnung über die Einführung des mündlichen und öffentlichen Verfahrens mit Geschworenen in Untersuchungssachen, vom 4. Januar 1849

§ 171. beruht die Anklage wegen eines Polizeivergehens auf der Anzeige eines Beamten, welcher die That aus eigener amtlicher Wahrnehmung bekundet, wozu auch eine im dienst befindliche Militairperson zu rechnen ist, und wird nicht etwa der Angeschuldigte dem Polizeirichter zugleich vorgeführt, in welchem Falle stets das ordentliche Verfahren eintreten muß, so setzt der Polizeirichter auf Grund der Anklage die Strafe fest, und macht sie dem Angeschuldigten durch eine schriftliche Verfügung mit dem Bedeuten bekannt,
dass wenn er durch diese Straffestsetzung sich beschwert finden sollte, er zur Ausführung seiner Vertheidigung sich in einem, sogleich in der Verfügung und zwar auf mindestens zehn Tage hinaus, zu bestimmenden Termine vor dem Polizeirichter zu stellen, im Falle seines Nichterscheinens in diesem Termin aber die Vollstreckung der Strafe zu gewärtigen habe.

§ 172. In dieser Verfügung muß angegeben sein:
1) die Beschaffenheit des Vergehens, so wie die Zeit und der Ort seiner Verübung;
2) der Name des Beamten, welcher das Vergehen angezeigt hat, und
3) die Straffestsetzung unter Anführung der Strafvorschrift, auf welche dieselbe sich gründet.
Die Verfügung muß zugleich für den Fall, wenn der Angeschuldigte bei der Straffestsetzung sich nicht beruhigen zu können glaubt, die Aufforderung an denselben enthalten,
die zu seiner Vertheidigung dienenden Beweismittel in dem anberaumten Termine mitzubringen, oder solche dem Richter so zeitig vor dem Termine anzuzeigen, daß sie noch zu demselben herbeigeschafft werden können.

§ 173. Erscheint der Angeschuldigte in dem Termine persönlich oder durch einen zulässigen Bevollmächtigten, so ist nach Vorschrift der §§ 164. folg. zu verfahren; erscheint er nicht, so hat der Richter einen Vermerk hierüber aufzunehmen.

§ 174. Der Angeschuldigte kann auf Restitution antragen, wenn er durch unabwendbare Umstände verhindert worden ist, persönlich in dem Termine zu erscheinen. Das

Restitutionsgesuch muß binnen zehn Tage nach dem Termine bei dem Polizeirichter angebracht werden, und die Angabe der Hinderungsgründe mit der erforderlichen Bescheinigung enthalten. Auf unbescheinigte Hinderungsgründe darf der Richter keine Rücksicht nehmen. Erst nach Ablauf dieser Frist ist die Strafe zu vollstrecken.

§ 175. Findet der Polizeirichter das Restitutionsgesuch begründet, so ist ein naher Termin zur Verhandlung der Sache anzuberaumen und nach den Vorschriften der §§ 164. ff. zu verfahren. Bleibt der Angeschuldigte in diesem Termin abermals aus, so ist die Strafe, ohne weitere Zulassung eines Rechtsmittels, zur Vollstreckung zu bringen.

§ 176. Findet der Richter das Restitutionsgesuch nicht begründet, so weiset er dasselbe durch eine Resolution zurück, gegen welche dem Angeschuldigten die Beschwerde an das Appellationsgericht offen steh. Diese Beschwerde muß binnen 24 Stunden nach Zustellung der Resolution bei dem Polizeirichter angebracht werden. Wird für die Zulassung der Restitution entschieden, so geht die Sache zur Verhandlung in erster Instanz an den Polizeirichter zurück.

§ 177. Zur Entscheidung über das Restitutionsgesuch und über die Beschwerde gegen die dasselbe zurückweisende Resolution bedarf es der vorgängigen Anhörung des Polizeianwaltes.

3. Vorläufiger Entwurf einer Strafprozeßordnung für die ganze Monarchie

§ 346. Ist die Übertretung nur mit Geldbuße, oder mit Gefängnißtrafe von höchstens vierzehn Tagen, oder zugleich mit beiden Strafen bedroht, und beruht die Anschuldigung auf der amtseidlichen Anzeige eines Beamten, wozu auch eine im Dienst befindliche Militärsperson ui rechnen ist, welcher die That aus eigener amtlicher Wahrnehmung bekundet, so setzt der Richter auf Grund der Anschuldigung die Strafe fest.
Es tritt jedoch auch in diesem Falle das ordentliche Verfahren nach Maßgabe der Vorschriften der §§ 339 und 340 ein, wenn der Angeschuldigte vom Richter vorgeführt wird.

§ 347. In der Strafverfügung muß angegeben sein:
1) die Beschaffenheit der Übertretung, sowie die Zeit und der Ort derselben;
2) der Name des Beamten, welcher die Übertretung angezeigt hat;
3) die Straffestsetzung unter Anführung der Strafvorschrift, auf welche dieselbe sich gründet. Die festgesetzte Geldbuße muß für den Fall des Unvermögens eine verhältnismäßige Gefängnisstrafe substituiert sein.
Der Strafverfügung muß am Schlusse
4) das Bedeuten hinzugefügt werden, dass der Angeschuldigte , wenn er sich durch dieselbe beschwer finden sollte, innerhalb einer zehntägigen Frist vom Tage nach der Zustellung der Strafverfügung an gerechnet, seine Beschwerde dagegen schriftlich oder mündlich zu Protokoll bei dem Richter anzumelden, und zugleich die zu seiner Verteidigung dienenden Beweismittel, deren Herbeischaffung von Amts wegen er wünsche, anzuzeigen habe; dass aber, falls in dieser Frist eine Beschwerde nicht eingeht, die Strafverfügung in Rechtskraft übergehe und gegen ihn werde vollstreckt werden.

§ 348. geht in der zehntägigen Frist (§ 347) eine Beschwerde nicht ein, so findet gegen sie Strafverfügung ein sonstiges Rechtsmittel nicht statt.

In dem umgekehrten Fall wird ein Termin zur Hauptverhandlung angesetzt, und es kommen die für das ordentliche Verfahren bei Übertretungen gegebenen Vorschriften zur Anwendung.
Es soll jedoch die amtseidliche Anzeige des Beamten (§ 346), auch wenn derselben zur Hauptverhandlung nicht vorgeladen worden ist, eine solche Vermuthung für die Wahrheit ihres Inhalts begründen, dass wenn nicht der Gegenbeweis geführt wird, die Verurtheilung des angeschuldigten darauf gestützt werden kann.

4. Entwurf einer Strafprotzessordnung für die Preußischen Staaten

§ 420. Wenn von einem Beamten oder einer im Dienst befindlichen Militairperson eine Uebertretung auf Grund eigener amtlicher oder dienstlicher Wahrnehmung zur Anzeige gebracht wird, und nicht etwa der Beschuldigte vorgeführt wird, oder seine Verhaftung erforderlich ist, so kann die Staatsanwaltschaft bei dem Polizeirichter den Antrag stellen, dass die verwirkte Strafe ohne vorgängiges Verfahren durch eine Strafverfügung festgesetzt werde.
Der Antrag muß die Anführung der Strafvorschrift, durch welche die Uebertretung vorgesehen ist enthalten, und auf eine bestimmte, nach Art und Höhe zu bezeichnende Strafe gerichtet sein.
Der Polizeirichter setzt auf grund der Anzeige die Strafe sofort fest, wenn nicht besondere bedenken entgegenstehen.
Wird die Erlassung der Strafverfügung verweigert, so bleibt der Staatanwaltschaft die Verfolgung im ordentlichen Verfahren vorbehalten.

§ 421. In der Strafverfügung muß angegeben sein:
1) die Beschaffenheit der Uebertreung, so wie die Zeit und der Ort derselben;
2) der Name des Beamten oder der Militairperson, welche die Uebertretung angezeigt hat;
3) die Straffestsetzung unter Anführung der Strafvorschrift, auf welche dieselbe sich gründet;
4) die Eröffnung, dass der Beschuldigte, wenn er sich durch die Strafverfügung beschwert finden sollte, innerhalb einer zehntägigen Frist, von der Zustellung der Verfügung an gerechnet, seinen Einspruch dagegen bei dem Polizeigerichte schriftlich oder zu Protokoll anzumelden und zugleich die zu seiner Vertheidigung dienenden Beweismittel anzuzeigen habe; dass aber falls in dieser Frist ein Einspruch nicht erfolge, die Strafverfügung in Rechtskraft übergehe und gegen ihn vollstreckt würde.

§ 422. Ist die festgesetzte Strafe geringer als die beantragte, so darf der Strafverfügung nicht ohne Zustimmung der Staatsanwaltschaft Folge geleistet werden, vorbehaltlich der Einleitung des gewöhnlichen Verfahrens.
Andernfalls wird die Verfügung dem Beschuldigten zugestellt.

§ 423. Wird in der zehntägigen Frist (§ 421.) ein Einspruch nicht erhoben, so findet gegen die Strafverfügung ein sonstiges Rechtsmittel nicht statt, vorbehaltlich der Bestimmung des § 235.

In dem entgegengesetzten Falle wird, ohne dass es eines Antrages der Staatsanwaltschaft (§ 290.) bedarf, eine Sitzung für die Hauptverhandlung bestimmt, und es tritt sodann das ordentliche Verfahren ein.

§ 424. Erscheint der Beschuldigte nicht, so wird ohne Beweisaufnahme der Einspruch durch Urtheil verworfen.

5. Gesetz, betreffend die Zusätze zu der Verordnung vom 3. Januar 1849 über die Einführung des mündlichen und öffentlichen Verfahrens mit Geschworenen in Untersuchungssachen, vom 3. Mai 1852

Artikel 122. Wenn weder der Beschuldigte vorgeführt wird, noch die Verhaftung desselben erforderlich ist, so kann der Polizeianwalt bei dem Polizeirichter den Antrag stellen, dass die verwirkte Strafe ohne vorgängige Hauptverhandlung durch eine Strafverfügung festgesetzt werde.
Dieser Antrag muß die Angabe der Thatsachen, durch welche die Uebertretung begangen sein soll, die dafür vorhandenen Beweise, sowie die Anführung der anzuwendenden Strafvorschrift enthalten, und auf eine bestimmte, nach Art und Höhe zu bezeichnende strafe gerichtet sein.

Artikel 123. Der Polizeirichter hat, wenn nicht besondere Bedenken entgegenstehen, die von ihm erachtete Strafe durch Verfügung festzusetzen.
Ist die festgesetzte Strafe geringerer oder von anderer Art als die beantragte, so wird die Strafverfügung zunächst dem Polizeianwalte mitgetheilt und erst dann nach Artikel 124. dem Beschuldigten zugestellt, wenn der Polizeianwalt nicht innerhalb dreier Tage nach der ihm gewordenen Mittheilung die Einleitung des mündlichen Verfahrens beantragt.

Artikel 124. Die Strafverfügung muss enthalten:
1) die Beschaffenheit der Uebertreung, so wie die Zeit und der Ort derselben;
2) die dafür angegebenen Beweise;
3) die Festsetzung der Strafe und des Kostenpunktes, unter Anführung der Vorschrift, auf welche dieselbe sich gründet und falls eine Geldbuße ausgesprochen ist, unter Bezeichnung der Kasse, an welche dieselbe gezahlt werden soll;
4) die Eröffnung, dass der Beschuldigte, wenn er sich durch die Strafverfügung beschwert finden sollte, innerhalb einer zehntägigen Frist, von dem Tage nach der Zustellung der Verfügung an gerechnet, seinen Einspruch dagegen bei dem Polizeigerichte schriftlich oder zu Protokoll anzumelden und zugleich die zu seiner Vertheidigung dienenden Beweismittel anzuzeigen habe; dass aber, falls in dieser Frist ein Einspruch nicht eingehe, die Strafverfügung Rechtskraft erlange und gegen ihn vollstreckt würde.
Die Verfügung wird dem beschuldigten in beglaubigter Form zugestellt.

Artikel 125. Wenn in der zehntägigen Frist ein Einspruch nicht erhoben wird, so erlangt die Strafverfügung die Kraft eines rechtskräftigen Urtheils, wogegen ein weiteres rechtsmittel nicht stattfindet, jedoch vorbehaltlich der Bestimmung des Artikels 130.

In dem entgegengesetzten Fall wird das hauptverfahren eingeleitet, ohne dass es der Einreichung einer Anklageschrift bedarf, und ohne dass über die Eröffnung der Untersuchung Beschluß gefasst wird.

Artikel 126. Erscheint der Beschuldigte in dem zur Hauptverhandlung angesetzten Termine nicht, so wird der Einspruch durch Urtheil verworfen, ohne dass eine weitere Verhandlung stattfindet.

Artikel 127. Wenn der Beschuldigte in dem angesetzten Termine persönlich oder durch einen Vertreter erscheint, so wird in Gemäßheit des Artikels § 128. zur Hauptverhandlung geschritten. Der Polizeirichter ist befugt, auch auf eine andere Strafe zu erkennen, als in der Strafverfügung festgesetzt war.

6. Entwurf einer Strafprozeß-Ordnung für den preußischen Staat nebst motivierenden Anmerkungen

§ 370. Wenn der beschuldigte weder vorgeführt wird, noch verhaftet oder zu verhaften ist, kann der Polizeianwalt in der Anklageschrift beantragen, dass die verwirkte Strafe ohne vorgängige Hauptverhandlung durch einen Strafverfügung festgesetzt werden.
Dieser Antrag muß auf eine bestimmte, nach Art und Höhe zu bezeichnende Strafe gerichtet sein, und die zum Beweise der Anschuldigung dienenden schriftlichen Anzeigen oder Verhandlungen in Bezug nehmen.

§ 371. Der Polizeirichter hat, wenn nicht besondere Bedenken entgegenstehen, die von ihm für angemessene Strafe durch Verfügung festzusetzen. Ist die festgesetzte Strafe geringer oder von anderer Art, als die beantragte, so wird die Strafverfügung zunächst dem Polizeianwalte mitgetheilt, und erst dann dem Beschuldigten zugestellt, wenn der Polizeianwalt nicht innerhalb dreier Tage nach der ihm gewordenen Mittheilung die Einleitung des gewöhnlichen Verfahrens beantragt.

§ 372. Die Strafverfügung muß enthalten:
1) die Beschaffenheit der strafbaren Handlung, sowie die Zeit und den Ort derselben;
2) die dafür angegebenen Beweismittel;
3) die Festsetzung der Strafe und des Kostenpunktes, unter Anfügung der Vorschrift, auf welche dieselbe sich gründet, und falls eine Geldbuße ausgesprochen ist, unter Bezeichnung der Kasse, an welche dieselbe gezahlt werden soll;
4) die Eröffnung, dass der Beschuldigte, wenn er sich durch die Strafverfügung beschwert finden sollte, innerhalb einer zehntägigen Frist von der Zustellung der Verfügung ab seinen Einspruch dagegen bei dem Polizeirichter schriftlich oder zu Protokoll zu erheben und zugleich die zu seiner Vetheidigung dienenden Beweismittel anzuzeigen habe; daß aber, falls in dieser Frist ein Einspruch nicht eingehe, die Strafverfügung Rechtskraft erlangen und vollstreckt werden würde.

§ 373. Wenn in der zehntägigen Frist ein Einspruch nicht erhoben wird, so erlangt die Strafverfügung die Kraft eines vollstreckbaren Urtheils, wogegen ein weiteres Rechtsmittel nicht stattfindet, jedoch vorbehaltlich der Bestimmungen der §§ 426 und 427 Nr. 1.

Im entgegengesetzten Falle tritt das Hauptverfahren in der gewöhnlichen weise ein, ohne daß es einer Mittheilung der Anklageschrift bedarf. Der Einspruch kann noch solange zurückgenommen werden, als die Hauptverhandlung nicht begonnen hat.
Der Polizeirichter ist befugt, auch auf einen andere Strafe zu erkennen, als in der Strafverfügung festgesetzt war.

§ 374. Wenn der Beschuldigte in der zur Hauptverhandlung bestimmten Sitzung ausbleibt, so findet eine weitere Hauptverhandlung oder Prüfung der Sache nicht statt; der Einspruch wird vielmehr durch ein Urtheil verworfen, gegen welches, vorbehaltlich des Bestimmungen des § 427 Nr. 2, ein Rechtsmittel nicht zulässig ist.
Bei der Vorladung des Beschuldigten muß die Hinweisung auf diese Folge seines Ausbleibens an Stelle der in § 360 bezeichneten Warnung erfolgen.

Anhang II: Entwürfe seit 1869 bis zur Reichsstrafprozessordnung

1. Erster Entwurf einer Straf-Prozeß-Ordnung für den Norddeutschen Bund

§ 397. Geldbußen von 10 Thalern oder weniger sowie die im Unvermögensfalle eintretende Freiheitsstrafe und etwaige Einziehungen können von den Amtsrichtern ohne vorgängige Verhandlung durch Strafverfügung festgesetzt werden, wenn die Polizeianwaltschaft in der Anklageschrift dies beantragt hat und aus den der letzteren beigefügten Berichten oder Verhandlungen sich hinreichende Anzeichen für die behauptete Uebertretung ergeben.
Der Antrag muß auf eine bestimmte nach art und Höhe zu bezeichnende Strafe gerichtet sein.
Wenn der Amtsrichter die beantragte strafe nicht für angemessen erachtet, die Polizeianwaltschaft aber, nach Bekanntmachung dessen, bei ihrem Antrag beharrt, oder wenn der Amtsrichter weitere Aufklärung des Sachverhalts für erforderlich erachtet, so ist die Sache zur mündlichen Verhandlung zu bringen.

§ 398. Die Strafverfügung muß enthalten:
1) die Angabe der Thatsachen, welche die strafbare Handlung darstellen sollen, sowie die Zeit und den Ort der letzteren;
2) die Angabe der Beweismittel;
3) die Festsetzung der Strafe und des Kostenpunktes unter Anfügung des angewendeten Strafgesetztes und unter Bezeichnung der Kasse, an welche die Geldbuße zu zahlen ist;
4) die Eröffnung, daß, wenn der Angeklagte sich durch die Straffestsetzung beschwert finden sollte, er binnen 10 tagen nach Zustellung der Strafverfügung bei dem Amtsgericht Einspruch zu erheben habe, daß aber, falls ein solcher in dieser Frist nicht erhoben werde, die Strafverfügung Rechtskraft erlangen und vollstreckt werden würde.

§ 399. Nach Ablauf der zehntägigen Frist erlangt die Strafverfügung, gegen welche ein Einspruch nicht erhoben ist, die Kraft eines vollstreckbaren Urtheils und es findet gegen dieselbe kein weiteres Rechtsmittel statt, als die Wiedereinsetzung in den vorigen Stand unter der Voraussetzung des § 192.
Im Falle rechtzeitigen Einspruches oder der Wiedereinsetzung in den vorigen Stand findet das gewöhnliche verfahren (§400) statt, ohne daß es hierbei einer Mittheilung der Anklageschrift bedarf. Jedoch kann der Einspruch bis zum Beginne der Hauptverhandlung zurückgenommen werden.
In der Hauptverhandlung kann auch auf eine andere, als in der Strafverfügung festgesetzten Strafe erkannt werden.
Demjenigen Angeklagten, welcher die Wiedereinsetzung in den vorigen Stand gegen den Ablauf der Einspruchsfrist gewährt worden ist, kann erstere nicht abermals gewährt werden, wenn die Hauptverhandlung von ihm versäumt worden ist.

2. Entwurf einer Straf-Prozeß-Ordnung für den Norddeutschen Bund – revidierter Entwurf (in Klammern: in erster Lesung gestrichen)

304. Wenn der (einer Uebertretung) Anzuklagende sich auf freiem Fuße befindet, so kann die Staatsanwaltschaft in der Anklageschrift den Antrag stellen, daß die Strafe von dem Amtsrichter ohne vorgängige Verhandlung durch Strafbefehl festgesetzt werde.
Durch einen solchen darf jedoch keine andere Strafe als Geldstrafe von höchstens zehn Thalern und die im Unvermögensfalle an ihre Stelle tretende Haft, sowie eine etwa verwirkte Einziehung festgesetzt werden.
Ein Strafbefehl, gegen welchen nicht binnen zehn Tagen nach der Zustellung von dem Angeklagten Einspruch erhoben worden ist, erlangt die Kraft eines rechtskräftigen Urtheils.

§ 305. Der Amtsrichter hat dem Antrage, welcher auf eine bestimmte Strafe gerichtet sein muß, zu entsprechen, wenn dem Erlaß des Strafbefehls nicht besondere Bedenken entgegenstehen.
Ist dies der fall oder will der Amtsrichter einen geringere als die beantragte Strafe festsetzten, während die Staatsanwaltschaft bei ihrem Antrage beharrt, so ist die Sache zur mündlichen Verhandlung zu bringen.

§ 306. Der Strafbefehl muß die strafbare Handlung, das Strafgesetz und die Beweismittel bezeichnen. Daneben muß er die Eröffnung enthalten, daß er vollstreckbar werde, wenn der Angeklagte nicht binnen zehn Tagen nach der Zustellung bei dem Amtsgerichte Einspruch erhebe.
Zugleich ist der Angeklagte für den fall des Einspruchs zu einer im Voraus anberaumten Sitzung vorzuladen.

§ 307. Bei rechtzeitigem Einspruch ((oder) erfolgter Wiedereinsetzung in den vorigen Stand) wird an der in dem Strafbefehl bezeichneten Sitzung zur Verhandlung vor dem kleinen Schöffengericht geschritten.
Nach eröffneter Untersuchung kann der Einspruch nicht mehr zurückgenommen werden.
Bei der Urteilsfällung ist das Schöffengericht an die in dem Strafbefehl festgesetzte Strafe nicht gebunden.

§ 308. Bleibt der Angeklagte ohne genügende Entschuldigung in der Verhandlung aus, so wird der Einspruch ohne (daß es) Beweisaufnahme durch Urtheil verworfen.
Ein Angeklagter, welchem gegen den Ablauf der Einspruchsfrist Wiedereinsetzung in den vorigen Stand gewährt worden war, kann die letztere nicht gegen das Versäumniß-Urtheil beanspruchen.

3. E 1870 Entwurf einer StPO für den Norddeutschen Bund

§ 277 Durch Strafbefehl des Amtsrichters kann ohne vorgängige Verhandlung eine Strafe festgesetzt werden, wenn die Staatsanwaltschaft in der Anklageschrift darauf anträgt und der Angeklagte sich auf freiem Fuße befindet.

Durch einen Strafbefehl darf jedoch keine andere Strafe als Geldstrafe von höchstens fünfzig Thalern und die im Unvermögen an ihre Stelle tretende Haft sowie ein etwa verwirkte Einziehung festgesetzt werden.
Ein Strafbefehl, gegen welchen nicht binnen zehn Tagen nach der Zustellung von dem Angeklagten Einspruch erhoben wurde ist, erlangt die Kraft eines rechtskräftigen Urtheils.

§ 278 Der Amtsrichter hat dem Antrage, welcher auf eine bestimmte Strafe gerichtet sein muß, zu entsprechen, wenn dem Erlaß des Strafbefehls nicht besondere Bedenken entgegenstehen.
Ist dies der Fall oder will der Amtsrichter eine geringere als die beantragte Strafe festsetzen, während die Staatsanwaltschaft bei ihrem Antrag beharrt, so ist die Sache zur mündlichen Verhandlung zu bringen.

§ 279 Der Strafbefehl muß die strafbare Handlung, das Strafgesetz und die Beweismittel bezeichnen. Daneben muß er die Eröffnung enthalten, daß er vollstreckt werde, wenn der Angeklagte nicht binnen zehn Tage nach der Zustellung bei dem Amtsgericht Einspruch erhebe.
Zugleich ist der Angeklagte für den Fall des Einspruchs zu einer im Voraus anzuberaumenden Sitzung des kleinen Schöffengerichts vorzuladen.

§ 280 Bei rechtzeitigem Einspruch wird in der in dem Strafbefehl bezeichneten Sitzung zur Verhandlung vor dem kleinen Schöffengericht geschritten.
Nach eröffneter Verhandlung kann der Einspruch nicht mehr zurückgenommen werden.
Bei der Urtheilsfällung ist das Schöffengericht an die in dem Strafbefehl festgesetzte Strafe nicht gebunden.

§ 281 Bleibt der Angeklagte ohne genügende Entschuldigung in der Verhandlung aus, so wird der Einspruch ohne Beweisaufnahme durch Urtheil verworfen.
Ein Angeklagter, welchem gegen den Ablauf der Einspruchsfrist Wiedereinsetzung in den vorigen Stand gewährt worden war, kann die letzter nicht mehr gegen das Urtheil beanspruchen.

4. E 1873/1 Entwurf einer Deutschen Strafprozeßordnung

§ 337 In Sachen, welche zur Zuständigkeit der kleinen Schöffengerichte gehören, kann durch Strafbefehl des Amtsrichters ohne vorgängige Verhandlung eine Strafe festgesetzt werden, wenn die Staatsanwaltschaft in der Anklageschrift darauf anträgt und der Angeklagte sich auf freiem Fuße befindet.
Durch einen Strafbefehl darf jedoch keine andere Strafe als Geldstrafe von höchstens fünfzig Thalern oder Freiheitsstrafe von höchstens sechs Wochen, sowie ein etwa verwirkte Einziehung festgesetzt werden.
Ein Strafbefehl, gegen welchen nicht binnen einer Woche nach der Zustellung von dem Angeklagten Einspruch erhoben worden ist, erlangt die Kraft eines rechtskräftigen Urtheils.

§ 338 Der Amtsrichter hat dem Antrag, welcher auf eine bestimmte Strafe gerichtet sein muß, zu entsprechen, wenn dem Erlaß des Strafbefehls nicht besondere Bedenken entgegenstehen.
Ist dies der Fall oder will der Amtsrichter eine geringere als die beantragte Strafe festsetzen, während die Staatsanwaltschaft bei ihrem Antrag beharrt, so ist die Sache zur mündlichen Verhandlung zu bringen.

§ 339 Der Strafbefehl muß die strafbare Handlung, das Strafgesetz und die Beweismittel bezeichnen. Daneben muß er die Eröffnung enthalten, daß er vollstreckt werde, wenn der Angeklagte nicht binnen einer Woche nach der Zustellung bei dem Amtsgericht Einspruch erhebe.

§ 340 Bei rechtzeitigem Einspruch wird zur Hauptverhandlung vor dem kleinen Schöffengericht geschritten.
Nach eröffneter Verhandlung kann der Einspruch nicht zurückgenommen werden.
Bei der Urtheilsfällung ist das Schöffengericht an die in dem Strafbefehl festgesetzte Strafe nicht gebunden.

§ 341 Bleibt der Angeklagte ohne genügende Entschuldigung in der Verhandlung aus, so wird der Einspruch ohne Beweisaufnahme durch Urtheil verworfen.
Ein Angeklagter, welchem gegen den Ablauf der Einspruchsfrist Wiedereinsetzung in den vorigen Stand gewährt worden war, kann die letzter nicht mehr gegen das Urtheil beanspruchen.

5. Entwurf einer Deutschen Strafprozeßordnung nach den Beschlüssen der vom Bundesrath eingesetzten Kommission

§ 342 Bei Uebertretungen kann durch schriftlichen Strafbefehl des Amtsrichters ohne vorgängige Verhandlung eine Strafe festgesetzt werden, wenn die Staatsanwaltschaft schriftlich hierauf anträgt und der Beschuldigte sich auf freiem Fuße befindet.
Die Ueberweisung des Beschuldigten an die Landespolizeibehörden darf in einem Strafbefehle nicht ausgesprochen werden.

§ 343 Der Amtsrichter hat dem Antrage, welcher auf eine bestimmte Strafe gerichtet sein muß, zu entsprechen, wenn dem Erlassung des Strafbefehls nicht Bedenken entgegenstehen.
Findet der Amtsrichter Bedenken, oder will derselbe eine andere als die beantragte Strafe festsetzen, während die Staatsanwaltschaft bei ihrem Antrage beharrt, so ist die Sache zur mündlichen Verhandlung zu bringen.

§ 344 Der Strafbefehl muß die strafbare Handlung, das angewendete Strafgesetz und die Beweismittel bezeichnen und die Eröffnung enthalten, daß er vollstreckt werde, wenn der Angeklagte nicht binnen einer Woche nach der Zustellung bei dem Amtsgerichte schriftlich oder zu Protokoll des Gerichtsschreibers Einspruch erhebe.
Auf den Einspruch kann vor Ablauf der Frist verzichtet werden.

§ 345 Ein Strafbefehl, gegen welchen nicht rechtzeitig Einspruch erhoben worden ist, erlangt die Wirkung eines rechtskräftigen Urtheils.

§ 346 Bei rechtzeitigem Einspruch wird, sofern nicht die Staatsanwaltschaft auf Benachrichtigung von dem Einspruch die Klage fallen lässt, zur Hauptverhandlung vor dem kleinen Schöffengericht geschritten.
Bis zum Beginn der Hauptverhandlung kann der Einspruch zurückgenommen werden.
Der Angeklagte kann sich in der Hauptverhandlung durch einen mit schriftlicher Vollmacht versehenen Vertheidiger vertreten lassen.
Bei der Urtheilsfällung ist das Schöffengericht an den in dem Strafbefehl enthaltenen Ausspruch nicht gebunden.

§ 347 Bleibt der Angeklagte ohne genügende Entschuldigung in der Hauptverhandlung aus, und wird er auch nicht durch einen Vertheidiger vertreten, so wird der Einspruch ohne Beweisaufnahme durch Urtheil verworfen.
Ein Angeklagter, welchem gegen den Ablauf der Einspruchsfrist Wiedereinsetzung in den vorigen Stand gewährt worden war, kann die letzter nicht mehr gegen das Urtheil beanspruchen.

6. Entwurf nach dem Justizausschuss des Bundesrates

§ 375 In den zur Zuständigkeit der Schöffengerichte gehörigen Sachen kann durch schriftlichen Strafbefehl des Amtsrichters ohne vorgängige Verhandlung eine Strafe festgesetzt werden, wenn die Staatsanwaltschaft schriftlich hierauf anträgt.
Durch einen Strafbefehl darf jedoch keine andere Strafe als Geldstrafe von höchstens einhundertfünfzig Mark oder Freiheitsstrafe von höchstens sechs Wochen, sowie eine etwa verwirkte Einziehung festgesetzt werden.
Die Ueberweisung des Beschuldigten an die Landespolizeibehörden darf in einem Strafbefehle nicht ausgesprochen werden.

§ 376 Der Amtsrichter hat dem Antrage, welcher auf eine bestimmte Strafe gerichtet sein muß, zu entsprechen, wenn dem Erlassung des Strafbefehls nicht Bedenken entgegenstehen.
Findet der Amtsrichter Bedenken, oder will derselbe eine andere als die beantragte Strafe festsetzen, während die Staatsanwaltschaft bei ihrem Antrage beharrt, so ist die Sache zur mündlichen Verhandlung zu bringen.

§ 378 Der Strafbefehl muß die strafbare Handlung, das angewendete Strafgesetz und die Beweismittel bezeichnen und die Eröffnung enthalten, daß er vollstreckt werde, wenn der Angeklagte nicht binnen einer Woche nach der Zustellung bei dem Amtsgerichte schriftlich oder zu Protokoll des Gerichtsschreibers Einspruch erhebe.
Auf den Einspruch kann vor Ablauf der Frist verzichtet werden.

§ 379 Ein Strafbefehl, gegen welchen nicht rechtzeitig Einspruch erhoben worden ist, erlangt die Wirkung eines rechtskräftigen Urtheils.

§ 380 Bei rechtzeitigem Einspruch wird, sofern nicht die Staatsanwaltschaft auf Benachrichtigung von dem Einspruch die Klage fallen lässt, zur Hauptverhandlung vor dem Schöffengericht geschritten.
Bis zum Beginn der Hauptverhandlung kann der Einspruch zurückgenommen werden.

Der Angeklagte kann sich in der Hauptverhandlung durch einen mit schriftlicher Vollmacht versehenen Vertheidiger vertreten lassen.
Bei der Urtheilsfällung ist das Schöffengericht an den in dem Strafbefehl enthaltenen Ausspruch nicht gebunden.

§ 347 Bleibt der Angeklagte ohne genügende Entschuldigung in der Hauptverhandlung aus, und wird er auch nicht durch einen Vertheidiger vertreten, so wird der Einspruch ohne Beweisaufnahme durch Urtheil verworfen.
Ein Angeklagter, welchem gegen den Ablauf der Einspruchsfrist Wiedereinsetzung in den vorigen Stand gewährt worden war, kann die letzter nicht mehr gegen das Urtheil beanspruchen.

7. Reichstagsvorlage

§ 375 In den zur Zuständigkeit der Schöffengerichte gehörigen Sachen kann durch schriftlichen Strafbefehl des Amtsrichters ohne vorgängige Verhandlung eine Strafe festgesetzt werden, wenn die Staatsanwaltschaft schriftlich hierauf anträgt.
Durch einen Strafbefehl darf jedoch keine andere Strafe als Geldstrafe von höchstens einhundertfünfzig Mark oder Freiheitsstrafe von höchstens sechs Wochen, sowie eine etwa verwirkte Einziehung festgesetzt werden.
Die Ueberweisung des Beschuldigten an die Landespolizeibehörden darf in einem Strafbefehle nicht ausgesprochen werden.

§ 376 Der Amtsrichter hat dem Antrage, welcher auf eine bestimmte Strafe gerichtet sein muß, zu entsprechen, wenn dem Erlassung des Strafbefehls nicht Bedenken entgegenstehen.
Findet der Amtsrichter Bedenken, oder will derselbe eine andere als die beantragte Strafe festsetzen, während die Staatsanwaltschaft bei ihrem Antrage beharrt, so ist die Sache zur mündlichen Verhandlung zu bringen.

§ 377 Der Strafbefehl muß die strafbare Handlung, das angewendete Strafgesetz und die Beweismittel bezeichnen und die Eröffnung enthalten, daß er vollstreckt werde, wenn der Angeklagte nicht binnen einer Woche nach der Zustellung bei dem Amtsgerichte schriftlich oder zu Protokoll des Gerichtsschreibers Einspruch erhebe.
Auf den Einspruch kann vor Ablauf der Frist verzichtet werden.

§ 378 Ein Strafbefehl, gegen welchen nicht rechtzeitig Einspruch erhoben worden ist, erlangt die Wirkung eines rechtskräftigen Urtheils.

§ 379 Bei rechtzeitigem Einspruch wird, sofern nicht die Staatsanwaltschaft auf Benachrichtigung von dem Einspruch die Klage fallen lässt, zur Hauptverhandlung vor dem Schöffengericht geschritten.
Bis zum Beginn der Hauptverhandlung kann der Einspruch zurückgenommen werden.
Der Angeklagte kann sich in der Hauptverhandlung durch einen mit schriftlicher Vollmacht versehenen Vertheidiger vertreten lassen.
Bei der Urtheilsfällung ist das Schöffengericht an den in dem Strafbefehl enthaltenen Ausspruch nicht gebunden.

§ 380 Bleibt der Angeklagte ohne genügende Entschuldigung in der Hauptverhandlung aus, und wird er auch nicht durch einen Vertheidiger vertreten, so wird der Einspruch ohne Beweisaufnahme durch Urtheil verworfen.
Ein Angeklagter, welchem gegen den Ablauf der Einspruchsfrist Wiedereinsetzung in den vorigen Stand gewährt worden war, kann die letzter nicht mehr gegen das Urtheil beanspruchen.

8. Der Entwurf nach der ersten Lesung in der Reichstagskommission

§ 375 In den zur Zuständigkeit der Schöffengerichte gehörigen Sachen kann durch schriftlichen Strafbefehl des Amtsrichters ohne vorgängige Verhandlung eine Strafe festgesetzt werden, wenn die Staatsanwaltschaft schriftlich hierauf anträgt.
Durch einen Strafbefehl darf jedoch keine andere Strafe als Geldstrafe von höchstens einhundertfünfzig Mark oder Freiheitsstrafe von höchstens sechs Wochen, sowie eine etwa verwirkte Einziehung festgesetzt werden.
Die Ueberweisung des Beschuldigten an die Landespolizeibehörden darf in einem Strafbefehle nicht ausgesprochen werden.

§ 376 Der Antrag ist auf eine bestimmte Strafe zu richten. Der Amtsrichter hat demselben zu entsprechen, wenn der Erlassung des Strafbefehls Bedenken nicht entgegenstehen.
Findet der Amtsrichter Bedenken, die Strafe ohne mündliche Verhandlung, so ist die Sache zur mündlichen Verhandlung zu bringen. Dasselbe gilt, wenn der Amtsrichter eine andere als die beantragte Strafe festsetzen will und die Staatsanwaltschaft bei ihrem Antrage beharrt.

§ 377 Der Strafbefehl muss außer der Festsetzung der Strafe, die strafbare Handlung, das angewendete Strafgesetz und die Beweismittel bezeichnen und die Eröffnung enthalten, daß er vollstreckt werde, wenn der Beschuldigte nicht binnen einer Woche nach der Zustellung bei dem Amtsgerichte schriftlich oder zu Protokoll des Gerichtsschreibers Einspruch erhebe.
Auf den Einspruch kann vor Ablauf der Frist verzichtet werden.

§ 378 Ein Strafbefehl, gegen welchen nicht rechtzeitig Einspruch erhoben worden ist, erlangt die Wirkung eines rechtskräftigen Urtheils.

§ 379 Bei rechtzeitigem Einspruch wird, sofern nicht die Staatsanwaltschaft auf Benachrichtigung von dem Eoinspruch die Klage fallen lässt, zur Hauptverhandlung vor dem Schöffengericht geschritten.
Bis zum Beginn der Hauptverhandlung kann der Einspruch zurückgenommen werden.
Der Beschuldigte kann sich in der Hauptverhandlung durch einen mit schriftlicher Vollmacht versehenen Vertheidiger vertreten lassen.
Bei der Urtheilsfällung ist das Schöffengericht an den in dem Strafbefehl enthaltenen Ausspruch nicht gebunden.

§ 380 Bleibt der Beschuldigte ohne genügende Entschuldigung in der Hauptverhandlung aus, und wird er auch nicht durch einen Vertheidiger vertreten, so wird der Einspruch ohne Beweisaufnahme durch Urtheil verworfen.

Ein Beschuldigter, welchem gegen den Ablauf der Einspruchsfrist Wiedereinsetzung in den vorigen Stand gewährt worden war, kann die letzter nicht mehr gegen das Urtheil beanspruchen.

9. Der Entwurf nach der zweiten Lesung der Reichstagskommission

§ 375 In den zur Zuständigkeit der Schöffengerichte gehörigen Sachen, mit Ausnahme der in § 16 Nr. 5-9 des Gerichtsverfassungsgesetzes bezeichneten Vergehen, kann durch schriftlichen Strafbefehl des Amtsrichters ohne vorgängige Verhandlung eine Strafe festgesetzt werden, wenn die Staatsanwaltschaft schriftlich hierauf anträgt.
Durch einen Strafbefehl darf jedoch keine andere Strafe als Geldstrafe von höchstens einhundertfünfzig Mark oder Freiheitsstrafe von höchstens sechs Wochen, sowie eine etwa verwirkte Einziehung festgesetzt werden.
Die Ueberweisung des Beschuldigten an die Landespolizeibehörden darf in einem Strafbefehle nicht ausgesprochen werden.

§ 376 Der Antrag ist auf eine bestimmte Strafe zu richten. Der Amtsrichter hat demselben zu entsprechen, wenn der Erlassung des Strafbefehls Bedenken nicht entgegenstehen.
Findet der Amtsrichter Bedenken, die Strafe ohne Verhandlung, so ist die Sache zur mündlichen Verhandlung zu bringen. Dasselbe gilt, wenn der Amtsrichter eine andere als die beantragte Strafe festsetzen will und die Staatsanwaltschaft bei ihrem Antrage beharrt.

§ 377 Der Strafbefehl muss außer der Festsetzung der Strafe, die strafbare Handlung, das angewendete Strafgesetz und die Beweismittel bezeichnen, auch die Eröffnung enthalten, daß er vollstreckt werde, wenn der Beschuldigte nicht binnen einer Woche nach der Zustellung bei dem Amtsgerichte schriftlich oder zu Protokoll des Gerichtsschreibers Einspruch erhebe.
Auf den Einspruch kann vor Ablauf der Frist verzichtet werden.

§ 378 Ein Strafbefehl, gegen welchen nicht rechtzeitig Einspruch erhoben worden ist, erlangt die Wirkung eines rechtskräftigen Urtheils.

§ 379 Bei rechtzeitigem Einspruch wird, zur Hauptverhandlung vor dem Schöffengericht geschritten, sofern nicht bis zum Beginn derselben die Staatsanwaltschaft die Klage fallen lässt oder der Einspruch zurückgenommen wird.
Der Angeklagte kann sich in der Hauptverhandlung durch einen mit schriftlicher Vollmacht versehenen Vertheidiger vertreten lassen.
Bei der Urtheilsfällung ist das Schöffengericht an den in dem Strafbefehl enthaltenen Ausspruch nicht gebunden.

§ 380 Bleibt der Angeklagte ohne genügende Entschuldigung in der Hauptverhandlung aus, und wird er auch nicht durch einen Vertheidiger vertreten, so wird der Einspruch ohne Beweisaufnahme durch Urtheil verworfen.
Ein Angeklagter, welchem gegen den Ablauf der Einspruchsfrist Wiedereinsetzung in den vorigen Stand gewährt worden war, kann die letztere nicht mehr gegen das Urtheil beanspruchen.

10. Die Reichsstrafprozessordnung

§ 447 In den zur Zuständigkeit der Schöffengerichte gehörigen Sachen, mit Ausnahme der in § 23 (16) Nr. 3-8 des Gerichtsverfassungsgesetzes bezeichneten Vergehen, kann durch schriftlichen Strafbefehl des Amtsrichters ohne vorgängige Verhandlung eine Strafe festgesetzt werden, wenn die Staatsanwaltschaft schriftlich hierauf anträgt.
Durch einen Strafbefehl darf jedoch keine andere Strafe als Geldstrafe von höchstens einhundertfünfzig Mark oder Freiheitsstrafe von höchstens sechs Wochen, sowie eine etwa verwirkte Einziehung festgesetzt werden.
Die Ueberweisung des Beschuldigten an die Landespolizeibehörden darf in einem Strafbefehle nicht ausgesprochen werden.

§ 448 Der Antrag ist auf eine bestimmte Strafe zu richten. Der Amtsrichter hat demselben zu entsprechen, wenn der Erlassung des Strafbefehls Bedenken nicht entgegenstehen.
Findet der Amtsrichter Bedenken, die Strafe ohne Verhandlung, so ist die Sache zur mündlichen Verhandlung zu bringen. Dasselbe gilt, wenn der Amtsrichter eine andere als die beantragte Strafe festsetzen will und die Staatsanwaltschaft bei ihrem Antrage beharrt.

§ 449 Der Strafbefehl muss außer der Festsetzung der Strafe, die strafbare Handlung, das angewendete Strafgesetz und die Beweismittel bezeichnen, auch die Eröffnung enthalten, daß er vollstreckt werde, wenn der Beschuldigte nicht binnen einer Woche nach der Zustellung bei dem Amtsgerichte schriftlich oder zu Protokoll des Gerichtsschreibers Einspruch erhebe.
Auf den Einspruch kann vor Ablauf der Frist verzichtet werden.

§ 450 Ein Strafbefehl, gegen welchen nicht rechtzeitig Einspruch erhoben worden ist, erlangt die Wirkung eines rechtskräftigen Urtheils.

§ 451 Bei rechtzeitigem Einspruch wird, zur Hauptverhandlung vor dem Schöffengericht geschritten, sofern nicht bis zum Beginn derselben die Staatsanwaltschaft die Klage fallen lässt oder der Einspruch zurückgenommen wird.
Der Angeklagte kann sich in der Hauptverhandlung durch einen mit schriftlicher Vollmacht versehenen Vertheidiger vertreten lassen.
Bei der Urtheilsfällung ist das Schöffengericht an den in dem Strafbefehl enthaltenen Ausspruch nicht gebunden.

§ 452 Bleibt der Angeklagte ohne genügende Entschuldigung in der Hauptverhandlung aus, und wird er auch nicht durch einen Vertheidiger vertreten, so wird der Einspruch ohne Beweisaufnahme durch Urtheil verworfen.
Ein Angeklagter, welchem gegen den Ablauf der Einspruchsfrist Wiedereinsetzung in den vorigen Stand gewährt worden war, kann die letztere nicht mehr gegen das Urtheil beanspruchen.

Anhang III: Gesetze zwischen 1877 und 1933

Das kursiv gedruckte Schriftbild steht für redaktionelle bzw. sprachliche Änderungen. Das fett geruckte Schriftbild steht für inhaltliche Änderungen.

1. Reichsstrafprozessordnung

§ 447 In den zur Zuständigkeit der Schöffengerichte gehörigen Sachen, mit Ausnahme der in § 23 Nr. 3–8 des Gerichtsverfassungsgesetzes bezeichneten Vergehen, kann durch schriftlichen Strafbefehl des Amtsrichters ohne vorgängige Verhandlung eine Strafe festgesetzt werden, wenn die Staatsanwaltschaft schriftlich hierauf anträgt.
Durch einen Strafbefehl darf jedoch keine andere Strafe als Geldstrafe von höchstens einhundertfünfzig Mark oder Freiheitsstrafe von höchstens sechs Wochen, sowie eine etwa verwirkte Einziehung festgesetzt werden.
Die Ueberweisung des Beschuldigten an die Landespolizeibehörden darf in einem Strafbefehle nicht ausgesprochen werden.

§ 448 Der Antrag ist auf eine bestimmte Strafe zu richten. Der Amtsrichter hat demselben zu entsprechen, wenn der Erlassung des Strafbefehls Bedenken nicht entgegenstehen.
Findet der Amtsrichter Bedenken, die Strafe ohne Verhandlung, so ist die Sache zur mündlichen Verhandlung zu bringen. Dasselbe gilt, wenn der Amtsrichter eine andere als die beantragte Strafe festsetzen will und die Staatsanwaltschaft bei ihrem Antrage beharrt.

§ 449 Der Strafbefehl muss außer der Festsetzung der Strafe, die strafbare Handlung, das angewendete Strafgesetz und die Beweismittel bezeichnen, auch die Eröffnung enthalten, daß er vollstreckt werde, wenn der Beschuldigte nicht binnen einer Woche nach der Zustellung bei dem Amtsgerichte schriftlich oder zu Protokoll des Gerichtsschreibers Einspruch erhebe.
Auf den Einspruch kann vor Ablauf der Frist verzichtet werden.

§ 450 Ein Strafbefehl, gegen welchen nicht rechtzeitig Einspruch erhoben worden ist, erlangt die Wirkung eines rechtskräftigen Urtheils.

§ 451 Bei rechtzeitigem Einspruch wird, zur Hauptverhandlung vor dem Schöffengericht geschritten, sofern nicht bis zum Beginn derselben die Staatsanwaltschaft die Klage fallen lässt oder der Einspruch zurückgenommen wird.
Der Angeklagte kann sich in der Hauptverhandlung durch einen mit schriftlicher Vollmacht versehenen Vertheidiger vertreten lassen.
Bei der Urtheilsfällung ist das Schöffengericht an den in dem Strafbefehl enthaltenen Ausspruch nicht gebunden.

§ 452 Bleibt der Angeklagte ohne genügende Entschuldigung in der Hauptverhandlung aus, und wird er auch nicht durch einen Vertheidiger vertreten, so wird der Einspruch ohne Beweisaufnahme durch Urtheil verworfen.
Ein Angeklagter, welchem gegen den Ablauf der Einspruchsfrist Wiedereinsetzung in den vorigen Stand gewährt worden war, kann die letztere nicht mehr gegen das Urtheil beanspruchen.

2. § 1 VO über die Zulassung von Strafbefehlen bei Vergehen gegen Vorschriften über wirtschaftliche Maßnahmen

Bei Vergehen gegen Vorschriften, die auf Grund des § 3 des Gesetzes über die Ermächtigung des Bundesrats zu wirtschaftlichen Maßnahmen usw. vom 4. August 1914 ergangen sind oder noch ergehen und keine schwerere Strafe als Gefängnis bis zu einem Jahre, allein oder in Verbindung mit Geldstrafe und Einziehung oder einem von beiden androhen, kann die Strafe durch Strafbefehl des Amtsrichters festgesetzt werden.
Sachen, in denen der Antrag auf Erlaß des Strafbefehls gestellt sit, gelten als zur Zuständigkeit der Schöffengerichte gehörig. Auf das Verfahren finden die §§ 447 bis 452 der Strafprozessordnung mit der Maßgabe Anwendung, daß der Antrag auf Erlaß des Strafbefehls von dem Staatsanwalt zu stellen ist.

3. Bekanntmachung zur Entlastung der Strafgerichte

§ 1. Bei Vergehen gegen Vorschriften, die auf Grund des § 3 des Gesetzes über die Ermächtigung des Bundesrats zu wirtschaftlichen Maßnahmen usw. vom 4. August 1914 ergangen sind oder noch ergehen und keine schwerere Strafe als Gefängnis bis zu einem Jahre, allein oder in Verbindung mit Geldstrafe und Einziehung oder einem von beiden androhen, kann die Strafe durch Strafbefehl des Amtsrichters festgesetzt werden.
Das gleiche gilt bei Vergehen, die nach § 9 Buchstabe b des preußischen Gesetzes über den Belagerungszustand[1] vom 4. Juni 1851oder Artikel 4 Nr. 2 des bayerischen Gesetzes über den Kriegszustand vom 5. November 1912 strafbar sind.

§ 2. Sachen, in denen gemäß § 1 der Antrag auf Erlaß des Strafbefehls gestellt ist, gelten als zur Zuständigkeit der Schöffengerichte gehörig. Auf das Verfahren finden die §§ 447 bis 452 der Strafprozessordnung mit der Maßgabe Anwendung, daß der Antrag auf Erlaß des Strafbefehls von dem Staatsanwalt zu stellen ist.

§ 3 [...]

---

1 § 9 Wer in einem in Belagerungszustand erklärten Orte oder Distrikte
a) [...], b) ein bei Erklärung des Belagerungszustandes oder während desselben vom Militärbefehlshaber im Interesse der öffentlichen Sicherheit erlassenes Verbot übertritt, oder zu solchen Uebertretungen auffordert oder anreizt, oder c) [...] soll, wenn die bestehenden Gesetze keine höhere Freiheitsstrafe bestimmen, mit Gefängnis bis zu einem Jahr bestraft werden.

4. Gesetz zur Vereinfachung der Strafrechtspflege vom 21. Oktober 1917

§ 447 Bei Uebertretungen und Vergehen kann die Strafe durch schriftliche Strafbefehl des Amtsrichters ohne vorgängige Verhandlung festgesetzt werden, wenn die Staatsanwaltschaft schriftlich hierauf anträgt. Bei Vergehen für welche der Staatsanwalt die Zuständigkeit der Schöffengerichte begründen kann (§ 29 des Gerichtsverfassungsgesetzes[2]), kann nur der Staatsanwalt den Antrag stellen; mit der Stellung des Antrags gelten die Sachen als zur Zuständigkeit der Schöffengerichte gehörig.
Durch einen Strafbefehl darf jedoch keine andere Strafe als Geldstrafe [...] oder Freiheitsstrafe von höchstens sechs Wochen, sowie eine etwa verwirkte Einziehung festgesetzt werden.
Die Ueberweisung des Beschuldigten an die Landespolizeibehörden darf in einem Strafbefehle nicht ausgesprochen werden.
Gegen einen Beschuldigten, der das achtzehnte Lebensjahr noch nicht vollendet hat, darf durch einen Strafbefehl Freiheitsstrafe nur festgesetzt werden, wenn die Freiheitsstrafe an die Stelle einer nicht beizutreibenden Geldstrafe treten soll.

§ 448 Der Antrag ist auf eine bestimmte Strafe zu richten. Der Amtsrichter hat demselben zu entsprechen, wenn der Erlassung des Strafbefehls Bedenken nicht entgegenstehen.
Findet der Amtsrichter Bedenken, die Strafe ohne Verhandlung, so ist die Sache zur mündlichen Verhandlung zu bringen. Dasselbe gilt, wenn der Amtsrichter eine andere als die beantragte Strafe festsetzen will und die Staatsanwaltschaft bei ihrem Antrage beharrt.

§ 449 Der Strafbefehl muss außer der Festsetzung der Strafe, die strafbare Handlung, das angewendete Strafgesetz und die Beweismittel bezeichnen, auch die Eröffnung enthalten, daß er vollstreckt werde, wenn der Beschuldigte nicht binnen einer Woche nach der Zustellung bei dem Amtsgerichte schriftlich oder zu Protokoll des Gerichtsschreibers Einspruch erhebe.
Auf den Einspruch kann vor Ablauf der Frist verzichtet werden.

§ 450 Ein Strafbefehl, gegen welchen nicht rechtzeitig Einspruch erhoben worden ist, erlangt die Wirkung eines rechtskräftigen Urtheils.

---

2 § 29 GVG
Der Staatsanwalt kann für Vergehen, die zur Zuständigkeit der Strafkammern gehören, vorbehaltlich der Vorschrift im § 74 des Gerichtsverfassungsgesetzes, die Zuständigkeit des Schöffengerichts dadurch begründen, daß er bei Einreichung der Anklageschrift die Eröffnung des Hauptverfahrens vor dem Schöffengericht beantragt.
Die Eröffnung des Hauptverfahrens soll nur dann beantragt werden, wenn keine schwerere Strafe als Gefängnis oder Festungshaft von sechs Monaten oder Geldstrafe, allein oder neben Haft oder in Verbindung miteinander oder Nebenstrafen, und keine höhere Buße als eintausendfünfhundert Mark zu erwarten ist.
Erhebt bei Zuwiderhandlungen gegen die Vorschriften über die Erhebung öffentlicher Abgaben und Gefälle die Verwaltungsbehörde die öffentliche Klage, so kann sie die Zuständigkeit des Schöffengerichts in gleicher Weise begründen wie der Staatsanwalt.

§ 451 Bei rechtzeitigem Einspruch wird, zur Hauptverhandlung vor dem Schöffengericht geschritten, sofern nicht bis zum Beginn derselben die Staatsanwaltschaft die Klage fallen lässt oder der Einspruch zurückgenommen wird.
Der Angeklagte kann sich in der Hauptverhandlung durch einen mit schriftlicher Vollmacht versehenen Vertheidiger vertreten lassen.
Bei der Urtheilsfällung ist das Schöffengericht an den in dem Strafbefehl enthaltenen Ausspruch nicht gebunden.

§ 452 Bleibt der Angeklagte ohne genügende Entschuldigung in der Hauptverhandlung aus, und wird er auch nicht durch einen Vertheidiger vertreten, so wird der Einspruch ohne Beweisaufnahme durch Urtheil verworfen.
Ein Angeklagter, welchem gegen den Ablauf der Einspruchsfrist Wiedereinsetzung in den vorigen Stand gewährt worden war, kann die letztere nicht mehr gegen das Urtheil beanspruchen.

5. 11. März 1921 Gesetz zur Entlastung der Gerichte vom 11. März 1921

§ 447 Bei Uebertretungen und Vergehen kann die Strafe durch schriftlichen Strafbefehl des Amtsrichters ohne vorgängige Verhandlung festgesetzt werden, wenn die Staatsanwaltschaft schriftlich hierauf anträgt. Bei Vergehen, für welche der Staatsanwalt die Zuständigkeit der Schöffengerichte begründen kann (§ 29 des Gerichtsverfassungsgesetzes[3]), kann nur der Staatsanwalt den Antrag stellen; mit der Stellung des Antrags gelten die Sachen als zur Zuständigkeit der Schöffengerichte gehörig.
Durch einen Strafbefehl darf jedoch keine andere Strafe als Geldstrafe oder Freiheitsstrafe von höchstens sechs Wochen, sowie eine etwa verwirkte Einziehung festgesetzt werden.
Die Ueberweisung des Beschuldigten an die Landespolizeibehörden darf in einem Strafbefehle nicht ausgesprochen werden.
Gegen einen Beschuldigten, der das achtzehnte Lebensjahr noch nicht vollendet hat, darf durch einen Strafbefehl Freiheitsstrafe nur festgesetzt werden, wenn die Freiheitsstrafe an die Stelle einer nicht beizutreibenden Geldstrafe treten soll.

§ 448 Der Antrag ist auf eine bestimmte Strafe zu richten. Der Amtsrichter hat demselben zu entsprechen, wenn der Erlassung des Strafbefehls Bedenken nicht entgegenstehen.
Findet der Amtsrichter Bedenken, die Strafe ohne Verhandlung, so ist die Sache zur mündlichen Verhandlung zu bringen. Dasselbe gilt, wenn der Amtsrichter eine andere

3 § 29 GVG
Für Vergehen, die zur Zuständigkeit der Strafkammern gehören, kann der Staatsanwalt vorbehaltlich des § 74 die Zuständigkeit des Schöffengerichts dadurch begründen, daß er bei Einreichung der Anklageschrift die Eröffnung des Hauptverfahrens vor dem Schöffengericht beantragt [...].
Erhebt bei Zuwiderhandlungen gegen die Vorschriften über die Erhebung öffentlicher Abgaben und Gefälle die Verwaltungsbehörde die öffentliche Klage, so kann sie die Zuständigkeit des Schöffengerichts in gleicher Weise begründen wie der Staatsanwalt.

als die beantragte Strafe festsetzen will und die Staatsanwaltschaft bei ihrem Antrage beharrt.

§ 449 Der Strafbefehl muss außer der Festsetzung der Strafe, die strafbare Handlung, das angewendete Strafgesetz und die Beweismittel bezeichnen, auch die Eröffnung enthalten, daß er vollstreckt werde, wenn der Beschuldigte nicht binnen einer Woche nach der Zustellung bei dem Amtsgerichte schriftlich oder zu Protokoll des Gerichtsschreibers Einspruch erhebe.
Auf den Einspruch kann vor Ablauf der Frist verzichtet werden.

§ 450 Ein Strafbefehl, gegen welchen nicht rechtzeitig Einspruch erhoben worden ist, erlangt die Wirkung eines rechtskräftigen Urtheils.

§ 451 Bei rechtzeitigem Einspruch wird, zur Hauptverhandlung vor dem Schöffengericht geschritten, sofern nicht bis zum Beginn derselben die Staatsanwaltschaft die Klage fallen lässt oder der Einspruch zurückgenommen wird.
Der Angeklagte kann sich in der Hauptverhandlung durch einen mit schriftlicher Vollmacht versehenen Vertheidiger vertreten lassen.
Bei der Urtheilsfällung ist das Schöffengericht an den in dem Strafbefehl enthaltenen Ausspruch nicht gebunden.

§ 452 Bleibt der Angeklagte ohne genügende Entschuldigung in der Hauptverhandlung aus, und wird er auch nicht durch einen Vertheidiger vertreten, so wird der Einspruch ohne Beweisaufnahme durch Urtheil verworfen.
Ein Angeklagter, welchem gegen den Ablauf der Einspruchsfrist Wiedereinsetzung in den vorigen Stand gewährt worden war, kann die letztere nicht mehr gegen das Urtheil beanspruchen.

6. Bekanntmachung der Texte des Gerichtsverfassungsgesetzes und der Strafprozessordnung vom 22. März 1924

§ 407 Bei Übertretungen und Vergehen kann die Strafe durch schriftlichen Strafbefehl des Amtsrichters ohne vorgängige Verhandlung festgesetzt werden, wenn die Staatsanwaltschaft schriftlich hierauf anträgt. […]
Durch einen Strafbefehl darf jedoch keine andere Strafe als Geldstrafe oder Freiheitsstrafe von höchstens *drei Monaten*, sowie eine etwa verwirkte *Einziehung oder die Bekanntmachung der Entscheidung* festgesetzt werden.
Die Überweisung des Beschuldigten an die Landespolizeibehörden darf in einem Strafbefehle nicht ausgesprochen werden.
Die Staatsanwaltschaft kann bei dem Antrag auf Erlaß eines Strafbefehls zugleich den in § 25 Abs. 1 Nr. 2c des Gerichtsverfassungsgesetzes bezeichneten Antrag für den Fall stellen, daß der Amtsrichter die Sache zur Hauptverhandlung bringt oder der Beschuldigte Einspruch erhebt.

§ 408 Der Antrag ist auf eine bestimmte Strafe zu richten. Der Amtsrichter hat *ihm* zu entsprechen, wenn der Erlassung des Strafbefehls Bedenken nicht entgegenstehen.
Findet der Amtsrichter Bedenken, die Strafe ohne *Hauptverhandlung* festzusetzen, so ist die Sache zur *Hauptverhandlung* zu bringen. Dasselbe gilt, wenn der Amtsrichter

eine andere als die beantragte Strafe festsetzen will und die Staatsanwaltschaft bei ihrem Antrage beharrt.

§ 409 Der Strafbefehl muss außer der Festsetzung der Strafe, die strafbare Handlung, das angewendete Strafgesetz und die Beweismittel bezeichnen, auch die Eröffnung enthalten, daß er vollstreckt werde, wenn der Beschuldigte nicht binnen einer Woche nach der Zustellung bei dem Amtsgerichte schriftlich oder zu Protokoll des Gerichtsschreibers Einspruch erhebe.
Auf den Einspruch kann vor Ablauf der Frist verzichtet werden.

§ 410 Ein Strafbefehl, gegen welchen nicht rechtzeitig Einspruch erhoben worden ist, erlangt die Wirkung eines rechtskräftigen Urteils.

§ 411 Bei rechtzeitigem Einspruch wird, zur Hauptverhandlung [...] geschritten, sofern nicht bis *zu ihrem Beginne* die Staatsanwaltschaft die Klage fallen läßt oder der Einspruch zurückgenommen wird.
Der Angeklagte kann sich in der Hauptverhandlung durch einen mit schriftlicher Vollmacht versehenen Verteidiger vertreten lassen.
Bei der Urteilsfällung ist das *Gericht* an den in dem Strafbefehl enthaltenen Ausspruch nicht gebunden.

§ 412 Bleibt der Angeklagte ohne genügende Entschuldigung in der Hauptverhandlung aus, und wird er auch nicht durch einen Verteidiger vertreten, so wird der Einspruch ohne Beweisaufnahme durch Urteil verworfen.
Ein Angeklagter, welchem gegen den Ablauf der Einspruchsfrist Wiedereinsetzung in den vorigen Stand gewährt worden war, kann *sie* nicht mehr gegen das Urteil beanspruchen.

Anhang IV: Entwürfe seit der Reichsstrafprozessordnung

1. Entwurf des Reichsjustizsamtes von 1908

§ 421. Durch Strafbefehl kann auf schriftlichen Antrag der Staatsanwaltschaft vom Amtsrichter ohne vorgängige Verhandlung eine Strafe festgesetzt werden, wenn die Anschuldigung betrifft:
1) eine Übertretung;
2) ein Vergehen, das nur mit Gefängnis von höchstens drei Monaten oder Geldstrafe von höchstens sechshundert Mark, allein oder neben Haft oder in Verbindung miteinander oder in Verbindung mit Einziehung bedroht ist;
3) das Vergehen des Widerstandes gegen die Staatsgewalt im Falle des § 113 des Strafgesetzbuchs;
4) das Vergehen des Hausfriedensbruchs im Falle des § 123 Abs. 3 des Strafgesetzbuchs;
5) das Vergehen der Beleidigung im Falle des § 185 des Strafgesetzbuchs;
6) das Vergehen der Körperverletzung in den Fällen der §§ 223, 223a, 230 des Strafgesetzbuchs;
7) das Vergehen der Bedrohung im Falle des § 241 des Strafgesetzbuchs;
8) das Vergehen der Begünstigung im Falle des § 257 des Strafgesetzbuchs, sofern sich die Begünstigung auf ein Vergehen bezieht, auf das der Strafbefehl Anwendung findet;
9) das Vergehen des strafbaren Eigennutzes in den Fällen der §§ 285, 286 des Strafgesetzbuchs;
10) das Vergehen der Sachbeschädigung im Falle des § 303 des Strafgesetzbuchs.
Durch den Strafbefehl darf jedoch keine schwerere Strafe als sechs Wochen Gefängnis, allein oder in Verbindung mit Geldstrafe oder mit Nebenstrafen ausgesprochen werden; die Überweisung an die Landespolizeibehörde ist dabei ausgeschlossen. Eine Buße kann durch den Strafbefehl nicht festgesetzt werden.

§ 422. In dem Antrage müssen die für die Anklageformel vorgeschriebenen Angaben- sowie die Bezeichnung der Beweismittel und der beantragten Strafe enthalten sein.
Durch den Antrag wird die öffentliche Klage erhoben.

§ 423. Der Amtsrichter kann zur weiteren Aufklärung der Sache Ermittelungen anstellen, insbesondere den Angeschuldigten vernehmen. Er kann die Behörden des Polizei- und Sicherheitsdienstes um einzelne Ermittelungen ersuchen; sind richterliche Untersuchungshandlungen in einem anderen Bezirke vorzunehmen, so kann der Amtsrichter dieses Bezirkes hierum ersucht werden. Werden Beweiserhebungen vorgenommen, so ist vorher der Antrag der Staatsanwaltschaft dem Angeschuldigten mitzuteilen.
Die Anwesenheit bei den Beweiserhebungen darf den Prozeßbeteiligten und dem Verteidiger nicht versagt werden; die Vorschriften des § 166, des § 168 Abs. 3, 4 und der §§ 169, 170 finden Anwendung.

Das Ergebnis der Ermittelungen wird der Staatsanwaltschaft mitgeteilt, soweit dies dem Amtsrichter geboten erscheint.

§ 424. Erachtet der Amtsrichter die dem Angeschuldigten zur Last gelegte Tat für nicht strafbar oder nicht verfolgbar oder hält er die Festsetzung einer Strafe wegen Mangels an Beweisen nicht für gerechtfertigt, so hat er den Antrag abzulehnen. Das gleiche gilt, wenn er das Amtsgericht für sachlich oder örtlich unzuständig erachtet; ist jedoch der Antrag vom Amtsanwalt in einer Sache gestellt, für welche die Zuständigkeit des Amtsgerichts durch den Staatsanwalt begründet werden kann, so hat der Amtsrichter diesem Gelegenheit zur Äußerung zu geben, bevor er den Antrag ablehnt.
Gegen die Ablehnung des Antrags steht der Staatsanwaltschaft sofortige Beschwerde zu. Wird diese für begründet erachtet, so beschließt das Beschwerdegericht, daß die Hauptverhandlung vor dem Amtsgerichte stattzufinden hat; durch den Beschluß wird das Hauptverfahren vor dem Amtsgericht eröffnet.
Liegt kein Grund zur Ablehnung des Antrags vor, trägt der Amtsrichter aber Bedenken, die Strafe ohne eine Hauptverhandlung festzusetzen, so hat er Termin zur Hauptverhandlung anzuberaumen. Das Gleiche gilt, wenn der Amtsrichter eine andere als die beantragte Strafe festsetzen will und die Staatsanwaltschaft bei ihrem Antrage beharrt. Durch die Anberaumung des Termins wird das Hauptverfahren eröffnet; eine Beschwerde findet nicht statt.

§ 425. Trägt der Amtsrichter kein Bedenken, die beantragte Strafe festzusetzen, so hat er den Strafbefehl zu erlassen.
Im Strafbefehle sind außer der Strafe die strafbare Handlung, das angewendete Strafgesetz und die Beweismittel anzugeben.
Der Strafbefehl ist dem Angeklagten zuzustellen; hat der Angeklagte einen gesetzlichen Vertreter, so ist der Strafbefehl diesem gleichfalls mitzuteilen.

§ 426. Gegen den Strafbefehl kann der Angeklagte binnen einer Woche nach der Zustellung bei dem Amtsgericht Einspruch erheben; auf die Erhebung des Einspruchs finden die Vorschriften der §§ 302, 303, 305, 306 entsprechende Anwendung.
Auf die Befugnis, Einspruch zu erheben, ist der Angeklagte im Strafbefehle hinzuweisen. Gleichzeitig ist er darauf aufmerksam zu machen, daß die festgesetzte Strafe vollstreckbar wird, wenn er nicht rechtzeitig oder nicht in der vorgeschriebenen Weise Einspruch erhebt.

§ 427. Wird der Einspruch nicht rechtzeitig oder nicht in der vorgeschriebenen Weise erhoben, so ist er vom Amtsrichter als unzulässig zu verwerfen. Gegen den Beschluß ist sofortige Beschwerde zulässig.

§ 428. Wird der Einspruch nicht als unzulässig verworfen, so beraumt der Amtsrichter Termin zur Hauptverhandlung an.
In der Hauptverhandlung kann der Angeklagte durch einen Verteidiger vertreten werden. Bleibt der Angeklagte ohne genügende Entschuldigung aus und wird er auch nicht durch einen Verteidiger vertreten, so wird der Einspruch ohne Beweisaufnahme durch Urteil verworfen.

Bis zur Verkündung des Urteils erster Instanz können die Klage und der Einspruch zurückgenommen werden, nach dem Beginne der Verhandlung jedoch nur mit Zustimmung des Gegners.
Bei der Entscheidung ist das Gericht an den Strafbefehl nicht gebunden.

§ 429. Hat der Angeklagte Einspruch nicht erhoben oder den Einspruch zurückgenommen oder hat er auf die Erhebung des Einspruchs verzichtet, so erlangt der Strafbefehl die Wirkung eines rechtskräftigen Urteils.
Das Gleiche gilt, wenn der vom Angeklagten erhobene Einspruch durch einen nicht mehr anfechtbaren Beschluß verworfen wird.

§ 430. Stellt sich nach dem Eintritte der Rechtskraft des Strafbefehls heraus, daß auf die Tat ein schwereres als das im Strafbefehl angeführte Strafgesetz anzuwenden ist, so kann die Tat im Wege des ordentlichen Strafverfahrens anderweit verfolgt werden.
Wird die Klage im ordentlichen Verfahren erhoben, so kann das Gericht anordnen, daß die Vollstreckung des Strafbefehls aufzuschieben oder zu unterbrechen ist.
Der Strafbefehl tritt außer Kraft, wenn der Angeklagte im ordentlichen Verfahren zu Strafe verurteilt wird. Wird auf Geld- oder Freiheitsstrafe erkannt, so ist im Urteile die durch den Strafbefehl festgesetzte Geld- oder Freiheitsstrafe in Anrechnung zu bringen, soweit diese bereits vollstreckt ist.

2. Redaktionsentwurf 1934

§ 435 Voraussetzungen des Strafbefehls.
Durch Strafbefehl kann auf schriftlichen Antrag des Staatsanwalts der Amtsrichter ohne Hauptverhandlung eine Strafe festsetzen oder eine Verwarnung mit Strafvorbehalt erlassenen, wenn die Tat durch ihn abgeurteilt werden kann.
In einem Strafbefehl darf auf keine schwerere Strafe als Freiheitsstrafe bis zu drei Monaten und Geldstrafe erkannt werden.
Ferner kann die Bekanntmachung der Verurteilung, die Einziehung, Verfallserklärung, Vernichtung oder Unbrauchbarmachung ausgesprochen und der an Stelle der Einziehung tretende Wertersatz festgesetzt werden.

§ 436 Inhalt des Antrags.
Der Staatsanwalt hat eine bestimmte Strafe oder Maßnahme zu beantragen. In dem Antrag sind die Straftat, die dem Beschuldigten zur Last gelegt wird, Ort und Zeit ihrer Begehung, ihre gesetzlichen Merkmale und die anwendbaren Strafvorschriften zu bezeichnen; die gesetzlichen Merkmale können durch einfache gesetzliche Begriffe ersetzt werden.
In dem Antrage sollen ferner angegeben werden:
1) der Name, Rufname, Beruf, Ort, Geburtstag und Geburtsort des Beschuldigten; bei Frauen auch der Mädchenname;
2) die Zeugen und anderen Beweismittel.
Der Antrag steht der Anklage gleich.

§ 437 Ablehnung des Antrags.
Hat der Amtsrichter Bedenken, den Strafbefehl zu erlassen, so ordnet er die Hauptverhandlung an. Dies gilt insbesondere, wenn er eine andere als die beantragte Strafe oder Maßnahme festsetzen will und der Staatsanwalt auf seinem Antrag beharrt.

§ 438 Erlass des Strafbefehls.
Trägt der Amtsrichter keine Bedenken gegen den Antrag, so erlässt er den Strafbefehl. Dieser hat dem Inhalte des Antrags zu entsprechen.
Der Strafbefehl ist dem Angeklagten bekannt zu geben und soll, wenn der Angeklagte einen gesetzlichen Vertreter hat, auch diesem mitgeteilt werden. Die öffentliche Zustellung ist unzulässig.
Bis zur Bekanntgabe kann der Amtsrichter den Strafbefehl zurücknehmen.

§ 439 Einspruch.
Der Angeklagte kann gegen den Strafbefehl binnen einer Woche nach der Bekanntgabe beim Amtsgericht Einspruch erheben.
Für den Einspruch gelten die Vorschriften der §§ 323 bis 329 entsprechend.
Der Angeklagte ist im Strafbefehl darauf hinzuweisen, daß dieser vollstreckbar wird, wenn nicht binnen einer Woche nach der Bekanntgabe beim Amtsgericht schriftlich oder zur Niederschrift der Geschäftsstelle Einspruch erhoben wird.

§ 440 Verwerfung des Einspruchs.
Erachtete der Amtsrichter die Vorschriften über die Einlegung des Einspruchs nicht für beachtet, so verwirft er ihn als unzulässig.
Gegen den Beschluß findet die befristete Beschwerde statt.

§ 441 Hauptverhandlung.
Verwirft der Amtsrichter den Einspruch nicht als unzulässig, so beraumt er die Hauptverhandlung an.
Bis zur Verkündung eines Urteils im ersten Rechtszug können Anklage und Einspruch zurückgenommen werden, nach Beginn einer Hauptverhandlung jedoch nur mit Zustimmung des Amtsrichters und dessen Gegners.

§ 442 Verfahren bei Ausbleiben.
In jeder Hauptverhandlung kann sich der Angeklagte durch einen Verteidiger vertreten lassen.
Ist bei dem Beginn einer Hauptverhandlung des ersten Rechtszuges weder der Angeklagte noch ein Vertreter des Angeklagten erschienen und das Ausbleiben nicht genügend entschuldigt, so ist ein zulässiger Einspruch ohne Verhandlung zur Hauptsache zu verwerfen. Über die gegen das Urteil eingelegte Berufung kann das Berufungsgericht durch Beschluß entscheiden; der Beschluß ist nicht anfechtbar.
Hat der gesetzliche Vertreter des Angeklagten selbstständig Einspruch eingelegt, gelten für die Verpflichtung des Angeklagten zum Erscheinen in der Hauptverhandlung die allgemeinen Vorschriften. Abs. 2 findet entsprechende Anwendung, wenn bei Beginn einer Hauptverhandlung der Angeklagte ausbleibt und weder der Beschwerdeführer noch für ihn ein Rechtsanwalt als Vertreter erscheint.

§ 443 Rechtskraft.
Der Strafbefehl erlangt die Wirkung eines rechtskräftigen Urteils, wenn gegen ihn kein Einspruch erhoben oder wenn der Einspruch zurückgenommen oder durch eine nicht mehr anfechtbar Entscheidung verworfen wird.

§ 444 Wiederaufnahme der Aufnahme des Verfahrens.
Für die wie der Aufnahme eines durch rechtskräftigen Strafbefehl geschlossenen Verfahrens gelten die Vorschriften der §§ 394 bis 412 entsprechend.

3. Entwurf zweiter Lesung

§ 364 Voraussetzungen.
Durch Strafbefehl kann der Amtsrichter auf schriftlichen Antrag des Staatsanwalts ohne Hauptverhandlung auf Freiheitsstrafe bis zu drei Monaten, Geldstrafe, Verfallerklärung, Bekanntgabe der Verurteilung, Verwarnung mit Strafvorbehalt, Einziehung oder Unbrauchbarmachung allein oder nebeneinander erkennen.

§ 365 Antrag.
Der Staatsanwalt hat eine bestimmte Strafe oder Maßnahme zu beantragen. Beantragte er eine Verwarnung mit Strafvorbehalt, so hat er zugleich die Strafe zu beantragen, die vorbehalten werden soll.
In dem Antrag sollen angegeben werden:
1) der Name, Rufname, Beruf, Ort, Geburtstag und Geburtsort des Beschuldigten; bei Frauen auch der Mädchenname;
2) die Straftat und ihre gesetzlichen Merkmale, Ort und Zeit der Begehung und die anwendbaren Strafvorschriften; die gesetzlichen Merkmale können durch einfache gesetzliche Begriffe ersetzt werden;
3) die Zeugen und anderen Beweismittel.
Der Antrag steht der Anklage gleich.

§ 366 Ansetzung der Hauptverhandlung.
Hat der Amtsrichter Bedenken, den Strafbefehl zu erlassen, so setzt er die Hauptverhandlung an. Dies gilt namentlich, wenn er eine andere als die beantragte Strafe oder Maßnahme festsetzen will und der Staatsanwalt damit nicht einverstanden ist.
Bei der Ladung ist dem Angeklagten mitzuteilen, was ihm zur Last gelegt wird.

§ 367 Erlass des Strafbefehls.
Hat der Amtsrichter keine Bedenken gegen den Antrag, so erlässt er den Strafbefehl.
Der Strafbefehl muss die beantragte Strafe oder Maßnahme festsetzen und den Inhalt haben, der für den Antrag vorgeschrieben ist.
Der Strafbefehl ist dem Angeklagten bekannt zu geben. Hat der Angeklagte einen gesetzlichen Vertreter, so soll er auch diesem mitgeteilt werden. Die öffentliche Zustellung ist unzulässig.
Bis zur Bekanntgabe kann der Amtsrichter den Strafbefehl zurücknehmen.

§ 368 Einspruch.
Der Angeklagte kann gegen den Strafbefehl binnen einer Woche nach der Bekanntgabe beim Amtsgericht Einspruch erheben.
Für den Einspruch gelten die Vorschriften der §§ 274 bis 278 entsprechend.
Im Strafbefehl ist darauf hinzuweisen, daß er vollstreckbar werde, wenn nicht binnen einer Woche nach seiner Bekanntgabe beim Amtsgericht schriftlich oder zur Niederschrift der Geschäftsstelle Einspruch erhoben wird.

§ 369 Entscheidung auf den Einspruch.
Ist der Einspruch nicht vorschriftsmäßig eingelegt, so verwirft ihn der Amtsrichter als unzulässig. Andernfalls setzt er die Hauptverhandlung an.
Der Beschluß, durch den der Einspruch als unzulässig verworfen wird, kann mit der befristeten Beschwerde angefochten werden.

§ 370 Zurücknahme von Anklage und Einspruch.
Der Staatsanwalt kann die Anklage bis zur Verkündung eines Urteils im ersten Rechtszug zurücknehmen, nach Beginn einer Hauptverhandlung jedoch nur mit Zustimmung des Amtsrichters und des Angeklagten.
Bis zu demselben Zeitpunkt kann der Angeklagte den Einspruch zurücknehmen, nach Beginn einer Hauptverhandlung jedoch nur mit Zustimmung des Amtsrichters und des Staatsanwalts.

§ 371 Verfahren bei Ausbleiben.
Ist bei Beginn einer Hauptverhandlung des ersten Rechtszuges weder der Angeklagte noch, wo dies zulässig ist, ein Vertreter des Angeklagten erschienen und das Ausbleiben nicht genügend entschuldigt, so wird der Einspruch ohne Verhandlung in der Sache selbst verworfen.
Hat der gesetzliche Vertreter des Angeklagten selbstständig Einspruch eingelegt, so gilt Abs. 1 entsprechend, wenn bei Beginn einer Hauptverhandlung des ersten Rechtszuges weder der Angeklagte oder sein Verteidiger noch der Beschwerdeführer oder für ihn ein Rechtsanwalt als Vertreter erscheint.
Die Vorschriften über die Wiederholung einer versäumten Hauptverhandlung (§§ 331–334) gelten entsprechend.

§ 372 Rechtskraft.
Der Strafbefehl erlangt die Wirkung eines rechtskräftigen Urteils, wenn gegen ihn kein Einspruch erhoben oder wenn der Einspruch zurückgenommen oder durch eine Entscheidung verworfen wird, die nicht mehr anfechtbar ist.
Für die Wiederaufnahme eines durch rechtskräftigen Strafbefehl geschlossenen Verfahrens gelten die §§ 335 bis 350 entsprechend.

4. Entwurf der Großen Kommission vom 1. Mai 1939

§ 391 Voraussetzungen.
Durch Strafbefehl kann der Amtsrichter auf schriftlichen Antrag des Staatsanwalts ohne Hauptverhandlung auf Freiheitsstrafe bis zu drei Monaten oder Geldstrafe, allein oder

nebeneinander oder neben Bekanntmachung der Entscheidung, die Verfallerklärung, Einziehung, Vernichtung oder Unbrauchbarmachung erkennen.

§ 392 Antrag.
Der Staatsanwalt beantragt eine bestimmte Strafe oder Maßregel. Im Antrag werden angegeben:
1) der Name (auch Geburtsname), Rufname, Wohnort, Geburtstag und Geburtsort des Angeklagte und, wenn er Ausländer ist, seine Staatsangehörigkeit;
2) die Tat, die dem Angeklagten zur Last gelegt wird, Zeit und Ort ihrer Begehung, die strafbare Handlung, die sie darstellt, und die anzuwendenden Strafvorschriften;
3) die Zeugen unter anderen Beweismittel.
Der Antrag steht der Anklage gleich.

§ 393 Ablehnung des Antrags.
Der Amtsrichter lehnt den Antrag ab, wenn die Voraussetzungen vorliegen, unter denen auf eine Anklage die Anberaumung der Hauptverhandlung abzulehnen wäre.
Gegen die Ablehnung des Antrags steht dem Staatsanwalt die befristete Beschwerde zu. Ist diese begründete, so bestimmte das Beschwerdegericht, dass der Amtsrichter die Hauptverhandlung anzuberaumen hat.
Ist der Antrag nicht abzulehnen, hat der Amtsrichter aber Bedenken, ohne Hauptverhandlung zu entscheiden, so beraumt er die Hauptverhandlung an. Dies gilt namentlich, wenn er eine andere als die beantragte Strafe oder Maßregel festsetzen will und der Staatsanwalt damit nicht einverstanden ist.
Bei der Ladung wird dem Angeklagten der Antrag des Staatsanwalts ohne die beantragte Strafe oder Maßregel mitgeteilt.

§ 394 Erlass des Strafbefehl.
Hat der Amtsrichter keine Bedenken gegen den Antrag, so erlässt er den Strafbefehl.
Der Strafbefehl hat den Inhalt, der für den Antrag vorgeschrieben ist; in ihm wird die beantragte Strafe oder Maßregel festgesetzt. Er enthält ferner den Hinweis, dass er vollstreckbar wird, wenn nicht binnen einer Woche seit seiner Bekanntgabe bei dem Amtsgericht schriftlich oder mündlich zur Niederschrift Einspruch erhoben wird.
Der Strafbefehl wird dem Angeklagten bekannt gegeben. Er wird ferner dem gesetzlichen Vertreter des Angeklagten und dem, der das Recht hat, für die Person des Angeklagten zu sorgen, mitgeteilt. Ist jedoch die Mutter neben dem Vater sorgeberechtigt, so wird er nur dem Vater mitgeteilt. Er darf nicht öffentlich zugestellt werden.
Bis zur Bekanntgabe kann der Amtsrichter den Strafbefehl zurücknehmen.

§ 395 Einspruch.
Der Angeklagte kann gegen den Strafbefehl binnen einer Woche nach der Bekanntgabe Einspruch erheben.
Für den Einspruch gelten die §§ 300 bis 304 entsprechend.

§ 396 Entscheidung auf den Einspruch.
Auf den Einspruch beraumt der Amtsrichter die Hauptverhandlung an.
Ist der Einspruch nicht vorschriftsmäßig erhoben, so verwirft ihn der Amtsrichter als unzulässig. Der Beschluß kann mit der befristeten Beschwerde angefochten werden.

§ 397 Zurücknahme der Anklage und des Einspruchs.
Der Staatsanwalt kann die Anklage bis zur Verkündung eines Urteils im ersten Rechtszuge zurücknehmen, nach Beginn der Hauptverhandlung jedoch nur mit Zustimmung des Amtsrichters und des Angeklagten.
Bis zu demselben Zeitpunkt kann der Angeklagte den Einspruch zurücknehmen, nach Beginn der Hauptverhandlung jedoch nur mit Zustimmung des Amtsrichters und des Staatsanwalts.

§ 398 Ausbleiben des Angeklagten.
Ist der Angeklagte bei Beginn der Hauptverhandlung des ersten Rechtszuges nicht erschienen und sein Ausbleiben nicht entschuldigt, so wird durch Urteil festgestellt, dass der Einspruch als zurückgenommen gilt.
Hat der gesetzliche Vertreter des Angeklagten selbstständig Einspruch eingelegt, so bestimmt sich die Pflicht des Angeklagten, in der Hauptverhandlung zu erscheinen, nach den allgemeinen Vorschriften. Dasselbe gilt, wenn derjenige, der das Recht hat, für die Person des Angeklagten zu sorgen, oder der Ehemann einer Angeklagten den Einspruch eingelegt hat. Ist bei Beginn der Hauptverhandlung weder der Angeklagte noch ein Beschwerdeführer erschienen, so gilt Absatz 1 entsprechend.
Ist nach dieser Vorschrift ein Urteil ergangen, so gilt § 58 über die Wiederholung einer versäumten Hauptverhandlung entsprechend.

§ 399 Rechtskraft.
Der Strafbefehl erlangt die Wirkung eines rechtskräftigen Urteils, wenn gegen ihn kein Einspruch erhoben oder wenn der Einspruch zurückgenommen oder durch eine Entscheidung verworfen wird, die nicht mehr anfechtbar ist.
Für die Wiederaufnahme eines durch rechtskräftigen Strafbefehl geschlossenen Verfahrens gelten die §§ 354 bis 369 entsprechend. Das Verfahren wird auch dann wieder aufgenommen, wenn die Tat unter einem anderen rechtlichen Gesichtspunkt gewürdigt werden soll und danach
1) die Tat zur Zuständigkeit der Strafkammer, des Oberlandesgerichts oder des Volksgerichtshofs gehört oder
2) eine Tat, die mit dem Tod oder mit lebenslangem Zuchthaus bedroht ist, ein Totschlag auch in den Fällen des § 408 des Strafgesetzbuches oder ein Meineid (§§ 379, 382 des Strafgesetzbuchs) in Frage kommt.

§ 400 Verwarnung mit Strafvorbehalt.
Hält der Staatsanwalt eine Verwarnung mit Strafvorbehalt für angemessen, so kann der Amtsrichter sie auf Antrag des Staatsanwalts ohne Hauptverhandlung aussprechen. Der Staatsanwalt beantragt zugleich die Strafe, die vorbehalten werden soll. Im übrigen gelten die Vorschriften über den Strafbefehl entsprechend.

5. Diskussionsentwurf

§ 295 k.
(1) Der Strafrichter kann die Strafe durch Strafbefehl ohne mündliche Verhandlung festsetzen, wenn die Staatsanwaltschaft dies schriftlich beantragt.

(2) Durch Strafbefehl dürfen nur folgende Rechtsfolgen der Tat, allein oder nebeneinander, festgesetzt werden:
1) Geldstrafe, Verwarnung mit Strafvorbehalt, Fahrverbot, Verfall, Einziehung, Vernichtung, Unbrauchbarmachung, Bekanntgabe der Verurteilung und Geldbuße gegen eine juristische Person oder Personenvereinigung sowie
2) Entziehung der Fahrerlaubnis, bei der die Sperre nicht mehr als zwei Jahre beträgt.
(3) Das Strafbefehlsverfahren richtet sich nach den Bestimmungen des ersten und dritten Abschnitts soweit sich aus den nachfolgenden Vorschriften nichts anderes ergibt.

§ 295 l.
(1) Der Antrag ist auf eine bestimmte Rechtsfolge zu richten. Der Strafrichter hat ihm zu entsprechen, wenn dem Erlass des Strafbefehls keine Bedenken entgegenstehen. § 289 Abs. 2 und die §§ 291 und 292 sind anzuwenden.
(2) Der Strafrichter beraumt Termin zur mündlichen Verhandlung an, wenn er Bedenken hat, ohne mündliche Verhandlung zu entscheiden, oder wenn er eine andere als die beantragte Rechtsfolge festsetzen will und die Staatsanwaltschaft bei ihrem Antrag beharrt. Eines Antrags nach § 289 Abs. 1 bedarf es nicht.

§ 295 m.
Der Strafbefehl enthält
1) die Angaben zur Person des Beschuldigten und etwaiger Nebenbeteiligter;
2) den Namen des Verteidigers;
3) die Bezeichnung der Tat, die dem Beschuldigten zur Last gelegt wird, Zeit und Ort ihrer Begehung und die Bezeichnung der gesetzlichen Merkmale der Straftat;
4) die angewendeten Vorschriften nach Paragraph, Absatz, Nummer, Buchstabe und mit der Bezeichnung des Gesetzes;
5) die Beweismittel;
6) die Festsetzung der Rechtsfolgen;
7) den Hinweis, dass der Strafbefehl rechtskräftig und vollstreckbar wird, wenn der Beschuldigte nicht innerhalb einer Woche nach der Zustellung bei dem Strafrichter schriftlich oder zu Protokoll der Geschäftsstelle Einspruch einlegt.
Wird der Beschuldigte mit Strafvorbehalt verwarnt oder wird gegen ihn ein Fahrverbot angeordnet, so ist er zugleich nach § 268 a Abs. 3 oder § 268 c zu belehren.

§ 295 n.
(1) Ein Strafbefehl, gegen die nicht rechtzeitig Einspruch erhoben wird, steht einem rechtskräftigen Urteil gleich.
(2) Jedoch kann die Staatsanwaltschaft erneut Klage durch Einreichung einer Anklageschrift erheben, wenn nach Erlass des Strafbefehls neue Tatsachen bekannt werden, aus denen sich ergibt, dass die abgeurteilt Straftat
1) ein Verbrechen oder
2) ein anderes Vergehen ist und die zu erwartende Strafe außer Verhältnis zu der erkannten steht.

§ 295 o.
(1) Der Einspruch kann nur auf selbstständige Taten (§ 264) beschränkt werden.

(2) Der Staatsanwaltschaft steht der Einspruch gegen den Strafbefehl nicht zu.

(3) Die Staatsanwaltschaft kann die Klage bis zur Verkündung des Urteils im ersten Rechtszug zurücknehmen; § 303 Abs. 2 Satz 1 gilt entsprechend.

(4) Der Angeklagte kann sich in der Hauptverhandlung durch eine mit schriftlicher Vollmacht versehenen Verteidiger vertreten lassen; § 236 bleibt unberührt.

Anhang V: Literatur und Quellenverzeichnis

I. Quellenverzeichnis

1. Ungedruckte und unveröffentlichte Quellen

1. Bundesarchiv Berlin

1.1. Akten des Justizministeriums

1.1.1. R 3001, Nr. 208, Strafverfahrensordnung. – Material der Straprozeßkommission.

1.1.2. R 3001, Nr. 1034, Neuordnung des Strafverfahrensrechts. – Amtliche Strafprozeßkommission von 1933 und 1936, Bd. 1: Nov. 1934 – März 1935.

1.1.3. R 3001, Nr. 1035, Neuordnung des Strafverfahrensrechts. – Amtliche Strafprozeßkommission von 1933 und 1936, Bd. 2 (1933 – 1934) April 1935 – Jan. 1937.

1.1.4. R 3001, Nr. 1037, Neuordnung des Strafverfahrensrechts. – Amtliche Strafprozeßkommission von 1933 und 1936, Bd. 4: 1936, Nov. – 1937, März.

1.1.5. R 3001, Nr. 1038, Neuordnung des Strafverfahrensrechts. – Amtliche Strafprozeßkommission von 1933 und 1936, Bd. 5: März 1937 – Aug. 1939.

1.1.6. R 3001, Nr. 1039, Neuordnung des Strafverfahrensrechts. – Amtliche Strafprozeßkommission von 1933 und 1936, Bd. 6: Juli 1938 – Febr. 1943.

1.1.7. R 3001, Nr. 1044, Unterrichtung der Öffentlichkeit über den Stand der Erneuerung des Strafverfahrens durch die Herausgabe des Buches „Das kommende deutsche Strafrecht“ durch RMJ Dr. Gürtner, eingeleitet von Staatssekretär Freisler.

1.1.8. R 3001, Nr. 1047, Vorbereitende Aufzeichnungen zur Strafprozeßreform. – Bemerkungen, Vorschläge Entwürfe insbes. der Kleinen und Großen Strafprozeßkommissio, Bd. 1: 1934, Aug. – 1937, Aug.

1.1.9. R 3001, Nr. 1051, Anträge der Kleinen Strafprozeßkommission, Bd. 1: 1934, Nov. – 1935, Nov.

1.1.10. R 3001, Nr. 1057, Strafverfahrensordnung. – Vorentwurf der Ministerialkommission mit Begründung.

1.1.11. R 3001, Nr. 1127, Verfahren bei amtsrichterlichen Strafbefehlen.

1.1.12. R 3001, Nr. 1128, Verfahren bei amtsrichterlichen Strafbefehlen.

1.1.13. R 3001, Nr. 2743, Maßnahmen auf strafrechtlichem Gebiet aus Anlaß des Krieges 1939, Bd. 3, vom 1.1. 1941 bis 31.3. 1942.

1.1.14. R 3001, Nr. 2820, Rechtspflege und Justizverwaltung im totalen Krieg.

1.1.15. R 3001, Nr. 4720, Rechtspflege im allgemeinen, insb. im Kriege.

1.1.16. R 3001, Nr. 4233, Maßnahmen zur Vereinfachung der Rechtspflege, Bd. 1, Dezember 1916 – Februar 1917.

1.1.17. R 3001, Nr. 4235, Maßnahmen zur Vereinfachung der Rechtspflege, Bd. 3, April 1917 – Oktober 1920.

1.1.18. R 3001, Nr. 4236, Maßnahmen zur Vereinfachung der Rechtspflege, Bd. 4, Januar 1921 – Januar 1923.

1.1.19. R 3001, Nr. 4237, Maßnahmen zur Vereinfachung der Rechtspflege, Bd. 5, Februar 1923 – September 1933.

1.1.20 R 3001, Nr. 5321, Aufzeichnungen für die Protokolle über die Sitzungen der Kommission für die Reform des Strafprozeßes mit Anträgen und Abstimmungslisten – Erste Lesung, Bd. 4, Dezemeber 1903 – März 1904.

1.1.21. R 3001, Nr. 5325, Aufzeichnungen für die Protokolle über die Sitzungen der Kommission für die Reform des Strafprozeßes mit Anträgen und Abstimmungslisten – Erste Lesung, Bd. 8, Februar 1905 – April 1905.

1.1.22. R 3001, Nr. 5333, Anträge der Kommission für die Reform des Strafprozeßes – Erste Lesung – Zweite Lesung –, Bd. 2 (1903).

1.1.23. R 3001, Nr. 5338, Begutachtungen und Besprechungen des Entwurfs einer Strafprozessordnung und der Novelle zum Gerichtsverfassungsgesetz, Bd. 2, November 1909 – Juli 1911.

1.1.24. R 3001, Nr. 5345, Abänderungsanträge des Entwurfs der Gesetze betr.

Änderungen des Greichtsverfassungsgesetzes

Die Strafprozessordnung und

Das Einführungsgesetz zu beiden Gesetzen nebst Begründung, Bd. 1 (1909).

1.1.25. R 3001, Nr. 5368, Neuordnung der Strafgerichte und des Strafverfahrens, Bd. 1, Mai 1919 – Januar 1920.

1.1.26. R 3001, Nr. 5369, Neuordnung der Strafgerichte und des Strafverfahrens, Bd. 2. Dezember 1919 – April 1920.

1.1.27. R 3001, Nr. 5371, Neuordnung der Strafgerichte und des Strafverfahrens, Bd. 4, Januar 1922 – Mai 1922.

1.1.28. R 3001, Nr. 5373, Neuordnung der Strafgerichte und des Strafverfahrens, Bd. 6, Oktober 1922 – Oktober 1923.

1.1.29. R 3001, Nr. 5374, Neuordnung der Strafgerichte und des Strafverfahrens, Bd. 7, Oktober 1923 – März 1924.

1.1.30. R 3001, Nr. 5384, Neuordnung der Strafprozessordnung, Bd. 1, Dezember 1926 – Mai 1930.

1.1.31. R 3001, Nr. 5385, Neuordnung der Strafprozessordnung, Bd. 2, Mai 1930 – Mai 1932.

1.1.32. R 3001, Nr. 5565, Verfahren gegen Jugendliche, Bd. 1, März 1912 – August 1917.

1.1.33. R 3001, Nr. 5567, Verfahren gegen Jugendliche, Bd. 3, Juli 1921 – Februar 1923.

1.2. Akten des Reichskanzleramtes 1867–1879

1.2.1. R 1401, Nr. 569, Strafprozeßordnung für den Norddeutschen Bund bzw. Deutsche Reich, Bd. 1: April 1868 – Februar 1873.

1.2.2. R 1401, Nr. 573, Strafprozeßordnung für den Norddeutschen Bund. –Erster Entwurf.

1.2.3. R 1401, Nr. 574, Strafprozeßordnung für den Norddeutschen Bund. – Revidierter Entwurf.

1.2.4. R 1401, Nr. 575, Strafprozeßordnung für den Norddeutschen Bund. – Revidierter Entwurf: Zweite Lesung.

1.2.5. R 1401, Nr. 578, Strafprozeßordnung für das Deutsche Reich.- Bundeskommission zur Beratung des ersten Entwurfs: Änderungsanträge.

1.3. Akten der (alten) Reichskanzlei

1.3.1. R 43 I, Nr. 734 (Filmsignatur: Nr. 12137), Gerichtsverfassung, Bd. 2, 16. Dezember 1912 – 10. November 1918.

1.3.2. R 43 I, Nr. 1210, Gerichtsverfassung, allgemeine Rechtspflege und Justizverwaltung, Bd. 1 Dezember 1919 – Juni 1932, hierin u.a. Gesetz zur Neuordnung der Strafgerichte 1922–1923.

1.3.3. R 43 I, Nr. 1214, Reichsstrafgesetzgebung, Bd. 1, hierin u.a. VO zur Vereinfachung der Strafrechtspflege.

1.3.4. R 43 I, Nr. 1377, Kabinettsprotokolle, Kabinette von 1919 ff., Bd. 30, Juni 1922.

1.3.5. R 43 I, Nr. 1390, Kabinettsprotokolle, Kabinett von 1919 ff., Bd. 43, Dezember 1923.

1.3.6. R 43 II, Nr. 644a, Gerichtsverfassung und Rechtspflege im Kriege; Bestimmungen über die Behandlung feindlichen Vermögens, Bd. 4: Sept. 1939 – Febr. 1945.

1.3.7. R 43 II, Nr. 1514, Reichsstrafgesetzgebung, Bd. 5: 1933–1935.

1.3.8. R 43 II, Nr. 1536, Strafprozeßordnung, Bd. 2: 1936–1944.

1.4. Akten des Reichstages (Filmsignaturen)

1.4.1. R 101, Nr. 30948, Strafprozeßodnung für das Deutsche Reich, Bd. 3–6, Januar 1882 – Januar 1900.

1.4.2. R 101, Nr. 30952, Ausschussverhandlungen, Bd. 1–2, Juni 1875 – Dezember 1876.

1.4.3. R 101, Nr. 30953, Ausschussverhandlungen, Bd. 2–7, Januar 1895 – Juli 1910.

1.4.4. R 101, Nr. 30954, Ausschussverhandlungen, Bd. 8–9, September 1910 – März 1920; Literatur, Bd. 1–3, Dezember 1895 – Dezember 1926.

2. Geheimes Staatsarchiv Preußischer Kulturbesitz

2.1. Rep. 84a, Nr. 787 (Mikrofichenummer: 757–759), Anträge und Beschlüsse des Bundesratsausschusses zu dem Entwurf eines Gesetzes betr. das Gerichtsverfassungsgeetz und zur Strafprozessordnung.

2.2. Rep. 84a, Nr. 1781, Krieg 1914–1918. – Entlastung der Zivil- und Strafgerichte.

2.3. Rep. 84a, Nr. 1840, Krieg 1914–1918. – Übernahme von Kriegsverordnungen in die Friedenswirtschaft.

2.4. Rep. 84a, Nr. 7995, Strafprozessordnung für das Gebiet des Norddeutschen Bundes bzw. Für das Deutsche Reich.

2.5. Rep. 84a, Nr. 8012, Gesetzesentwürfe über Schöffen und Schöffengerichte.

2.6. Rep. 84a, Nr. 8019, Gutachterliche Äußerungen über den Entwurf einer Strafprozessordnung für den Norddeutschen Bund.

2.7. Rep. 84a, Nr. 8076, Gutachten über den Entwurf einer Strafprozeßordnung, Bd. I.

2.8. Rep. 84a, Nr. 8077, Gutachten über den Entwurf einer Strafprozeßordnung, Bd. II.

2.9. Rep. 84a, Nr. 8078, Gutachten über den Entwurf einer Strafprozeßordnung, Bd. III.

2.10. Rep. 84a, Nr. 8079, Gutachten über den Entwurf einer Strafprozeßordnung, Bd. IV.

2.11. Rep. 84a, Nr. 8080, Gutachten über den Entwurf einer Strafprozeßordnung, Bd. V.

2.12. Rep. 84a, Nr. 8081, Gutachten über den Entwurf einer Strafprozeßordnung, Bd. VI.

2.13. Rep. 84a, Nr. 8082, Gutachten über den Entwurf einer Strafprozeßordnung, Bd. VII.

2.14. Rep. 84a, Nr. 8323, Verfahren bei amtsrichterlichen Strafbefehlen (§§ 447 – 452 Strafprozeßordnung), Bd. I.

2.15. Rep. 84a, Nr. 8324, Akten des Justizministeriums betreffend Strafbefehl.

2.16. Rep. 84a, Nr. 8347, Verfahren bei amtsrichterlichen Strafbefehlen (§§ 447–452 Strafprozeßordnung), Bd. II.

3. Akten des Parlamentsarchivs (PA)

3.1. I 476, Materialien zum Dritten Strafrechtsänderungsgesetz.

3.2. I 65, Materialien zum Gesetz zur Wiederherstellung der Rechtseinheit auf dem Gebiet der Gerichtsverfassung, der bürgerlichen Rechtspflege, des Strafverfahrens und des Kostenrechts.

3.3. IV 246, Materialien zum zweiten Gesetz zur Sicherung des Straßenverkehrs.

3.4. IV 249, Materialien zum Gesetz zur Änderung der Strafprozeßordnung und des Gerichtsverfassungsgesetz.

3.5. V 203, Materialien zum Gesetz über Ordnungswidrigkeiten.

3.6. VI 1023, Materialien zum Einführungsgesetz zum Strafgesetzbuch.

3.7. VIII 122, Materialien zum Strafrechtsänderungsgesetz 1979.

3.8. VII 109, Materialien zum Einführungsgesetz zum Strafgesetzbuch.

3.9. X 316, Materialien zum Strafverfahrensänderungsgesetz 1987.

3.10. XII 167, Materialien zum Gesetz zur Entlastung der Rechtspflege.

3.11. XII 475, Materialien zum Verbrechensbekämpfungsgesetz.

3.12. XV 195, Materialien zum ersten Gesetz zur Modernisierung der Justiz.

2. Sonstige Quellen

1. Diskussionsentwurf für ein Gesetz über die Rechtsmittel in Strafsachen, Im Auftrag de Konferenz der Justizminister und -senatoren vorgelegt von der Bund-Länder-Arbeitsgruppe „Strafverfahrensreform" 1975.

2. *Strafprozessordnung* und Strafgerichtsverfassungsgesetz *in den Fassungen* der amerikanischen und britischen *Besatzungszone* mit den Reichsjustizgesetzen und den

wichtigsten einschlägigen Bestimmungen des Besatzungsrechts und des deutschen Rechts, 11. Auflage, Biederstein Verlag, München und Berlin 1947.

3. Bibliothek des Bundesrates: Bundesrat, Protokolle, Rechtsausschuss, Unterausschuss, 1972, Nr. 10.1, Bl. 58.

3. Veröffentlichte Quellen

1. Deutsche Partikularrechte

1.1. Quellensammlungen

1.1.1. Haeberlein, C.F.W.J.: *Sammlung* der neuen deutschen Strafprocessordnungen. Mit Einschluß der französischen und belgischen sowie der Gesetze über Einführung des mündlichen und öffentlichen Strafverfahrens mit Schwurgerichten, Greifswald 1852.

1.1.2. Müller, C.F.: Die *Strafprocess-Ordnung* für S. Weimar-Eisenach, S. Meiningen, Anhalt-Dessau-Köthen, Schwarzburg-Rudolstadt, und Schwarzburg-Sonderhausen in ihrer neuesten abgeänderten Gestaltung, nebst dem Gesetze über die Vollstreckung der Todesstrafe in Reuss jüngerer Linie, Schleiz 1856.

1.1.3. Sammlung sämtlicher das neue Strafverfahren in Hamburg betreffenden Gesetzte nebst alphabetischem Sachregister über dieselben, Hamburg 1869.

1.1.4. Schubert, Werner; Regge, Jürgen: Quellen zur preußischen Gesetzgebung, *Gesetzesrevision* (1825–1848), I. Abteilung Straf- und Strafprozeßrecht, Band 6 Entwurf eines Strafgesetzbuchs (1845–1848), Gesetz vom 17.7.1846, betreffend das Verfahren in den bei dem Kammergericht und dem Kriminalgericht zu Berlin zu führenden Untersuchungen, Teil 1 und Teil 2; Nachdr., Vaduz 1996.

1.1.5. Sundelin, P.: *Sammlung* der neueren deutschen Gesetze über Gerichtsverfassung und Strafverfahren, Berlin 1861.

1.2. Einzelne Partikulargesetze

1.2.1. Anhalt Bernburg

Gesetz, die Einführung des mündlichen und öffentlichen Verfahrens mit Geschworenen in Untersuchungssachen betreffend, in: Gesetzessammlung für das Herzogthum Anhalt-Bernburg, 9. Band enthaltend die Gesetze und Verordnungen der Jahre 1849 und 1850, S. 384.

1.2.2. Anhalt-Dessau

Publications-Patent, Strafgesetzbuch, Strafprozessordnung nebst Gebührentaxe betreffend vom 28. Mai 1850 nebst Strafprozessordnung, in: Müller (B 1.1.2).

1.2.3. Anhalt-Köthen

Publications-Patent, Strafgesetzbuch, Strafprozessordnung nebst Gebührentaxe betreffend vom 28. Mai 1850 nebst Strafprozessordnung, in: Müller (B 1.1.2).

1.2.4. Baden

1.2.4.1. Strafproceßordnung vom 6. März 1845, in Häberlein (A 1.1.1), S. 370.

1.2.4.2. Ammann, Karl: Gerichtsverfassung und *Strafprozessordnung* mit Erläuterungen für den praktischen Gebrauch, Karlsruhe 1865, S. 50.

1.2.5. Bayern

Gesetz, die Novellierung der Einführung des Strafgesetzbuchs für das Deutsche Reich in Bayern betreffend, vom 26 Dezember 1871, in: Gesetzblatt für das Königreich Bayern, 1871–1872, S. 82.

1.2.6. Braunschweig

Strafprocessordnung vom 22. August 1849, in: Haeberlein (B 1.1.1), S. 725.

1.2.7. Bremen

Provisorische Strafprozessordnung der freien Hansestadt Bremen vom 30. Juli 1863, Bremen 1863.

1.2.8. Frankfurt

Gesetz vom 15 Mai 1856, betreffend das Verfahren in Strafsachen, in: Sundelin (B 1.1.5), S. 584.

1.2.9. Hamburg

Straf-Proceß-Ordnung vom 30. April 1869, in: B 1.1.3.

1.2.10. Hannover

Revidierte Strafprozessordnung vom 5. April 1859, in: Sundelin (B 1.1.5), S. 117.

1.2.11. Hessen-Darmstadt (Großherzogtum)

1.2.11.1. Gesetz vom 27. März 1852, betreffend das öffentliche und mündliche Verfahren bei den vor die Provinzial-Strafgerichte gehörigen Sachen in den Provinzen Stackenburg und Oberhessen, in Sundelin (A 1.1.5), S. 196.

1.2.11.2. Entwurf einer Strafprozessordnung von 1860, in: Sundelin (A 1.1.5), S. 204.

1.2.11.3. Strafproceßordnung vom 13. September 1865 für die Provinzen Starkenburg und Oberhessen, in: Großherzoglich Hessisches Regierungsblatt auf das Jahr 1865, S. 681.

1.2.12. Hessen-Kassel (Kurfürstentum)

Gesetz vom 31. Oktober 1848, die Umbildung des Strafverfahrens betreffend, in: Haeberlein (A 1.1.3), S. 462.

1.2.13. Lauenburg

Landesherrliche Verordnung wegen vorläufiger Herstellung der Justiz, in: Lauenburgische Verordnungen-Sammlung in vier Bänden, 1. Band 1813–1825, S. 23 (Nr. 50).

1.2.14. Lübeck

Strafproceß-Ordnung für die freie Hansestadt Lübeck vom 26. November 1862, in: Sammlung der lübeckischen Verordnungen und Bekanntmachungen, 29. Band, 1862, S. 253.

1.2.15. Mecklenburg (Schwerin und Strelitz)

Boehlau, Hugo: Der *Entwurf* einer Strafproceßordnung für Mecklenburg, Der Mecklenburgische Criminalproceß, Wismar, Rostock, Ludwigslust 1867, S. 270.

1.2.16. Nassau

Gesetz vom 14. April 1849, die Einführung des mündlichen und öffentlichen Strafverfahrens mit Schwurgerichten in Nassau betreffend; in: Haeberlein, (A 1.1.1), S. 637.

1.2.17. Oldenburg

Strafprozessordnung vom 2. November 1857; in Sundelin (A 1.1.3), S 494.

1.2.18. Preußen

1.2.18.1. Hattenhauer, Hans; Bernert, Günther

Allgemeines Landrecht für die preußischen Staaten, 2. Auflage, Berlin 1994

1.2.18.2. Verordnung über das Verfahren in Zivilprozessen, vom 21. Juli 1846, in: Gesetzessammlung für die königlich preußischen Staaten 1846, S. 291.

1.2.18.3. Gesetz, betreffend das Verfahren in den bei den Kammergericht und dem Kriminalgericht zu Berlin zu führenden Untersuchungen, vom 17. Juli 1846, in: Gesetzessammlung für die königlich Preußischen Staaten 1846, S. 267

1.2.18.4. Verfassungsurkunde für den Preußischen Staat, vom 5. Dezember 1848, in: Gesetzessammlung für die königlich Preußischen Staaten 1848, S. 375.

1.2.18.5. Verordnung über die Einführung des mündlichen und öffentlichen Verfahrens mit Geschworenen in Untersuchungssachen, vom 3. Januar 1849; in: Gesetzessammlung für die königlich Preußischen Staaten 1849, S. 14.

1.2.18.6. Gesetz, betreffend die Vereinigung der Fürstenthümer Hohenzollern-Hechingen und Hohenzollern-Sigmarien mit dem preußischen Staatsgebiet, vom 12. März 1850; in: Gesetzessammlung für die königlich Preußischen Staaten 1850, S. 289.

1.2.18.7. Gesetz über die Einführung des Strafgesetzbuchs für die Preußischen Staaten, vom 14. April 1851; in: Gesetzessammlung für die königlich Preußischen Staaten 1851, S. 93.

1.2.18.8. Strafgesetzbuch für die Preußischen Staaten, vom 14. April 1851, in: Gesetzessammlung für die königlich Preußischen Staaten 1851, S. 101.

1.2.18.9. Gesetz über den Belagerungszustand, vom 4. Juni 1851, in: Gesetzessammlung für die königlich Preußischen Staaten 1851, S. 451.

1.2.18.10. Allgemeine Verfügung vom 6. August 1851 – betreffend das Verfahren in Untersuchungssachen wegen Uebertretungen, in: Justiz-Ministerial-Blatt für die Preußische Gesetzgebung und Rechtspflege 1851, S. 266.

1.2.18.11. Entwurf einer Strafprozeßordnung für die Preußischen Staaten; in: Justiz-Ministerial-Blatt (Preußen) 1851, S. 85.

1.2.18.12. Gesetz, betreffend die Zusätze zu der Verordnung vom 3. Januar 1849 über die Einführung des mündlichen und öffentlichen Verfahrens mit Geschworenen in Untersuchungssachen, vom 3. Mai 1852; in: Gesetzessammlung für die königlich Preußischen Staaten 1852, S. 209.

1.2.18.13. Vollständige Materialien zu der Verordnung vom 3. Januar 1849 und dem Gesetz vom 3. Mai 1852, bereffend die Einführung des mündlichen und öffentlichen Verfahrens mit Geschworenen in Untersuchungssachen (Motive, Kommissionsberichte, Verhandlungen), Berlin 1852.

1.2.18.14. Gesetz, den Diebstahl an Holz und anderen Waldprodukten betreffend, vom 2. Juni 1852, in: Gesetzessammlung für die königlich Preußischen Staaten 1852, S. 305.

1.2.18.15. Gesetz über die vorläufige Straffestsetzung wegen Uebertretungen für diejenigen Landestheile, in welchen die Verordnung vom 3. Januar 1849 über die Einführung des mündlichen und öffentlichen Verfahrens in Untersuchungssachen Gesetzeskraft hat, vom 14. mai 1851; in: Gesetzessammlung für die königlich Preußischen Staaten 1856, S. 245.

1.2.18.16. Gesetz, betreffend die Abänderungen und Ergänzungen des Einführungsgesetzes zum Strafgesetzbuch, vom 14. April 1856; in: Gesetzessammlung für die königlich Preußischen Staaten1856, S. 208.

1.2.18.17. Vorläufiger Entwurf einer Strafprozeßordnung für die ganze Monarchie.

1.2.18.18. Entwurf einer Strafprozeß-Ordnung für den Preußischen Staat nebst motivierenden Anmerkungen, Berlin 1865.

1.2.18.19. Gesetz, betreffend die Vereinigung der Herzogthümer Holstein und Schleswig mit der preußischen Monarchie, vom 24. Dezember 1866; in: Gesetzessammlung für die königlich Preußischen Staaten 1866, S. 878.

1.2.18.20. Gesetz, betreffend die Vereinigung bisher Bayerischer und Großherzoglich Hessischer Gebietstheile mit der Preußischen Monarchie, vom 24. Dezember 1866; in: Gesetzessammlung für die königlich Preußischen Staaten 1866, S. 876.

1.2.18.21. Gesetz, betreffend die Vereinigung des Königreichs Hannover, des Kurfürstenthums Hessen, des Herzogthums Nassau und der freien Stadt Frankfurt mit der preußischen Monarchie, vom 20. September 1866; in: Gesetzessammlung für die königlich Preußischen Staaten 1866, S. 558.

1.2.18.22. Verordnung, betreffend das Strafrecht und das Strafverfahren in den durch das Gesetz vom 20. September 1866 und die beiden Gesetze vom 24. Dezember 1866 mit der Monarchie vereinigten Landestheile, mit Ausnahme des vormaligen Oberamtsbezirks Weisenheim und der Enklave Kaulsdorf, vom 25. Juni 1867; in: Gesetzessammlung für die königlich Preußischen Staaten 1867, S. 921.

1.2.19. Reuß ältere Linie

Verordnung, die Publikation der Strafprozessordnung nebst Gebühren-Taxe und der Einführung betreffend, vom 12. September 1868; in: Gesetzessammlung des Fürstethums Reuß ältere Linie 1868, S. 391.

1.2.20. Reuß jüngere Linie

Verordnung, die Publikation der Strafprozessordnung nebst Gebühren-Taxe und der Einführung betreffend, vom 28. April 1863; in: Gesetzessammlung für die fürstlich Reußischen Lande jüngerer Linie, 13. Band 1862–1863, S. 367.

1.2.21. Sachsen

1.2.21.1. Entwurf einer Strafprozessordnung für das Königreich Sachsen nebst Motiven und Inhaltsverzeichnis, Dresden 1853.

1.2.21.2. Strafprocess-Ordnung mit Einführungs-Gesetz vom 13. August 1855; in: Sundelin (A 1.1.3), S 637.

1.2.21.3. Gesetz zur Erläuterung einiger Artikel des Strafgesetzbuchs, des Gesetz über die Forst-, Feld-, Garte-, Wild-, und Fischdiebstähle und der Strafprozessordnung; in: Gesetz- und Verordnungsblatt für das Königreich Sachsen vom Jahre 1861, S. 165.

1.2.21.4. Revidierte Strafprozessordnung für das Königreich Sachsen, vom 1. Oktober 1868; in: Gesetz und Verordnungsblatt für das Königreich Sachsen vom Jahre 1868, 2. Abtheilung, S. 1036.

1.2.22. Sachsen-Altenburg

Strafprozessordnung mit Einführungs-Patent vom 7. Februar 1854; in: Sundelin (A 1.1.3), S. 389.

1.2.23. Sachsen-Coburg-Gotha

Strafprozessordnung vom 21. September 1857; in Sundelin (A 1.1.3), S. 355.

1.2.24. Sachsen Meiningen

Strafprozessordnung vom 20. März 1850; in: Haeberlein, (A 1.1.1), S. 751.

1.2.25. Sachsen-Weimar

Strafprozessordnung vom 21. Juni 1850; in: Haeberlein, (A 1.1.1), S. 751.

1.2.26. Schwarzburg-Rudolstadt

Strafprozessordnung vom 26. April 1850; in: Haeberlein, (A 1.1.1), S. 751.

1.2.27. Schwarzburg-Sonderhausen

Strafprozessordnung vom 25. März 1850; in: Haeberlein, (A 1.1.1), S. 751.

1.2.28. Waldeck

Gesetz vom 14. Juni 1850, die Einführung des mündlichen und öffentlichen Verfahrens mit Geschworenen in Untersuchungssachen betreffend; in: Haeberlein (A 1.1.3), S. 183.

1.2.29. Württemberg

1.2.29.1. Strafprozessordnung vom 22. Juni 1843; in: Haeberlein (A 1.1.1), S. 525.

1.2.29.2. Strafprozessordnung vom 17. April 1868; in: Regierungsblatt für das Königreich Württemberg vom Jahre 1868, S. 205.

2. Gesetze und Reformmaterial des Norddeutschen Bundes, des Deutschen Reiches und der Bundesrepublik Deutschland[1]

2.1. Quellensammlungen

2.1.1. Hahn, C.: Die gesamten Materialien zu dem *Gerichtsverfassungsgesetz* und dem Einführungsgesetz zu demselben vom 27. Januar 1877, Erste Abtheilung und Zweite Abtheilung, Berlin 1879.

2.1.2. Hahn, C.: Die gesamten Materialien zur *Strafprozessordnung* und dem Einführungsgesetz zu derselben vom 1. Februar 1877, Erste Abteilung, Berlin 1880.

2.1.3. Hahn, C.: Die gesamten Materialien zur *Strafprozessordnung* und dem Einführungsgesetz zu derselben vom 1. Februar 1877, Zweite Abteilung, Berlin 1881.

1 Parlamentarische Drucksachen sind nicht mit aufgenommen.

2.1.4. Schubert, Werner: Die deutsche *Gerichtsverfassung* (1869–1877). Entstehung und Quellen, Frankfurt 1981.

2.1.5. Schubert, Werner: *Entwürfe* einer Strafprozessordnung und Novelle zum Gerichtsverfassungsgesetz nebst Begründung, Bundesratsvorlage von 1908 (einschließlich der vom Bundesrat beschlossenen Änderungen) Reichstagsvorlage 1909, Frankfurt am Main 1991.

2.1.6. Schubert, Werner: *Protokolle der Kommission* für die Reform des Strafprozesses (1903–1905), *1. Band*: Erste Lesung, Frankfurt am Main 1991.

2.1.7. Schubert, Werner: *Protokolle der Kommission* für die Reform des Strafprozesses (1903–1905), *2. Band*: Zweite Lesung und Zusammenstellung der Beschlüsse, Frankfurt am Main 1991.

2.1.8. Schubert, Werner: *Protokolle der Reichstagsverhandlungen*, Bericht der 7. Kommission des Reichstags (1910–1911) zur Beratung einer Strafprozeßordnung und eines Gesetztes, betreffend Änderungen des Gerichtsverfassungsgesetztes, Frankfurt am Main 1991.

2.1.9. Schubert, Werner; Regge, Jürgen: Entstehung und Quellen der *Strafprozessordnung* von 1877, Frankfurt am Main 1989.

2.1.10. Schubert, Werner; Regge, Jürgen; Rieß, Peter; Schmid, Werner.

Quellen zur Reform des Straf- und Strafprozeßrechts, Abteilung 3, NS-Zeit (1933-1939) – Strafverfahrensrecht, Bd. 2. Protokolle der Großen Strafprozeßkommisson des Reichsjustizministeriums: (1936–1938). Teil 1. Erste Lesung: Leitsätze. – Vorverfahren. Hauptverfahren. Gemeinsame Verfahrensvorschriften (Richter, Staatsanwalt, Beteiligte. – Mittel der Wahrheitsforschung. Zwangsmittel). – Rechtsbehelfe (Allgemeine Vorschriften. Beschwerde. Berufung), Berlin, New York 1991.

2.1.11. Schubert, Werner; Regge, Jürgen; Rieß, Peter; Schmid, Werner: *Quellen* zur Reform des Straf- und Strafprozeßrechts, Abteilung 1, Weimarer Republik (1918–1932), Band 5, Entwürfe zu einem Strafvollzugsgesetzt (1927–1932) und zu einem Einführungsgesetz zum Allgemeinen Deutschen Strafgesetzbuch und zum Strafvollzugsgesetz (1929–1930): Nachtrag zu Band III 2, 3 (Strafverfahrensrecht) Berlin, New York 1999.

2.1.12. Schubert, Werner; Regge, Jürgen; Rieß, Peter; Schmid, Werner: *Quellen* zur Reform des Straf- und Strafprozeßrechts, Abteilung 1, Weimarer Republik (1918–1932), Band 4, Von dem Entwurf eines Gesetzes über den Rechtsgang in Strafsachen (1919/20) bis zu der –Verordnung über Gerichtsverfassung und Strafrechtspflege (Lex Emminger) vom 4.1.1924, Berlin, New York 1999.

2.1.12. Schubert, Werner; Regge, Jürgen; Rieß, Peter; Schmid, Werner: *Quellen* zur Reform des Straf- und Strafprozeßrechts, Abteilung 3, NS-Zeit (1933–1939) – Strafverfahrensrecht, Bd. 1. Entwürfe zu einer Strafverfahrensordnung und einer Friedens- und Schiedsrichterordnung: (1936–1939), Berlin, New York 1991.

2.1.13. Schubert, Werner; Regge, Jürgen; Rieß, Peter; Schmid, Werner: *Quellen* zur Reform des Straf- und Strafprozeßrechts, Abteilung 3, NS-Zeit (1933–1939) – Strafverfahrensrecht, Bd. 2. Protokolle der Großen Strafprozeßkommission des Reichsjustizministeriums: (1936–1938). Teil 2. Abschluß der ersten Lesung (Urteilsrüge, Wahrung der Rechtseinheit, Wiederaufnahme des Verfahrens, besondere Verfahrensarten, Verfahren mit besonderen Zwecken, Kosten, richterliches Eröffnungsverfahren), Beginn der zweiten Lesung: Vorverfahren, Berlin, New York 1992.

2.1.14. Schubert, Werner; Regge, Jürgen; Rieß, Peter; Schmid, Werner: *Quellen* zur Reform des Straf- und Strafprozeßrechts, Abteilung 3, NS-Zeit (1933–1939) – Strafverfahrensrecht, Bd. 2. Protokolle der Großen Strafprozeßkommisson des Reichsjustizministeriums: (1936–1938). Teil 3. Zweite Lesung des Entwurfs einer Strafverfahrensordnung (mit Ausnahme des Vorverfahrens), Berlin, New York 1993.

2.1.15. Schubert, Werner; Regge, Jürgen; Rieß, Peter; Schmid, Werner: *Quellen* zur Reform des Straf- und Strafprozeßrechts, Abteilung 1, Weimarer Republik: (1918–1932), Bd. 1 Entwürfe zu einem Strafgesetzbuch: (1919, 1922, 1924/25 und 1927), Berlin, New York 1995.

2.1.16. Schubert, Werner; Regge, Jürgen; Schmid, Werner; Schröder, Rainer: Kodifikationsgeschichte Strafrecht; Das Strafgesetzbuch für das Königreich Bayern samt dem Gesetze vom 10. November 1861 zur Einführung des Strafgesetzbuchs, erläutert von Dr. Ludwig Weis, 1. Band, Frankfurt a.M. 1989.

2.2. Einzelne Quellen

2.2.1. Verfassung des Norddeutschen Bundes, vom 26. Juli 1867, Bundesgesetzblatt des Norddeutschen Bundes 1867, S. 2.

2.2.2. *Motive zu dem Entwurf* einer Deutschen Strafprozeßordnung, Berlin 1872.

2.2.3. *Motive* zu dem Entwurfe einer Deutschen Strafprozeßordnung – *nach den Beschlüssen* der von dem Bundesrath eingesetzten Kommission, Berlin 1873.

2.2.4. Strafprozessordnung. Vom 1. Februar 1877, RGBl. S. 253.

2.2.5. Gesetz über die Ermächtigung des Bundesrats zu wirtschaftlichen Maßnahmen und über die Verlängerung der Fristen des Wechsel- und Scheckrechts im Falle kriegerischer Ereignissee. Vom 4. August 1914, RGBl. S. 327.

2.2.6. Verordnung über Zulassung von Strafbefehlen bei Vergehen gegen Vorschriften über wirtschaftliche Maßnahmen. Vom 4. Juni 1915, RGBl. S. 325.

2.2.7. Bekanntmachung zur Entlastung der Strafgerichte. Vom 7. Oktober 1915, RGBl. S. 631.

2.2.8. Allgemeine Verfügung vom 7. Oktober 1915, – betreffend die Verordnung des Bundesrats zur Entlastung der Strafgerichte vom 7. Oktober 1915 (RGBl. S. 631), J.M.Bl. 1915, S. 226.

2.2.9. Das Gesetz zur Vereinfachung der Strafrechtspflege. Vom 21. Oktober 1917, RGBl. S. 957 und vollständig S. 1037.

2.2.10. Verordnung über Sondergerichte gegen Schleichhandel und Preistreiberei (Wuchergerichte). Vom 27. November 1919, RGBl., S. 1909.

2.2.11. Gesetz zur Entlastung der Gerichte. Vom 11. März 1921, RGBl. I, S. 229.

2.2.12. Ermächtigungsgesetz. Vom 13. Oktober 1923, RGBl. I, S. 943.

2.2.13. Ermächtigungsgesetz. Vom 8. Dezember 1923, RGBl. I, S. 1179.

2.2.14. Verordnung über Gerichtsverfassung und Strafrechtspflege. Vom 4. Januar 1924, RGBl. I, S. 15.

2.2.15. Verordnung über die Aufhebung der Wuchergerichtsverordnung. Vom 20. März 1924, RGBL. I, S. 371.

2.2.16. Bekanntmachung der Texte des Gerichtsverfassungsgesetzes und der Strafprozessordnung. Vom 22. März 1924, RGBl. I, S. 209.

2.2.17. Gesetz gegen gefährliche Gewohnheitsverbrecher und über Maßregeln der Sicherung und Besserung. Vom 24. November 1933, RGBl. I, S. 995.

2.2.18. Ausführungsgesetz zum Gesetz gegen gefährliche Gewohnheitsverbrecher und über Maßregeln der Sicherung und Besserung. Vom 24. November 1933, RGBl. I, S. 1000.

2.2.19. Gesetz über Reichsverweisungen. Vom 23. März 1934, RGBl. I, S. 213.

2.2.20. Verordnung über Maßnahmen auf dem Gebiet der Gerichtsverfassung und der Rechtspflege. Vom 1. September 1939, RGBl. I, S. 1658.

2.2.21. Verordnung über die Zuständigkeit der Strafgerichte, die Sondergerichte und sonstige strafverfahrensrechtliche Vorschriften. Vom 21. Februar 1940, RBGl. I, S. 405.

2.2.22. Verordnung zur Durchführung der Verordnung über die Zuständigkeit der Strafgerichte, die Sondergerichte und sonstige strafverfahrensrechtliche Vorschriften. Vom 13. März 1940, RBGl. I, S. 489.

2.2.23. Verordnung zur weiteren Vereinfachung der Strafrechtspflege. Vom 13. August 1942, RGBl. I, S. 508.

2.2.24. Gesetz zur Wiederherstellung der Rechtseinheit auf dem Gebiete der Gerichtsverfassung, der bürgerlichen Rechtspflege, des Strafverfahrens und des Kostenrechts. Vom 12. September 1950, BGBL. I, S. 455.

2.2.25. Drittes Strafrechtsänderungsgesetz. Vom 4. August 1953, BGBL. I, S. 735.

2.2.26. Zweites Gesetz zur Sicherung des Straßenverkehrs. Vom 26. November 1964, BGBL. I, S. 921.

2.2.27. Gesetz zur Änderung der Strafprozeßordnung und des Gerichtsverfassungsgesetzes (StPÄG). Vom 19. Dezember 1964, BGBL. I, S. 1067.

2.2.28. Einführungsgesetz zum Gesetz über Ordnungswidrigkeiten (EGOWiG). Vom 24. Mai 1968.

2.2.29. Einführungsgesetz zum Strafgesetzbuch (EGStGB). Vom 2. März 1974, BGBl. I, S. 469.

2.2.30. Erstes Gesetz zur Reform des Strafverfahrensrechts (1. StVRG). Vom 9. Dezember 1974.

2.2.31. Strafverfahrensänderungsgesetz 1979 (StVÄG 1979). Vom 5. Oktober 1978, BGBl. I, S. 1645.

2.2.32. Strafverfahrensänderungsgesetz 1987 (StVÄG 1987). Vom 27. Januar 1987, BGBl. I, S. 475.

2.2.33. Gesetz zur Entlastung der Rechtspflege. Vom 11. Januar 1993, BGBl. I, S. 50.

2.2.34. Gesetz zur Änderung des Strafgesetzbuches, der Strafprozessordnung und anderer Gesetzte (Verbrechensbekämpfungsgesetz). Vom 28. Oktober 1994, BGBl. I, S. 3186.

2.2.35. Erstes Gesetz zur Modernisierung der Justiz (1. Justizmodernisierungsgesetz). Vom 24. August 2004, BGBl. I, S. 2198.

II. Literaturverzeichnis

Abegg, J. Fr. H.: Betrachtungen über das Gesetz, betreffend das Verfahren in den bei dem Kammergerichte und dem Criminlalgerichte zu Berlin zu führenden Untersuchungen, vom 17. Juli 1846, Archiv des Criminalrechts 1847, S. 103, 155.

Abegg, J. Fr. H.: Der Entwurf einer Strafprozeß-Ordnung für die Preußischen Staaten mit bes. Berücksichtigung der Gesetzgebung anderer deutscher Staaten, Halle, 1852.

Abegg, J. Fr. H.: Der Entwurf einer Strafprozeß-Ordnung für die Preußischen Staaten vom Jahr 1865, Leipzig, 1865.

Achenbach, Hans: Neue Impulse bei der Rechtskraft des Strafbefehls, ZRP 77, S. 86.

Altorfer, Martin Felix: Der Strafbefehl im Kanton Zürich – Unter Berücksichtigung des Strafverfahrens in der übrigen Schweiz, in Deutschland und Österreich, Zürich (jur. Diss.), 1966.

Asbrock, Bernd: Entlastung der Justiz zu Lasten des Rechtsstaats?, ZRP 92, S. 11.

Aschrott, Paul Felix: Die Reform des Strafverfahrens und d.z.Z. vorliegenden Gesetzesentwurf, Berlin, 1895.

Aschrott, Paul Felix: Der Entwurf einer Strafprozeßordnung und Novelle zum Gerichtsverfassungsgesetze, Berlin, 1908.

Autorenkollektiv unter der Leitung von Horst Luther, Sektion Rechtswissenschaft der Humboldt-Universität zu Berlin: Strafverfahrensrecht, Lehrbuch, Berlin, 1982.

Beling, Ernst: Die Vereinfachung des Strafverfahrens durch die Bundesratsverordnung vom 7. Oktober 1915, Zeitschrift für die gesamte Strafrechtswissenschaft 37, 1916, S. 257 ff.

Benda, Ernst: Richter im Rechtsstaat, DRiZ 1979, S. 357.

Bendix, Ludwig: Die Neuordnung des Strafverfahrens, Gegenvorschläge zu den drei Regierungsvorschlägen von 1920, Berlin, Leipzig, 1921.

Bertran, Günter: Entwurf eines Zweiten Gesetztes zur Entlastung der Rechtspflege (Strafrecht) 1995, ZRP 96, S. 46.

Bielitz, Gustav Alexander: Darstellung der Verafassung und Verwaltung der Polizei in Preußen, Leipzig, 1841.

Binding, Karl: Der Entwurf einer neuen Strafprozessordnung, GS Bd. 74 (1909), S. 1.

Binding, Karl: Strafrechtliche und strafprozessuale Abhandlungen, 2. Band Strafprozeß, München, Leipzig, 1915, S. 318.

Bleeck, Siegfried: Der richterliche Strafbefehl und die deutsche Strafprozeßreform, Festschrift, Franz von Liszt zum 60. Geburtstag, Berlin 1911, S. 30.

Boltz, Hans-Joachim: Beschleunigungsnovelle zur Strafprozessordnung, ZRP 74, S. 34.

Bornhak, Conrad: Zur Reform des Strafprozesses, ZStW Bd. 14 (1899), S. 64.

Böttcher, Reinhard: Der Strafbefehl auf dem Vormarsch, in: Böttcher, Reinhard; Hueck, Götz; Jähnke, Burkhard, Festschrift für Walter Odersky zum 65. Geburtstag am 17. Juli 1996, Berlin, New York 1996, S. 299.

Brendel: Neuregelung des Strafbefehls, DJZ 1929, Sp. 437.

Buddeus, Johann Carl Immanuel / Buddeus, Arthur: Deutsches Anwaltbuch , Leipzig, 1845.

Bumke, Erwin: Verordnung über Gerichtsverfassung und Strafrechtspflege vom 4. Januar 1924, Berlin, 1924.

Callenberg, F. J.: Rechts- und Gerichtsverfassung der Hohenzollern`schen Lande , Sigmaringen, 1860.

Claproth, Justus: Justus Claproth`s Einleitung in den ordentlichen bürgerlichen Proceß, 4. verm. Aufl. Band 2, Göttingen, 1817.

Cordier, Franz: Umstellung von Verkehrsstraftaten auf Ordnungswidrigkeiten, NJW 61, S. 393.

Crohne: Vereinfachte Verfahrensarten. Schnellverfahren und Strafbefehl; in: Gürtner (Hrsg.), Das kommende deutsche Strafverfahren. Bericht der amtlichen Strafprozeßkommission, S. 456 ff., Berlin, 1938.

Deutscher Richterbund: Reformvorschläge zur StPO, DRiZ 88, S. 229.

Dochow: Die deutsche Strafprozessordnung vom 1. Februar 1877; in: Fr. v. Holtzendorf (Hrsg.), Handbuch des deutschen Strafprozeßrechts, 1. Band, S. 1879, Berlin, 1879.

Doerr: Vereinfachung der Strafrechtspflege im Kriege, DStrZ 1915, Sp. 337.

Dünnebier, Hans: Das beschleunigte Verfahren, GA 59, S. 272.

Eberhard, R.: Krieg und Strafprozeß, DStrZ 1915, Sp. 152.

Ebermayer: Die Strafdrohung des § 9b des Preuß. BelZustG, Leipziger Zeitschrift für Deutsches Recht 1915, Sp. 806.

Erbe, Joachim: Zum Wesen des Strafbefehls, Berlin (jur. Diss.), 1979.

Erler, Adalbert / Kaufmann, Ekkehard: Handwörterbuch zur deutschen Rechtsgeschichte, Bd. 2, Berlin, 1978.

Etzel, Matthias: Die Aufhebung von nationalsozialistischen Gesetzen durch den Alliierten Kontrollrat: (1945–1948), Tübingen, 1992.

Falck: Zum Strafbefehlsverfahren, DJZ 1915, Sp. 708.

Falck: Der Krieg und die Staatsanwaltschaft, DJZ 1915, Sp. 374.

Feisenberger: Die BRVO vom 4. Juni 1915 über Zulassung von Strafbefehlen bei Vergehen gegen Vorschriften über wirtschaftliche Maßnamen, LZ 1915, Sp. 937.

Fezer, Gerhard: Zur Zukunft des Strafbefehlsverfahrens, Festschrift für Jürgen Baumann zum 70. Geburtstag, S. 395, Bielefeld, 1992.

Fezer, Gerhard; Paulus, Rainer: Kommentar zur Strafprozeßordnung, Neuwied u.a., 1993.

FISCH, Andre: Das Strafbefehlsverfahren im Spannungsfeld legislatorischer Beschleunigungs- und Entlastungstendenzen, Bochum (jur. Diss.), 1999.

FISCHER, Thomas: Rechtsmissbrauch und Überforderung der Strafjustiz, NStZ 1997, S. 212.

FRANK, Albert: Die Bagatelle in Strafsachen, DRiZ 1915, Sp. 629.

FRÄNKEL: Die Nichtigkeitsbeschwerde in der Praxis, DR 1941 (Ausgabe A), S. 2305.

FREISLER, Roland: Die Vereinfachungsverordnung als Mittel der Schlagkraftsteigerung der Strafrechtspflege und ihr Stand in der Strafverfahrensordnung, DJ 1939, S. 1537.

FRIEDLÄNDER, Max: Das Verfahren bei amtsrichterlichen Strafbefehlen nach der Reichsstrafprozessordnung, ZStW 18 (1898), S. 495, 667.

GOUTHIER, Otto: Das Strafverfahren nach vorgängigem Strafbefehl, Würzburg (jur. Diss.), 1922.

GRAU: Die Verordnung zur weiteren Vereinfachung der Strafrechtspflege, DJ 1942, S. 597.

GRAUHAUS, Hans-Friedrich: Verbesserter Rechtschutz im Strafverfahren, DRiZ 75, S. 102.

GROSCH, Walter: Nochmals: Warum richterlicher Strafbefehl?, DR 1940 (Ausgabe A), S. 2052.

GROTH, Klaus-Ulrich: Die Rechtskraft des Strafbefehls, NJW 78, S. 197.

GRUCHMANN, Lothar: Justiz im Dritten Reich 1933–1940: Anpassung in der Ära Gürtner, 2. A, München, Oldenburg, 1990.

GÜNTER, Hans-Helmut: Die deformierte Reform, DRiZ 87, S. 66.

HAAS, Gerhard: Die Hauptverhandlung gemäß § 411 StPO und die Frage des Schuldinterlokuts, NJW 72, S. 1223.

HACHENBURG: Juristische Rundschau, DJZ 1915, Sp. 1094.

HAHN, Carl: Die Preußische Gesetzgebung über das mündliche und öffentliche Verfahren in Untersuchungssachen und über die Geschworenen-Gerichte. Ergänzt und erläutert durch Ministerialverfügungen und Entscheidungen des Königlichen Ober-Tribunals, Berlin, 1857.

HAMANN, Rainer: Strafverfolgung recht und billig, NJW 1996, S. 236.

HARTUNG, Fritz: Das zweite Gesetz zur Sicherung des Straßenverkehrs, NJW 65, S. 86.

HASSEMER, Winfried: Die „Funktionstüchtigkeit der Strafrechtspflege" – ein neuer Rechtsbegriff, StV 82, 275.

HEINEMANN, Hugo: Zur Reform der Strafprozessordnung, Stuttgart 1909.

HENNERECI: Warum richterlicher Strafbefehl?, DR 40 (Ausgabe A), S. 1499.

HENRICI, Carl: Die BRVO vom 4. Juni 1915 über Zulassung von Strafbefehlen bei Vergehen gegen Vorschriften über wirtschaftliche Maßnahmen; LZ 1915, Sp. 865 ff.

HEROLD, Georg Eduard: Die Rechte der Handwerker und ihrer Innungen / Nach den im Königreiche Sachsen gültigen Gesetzen zgest. von Georg Eduard Herold – 2., verm. u. verb. Aufl. Leipzig : Brockhaus, 1841.

HERTZSCH, Bruno: Der amtsrichterliche Strafbefehl. (§§ 447–452 der deutschen Strafproceßordnung vom 1. Februar 1877), Dresden (jur. Diss.), 1897.

HIENDL, Hans: Zur Rücknahme des Einspruchs gegen amtsrichterlichen Strafbefehl, NJW 57, S. 80.

HIPPEL, Robert von: Der Entwurf eines Gesetzes über den Rechtsgang in Strafsachen, ZStW 41 (1920), S. 325 ff.

HUBER, Reiner: Möglichkeiten der Beschleunigung von Wirtschaftsstrafverfahren, NStZ 96, S. 530.

IGNOR, Alexander: Geschichte des Strafprozesses in Deutschland 1532-1846: Von der Carolina Karls V. bis zu den Reformen des Vormärz, Paderborn, München, Wien, Zürich, 2002.

INTERNATIONALE KRIMINALISTISCHE VEREINIGUNG: Stellungnahme der IKV., Landesgruppe Deutsches Reich zum Entwurf einer Strafprozessordnung und der Novelle zum Gerichtsverfassungsgesetz, IKV Bd. 16 (1909), S. 1.

JÄHNING, Bernhart / BIEWER, Ludwig: Kleiner Atlas zur deutschen Territorialgeschichte, 2. Auflage, Bonn 1991.

JEHLE, Jörg-Martin: Strafrechtspflege in Deutschland, Fakten und Zahlen, (Hrsg.): Bundesministerium der Justiz, 4. Auflage, Berlin, 2005.

JESCHECK, Hans Heinrich: Anmerkung zu BGH Urteil vom 10.01.1956 – StE 11/55, JZ 57, S. 30.

JUNCKER: Zuständigkeitsfragen bei Erlaß und Vollstreckung von Strafbefehlen, NJW 49, S. 709.

JUSTIZMINISTER und -SENATOREN: Vorschläge zu gesetzlichen Maßnahmen zur Entlastung der Gerichte und Staatsanwaltschaften in der Strafgerichtsbarkeit, StV 82, S. 325.

KATZENSTEIN, Richard: Das richterliche Strafmandat, IKV Bd. 10, 1902, S. 159.

KEMPF, Eberhard: Opferschutzgesetz und Strafverfahrensänderungsgesetz 1987 – Gegenreform durch Teilgesetzte, StV 87, S. 215.

KERN, Eduard: Strafverfahrensrecht, ein Studienbuch, 7. Auflage, München und Berlin, 1965.

KLANN: Strafbefehl und polizeiliche Strafverfügung im Entwurf eines Einführungsgesetzes zum Allgemeinen Deutschen Strafgesetzbuch, GA 75, S. 10 ff.

KLEINKNECHT, Theodor: Beck`sche Kurz Kommentare, Band 6, Strafprozeßordnung, 29. Auflage, München und Berlin, 1970.

KLEINKNECHT, Theodor: Anm. zu LG Baden-Baden, NJW 64, S. 827.

KOHLHASS, Max: Die praktische Strafrechtsarbeit, Jus 66, S. 403.

KÖHNE: Das Strafverfahren gegen Jugendliche, in: Reform des Strafprozesses. Kritische Besprechung der von der Kommission für die Reform des Strafprozesses gemachten Vorschläge, herausgegeben von Paul Felix Aschrott, Berlin, 1906, S. 623.

KRONECKER: Die Strafprozessnovelle vor der dritten Lesung, DJZ 1896, S. 478.

KULEMANN, W: Zur Reform der Strafprozessordnung und der Gerichtsverfassung, GS Bd. 51 (1895), S. 81.

KÜMMERLEIN: Vereinfachungsverordnung und Jugendstrafrechtspflege, DJ 1942, S. 602.

KUPFER: Neuregelung des Strafebefehls, DJZ 1929, Sp. 983.

LANDAU, Peter: Die Reichsjustizgesetze von 1879 und die deutsche Rechtseinheit; in: Vom Reichsjustizamt zum Bundesministerium der Justiz. Festschrift zum 100jährigen Gründungstag des Reichsjustizamtes am 1. Januar 1877, S. 161 ff., Köln 1977.

LEMKE, Michael / JULIUS, Karl Peter / KEHL, Christoph u.a.: Heidelberger Kommentar zur Strafprozessordnung, 3. Auflage, Heidelberg, 2001.

LEVIS: Abgekürztes Verfahren. Strafbefehl. Strafverfügung., in: Reform des Strafprozesses. Kritische Besprechung der von der Kommission für die Reform des Strafprozesses gemachten Vorschläge, S. 546, herausgegeben von Paul Felix Aschrott, Berlin, 1906.

LIEBERMANN, Otto: Ein dringendes Gebot! Eine Umfrage, DJZ 1917, Sp. 1.

LISZT, Franz von: Die Reform des Strafverfahrens, Berlin, 1906.

LUCAS: Über den richterlichen Strafbefehl nach dem Gesetz v. 21. Oktober 1917 und über seine Zukunft, DStrZ 1918, Sp. 2 ff.

MAMROTH: Die Reform des Strafrechts und des Strafverfahrens im neuen Deutschland, in: Festgabe für Otto Liebmann, Berlin, 1920, S. 196.

MANNSPERGER, Jürgen: Absehen von Strafe auch im Strafbefehlsverfahren?, NStZ 84, S. 258.

MARTIN, Siegmund P.: Freiheitsstrafe beim Ausbleiben des Angeklagten? – Prozessuale Probleme des Strafbefehlsverfahrens nach dem Rechtspflegentlastungsgesetz, GA 95, S. 121.

MATTES, Heinz: Untersuchungen zur Lehre von den Ordnungswidrigkeiten, Erster Halbband, Geschichte und Rechtsvergleichung, Berlin, 1977.

MAYER, Hellmut: Ordentliche Tagung der Deutschen Strafrechtlichen Gesellschaft am 30. und 31. März 1928, Der Gerichtssaal Bd. 97 (1928), S. 1.

MAYER, Hellmuth von: Das Strafbefehlsverfahren, GS 96, S. 397.

MAYER, Hellmuth von: Der amtsrichterliche Strafbefehl, GS 98, S. 330; GS 99, S. 36.

MEINE, Hans-Gerd: Das Strafmaß bei der Steuerhinterziehung – eine Untersuchung von Verurteilungen in Hamburg in den Jahren 1977–1980 –, Monatsschrift für Kriminologie und Strafrechtsreform, 1982, S. 342.

MEINE, Hans-Gerd: Das Strafmaß bei der Steuerhinterziehung – Eine Untersuchung von Verurteilungen in Hamburg in den Jahren 1977, MSKrim 1982, S. 343.

METZ: Das Strafbefehlsverfahren für Privatklagen, DRiZ 1929, S. 98 (99).

MEYER-GOSSNER, Lutz: Änderungen der Strafprozessordnung durch das Rechtspflegentlastungsgesetz, NJW 93, S. 498.

MEYER-GOSSNER, Lutz: Verbesserung der Rechtsstellung des Beschuldigten durch weitere nicht-öffentliche Verfahresgänge, ZRP 82, S. 237.

MEYER-GOSSNER, Lutz: Beck`sche Kurz Kommentare, Band 6, Strafprozeßordnung, 48. Auflage, München, 2005.

MILTNER: Die BRVO zur Entlastung der Strafgerichte, LZ 1915, Sp. 1409 ff.

MINISTERIUM DER JUSTIZ: Strafprozessrecht der DDR, Kommentar zur Strafprozessordnung, 3. Auflage, Berlin, 1989.

MINISTERIUM DER JUSTIZ Strafrecht der DDR, Kommentar zum Strafgesetzbuch, 5. Auflage, Berlin, 1987.

MITTERMAIER: Strafprozeßdauer und Dauerstrafprozesse, DStrZ 1917, Sp. 3 (8).

MOSTERT: Der amtsrichterliche Strafbefehl im künftigen Strafprozeß, DRiZ 1930, S.248 ff.

MÜLLER, Klaus Jochen: Das Strafbefehlsverfahren (§§ 407 ff. StPO), eine dogmatisch-kriminalpolitische Studie zu dieser Form des schriftlichen Verfahrens unter besonderer Berücksichtigung der geschichtlichen Entwicklung – zugleich ein Beitrag zum StVÄG 1987, Frankfurt am Main, Bern, New York, Paris, Wien (jur. Diss.), 1993.

NAGLER, Johannes: Die Protokolle der Strafprozesskommission unter Berücksichtigung ihres Einflusses auf den Entwurf zur Strafprozessordnung und die geplante Novelle zum Gerichtsverfassungsgesetz, GS Bd. 73 (1909), S. 97.

NEUMANN, Ulfried: Zur Frage der Rechtskraft von Strafbefehlen, NJW 84, S. 779.

NEUMANN, Ulfried: Zum Entwurf eines Verbrechensbekämpfungsgesetz, StV 94, S. 273.

NIEDERREUTHER: Gedanken zur Reform des Strafverfahrens, DJ, S. 770 (773).

NOBIS, Frank: Die Strafprozessgesetzgebung der späten Weimarer Republik (1930–1932), Baden-Baden (jur. Diss.), 2000.

OPPENHOFF, F.C.: Die Preußischen Gesetze über das mündliche und öffentliche Verfahren in Strafsachen und über die vorläufige Straffestsetzung wegen Uebertretungen, Berlin, 1860.

OPPENHOFF, F.C.: Das Strafgesetzbuch für die Preußischen Staaten nebst dem Gesetze und den Verordnungen über die Einführung desselben in: Kodifikationsgeschichte Strafrecht, Hrsg.: Werner Schubert, Jürgen Regge, Werner Schmid und Rainer Schröder, Frankfurt am Main, 1991.

OPPLER: Die BRVO. Vom 7. Oktober 1915 zur Entlastung der Strafgerichte, DRiZ 1915, Sp. 667.

Oppler: Der Ausbau des amtsrichterlichen Strafbefehls, DJZ 1915, Sp. 908.

Pentz, A.: Formelle Fragen bei der Strafaussetzung zur Bewährung, NJW 54, 141.

Pfeifer, Gerd: Knappe Ressource Recht, ZRP 81, S. 121.

Pfeifer, Gerd: Strafprozessordnung, Lommentar, 5. Auflage, München, 2005.

Pfeifer, Gerd: Karlsruher Kommentar zur Strafprozessordnung und zum Gerichtsverfassungsgesetz mit Einführungsgesetz, 5. Auflage, München, 2005.

Poschinger, Heinrich von: Bismarck als Jurist, DJZ 1911, Sp. 22.

Prümm, Hans Paul: Disponibles Strafprozessrecht, DRiZ 79, S. 241.

Quentel: Zur Neuordnung der Strafgerichtsbarkeit, DStrZ, 1922, Sp. 281 ff.

Quentel: Entbehrliche Doppelbearbeitung, DR (Ausgabe A), 1941, S. 918.

Rav: Stellungnahme des Arbeitskreises StPO des RAV, StV 82, S. 497.

Riess, Peter: Löwe-Rosenberg, Die Srafprozeßordnung und das Gerichtsverfassungsgesetz, Großkommentar, 25., neubearbeitete Auflage, 6. Band, §§ 375–495 EG-StPO, Berlin, New York, 2001.

Riess, Peter: Der Hauptinhalt des Ersten Gesetztes zur Reform des Strafverfahrensrechts (1. StVRG), NJW 75, S. 81.

Riess, Peter: Vereinfachte Verfahrensvorschriften für den Einzelrichter, JR 75, S. 224.

Riess, Peter: Gesamtreform und Strafverfahrensrecht, Festschrift für Karl Schäfer, Berlin, New York, 1980.

Riess, Peter: Löwe-Rosenberg, Die Strafprozessordnung und das Gerichtsverfassungsgesetz, Großkommentar, 25. A, 1. Band, Berlin, New York, 1999.

Riess, Peter: Löwe-Rosenberg, Die Strafprozessordnung und das Gerichtsverfassungsgesetz, Großkommentar, 25. A, 6. Band, Berlin, New York, 2001.

Riess, Peter / Hilger, Hans: Das neue Strafverfahrensrecht, 2. Teil, NStZ 1987, S. 204.

Rosenberg, Werner: Die Dreiteilung der strafbaren Handlungen, ZStW Bd. 24 (1902), S. 1.

Runde: Strafbefehle in Privatklagesachen?, DRiZ 1929, S. 257(557).

Salger, H. / Skibbe, M.: Zur Frage der Einspruchsbeschränkung bei Strafbefehlen, NJW 53, S. 853.

Schaal, Hans-Jürgen: Hinreichender Tatverdacht oder richterliche Überzeugungsbildung für den Strafbefehlserlass?, Gedächtnisschrift für Karl Heinz Meyer, S. 427, Berlin, New York 1990.

Scheffler, Uwe: Strafprozessrecht, quo vadis?, GA 95, S. 449.

Scheffler, Uwe: Kurzer Prozeß mit rechtstaatlichen Grundsätzen, NJW 1994, S. 2191.

Scheller, F.C.: Aeußerungen über das Gesetz, betreffend das Verfahren in den bei dem Kammergericht und dem Kriminalgericht zu Berlin zu führenden Untersuchungen, vom 17. Juli 1846, und die Verordnung über das Verfahren in Civil-Prozessen, vom 21. Juli 1846, Frankfurt a.d.O, Berlin, 1846.

SCHIFFER: Neues Kriegsnotrecht, DJZ 1915, Sp. 737.

SCHIRACH, Carl von: Ueber den Entwurf einer Strafprozeß-Ordnung für die Herzogthümer Schleswig und Holstein und den Entwurf eines Gesetztes, die Einrichtung des Schwurgerichtshofes im Herzogthum Lauenburg betreffend., Kiel, 1850.

SCHLIEMANN, Harald: Effektivierung des Strafverfahrens oder Angriff auf den Rechtsstaat?, ZRP 2007, S. 73.

SCHLÜCHTER, Ellen: Beschleunigung des Strafprozesses und insb. der Hauptverhandlung ohne Rechtsstaatsverlust, GA 94, S. 39.7.

SCHMALZ, E. A. W.: Der preußische Gerichts- und Polizei-Schulze : Ausführliche Anleitung zur Verwaltung dieses Amtes und der dabei vorkommenden polizeilichen und anderen Geschäfte aller Art, wie auch zur Verwaltung des Schiedmanns-Amtes / Entworfen und bearb. von E. A. W. Schmalz. Durchges. und vervollst. von einem praktischen Juristen – 2., verb. und verm. Ausg. Glogau : Flemming, 1834.

SCHMIDT, Eberhard: Einführung in die Geschichte der deutschen Strafrechtspflege, 3. Auflage, Göttingen, 1965.

SCHMIDT, Eberhard: Zur Theorie der Kriegsnotgesetze, ZStW Bd. 37 (1917), S. 69 ff.

SCHMIDT, Eberhard: Einführung in die Geschichte der deutschen Strafrechtspflege, 3. Auflage, Göttingen, 1965.

SCHMIDT, Eberhard: Lehrkommentar zur Strafprozeßordnung und zum Gerichtsverfassungsgesetz, Teil II: Erläuterungen zur Strafprozeßordnung und zum Einführungsgesetz zur Strafprozeßordnung, Göttingen, 1957.

SCHMOLLER, Gustav von / MAIER, Hedwig / TOBLER, Achim: Handbuch des Besatzungsrechts, Bd. 1, Tübingen, 1951.

SCHOETENSACK: Der Entwurf eines Gesetzes zur Vereinfachung der Rechtspflege, GS 86 (1919), S. 1 ff.

SCHROEDER, Friedrich-Christian: Grenzen der Rationalisierung des Strafverfahrens, NJW 1983, S. 137.

SCHUBERT, Werner: Kodifikationsgeschichte Zivilrecht, Allgemeine Gerichtsordnung für die preußischen Staaten, Nachdruck der Ausgabe Berlin, 1922, Goldbach, 1994.

SCHUBERT, Werner: Akademie für Deutsches Recht, 1933–1945, Protokolle der Ausschüsse, Bd. 7, Ausschüsse für Strafprozeßrecht und Strafrechtsangleichung (1934–1941), Frankfurt a.M. (Berlin, Bern [...]), 1998.

SCHUMACHER, Ulrich: Staatsanwaltschaft und Gericht im Dritten Reich: Zur Veränderung der Kompetenzverteilung im Strafverfahren unter Berücksichtigung der Entwicklung in der Weimarer Republik und in der Bundesrepublik, Köln, 1985.

SCHÜTT, Harry: Schnellgerichte und andere Wege der Beschleunigung der Verkehrsstrafverfahren, 5. Deutscher Verkehrsgerichtstag, S. 235.

SCHWARZ, Otto: Strafgesetzbuch mit den wichtigsten Nebengesetzen des Reichs und Preußens, Berlin, 1933.

SCHWARZ, Otto: Strafprozessordnung und Gerichtsverfassung mit den wichtigsten Nebengesetzen, 7. A, München, Berlin, 1939.

SCHWARZ, Otto: Beck`sche Kurz Kommentare, Band 6, Strafprozeßordnung, 17. Auflage, München und Berlin, 1954.

SCHWARZ, Otto: Anmerkung zu LG Leve, Beschl. V. 4.8.1954 – Os 57/54, NJW 54, S. 1899.

SCHWARZ, Otto; Kleinknecht, Theodor: Beck`sche Kurz Kommentare, Band 6, Strafprozeßordnung, 26. Auflage, München und Berlin, 1966.

SCHWARZE, Friedrich Oskar von: Erörterungen praktische wichtiger Materien aus dem Deutschen Strafprozessrechte, 1. Band, Leipzig, 1881.

SESSAR, Klaus: Empirische Untersuchungen zu Funktion und Tätigkeit der Staatsanwaltschaft, ZStW Bd. 87 (1975), S. 1033.

SEUFERT, Hermann: Die Strafprozeßnovelle, DJZ 1896, S. 85.

SIEGMANN, Heinz: Strafbefehlsverfahren und Alkoholdelikte, Blutalkohol 1967, S. 200.

SIMSON, A: Zur Strafprozeßnovelle, DJZ 1896, S. 114.

SPÄTNER, Hans: Beschleunigung des Strafverfahrens, Justizverwaltungsblatt 1967, S. 49.

STATISTISCHE REICHSAMT: Statistisches Jahrbuch für das Deutsche Reich 1933.

STERN, Klaus: Das Staatsrecht der Bundesrepublik Deutschland, Bd. V. Die geschichtlichen Grundlagen des Deutschen Staatsrechts, München, 2000.

STRAFRECHTSLEHRER: Stellungnahme zum Vorentwurf eines 2. Rechtspflegeentlastungsgesetzes, ZRP 95, S. 268.

STRAFRECHTSLEHRER: Erklärung von 91 deutschen Strafrechtslehrerinnen und Strafrechtslehrern zum Entwurf eines Gesetztes zur Entlastung der Rechtspflege, ZRP 91, S. 309.

STRAFRECHTSLEHRER: Erklärung von 94 deutschen Strafrechtslehrerinnen und Strafrechtslehrern zum Entwurf eines Gesetztes zur Entlastung der Rechtspflege, StV 91, S. 398.

STRAFVERTEIDIGERVEREINIGUNGEN: Erklärung des 15. Strafverteidigertags vom 26.–28.04.1991 in Berlin und erste Stellungnahme der Strafverteidigervereinigungen zu den Beschlüsssen der Konferenz der Justizminster und -senatoren vom 24.04.1991 zur „Straffung des Strafverfahrens“, StV 91, S. 280.

THUMA, Robert: Das Strafbefehlsverfahren im geltenden und künftigen Recht, Tübingen (jur. Diss.), 1935.

TISCHER, Oscar: Der Strafbefehl nach den Vorschriften in den §§ 447–452 der Deutschen Straproceßordnung vom 1. Februar 1877 (jur. Diss.), Dresden, 1884.

UHLIG, Eberhard: Möglichkeiten zur Eindämmung und besseren Bewältigung der Verfahrensflut DRiZ 83, S. 407.

VEZIN, August Ludwig: Handbuch für Friedensrichter und andere bei diesem Gerichte angestellte Personen , 2., ganz umgearb. Ausg. , Hannover, 1811.

VORMBAUM, Thomas: Die Lex Emminger vom 4. Januar 1924: Vorgeschichte, Inhalt und Auswirkungen, Berlin, 1988.

VOSS, Ullrich: So nicht!, DRiZ 91, S. 222.

WASSERMANN, Rudolf: Reihe Alternativkommentare, Kommentar zur Strafprozeßordnung, Bd. 3, Neuwied u.a., 1996.

WEIS, Ludwig: Das Strafgesetzbuch für das Königreich Bayern samt dem Gesetze vom 10. November 1861 zur Einführung des Strafgesetzbuchs in: Kodifikationsgeschichte Strafrecht, erläutert von Dr. Ludwig Weis, 1. Band, Hrsg.: Werner Schubert, Jürgen Regge, Werner Schmid und Rainer Schröder, Frankfurt am Main, 1989.

WEISKE, Julius: Rechtslexikon für Juristen aller teutschen Staaten, 7. Band, Leipzig, 1847.

WERLE, Gerhard: „Sparsamer" Strafprozeß?, ZRP 83, 201.

WOLFF, Th.: Bemerkungen zum Entwurf eines Gesetzes betreffend Abänderungen und Ergänzungen des GverfG. und der StPO, GA Bd. 42 (1894), S. 94, 177.

ZETSCHE: Der amtsrichterliche Strafbefehl im künftigen Strafprozeß, DRiZ 1930, S. 51.

ZIERL, Gerhard: Möglichkeiten zur Eindämmung und besseren Bewältigung der Verfahrensflut aus der Sicht eines Strafrichters, DRiZ 83, S. 409.

ZIPPELIUS, Reinhold: Juristische Methodenlehre, 8. Auflage, München, 2003.

ZÜRN, F.: Handbuch des preußischen Gesinderechts im Gebiete des Allgemeinen Landrechts für die Praxis der Gerichte und der Verwaltungsbehörden , Hannover, 1895.

Juristische Zeitgeschichte

Herausgeber: Prof. Dr. Dr. Thomas Vormbaum, FernUniversität in Hagen

Abteilung 1: Allgemeine Reihe

1 *Thomas Vormbaum (Hrsg.):* Die Sozialdemokratie und die Entstehung des Bürgerlichen Gesetzbuchs. Quellen aus der sozialdemokratischen Partei und Presse (1997)
2 *Heiko Ahlbrecht:* Geschichte der völkerrechtlichen Strafgerichtsbarkeit im 20. Jahrhundert (1999)
3 *Dominik Westerkamp:* Pressefreiheit und Zensur im Sachsen des Vormärz (1999)
4 *Wolfgang Naucke:* Über die Zerbrechlichkeit des rechtsstaatlichen Strafrechts. Gesammelte Aufsätze zur Strafrechtsgeschichte (2000)
5 *Jörg Ernst August Waldow:* Der strafrechtliche Ehrenschutz in der NS-Zeit (2000)
6 *Bernhard Diestelkamp:* Rechtsgeschichte als Zeitgeschichte. Beiträge zur Rechtsgeschichte des 20. Jahrhunderts (2001)
7 *Michael Damnitz:* Bürgerliches Recht zwischen Staat und Kirche. Mitwirkung der Zentrumspartei am Bürgerlichen Gesetzbuch (2001)
8 *Massimo Nobili:* Die freie richterliche Überzeugungsbildung. Reformdiskussion und Gesetzgebung in Italien, Frankreich und Deutschland seit dem Ausgang des 18. Jahrhunderts (2001)
9 *Diemut Majer:* Nationalsozialismus im Lichte der Juristischen Zeitgeschichte (2002)
10 *Bianca Vieregge:* Die Gerichtsbarkeit einer „Elite“. Nationalsozialistische Rechtsprechung am Beispiel der SS- und Polizeigerichtsbarkeit (2002)
11 *Norbert Berthold Wagner:* Die deutschen Schutzgebiete (2002)
12 *Miloš Vec:* Die Spur des Täters. Methoden der Identifikation in der Kriminalistik (1879–1933), (2002)
13 *Christian Amann:* Ordentliche Jugendgerichtsbarkeit und Justizalltag im OLG-Bezirk Hamm von 1939 bis 1945 (2003)
14 *Günter Gribbohm:* Das Reichskriegsgericht (2004)
15 *Martin M. Arnold:* Pressefreiheit und Zensur im Baden des Vormärz. Im Spannungsfeld zwischen Bundestreue und Liberalismus (2003)
16 *Ettore Dezza:* Beiträge zur Geschichte des modernen italienischen Strafrechts (2004)
17 *Thomas Vormbaum (Hrsg.):* „Euthanasie“ vor Gericht. Die Anklageschrift des Generalstaatsanwalts beim OLG Frankfurt/M. gegen Werner Heyde u. a. vom 22. Mai 1962 (2005)
18 *Kai Cornelius:* Vom spurlosen Verschwindenlassen zur Benachrichtigungspflicht bei Festnahmen (2006)
19 *Kristina Brümmer-Pauly:* Desertion im Recht des Nationalsozialismus (2006)
20 *Hanns-Jürgen Wiegand:* Direktdemokratische Elemente in der deutschen Verfassungsgeschichte (2006)
21 *Hans-Peter Marutschke (Hrsg.):* Beiträge zur modernen japanischen Rechtsgeschichte (2006)

Abteilung 2: Forum Juristische Zeitgeschichte

1 *Franz-Josef Düwell / Thomas Vormbaum (Hrsg.):* Themen juristischer Zeitgeschichte (1) – Schwerpunktthema: Recht und Nationalsozialismus (1998)
2 *Karl-Heinz Keldungs:* Das Sondergericht Duisburg 1943–1945 (1998)
3 *Franz-Josef Düwell / Thomas Vormbaum (Hrsg.):* Themen juristischer Zeitgeschichte (2) – Schwerpunktthema: Recht und Juristen in der Revolution von 1848/49 (1998)
4 *Thomas Vormbaum:* Beiträge zur juristischen Zeitgeschichte (1999)
5 *Franz-Josef Düwell / Thomas Vormbaum:* Themen juristischer Zeitgeschichte (3), (1999)
6 *Thomas Vormbaum (Hrsg.):* Themen juristischer Zeitgeschichte (4), (2000)
7 *Frank Roeser:* Das Sondergericht Essen 1942–1945 (2000)
8 *Heinz Müller-Dietz:* Recht und Nationalsozialismus – Gesammelte Beiträge (2000)
9 *Franz-Josef Düwell (Hrsg.):* Licht und Schatten. Der 9. November in der deutschen Geschichte und Rechtsgeschichte – Symposium der Arnold-Freymuth-Gesellschaft, Hamm (2000)
10 *Bernd-Rüdiger Kern / Klaus-Peter Schroeder (Hrsg.):* Eduard von Simson (1810–1899). „Chorführer der Deutschen“ und erster Präsident des Reichsgerichts (2001)
11 *Norbert Haase / Bert Pampel (Hrsg.):* Die Waldheimer „Prozesse“ – fünfzig Jahre danach. Dokumentation der Tagung der Stiftung Sächsische Gedenkstätten am 28. und 29. September in Waldheim (2001)
12 *Wolfgang Form (Hrsg.):* Literatur- und Urteilsverzeichnis zum politischen NS-Strafrecht (2001)
13 *Sabine Hain:* Die Individualverfassungsbeschwerde nach Bundesrecht (2002)
14 *Gerhard Pauli / Thomas Vormbaum (Hrsg.):* Justiz und Nationalsozialismus – Kontinuität und Diskontinuität. Fachtagung in der Justizakademie des Landes NRW, Recklinghausen, am 19. und 20. November 2001 (2003)
15 *Mario Da Passano (Hrsg.):* Europäische Strafkolonien im 19. Jahrhundert. Internationaler Kongreß des Dipartimento di Storia der Universität Sassari und des Parco nazionale di Asinara, Porto Torres, 25. Mai 2001 (2006)
16 *Sylvia Kesper-Biermann / Petra Overath (Hrsg.):* Die Internationalisierung von Strafrechtswissenschaft und Kriminalpolitik (1870–1930). Deutschland im Vergleich (2007)
17 *Hermann Weber (Hrsg.):* Literatur, Recht und Musik. Tagung im Nordkolleg Rendsburg vom 16. bis 18. September 2005 (2007)
18 *Hermann Weber (Hrsg.):* Literatur, Recht und (bildende) Kunst. Tagung im Nordkolleg Rendsburg vom 21. bis 23. September 2007 (2008)

Abteilung 3: Beiträge zur modernen deutschen Strafgesetzgebung Materialien zu einem historischen Kommentar

1 *Thomas Vormbaum / Jürgen Welp (Hrsg.):* Das Strafgesetzbuch seit 1870. Sammlung der Änderungen und Neubekanntmachungen; Vier Textbände (1999–2002) und drei Supplementbände (2005, 2006)
2 *Christian Müller:* Das Gewohnheitsverbrechergesetz vom 24. November 1933. Kriminalpolitik als Rassenpolitik (1998)

3 *Maria Meyer-Höger:* Der Jugendarrest. Entstehung und Weiterentwicklung einer Sanktion (1998)
4 *Kirsten Gieseler:* Unterlassene Hilfeleistung – § 323c StGB. Reformdiskussion und Gesetzgebung seit 1870. (1999)
5 *Robert Weber:* Die Entwicklung des Nebenstrafrechts 1871–1914 (1999)
6 *Frank Nobis:* Die Strafprozeßgesetzgebung der späten Weimarer Republik (2000)
7 *Karsten Felske:* Kriminelle und terroristische Vereinigungen – §§ 129, 129a StGB (2002)
8 *Ralf Baumgarten:* Zweikampf – §§ 201–210 a.F. StGB (2003)
9 *Felix Prinz:* Diebstahl – §§ 242 ff. StGB (2003)
10 *Werner Schubert / Thomas Vormbaum (Hrsg.):* Entstehung des Strafgesetzbuchs. Kommissionsprotokolle und Entwürfe. Band 1: 1869 (2002); Band 2: 1870 (2004)
11 *Lars Bernhard:* Falsche Verdächtigung (§§ 164, 165 StGB) und Vortäuschen einer Straftat (§ 145d StGB), (2003)
12 *Frank Korn:* Körperverletzungsdelikte – §§ 223 ff., 340 StGB. Reformdiskussion und Gesetzgebung von 1870 bis 1933 (2003)
13 *Christian Gröning:* Körperverletzungsdelikte – §§ 223 ff., 340 StGB. Reformdiskussion und Gesetzgebung seit 1933 (2004)
14 *Sabine Putzke:* Die Strafbarkeit der Abtreibung in der Kaiserzeit und in der Weimarer Zeit. Eine Analyse der Reformdiskussion und der Straftatbestände in den Reformentwürfen (1908–1931), (2003)
15 *Eckard Voßiek:* Strafbare Veröffentlichung amtlicher Schriftstücke (§ 353d Nr. 3 StGB). Gesetzgebung und Rechtsanwendung seit 1851 (2004)
16 *Stefan Lindenberg:* Brandstiftungsdelikte – §§ 306 ff. StGB. Reformdiskussion und Gesetzgebung seit 1870 (2004)
17 *Ninette Barreneche †:* Materialien zu einer Strafrechtsgeschichte der Münchener Räterepublik 1918/1919 (2004)
18 *Carsten Thiel:* Rechtsbeugung – § 339 StGB. Reformdiskussion und Gesetzgebung seit 1870 (2005)
19 *Vera Große-Vehne:* Tötung auf Verlangen (§ 216 StGB), „Euthanasie“ und Sterbehilfe. Reformdiskussion und Gesetzgebung seit 1870 (2005)
20 *Thomas Vormbaum / Kathrin Rentrop (Hrsg.):* Reform des Strafgesetzbuchs. Sammlung der Reformentwürfe. Band 1: 1909 bis 1919. Band 2: 1922 bis 1939. Band 3: 1959 bis 1996 (2008)
21 *Dietmar Prechtel:* Urkundendelikte (§§ 267 ff. StGB). Reformdiskussion und Gesetzgebung seit 1870 (2005)
22 *Ilya Hartmann:* Prostitution, Kuppelei, Zuhälterei. Reformdiskussion und Gesetzgebung seit 1870 (2006)
23 *Ralf Seemann:* Strafbare Vereitelung von Gläubigerrechten (§§ 283 ff., 288 StGB). Reformdiskussion und Gesetzgebung seit 1870 (2006)
24 *Andrea Hartmann:* Majestätsbeleidigung (§§ 94 ff. StGB a.F.) und Verunglimpfung des Staatsoberhauptes (§ 90 StGB). Reformdiskussion und Gesetzgebung seit dem 19. Jahrhundert (2006)
25 *Christina Rampf:* Hausfriedensbruch (§ 123 StGB). Reformdiskussion und Gesetzgebung seit 1870 (2006)
26 *Christian Schäfer:* „Widernatürliche Unzucht“ (§§ 175, 175a, 175b, 182, a.F. StGB). Reformdiskussion und Gesetzgebung seit 1945 (2006)

27 *Kathrin Rentrop:* Untreue und Unterschlagung (§§ 266 und 246 StGB). Reformdiskussion und Gesetzgebung seit dem 19. Jahrhundert (2007)
28 *Martin Asholt:* Straßenverkehrsstrafrecht. Reformdiskussion und Gesetzgebung seit dem Ausgang des 19. Jahrhunderts (2007)
29 *Katharina Linka:* Mord und Totschlag (§§ 211–213 StGB). Reformdiskussion und Gesetzgebung seit 1870 (2008)
30 *Juliane Sophia Dettmar:* Legalität und Opportunität im Strafprozess. Reformdiskussion und Gesetzgebung von 1877 bis 1933 (2008)
31 *Jürgen Durynek:* Korruptionsdelikte (§§ 331 ff. StGB). Reformdiskussion und Gesetzgebung seit dem 19. Jahrhundert (2008)
32 *Judith Weber*: Das sächsische Strafrecht im 19. Jahrhundert bis zum Reichsstrafgesetzbuch (2009)
33 *Denis Matthies*: Exemplifikationen und Regelbeispiele. Eine Untersuchung zum 100-jährigen Beitrag von Adolf Wach zur „Legislativen Technik" (2009)
34 *Benedikt Rohrßen*: Von der „Anreizung zum Klassenkampf" zur „Volksverhetzung" (§ 130 StGB). Reformdiskussion und Gesetzgebung seit dem 19. Jahrhundert (2009)
35 *Friederike Goltsche:* Der Entwurf eines Allgemeinen Deutschen Strafgesetzbuches von 1922 (Entwurf Radbruch) (2010)

Abteilung 4: Leben und Werk. Biographien und Werkanalysen

1 *Mario A. Cattaneo:* Karl Grolmans strafrechtlicher Humanismus (1998)
2 *Gerit Thulfaut:* Kriminalpolitik und Strafrechtstheorie bei Edmund Mezger (2000)
3 *Adolf Laufs:* Persönlichkeit und Recht. Gesammelte Aufsätze (2001)
4 *Hanno Durth:* Der Kampf gegen das Unrecht. Gustav Radbruchs Theorie eines Kulturverfassungsrechts (2001)
5 *Volker Tausch:* Max Güde (1902–1984). Generalbundesanwalt und Rechtspolitiker (2002)
6 *Bernd Schmalhausen:* Josef Neuberger (1902–1977). Ein Leben für eine menschliche Justiz (2002)
7 *Wolf Christian von Arnswald:* Savigny als Strafrechtspraktiker. Ministerium für die Gesetzesrevision (1842–1848), (2003)
8 *Thilo Ramm:* Ferdinand Lassalle. Der Revolutionär und das Recht (2004)
9 *Martin D. Klein:* Demokratisches Denken bei Gustav Radbruch (2007)
10 *Francisco Muñoz Conde:* Edmund Mezger – Beiträge zu einem Juristenleben (2007)
11 *Whitney R. Harris:* Tyrannen vor Gericht. Das Verfahren gegen die deutschen Hauptkriegsverbrecher nach dem Zweiten Weltkrieg in Nürnberg 1945–1946 (2008)
12 *Eric Hilgendorf (Hrsg.):* Die deutschsprachige Strafrechtswissenschaft in Selbstdarstellungen (2010)
13 *Tamara Cipolla:* Friedrich Karl von Strombeck. Leben und Werk – Unter besonderer Berücksichtigung des Entwurfes eines Strafgesetzbuches für ein Norddeutsches Staatsgebiet (2010)
14 *Karoline Peters:* J. D. H. Temme und das preußische Strafverfahren in der Mitte des 19. Jahrhunderts (2010)

Abteilung 5: Juristisches Zeitgeschehen Rechtspolitik und Justiz aus zeitgenössischer Perspektive

Mitherausgegeben von Gisela Friedrichsen („Der Spiegel") und RA Prof. Dr. Franz Salditt

1 *Diether Posser:* Anwalt im Kalten Krieg. Ein Stück deutscher Geschichte in politischen Prozessen 1951–1968. 3. Auflage (1999)
2 Jörg Arnold (Hrsg.): Strafrechtliche Auseinandersetzung mit Systemvergangenheit am Beispiel der DDR (2000)
3 *Thomas Vormbaum (Hrsg.):* Vichy vor Gericht: Der Papon-Prozeß (2000)
4 *Heiko Ahlbrecht / Kai Ambos (Hrsg.):* Der Fall Pinochet(s). Auslieferung wegen staatsverstärkter Kriminalität? (1999)
5 *Oliver Franz:* Ausgehverbot für Jugendliche („Juvenile Curfew") in den USA. Reformdiskussion und Gesetzgebung seit dem 19. Jahrhundert (2000)
6 *Gabriele Zwiehoff (Hrsg.):* „Großer Lauschangriff". Die Entstehung des Gesetzes zur Änderung des Grundgesetzes vom 26. März 1998 und des Gesetzes zur Änderung der Strafprozeßordnung vom 4. Mai 1998 in der Presseberichterstattung 1997/98 (2000)
7 *Mario A. Cattaneo:* Strafrechtstotalitarismus. Terrorismus und Willkür (2001)
8 *Gisela Friedrichsen / Gerhard Mauz:* Er oder sie? Der Strafprozeß Böttcher/Weimar. Prozeßberichte 1987 bis 1999 (2001)
9 *Heribert Prantl / Thomas Vormbaum (Hrsg.):* Juristisches Zeitgeschehen 2000 in der Süddeutschen Zeitung (2001)
10 *Helmut Kreicker:* Art. 7 EMRK und die Gewalttaten an der deutsch-deutschen Grenze (2002)
11 *Heribert Prantl / Thomas Vormbaum (Hrsg.):* Juristisches Zeitgeschehen 2001 in der Süddeutschen Zeitung (2002)
12 *Henning Floto:* Der Rechtsstatus des Johanniterordens. Eine rechtsgeschichtliche und rechtsdogmatische Untersuchung zum Rechtsstatus der Balley Brandenburg des ritterlichen Ordens St. Johannis vom Spital zu Jerusalem (2003)
13 *Heribert Prantl / Thomas Vormbaum (Hrsg.):* Juristisches Zeitgeschehen 2002 in der Süddeutschen Zeitung (2003)
14 *Kai Ambos / Jörg Arnold (Hrsg.):* Der Irak-Krieg und das Völkerrecht (2004)
15 *Heribert Prantl / Thomas Vormbaum (Hrsg.)*: Juristisches Zeitgeschehen 2003 in der Süddeutschen Zeitung (2004)
16 *Sascha Rolf Lüder:* Völkerrechtliche Verantwortlichkeit bei Teilnahme an „Peace-keeping"-Missionen der Vereinten Nationen (2004)
17 *Heribert Prantl / Thomas Vormbaum (Hrsg.)*: Juristisches Zeitgeschehen 2004 in der Süddeutschen Zeitung (2005)
18 *Christian Haumann:* Die „gewichtende Arbeitsweise" der Finanzverwaltung. Eine Untersuchung über die Aufgabenerfüllung der Finanzverwaltung bei der Festsetzung der Veranlagungssteuern (2008)

Abteilung 6: Recht in der Kunst

Mitherausgegeben von Prof. Dr. Gunter Reiß

1 *Heinz Müller-Dietz:* Recht und Kriminalität im literarischen Widerschein. Gesammelte Aufsätze (1999)
2 *Klaus Lüderssen (Hrsg.):* »Die wahre Liberalität ist Anerkennung«. Goethe und die Juris prudenz (1999)
3 *Bertolt Brecht:* Die Dreigroschenoper (1928) / Dreigroschenroman (1934). Mit Kommentaren von Iring Fetscher und Bodo Plachta (2001)
4 *Annette von Droste-Hülshoff:* Die Judenbuche (1842) / Die Vergeltung (1841). Mit Kommentaren von Heinz Holzhauer und Winfried Woesler (2000)
5 *Theodor Fontane:* Unterm Birnbaum (1885). Mit Kommentaren von Hugo Aust und Klaus Lüderssen (2001)
6 *Heinrich von Kleist:* Michael Kohlhaas (1810). Mit Kommentaren von Wolfgang Naucke und Joachim Linder (2000)
7 *Anja Sya:* Literatur und juristisches Erkenntnisinteresse. Joachim Maass' Roman „Der Fall Gouffé" und sein Verhältnis zu der historischen Vorlage (2001)
8 *Heiner Mückenberger:* Theodor Storm – Dichter und Richter. Eine rechtsgeschichtliche Lebensbeschreibung (2001)
9 *Hermann Weber (Hrsg.):* Annäherung an das Thema „Recht und Literatur". Recht, Literatur und Kunst in der NJW (1), (2002)
10 *Hermann Weber (Hrsg.):* Juristen als Dichter. Recht, Literatur und Kunst in der NJW (2), (2002)
11 *Hermann Weber (Hrsg.):* Prozesse und Rechtsstreitigkeiten um Recht, Literatur und Kunst. Recht, Literatur und Kunst in der NJW (3), (2002)
12 *Klaus Lüderssen:* Produktive Spiegelungen. 2., erweiterte Auflage (2002)
13 *Lion Feuchtwanger:* Erfolg. Drei Jahre Geschichte einer Provinz. Roman (1929). Mit Kommentaren von Theo Rasehorn und Ernst Ribbat (2002)
14 *Jakob Wassermann:* Der Fall Maurizius. Roman (1928). Mit Kommentaren von Thomas Vormbaum und Regina Schäfer (2003)
15 *Hermann Weber (Hrsg.):* Recht, Staat und Politik im Bild der Dichtung. Recht, Literatur und Kunst in der Neuen Juristischen Wochenschrift (4), (2003)
16 *Hermann Weber (Hrsg.):* Reale und fiktive Kriminalfälle als Gegenstand der Literatur. Recht, Literatur und Kunst in der Neuen Juristischen Wochenschrift (5), (2003)
17 *Karl Kraus:* Sittlichkeit und Kriminalität. (1908). Mit Kommentaren von Helmut Arntzen und Heinz Müller-Dietz (2004)
18 *Hermann Weber (Hrsg.):* Dichter als Juristen. Recht, Literatur und Kunst in der Neuen Juristischen Wochenschrift (6), (2004)
19 *Hermann Weber (Hrsg.):* Recht und Juristen im Bild der Literatur. Recht, Literatur und Kunst in der Neuen Juristischen Wochenschrift (7), (2005)
20 *Heinrich von Kleist:* Der zerbrochne Krug. Ein Lustspiel (1811). Mit Kommentaren von Michael Walter und Regina Schäfer (2005)
21 *Francisco Muñoz Conde / Marta Muñoz Aunión:* „Das Urteil von Nürnberg". Juristischer und filmwissenschaftlicher Kommentar zum Film von Stanley Kramer (1961), (2006)

22 *Fjodor Dostojewski:* Aufzeichnungen aus einem Totenhaus (1860). Mit Kommentaren von Heinz Müller-Dietz und Dunja Brötz (2005)
23 *Thomas Vormbaum (Hrsg.):* Anton Matthias Sprickmann. Dichter und Jurist. Mit Kommentaren von Walter Gödden, Jörg Löffler und Thomas Vormbaum (2006)
24 *Friedrich Schiller:* Verbrecher aus Infamie (1786). Mit Kommentaren von Heinz Müller-Dietz und Martin Huber (2006)
25 *Franz Kafka:* Der Proceß. Roman (1925). Mit Kommentaren von Detlef Kremer und Jörg Tenckhoff (2006)
26 *Heinrich Heine:* Deutschland. Ein Wintermährchen. Geschrieben im Januar 1844. Mit Kommentaren von Winfried Woesler und Thomas Vormbaum (2006)
27 *Thomas Vormbaum (Hrsg.):* Recht, Rechtswissenschaft und Juristen im Werk Heinrich Heines (2006)
28 *Heinz Müller-Dietz:* Recht und Kriminalität in literarischen Spiegelungen (2007)
29 *Alexander Puschkin:* Pique Dame (1834). Mit Kommentaren von Barbara Aufschnaiter/Dunja Brötz und Friedrich-Christian Schroeder (2007)
30 *Georg Büchner:* Danton's Tod. Dramatische Bilder aus Frankreichs Schreckensherrschaft. Mit Kommentaren von Sven Kramer und Bodo Pieroth (2007)
31 *Daniel Halft:* Die Szene wird zum Tribunal! Eine Studie zu den Beziehungen von Recht und Literatur am Beispiel des Schauspiels „Cyankali“ von Friedrich Wolf (2007)
32 *Erich Wulffen:* Kriminalpsychologie und Psychopathologie in Schillers Räubern (1907). Herausgegeben von Jürgen Seul (2007)
33 *Klaus Lüderssen:* Produktive Spiegelungen: Recht in Literatur, Theater und Film. Band II (2007)
34 *Albert Camus:* Der Fall. Roman (1956). Mit Kommentaren von Brigitte Sändig und Sven Grotendiek (2008)
35 *Thomas Vormbaum (Hrsg.):* Pest, Folter und Schandsäule. Der Mailänder Prozess wegen „Pestschmierereien“ in Rechtskritik und Literatur. Mit Kommentaren von Ezequiel Malarino und Helmut C. Jacobs (2008)

Abteilung 7: Beiträge zur Anwaltsgeschichte

Mitherausgegeben von Gerhard Jungfer, Dr. Tilmann Krach und Prof. Dr. Hinrich Rüping

1 *Babette Tondorf:* Strafverteidigung in der Frühphase des reformierten Strafprozesses. Das Hochverratsverfahren gegen die badischen Aufständischen Gustav Struve und Karl Blind (1848/49), (2006)
2 *Hinrich Rüping:* Rechtsanwälte im Bezirk Celle während des Nationalsozialismus (2007)

Abteilung 8: Judaica

1 *Hannes Ludyga:* Philipp Auerbach (1906–1952). „Staatskommissar für rassisch, religiös und politisch Verfolgte“ (2005)

2 *Thomas Vormbaum:* Der Judeneid im 19. Jahrhundert, vornehmlich in Preußen. Ein Beitrag zur juristischen Zeitgeschichte (2006)

3 *Hannes Ludyga:* Die Rechtsstellung der Juden in Bayern von 1819 bis 1918. Studie im Spiegel der Verhandlungen der Kammer der Abgeordneten des bayerischen Landtags (2007)

Bei Fragen zur Produktsicherheit wenden Sie sich bitte an:
If you have any questions regarding product safety,
please contact:

Walter de Gruyter GmbH
Genthiner Straße 13
10785 Berlin
productsafety@degruyterbrill.com